The Great Good Place
제3의
장소

작은 카페, 서점, 동네 술집까지
삶을 떠받치는 어울림의 장소를 복원하기

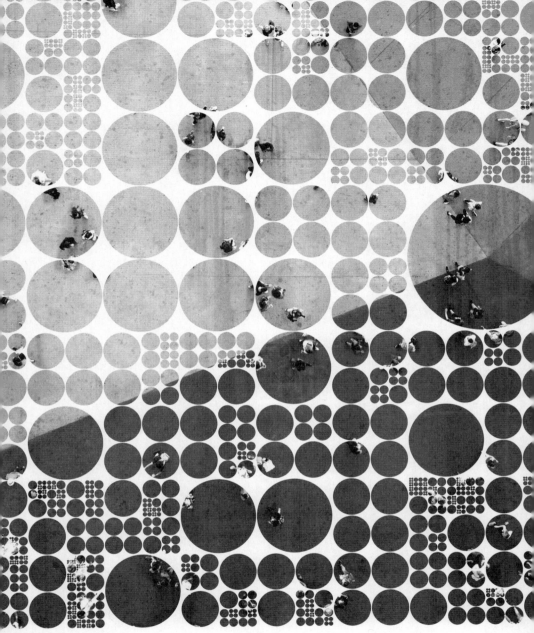

The Great Good Place
제3의
장소

작은 카페, 서점, 동네 술집까지
삶을 떠받치는 어울림의 장소를 복원하기

레이 올든버그^{Ray Oldenburg} 지음
김보영 옮김

풀빛

레이 올든버그는 영감을 준다. 그는 만남의 장소(제3의 장소)가 개인과 사회 전체의 행복을 위해 중요한 역할을 한다는 사실을 처음으로 인식하고 명확하게 설명했다.

론 셔^{Ron Sher} _테라노믹스 디벨로프먼트사 회장. 워싱턴주 시애틀 소재 서드 플레이스 북스^{Third Place Books} 창립자

레이 올든버그의 《제3의 장소》를 한 번도 언급하지 않고 지나가는 날이 없다. 좋은 독립서점들이 위기에 처해 있는 이 시기에 다행스럽게도 올든버그가 우리의 메시지를 분명하게 전하고 있다.

미첼 캐플런^{Mitchell Kaplan} _플로리다주 마이애미 소재 북스 앤 북스^{Books & Books} 대표

《제3의 장소》는 어린 시절의 기억 속 이발소에서부터 현재의 서점에 이르기까지, 내 오랜 경험을 글로 표현해놓은 책이다. 호라이즌 북스가 사람들이 시간을 보낼 수 있는 제3의 장소가 되도록 하는 것이 나의 목표다. 레이 올든버그는 좋은 장소의 정의를 내리고, 그런 장소가 일으키는 마술 같은 화학작용을 설명했다. 《제3의 장소》는 읽고, 추천하고, 인용해야 할 책이다.

빅터 W. 허먼^{Victor W. Herman} _미시간주 트래버스 시티. 페토스키. 캐딜락 소재 호라이즌 북스^{Horizon Books} 대표

이 책의 위대한 가치는 통찰력 있고 매우 유용한 렌즈를 제공하여, 우리가 우리의 문제를 그 새로운 렌즈를 통해 다시 바라볼 수 있게 해준다는 데 있다.

《뉴욕 타임스 북 리뷰》

이 훌륭하고 중요한 책은 제3의 장소에서 대화를 즐겨야 할 이유를 증명한다. 올든버그는 미국 사회에서 사회적 격리가 계속 심화되고 있으며, 이것이 현재 어떤 문제로 나타나고 있는지, 또한 이러한 문제의 해결이 왜 시급한지에 관해 열정적으로 설명한다. 그가 제시하는 해결책은 매우 간단하다. 스트레스가 심한 우리의 삶을 구원하려면 이 합리적이고도 상식적인 해결책을 받아들여야 한다. 그리고 정부는 비공식적 삶의 가치를 인식하고, 이웃 관계가 회복될 수 있는 환경을 제공해야 한다.

린 브로 Lynne Breaux_워싱턴 D.C. 소재 터니클리프Tunicliff 태번 대표

잘 쓰였고, 유익하며, 재미있다.

〈뉴어크 스타레저 Newark Star-Ledger**〉**

　1990년대 초반, 심리학자 두 명이 즐거움과 만족의 주요 원천을 밝히기 위해 다양한 문헌을 검토했다. 1위는 "가까운 지인이나 친구와의 사교적 접촉"이었다. 놀라운 결과는 아니다. 인간은 결국 사회적 동물이기 때문이다. 우리는 다른 사람들과 자주 만나야 하며, 동시에 사생활도 필요로 한다. 또한 물리적 환경이 즐거운 사교적 접촉과 사생활 사이의 균형을 유지할 수 있게 해주기를 바란다.

　미국의 도시개발 과정은 그 목표를 달성하지 못했다. 지난 몇십 년 동안 미국에서 시행한 도시개발은 구획별 단일용도 규정을 따랐다. 미국인의 절반 이상은 주거시설 외에 다른 어떤 것도 허용되지 않는 지역에 산다. 걸어서 갈 수 있는 시설이 없다는 점에서 사용가치가 전혀 없다. 무엇을 하고자 하든 차를 타야 한다. 가정생활도 전적으로 실내에서만 이루어진다. 밖에서 볼 수 있는 아이라고는 길모퉁이에서 통학버스를 기다리는 아이들뿐이다. 곳곳에 주차되어 있는 수많은 자동차는 경관을 망친다. 걸어 다니는 사람이 드물다 보니 최근에 개발된 동네에서는 아예 보도를 없애버렸다.

　이러한 상황은 필자로 하여금 많은 미국인들이 그토록 갈구하는 장소를 표현하기 위해 '제3의 장소'라는 용어를 제안하게 만들었다. 제1의 장소는 집, 제2의 장소는 일터인데, 이 둘은 긴장을 풀고 다양한 인간관계를 즐길 수 있는 장소가 못 된다. 도시 생활에는 그런 장소가 필요하다. 제3의 장소는 대개 술집이나 커피숍으로, 거의 매일같이 드나들며 편안하게 쉬거나 좋은 친구들과 시간을 보낼 수 있는 곳을 말한다.

그런 장소가 있어야 지역사회(원문의 community는 문맥에 따라 지역사회, 지역공동체, 공동체 등으로 번역했다.—옮긴이) 구성원으로서의 삶이 가능하지만, 미국 교외 주거단지는 사생활만 지나칠 정도로 보호하고 사람들이 모일 수 있는 공공시설을 가까이 두지 않으려 한다. 이 태생적인 결점 때문에 교외 라이프스타일을 거부하는 사람들도 있고, 교외에서 도시로 이사하고 싶어 하는 사람도 늘고 있다. 사람들은 우리의 도시를 더 살기 좋은 장소로 만들 방법을 긴박하게 찾고 있다. 고층 건물과 냉랭한 거리로 대표되는 현재의 도시는 상업주의가 지역공동체를 상대로 거둔 승리를 표상하기 때문이다.

미국 문화가 한국 문화에 영향을 끼쳐왔음을 알기에, 한국에서 오랜 친구들을 만나고 새로운 친구를 사귀는 집 가까운 곳의 제3의 장소가 잘 유지·보호되기를 진심으로 바란다. 그런 장소의 존재는 아무리 강조해도 지나치지 않을 만큼 중요하다.

2019년 6월
레이 올든버그

동네 사람들이 모여 즐거운 시간을 보낼 수 있는 장소, 아무런 관계도 없던 사람들을 서로 어울리게 만드는 '또 하나의 집'에 대한 나의 관심은 거의 내 나이만큼이나 오래되었다. 아이들은 주변 사람들의 인간관계가 만들어내는 분위기에 본능적으로 적응하고 기쁨과 평안을 느끼는 듯하다. 그 느낌은 어른들이 친구들과 만나 긴장을 풀고 웃을 때 느끼는 충족감과 같을 것이다. 적어도 나는 그랬다. 5학년 때였던 것 같다. 그해 겨울 사촌 형들이 나를 데리고 동네 스케이트장에 가더니 휴게실에서 기다리라고 했다. 거기에는 몸을 녹이며 즐겁게 노는 아이들이 있었다. 그때 처음으로 함께 어울리는 기쁨을 맛보았다. 그 후로 나는 한 번도 그 맛을 잊어본 적이 없다.

이후 사회학을 공부하면서 분명한 목적 없이 서로 어울려 시간을 보내는 일의 의미를 이해할 수 있게 되었다. 비공식적인 모임이 이루어지는 공공장소의 목적이나 기능은 정부나 기관이 제공할 수 있는 것이 아니다. 훌륭한 문화를 가진 모든 사회에는 비공식적인 공공생활이 있었고, 그러한 모임을 할 수 있는 그 사회 특유의 장소가 있었다.

미래를 위해서도 우리 사회에서 비공식적 공공생활이 갖는 중요성을 이해해야 한다. 도시의 성장과 발전 과정에서 미국 사회는 비공식적 공공생활에 적대적이었고 지금도 마찬가지다. 우리는 그런 모임을 가질 만한 장소를 만들지 못하고 있다. 과거보다 풀뿌리 민주주의가 약화되었고, 개개인의 삶도 그리 풍요롭지 못하다. 그래서 이 주제에 관한 논의가 긴급하다.

이 주제를 학문적인 주요 관심사로 삼기 시작한 것은 10년 전쯤이었다. 나는 1977년에 어느 지역 사회학 학술회의에서 이 견해를 처음 발표했다. 1980년에는 동료와 함께 대중적인 글을 한 편 썼고, 이후에 최소 아홉 차례 정기간행물과 책에 글을 실었다. 1983년에는 좀 더 길고 학술적인 버전을 학술지에 실었다. 독자들의 반응은 좋았지만 한정된 지면 안에서 나의 주장을 입증하기에는 한계가 있었다. 그래서 이후 6년 동안 이 책을 썼다. 힘들었지만 그럴 만한 가치가 있는 주제였다. 시작만 하고 그만두기를 수차례 거듭한 끝에, 사회학자들만을 위한 책을 쓰거나 사회학 저술이 으레 그렇듯이 현상을 기술하는 데 그치는 책을 쓰는 것으로는 충분하지 않다는 사실이 분명해졌다.

나는 비공식적인 공공생활, 그리고 이를 위해 필수적인 장소를 보여주고 싶었다. 미국 사회에서 이러한 장소들이 파괴되고 있다는 점은 심각한 문제이며, 우리는 그런 경향을 효과적으로 방어할 기제를 갖고 있지도 않다. 젊은 세대에게는 비공식적인 만남이 이루어지는 장소의 중요성이 피부에 와닿지 않을 것이고, 시민은 여기에 합리적인 논의를 펼치지 못한다. 나의 주장을 직관적으로 이해하고 찬성하는 사람들조차도 반대편 사람들을 설득할 수단이 거의 없다. 점점 더 합리화되고 모든 것이 관리되는 세상에서, 공적인 삶을 건져내려면 효과적인 논리와 언어가 필요하다. 나의 노력이 비공식적인 공공생활의 필요성을 대중적으로 이해시키는 데 기여하기 바란다.

이 책에서는 학술적인 용어와 서술 방식을 버릴 것이다. 제3의 장소에 관해 분석하는 데 그치지 않고 그런 장소의 활성화를 도모하고자 한다. 법정에 선 변호사처럼 배심원들이 이해할 수 있는 언어로 잊힐 위기에 처한 의뢰인을 변호하려는 것이다. 배심원은 교육받은 중산층으로, 어디에 살 것인지, 어떻게 살 것인지를 스스로 선택할 수 있는 사람들이다. 이들은 자기 앞에 놓인 사안에 관해 판단할 수 있고 그러한 판단 결과를 실행에 옮길 수 있다. 나는 솜씨 좋은 변호사처럼 많은 일화와 사례를 이용해 배심원들의 마음을 움직여보려고 한다.

학술적인 방식으로 쓰지 않기로 결심했다고 해서 있는 사실을 아무렇게나 다루겠다는 뜻은 아니다. 오직 진실만이 내 의뢰인에게 도움이 될 것이기 때문이다. 현상을 있는 그대로 보여주기 위해 몇 가지 방법을 사용했다. 비공식적인 모임이 이루어지는 장소의 주요 특징과 그러한 장소가 개인과 사회에 미치는 영향을 확인할 때 각각의 결론이 나의 현장 경험과 일치하는지를 검증하고, 다른 사람들의 의견을 묻고, 강의실에서 토론했다. 또한 여섯 개의 장(5장부터 10장까지)을 실제 사례에 할애했다. 이 사례들은 앞에서 다룬 기본 얼개를 입증한다. 결국 시간은 내 편이었다. 초반에는 여러 현상이 제3의 장소에 대해 내가 가졌던 처음의 생각과 어긋나 보였다. 인간은 불편한 진실을 폐기하거나 폄훼하거나 단순히 '망각'하고 싶어 하기 마련이다. 그러나 어긋나 보였던 현상들은 사안을 더욱 깊이 이해하는 단초를 제공함으로써 오히려 더 유익한 결과를 낳았다. 변장을 하고 나타난 친구였던 셈이다. 조각들을 맞추어나가는 데에는 시간이 걸렸다. 학계의 관행에 비추어 보면 내가 이 프로젝트에 너무 많은 시간을 쓴 것이 맞다. 그러나 주제의 성격상 그럴 수밖에 없었고, 시간을 많이 들이는 것 자체가 최고의 연구 방법이었다.

사회과학자가 이 책을 보면 평이한 어휘와 논리 이면에 그들이 익히 알고 있는 구조가 깔려 있음을 눈치챌 것이다. 이 책의 1부는 이후 구체적인 사례들을 비추어 볼, 비공식적 공공생활의 전형적이고 이상적인 상을 창출하는 데 할애했다. 2부에서는 여러 시대, 나라의 실제 사례들을 제시한다. 3부는 비공식적인 공공생활과 관련된 몇 가지 쟁점을 다룬다. 내 입장에 동의하지 않는 사람도 있을 것이고, 내가 이 주제에 대해 어떠한 입장을 취한다는 것 자체에 반대하는 학자도 있겠지만 나는 이 연구를 위해 상당한 양의 현장 연구를 수행했으며, 이 자료들을 비교 분석, 또는 근거 이론grounded theory(경험적 관찰을 통해 이론을 수립하는 귀납적·질적 연구 방법–옮긴이)을 도출하는 데 이용했다. 또한 이를 보완할 수 있는 다른 자료들도 활용했다.

제3의 장소에 관한 다른 학자의 논의를 보고 싶다면 필리프 아리에스Phillippe Ariès의 "가족과 도시The Family and the City"(《다이달로스Daedalus》 1977년 봄호)라는 글을 읽기 바란다. 여기서 그의 카페café 개념만 이해하면 된다. 이 책 작업이 거의 끝날 무렵에 아리에스의 글을 우연히 발견하고, 곧바로 그 개념을 반영했다. 그 논문을 좀 더 일찍 읽었더라면 나의 전체적인 논지 전개를 더 앞당겼을지 모르지만, 그의 분석에 내재한 비관주의의 영향을 받지 않았다는 점에서는 다행스럽기도 하다.

사회과학에서 비공식적인 모임 장소에 관한 논의는 대개 민속지학적 기술 방법으로 이루어져, 비공식적 공공생활이 이루어지는 핵심적인 공간들을 파악하고 그러한 공간이 사회에서 갖는 기능을 설명하는, 좀 더 추상적이고 분석적인 작업과 통합될 필요가 있다. 게오르그 짐멜Georg Simmel이 사교성sociability에 관한 짧은 논문을 발표한 것이 한 세기 반도 더 전인데 지금까지 왜 그리 진전이 없었는지를 사회학자들은 자문해봄직하다.

끝으로 동료들에게 비공식적 공공생활의 특징에 관한 교차문화적 연구를 흥미로운 연구 주제로서 제안하고 싶다. 가장 유용하고 적절한 자료들은 언제나 공공영역 안에 존재하며, 해외 사례를 연구하기도 쉬워졌다. 우리 사회가 모든 민주주의 사회에 필수적인 인간관계를 복원하는 데 도움이 되기만 한다면, 이 책이 새로운 연구 방향을 제시하든 단지 동기 부여에 그치든, 그것은 중요하지 않다.

　서문에 담아야 할 내용은 이미 초판에 썼으므로, 여기서는 다른 이야기를 하려고 한다. 6년 전 이 책이 출판된 이후 경험한 다양한 일들과 수많은 반응, 이 책 덕분에 만나게 된 동지들에 관해 말하고 싶은 충동이 일지만, 주어진 지면을 그보다 더 유용하게 쓸 방법이 있을 것이다.

　두 번째 서문에서는 이 책에서 다루는 주제에 더욱 진지한 관심을 갖는 독자들, 즉 지역사회, 공적인 장에서의 대화, 시민의식 활성화에 관해 연구하고 실천하려는 사람들, 그리고 공공생활의 가치를 믿고, 그것을 회복해야 한다고 믿는 사람들에게 이 책의 유용성을 더해줄 두 가지를 짧게 덧붙이고자 한다. 첫째, 더 읽을 만한 문헌을 소개할 것이다. 둘째, 제3의 장소가 갖는 여러 가지 공동체 형성 기능들을 열거할 것이다. 이를 체크 리스트로 삼아 특정 지역이나 동네가 가진 강점과 약점을 빠르게 평가해볼 수 있다. 이 기능들 중에는 본문에서 다시 길게 설명한 것도 있고, 서문에서만 언급한 것도 있다.

　이 책이 출간된 후 얼마 안 되는 기간 동안 유사한 주제로 많은 책이 나왔다. 마치 미국 사회가 전반적으로 재평가 대상이 된 것 같다. 단순하게 말하면, 우리는 가고 싶던 곳에 도달했지만 막상 와보니 행복하지 않다. 미국 사회는 교외 국가^{suburban nation}가 되었다. 세계 어디에서도 찾아볼 수 없는 현상이다. 도심에서 교외로 나오든, 시골에서 교외로 들어오든, 교외로의 이주는 루이스 멈퍼드^{Lewis Mumford}가 말했듯이 "사적인 삶을 살기 위한 집단적인 노력"이다. 우리는 안락하고 풍족한 가정, 거추장스러운 상호작용과 시민의 의무로부터의 해방을 원했고, 이루었다.

우리의 운명을 확정짓기라도 하듯 천편일률적인 토지구획 조례가 국토 전역에 적용되었고, 이는 공동체 따위가 주거지역에 침투하지 못하게 했다. 제2차 세계대전 이후에 형성된 주거지역에는 걸어서 갈 수 있는 곳도, 사람들이 모일 만한 장소도 없다. 물리적인 구획이 사실상 공동체에 대한 방어막이 된 것이다.

흔히 선호하는 도시개발 양식은 걷기와 말하기에 적대적이다. 사람들은 걸어다니면서 사람들을 만나고 비로소 동네 사람이 된다. 사람은 다른 사람과 말하면서 서로를 알아가고 공통 관심사를 찾아내며 공동체와 민주주의에 필수적인 집단적 역량을 깨닫는다. 나로 하여금 교외 주거단지로 인해 우리가 잃어버린 것이 무엇인지에 관해 연구하게 만든 것이 바로 이 지점이었다. 이 책 출간 전에 나와 비슷한 생각을 하고 있는 사람들을 알게 되었고, 기쁘게도 최근 10년 동안 이 주제를 다루는 책이 더 많이 나왔다.

추천하는 읽을거리 목록은 주관적이고 불완전하다. 나에게 가장 많은 영향을 준 학자들, 그리고 출간 시기와 관계없이 현 시점에서 가장 의미하는 바가 큰 저작들을 선정했다.

제인 제이컵스^{Jane Jacobs}의 《미국 대도시의 죽음과 삶^{The Death and Life of Great American Cities}》(유강은 옮김, 그린비, 2010)으로부터 시작하지 않을 수 없다. 제이컵스는 건축 및 도시계획 분야에 충격적인 통찰력을 안겨주었으며, 그 통찰력은 깊이와 넓이, 모두에서 놀랍다. 제이컵스의 영향력 안에 있는, 그리고 이 책과 같은 해에 출간된 로버타 그라츠^{Roberta Gratz}의 《살아

있는 도시The Living City》도 있다. 그라츠의 책은 "도시 재개발urban renewal"이
초래하는 재앙과 풀뿌리형 근린 재건의 성공 사례를 대조한다.

빅터 그루엔Victor Gruen의 《도시의 심장The Heart of Our Cities》은 여전히 도
시와 근린 개발의 모든 측면에서 참고할 만한 책이다. 그루엔은 미국 최
초의 실내 쇼핑몰을 구상하고 설계한 사람이다. 그는 쇼핑몰을 지역사회
의 진정한 중심으로 생각했으므로, 자신의 구상을 오직 상업주의만으로
격하하는 듯한 '쇼핑몰의 아버지'라는 칭호를 거부했다.

내가 닳을 정도로 읽은 또 한 권은 볼프 폰 에카르트Wolf Von Eckardt의
《제도판으로 돌아가라Back to the Drawing Board》라는 책인데, 짧고 잘 읽힌다.
폰 에카르트는 그루엔과 마찬가지로 계획 단계에서의 시민 참여를 강조
했고, 동네 단위라야 그러한 참여가 가능하다는 점을 잘 이해하고 있다.

과거로부터 배울 수 있는 바를 가장 잘 설명한 글은 버나드 루도프
스키Bernard Rudofsky의 《사람을 위한 거리Streets for People》다. 이 책은 공공생
활을 풍부하게 만들기 위한 건축학적 요건을 상세하게 다루고 풍부한 도
해를 제공한다. 루도프스키는 이 구상이 "낯선 보행자"를 위한 것이라고
말하는데, 수십 개의 도해 중 그 어느 것 하나도 현재 우리가 사는 곳과
닮지 않았다.

새로운 장르의 책 대부분은 1980년대에 등장한 '장소 평가'에 대한
응답으로서 나타났다. 이 초기의 책들은 건강, 범죄, 교육 등에 관한 수
치를 비교하여 도시에 순위를 매겼다. 그러한 기준을 엄격하게 적용하면
미국 어디나 비슷해진다는 사실을 깨달은 최근의 저자들은 "살고 싶게
만드는 매력이 있는가?"라는 질문을 덧붙인다.

마크 크레이머Mark Cramer의 《펑키타운 USAFunkytowns USA》와 테리 핀
델Terry Pindell의 《살기 좋은 곳A Good Place to Live》은 센서스와 점수표에 기반
한 분석과 대조된다. 핀델은 미국 최고의 도시라고 알려진 10여 개 도시

를 깊이 있게 다룬다. 유려한 글솜씨 덕에 마치 저자와 함께 여행을 하는 것처럼 느껴지는 책이다. 크레이머의 《펑키타운 USA》에는 더 많은 도시가 나오며, 어느 서평에서 말했듯이 모든 렌트 차량 글로브박스에 비치해 두면 좋을 법하다.

필립 랭던Philip Langdon의 《더 살기 좋은 곳A Better Place to Live》은 미국 교외를 개조할 방법을 검토하는 책으로, 건축과 도시계획 규정을 개정할 때 기본서 중 하나로 삼아야 한다. 피터 카츠Peter Katz의 《뉴 어바니즘The New Urbanism》은 20여 개 개발 및 재개발 사례를 담고 있는데, 그 가운데서 공동체를 다시 만들고자 하는 건축가들의 시도를 볼 수 있다. 특히 책 말미에 실린 빈스 스컬리Vince Scully의 글(후기)에 주목할 필요가 있다.

리처드 섹스턴Richard Sexton의 《평행 유토피아Parallel Utopias》는 오늘날 공동체를 창출하려는 두 가지 중요한 사례를 살펴보며, 그 이면의 사상과 실행 방식을 깊이 들여다본다. 이 책에서 면밀히 검토한 두 곳은 플로리다주의 시사이드Seaside와 캘리포니아주의 시 랜치Sea Ranch인데, 전자는 도시형, 후자는 농촌형 모델에 기초한다. 섹스턴은 훌륭한 사진작가이기도 하여, 글뿐 아니라 사진으로 많은 것을 설명한다.

보여줄 때마다 모든 사람들의 눈을 사로잡은 책으로는 데이비드 수처David Sucher의 《쾌적한 도시City Comforts》를 들 수 있다. 이 책은 조금만 손대고도 공적인 영역에서의 삶을 더 매력적이고 편안하며 살기 좋게 만들수 있는 여러 방법을 사진과 함께 제안한다.

이 분야의 전문가로 윌리엄 H. 화이트William H. Whyte를 빼놓을 수 없다. 그의 두터운 저서 《도시City》를 읽을 엄두가 나지 않는다면, 더 얇고 그림도 많은 《작은 도시 공간에서의 사교 생활The Social Life of Small Urban Spaces》을 추천한다. 이 책을 읽고 나면 틀림없이 화이트의 다른 저작도 읽고 싶어질 것이다. 화이트의 연구는 많은 도심 활성화 계획에 지침이 되었다.

제3의 장소의 정치적 중요성에 관해서는 사라 에반스^{Sara Evans}와 해리 보이트^{Harry Boyte}의 《자유로운 공간^{Free Spaces}》이 훌륭하게 설명하고 있다. 이 책은 산업화가 집과 일터를 분리한 이후 자유로운 장소가 훨씬 더 중요해졌으며, 그런 장소가 점점 더 커지는 정부와 기업의 통제에 맞서서 시민의 민주주의를 지키는 데 기여한다고 주장한다.

크리스토퍼 래시^{Christopher Lasch}의 《엘리트의 반란과 민주주의의 배반 The Revolt of the Elites》(권화섭·이두석 옮김. 랜덤하우스코리아, 1999)은 미국의 전문직 및 관리직 엘리트들이 우리 사회의 중산층에게 거의 관심을 가지고 있지 않으며 국가나 장소에 대한 소속감이 약하다는 주장을 펼치는 가운데, "시민 기술^{civic arts}"과 논쟁의 기술에 관해서 논의했다. 래시는 엘리트의 관심이 세계 경제를 향해 있고, 자국에서도 마치 "여행객 같은 태도"를 보인다는 점이 엘리트가 지배하는 사회에 대해 재고하고 투쟁할 이유라고 말한다.

오늘날의 공공생활은 그 어느 때보다 낯선 사람들로 가득하며, 그들은 그 어느 때보다 우리를 두렵게 만든다. 지역공동체는 이 낯선 사람들을 잘 통합해야 하는 과제를 안고 있다. 이 주제를 다룬 린 로플랜드 ^{Lyn Lofland}의 《낯선 사람들의 세계^{A World of Strangers}》는 현대의 고전이 되었다. 마이클 이그나티에프^{Michael Ignatieff}의 《낯선 사람들의 요구^{The Needs of Strangers}》는 많은 생각을 하게 만들고, 파커 파머^{Parker Palmer}의 《낯선 사람들의 무리^{The Company of Strangers}》도 즐겁게 읽을 수 있는 책이다.

두 번째 주제로 넘어가기 전에, 최근에 주목을 받고 있으며 공공생활에 관심이 있는 사람들이라면 특히 주목하고 있을 '시민 저널리즘^{civic journalism, citizen journalism}' 또는 '커뮤니티 저널리즘^{community journalism}'에 관해서 언급하지 않을 수 없다. 구체적인 목표와 **운영 방식**에 대해서는 논쟁 중이지만, 시민의 참여가 더 늘어날 것이라는 전망에는 대체로 공감대가 형성되어 있다.

독자들은 신문이 지역 개발에 여러 방법으로 참여하도록 독려하고, 더 냉철한 사람들이 현안에 대해 합리적이고 온건한 토론을 펼치고, 단순한 사실 전달을 넘어 경향과 패턴 분석에 입각하여 개발 사업에 관한 심화 보도를 하리라고 기대할 수 있을 것이다. 개발 대상지와 개발안은 점점 더 상황에 맞게 제시될 것이다. 신문이 정치인이나 기업의 편에 서는 일은 과거보다 줄어들 것이고, '좋은 도시에서 좋은 삶을 살고자' 하는 시민 편에 설 것이다. 신문 저널리즘의 이러한 변화에는 여러 이유가 있다. 그러나 여기서는 그들이 시민 민주주의에 방해가 되는 엘리트주의로부터 멀어지고 있다는 사실을 지적하는 것으로 충분하다. 신문은 일반 시민들에게 이야기하기 시작하고, 시민들의 말에 더 귀 기울이게 될 것이다.

앞에 적었듯이, 이제 두 번째 주제인 제3의 장소의 커뮤니티 구축 기능을 다루고자 한다. 제3의 장소(제1의 장소인 집, 제2의 장소인 일터 다음이라는 의미에서)는 비공식적인 공공모임 장소다. 이런 장소들은 **포용적**이고 **지역적**이기 때문에 지역공동체에 기여한다.

제3의 장소가 가진 첫 번째, 그리고 가장 중요한 기능은 주민 '통합'이다. 누구나 우체국에 사서함을 두던 시절에는 우체국이 이 기능을 담당했다. 사람들은 늘 걸어서, 또는 차를 타고 우체국에 갔고, 우체국은 24시간 개방하도록 법으로 정해져 있었다. 앉을 자리가 없다 하더라도 그곳은 사람들이 만나서 짧게나마 이야기를 나눌 수 있는 장소였다.

드러그스토어도 동네 사람들이 일주일에 한 번, 혹은 한 달에 한 번씩은 서로 만날 수 있는 장소였다. 드러그스토어는 약뿐 아니라 생필품을 다양하게 구비하고 있었기 때문이다. 또한 그 도시나 마을에서 가장 가기 편한 위치, 대개 중앙에 있는 경우가 많았다. 이런 장소들은 사실상 주민들 모두가 서로를 알 수 있는 환경을 창출한다. 모두가 서로를 **좋아**할 수는 없다. 그러나 서로를 '안다'는 것, 누가 얼마나 공공복지에 기여하고 누가 얼마나 공공복지를 이용하는지, 지역사회에 문제가 발생하거나 위기가 도래했을 때 누가 어떤 도움을 줄 수 있는지를 아는 것, 서로에 대해 어떤 감정을 가지고 있든 모두와 편하게 지내는 법을 배우는 것이 중요하다. 제3의 장소는 일종의 '믹서기'다.

'동화Assimilation'는 제3의 장소가 갖는 또 한 가지 기능이다. 제3의 장소는 방문객들의 '통관항' 역할을 하며, 새로 들어온 사람이 다른 사람들과 처음 인사를 나누는 자리가 된다. 미국 건축가 앙드레 듀아니Andrés Duany는 같은 구역에 사는 사람을 만나는 데 이틀이 걸린 사람이 있었다는 농담을 한 적이 있다. 그 이야기는 전후에 만들어진 미국의 주거단지들이 낯선 사람, 외부인, 새로 이주해 온 사람에 대해 극도로 적대적이라는 사실을 말해준다. 거리는 텅 비어 있고, 길을 물어볼 만한 동네 가게도 없다.

이러한 상황은 앞뒤가 안 맞아 보인다. 미국은 인구의 약 20%가 매년 거주지를 옮기는, 이동성이 높은 사회다. 사람들이 쉽고 **빠르게** 통합될 수 있도록 근린이 설계되었으리라고 생각할 사람도 있을 것이다. 그러나 현실은 반대였다. 스스로 옮기든 직장 때문에 어쩔 수 없이 옮기든, 사람들이 많이 돌아다닐수록 다른 동네로 들어가기가 더욱 어려워졌다.

어려움을 겪는 것은 새로 이주해 온 사람들만이 아니다. 도시와 동네 또한 새로운 주민을 통합하지 못하고 그들에게 지역사회에서 양질의 삶을 제공하지 못한다는 점에서 곤란을 겪는다.

일회성 환영으로는 **언제나** 따뜻하게 맞아 주는 태번tavern이나 커피숍을 대체할 수 없다. 제3의 장소라는 '중립지대'(모임의 주최자나 손님으로서의 역할 부담이 없는 공간)에 가면 마음 편하게 사람들과 교류할 수 있으며,

이러한 모임은 지역사회에서의 삶에 중요하다. 언제든 마음이 내킬 때 들어가거나 나올 수 있고, 누구에게도 신세를 질 필요가 없다. 결과적으로 동네 사람들 모두를 만나거나, 적어도 어떤 사람이 동네에 사는지 알게 된다.

이러한 점에서 제3의 장소는 '분류' 기능도 담당한다. 폭넓게 사람들을 만날 수 있는 그곳에서 사람들은 좋아하는 사람, 싫어하는 사람을 알게 되고, 비슷한 관심사를 가진 사람, 관심사는 다르지만 알고 싶어지는 사람도 만나게 된다. 제3의 장소를 통해 알게 된 사람들은 이후에 다른 형태의 모임을 만들어낸다.

진정한 공동체에는 집단적 성취가 있는 법이다. 사람들은 협업하고 협동함으로써 혼자서 할 수 없는 일을 이루어낸다. 이런 일은 대개 비공식적으로 이루어지지만, 동네 사람들 중에서 누가 무슨 일을 할 수 있고 어떤 기술을 가지고 있으며 누가 그 일을 좋아하는지를 알아야 가능하다. 제3의 장소는 사람들의 잠재적 역량을 파악하여 향후 어떤 일을 도모할 수 있게 하는 바탕이 되기도 한다.

이와 관련하여, 제3의 장소는 어떤 일을 위한 '본부'가 되기도 한다. 지역에 위기가 발생하면 사람들은 당국의 도움을 받는 것과 별개로 스스로 뭔가 해야 한다고 생각한다. 심한 폭풍우 같은 자연재해가 발생하면 주민들을 동원해야 할 필요가 생기기 마련이다. 하지만 어디에 모인단 말인가? 허리케인 앤드루(1992년 8월에 발생한 허리케인으로 미국 사상 세 번째로 큰 피해를 남김—옮긴이)가 플로리다 남부를 강타한 직후, 많은 사람들은 피해가 얼마나 심각하고 어디까지 확산되고 있는지, 어떤 대책이 마련되었는지, 도움을 주거나 받으려면 어떻게 해야 하는지 등을 알기 위해 이웃들과 모여야 한다고 느꼈다. 그러나 대부분은 모일 만한 장소를 찾지 못했다. 용도별 토지구획화가 그들에게 '제3의 장소'를 허락하지 않았기 때문이다.

제3의 장소는 제인 제이컵스가 "공적 인물public character"이라고 부른 사람들이 등장하는 곳이기도 하다. 이들은 동네 사람들을 모두 알고 지역의 일에 두루 신경을 쓰는 사람이다. 보통 동네에서 일어나는 일을 "예의 주시하는" 가게 주인이나 점원들이다. 이 사람들은 아이들이 말썽에 "연루"되면 경찰이 개입할 정도로 일이 커지기 전에 부모에게 알리고, 그 지역에 이사 온 사람을 가장 먼저 환영한다. 교외 주거단지의 구획화는 "공적 인물"을 쇼핑몰이나 쇼핑가의 상인과 점원으로 대체했다. 그들이 일하는 체인점들은 지역의 자생적인 상업시설들을 절멸시킴으로써 번창하며, 체인점의 점주들은 "공적 인물"처럼 지역사회를 위해 일하지 않는다.

들어오면 안 되는 시설에 대한 규정을 기반으로 하는 용도별 구획화가 적용되면 그 동네에서는 공적 인물이 출현하기 힘들다. 동네 사람들을 모두 알 수 있는 방도가 없기 때문이다. 개발업자들이 습관적으로 주택house을 '가정home'이라고 부르는 것도 못마땅하지만, 그들이 개발한 주택단지를 '커뮤니티'라고 부르는 것은 정말 말도 **안** 된다.

제3의 장소가 가진 가장 귀중한 기능은 아이들과 어른들이 함께 편안하게 즐기게 한다는 점에 있다. 이제는 그런 곳을 찾아보기 힘들어졌다. 세대 간에 만연한 적대감과 오해, 어른이 청소년과 소원해지고 두려워하는 현상, 청소년들 사이에서 증가하는 폭력, 이런 청소년 관련 문제들은 모두 공통된 기원을 가지고 있다. 그것은 미국 사회에서 아이들이 어른들로부터 점점 더 분리되고 있다는 점이다.

부모가 이웃에게 많은 도움을 받았던 시절에는 육아가 더 쉬웠다. 예전에는 우리 아이를 알고 지켜봐주며 곁에서 놀게 해주는 이웃이 있었다. 나이 든 사람들로부터 교훈을 얻고, 그들을 본보기로 삼을 수도 있었으며, 동네마다 존경할 만한 어른도 있었다. 여러 세대가 함께 놀며 장난을 치거나 농담을 걸기도 하고 싫은 소리도 했다. 그러나 이제는 그런 기억조차 거의 사라지고 있다. 지금은 예전보다 많은 엄마들이 직장에 다니므로, 이웃과 교류가 아예 없거나 있더라도 약하게 연결되어 있다는 사실이 더욱 유감스럽다. 동네에 모든 주민들이 이용하는 제3의 장소가 있다면, 그곳은 여러 세대가 어울리는 보기 드문 장소일 것이다.

제3의 장소는 노인에게도 도움이 된다. 많은 노인과 은퇴자들이 말년에 '실버타운senior citizen community'에 들어가는 것이 바람직하다고 생각하는데, 이는 안타까운 일이다. 그들이 일하고 자녀를 키운 지역사회가 그들에게 아무것도 해주지 못하고 마침내 이웃이나 지역사회와의 연결이 끊길 수밖에 없다는 사실은 유감스럽다. 이 책에서는 노인과 은퇴자에 관해 별도의 장章을 할애하지 못했다. 지면 제약 때문에 노인에 관한 장과 아이들에 관한 장 중 하나를 골라야 했기에, 스스로 주장할 위치에 있지 못한 아이들 쪽을 선택하게 된 것이다.

그러나 노인 세대에 관해서도 반드시 언급해야 했다. 비단 그들을 위해서만이 아니다. 제3의 장소는 보통 상업시설인데, 은퇴자들은 젊은 사람들이 직장이나 학교에 가고 없는 시간에 자리를 채워줄 수 있다. 게다가 은퇴자들은 젊은 사람들보다 사교적이고 교양이 있다. 먹고살기 위해 바쁘게 일하던 삶에서 벗어난 그들은, 좋은 대화를 나누고 사람들과 사귀는 일에 더 큰 가치를 둔다.

누가 처음 한 말인지는 기억이 나지 않지만, 아이들과 노인들의 필요를 충족하도록 계획하면 모두에게 좋은 도시가 된다는 말이 있는데, 더없이 정확한 표현이다. 몇 해 전, 나는 미네소타주에 있는 인구 7000명 규모의 소도시에서 은퇴자들을 위한 프로그램의 평가 연구에 참여했다. 프로그램은 대부분 두 대형 교회의 지하에서 운영되었다. 참여율은 낮았고 참가자의 열의도 그리 높지 않았다. 내가 인터뷰한 관계자들은 모두

이 프로그램이 "노인을 위한" 중요한 일이라고 주장했지만, 사흘이 지나도록 그 취지를 도무지 알 수 없었다. 넷째 날 일정은 그 도시에서 가장 큰 은행의 회의실에 모여 회의를 하는 것으로 시작되었다. 휴식 시간이 되자, 나는 망설이다가 회의를 주재한 사람이 막 자리를 뜨려고 할 때 그에게 따져 물었다. 회의실 안에는 우리 둘뿐이었다. "대체 뭘 하자는 겁니까?" 그는 허를 찔린 듯, 불쑥 내뱉었다. "우리가 할 일은 노인들을 거리에서 몰아내는 것이었습니다." 노인을 "위한" 중요한 일이라던 것은 애틀랜타가 올림픽 때 노숙자들을 몰아냈듯이 노인들을 쫓아내는 일이었다.

노인들은 날씨 좋은 날 거리의 벤치에 앉아 있거나 식당, 커피숍, 태번 등에 앉아서 시간을 보내고 싶어 했다. 그들은 누구보다 지역사회에서의 삶을 즐기고 싶어 하고, 사람들과 어울릴 시간도 있는 사람들이다. 그러나 개발을 원하는 사람들은 노인에게 이러한 보상을 허락할 생각이 없었다. 그들은 나이 든 세대가 지역사회에 기여하였기에 자신의 현재가 있다는 데에 감사하는 마음이 없었다.

제3의 장소는 은퇴자와 현역이 교류할 수 있게 해주며, 가장 나이 든 세대와 가장 어린 세대가 서로 어울릴 수도 있는 곳이다.

노인과 연금생활자가 겪는 고충은 제3의 장소가 수행하는 또 다른 중요한 기능을 확실하게 보여준다. 그것은 '공제조합' 기능과도 같다. 제3의 장소가 갖는 유쾌한 분위기 속에서 사람들은 서로를 알게 되고 서로 좋아하게 되며 서로를 챙겨준다. 사람들이 서로를 챙긴다는 것은 서로의 복지에 관심을 가진다는 뜻이며, 이는 어떤 정부 사업보다 훌륭한 복지 형태다. 상호 합의, 진정한 공감, 각자의 상황에 대한 실질적인 이해에 바탕을 두고 있기 때문이다. 이러한 복지에서는 그 누구도 단순한 수혜 '대상'이 아니다.

제3의 장소의 단골손님들은 서로를 일가친척이나 오래된 친구처럼 대한다. 그들은 서로에게 필요한 물건을 물려주거나 빌려주기도 하고 누군가 곤경에 처하면 도와준다. 누가 며칠 동안 보이지 않으면 다른 사람이 그의 안부를 확인하러 돌아다닌다. 이는 경제적으로도 상당한 도움이된다. 누군가는 잔디깎이를 고칠 줄 알고, 또 다른 누군가는 수도 배관이나 가전제품을 손볼 줄 알거나 싸게 수리해주는 곳을 안다. 나보다 먼저같은 문제를 겪은 사람으로부터 돈을 절약할 방법에 관해 조언을 얻을 수도 있다. 간혹 집단 안에서 문제를 해결할 수 없어서 "돈 좀 써라"라는 조언밖에 듣지 못할 때도 있지만 그런 일은 드물다.

영화 〈크로커다일 던디Crocodile Dundee〉의 주인공은 정신과의사에게돈을 주고 고민을 들어달라고 하는 사람이 있다는 사실을 알고 깜짝 놀란다. 그는 "그건 친구가 할 일이야!"라고 대답했던 것으로 기억한다. 나는제3의 장소에서 만들어지는 친구 집단이 전문적인 치료나 상담에 드는비용도 절약해준다고 확신한다. 이는 제3의 장소가 가진 또 하나의 기능이다. 많은 친구를 사귀고 그들과 자주 만나려면 언제든지 방문할 수 있고 여럿이 모일 만한 장소가 있어야 한다.

친구들이 여럿 모이면 흥겨운 분위기가 조성된다. 내가 꼭 재미있는 이야기를 하지 않아도 되기 때문에 대화에 대한 부담도 적다. 친구들이 많이 모이면 자주 웃음소리가 난다. 그런 모임에서 일과 중의 성공에대한 경쟁과 스트레스는 '보류'된다. 이와 같은 모임에 속하게 하는 근본적인 동기는 개인적인 이득에 있지 않으며, 시민의 의무이기 때문인 것도아니다. 사람들이 제3의 장소에 자꾸 다시 가고 싶어지게 만드는 요인은다름 아닌 **재미**다. 안타깝게도 많은 미국인들은 세상의 모든 문제를 해결해보기라도 하는 듯이 모여 앉아 떠드는 무리를 보고 시간 낭비라고 생각한다.

제3의 장소가 가진 '재미' 기능은 '오락' 기능이라고 볼 수도 있다.

미국에서 오락은 거의 완전히 상업화되어버렸다. 우리는 각자 따로 상업화된 오락을 즐기는데, 그런 오락은 수동적이고 때로 지루하다.

제3의 장소에서 사람들은 스스로 오락을 만들어낸다. 그곳에서 가장 기본이 되는 활동은 대화다. 대화는 열정적일 때도 있고 가벼울 때도 있다. 진지할 때도 있고 장난스러울 때도 있으며, 유익할 때도 있고 바보 같을 때도 있다. 그리고 그 과정에서 단순히 지인에 불과했던 이들이 각자 개성을 드러내고, 점차 이 세상에서 하나밖에 없는 존재가 되어 우리의 삶을 풍요롭게 해준다.

능동적인 오락과 반대되는 대표적인 예는 텔레비전이다. 텔레비전은 온갖 비난의 대상이 되지만, 사실 그만큼 재미있지도 않다. 많은 비평가들은 딱히 다른 대안이 없다는 사실을 간과한다. 이리저리 채널을 돌려봐도 지루하기만 할 때 웃옷을 걸치고 길모퉁이로 가서 이웃들과 시원한 맥주 한잔 마시면 좋겠다고 생각해보지 않은 사람이 있을까? 그러나 길모퉁이에는 낯모르는 사람의 집밖에 없지 않은가? 걸어서 갈 수 있는 거리 안에는 아무것도 없다!

'**일상의 기쁨**joie de vivre'을 추구하는 문화(프랑스를 비롯한 유럽 국가들의 문화를 일컬음 - 옮긴이)가 가진 핵심적인 특징을 생각해보자. 핵심은 최소한의 비용으로 매일 불편함 없이 이용할 수 있는 공공장소가 충분하고, 그 사회의 사람들이 그런 공공장소에서 스스로 즐길 줄 안다는 데 있다. 미국인들은 그들의 단순한 삶을, 기술적 후진성을, 혹은 소박한 집을 비웃을지도 모른다. 그러나 전체적으로 보면 그들은 삶을 즐기고, 돈보다는 인간관계에 더 큰 가치를 두고 있는 것이다.

미국의 교통체증은 점점 심각해지고 있다. 여기서 제3의 장소가 가진 또 하나의 기능을 생각해볼 수 있다. 제3의 장소는 동네에 있으므로 걸어서 갈 수 있다. 따라서 차를 타고 교통 혼잡을 야기하지 않고서도 '집을 벗어날 수 있게' 해준다. 불행하게도 통계조사는 통근을 위한 도로 이용만을 기록하지만, 지역의 도로 사정을 조금만 주의 깊게 살펴보면 출퇴근 시간만이 아니라 거의 온종일 길이 막힌다는 사실을 알 수 있다.

　미국인들은 가능한 한 크고 모든 설비가 잘 갖추어진 집에 살지만 집 밖에 나가야 할 일도 많다. 대부분의 경우에 자동차만이 실질적이고도 유일한 수단이고, 갈 수 있는 곳은 소비를 조장하는 쇼핑몰과 상점가뿐이다. 미국인은 유럽인보다 쇼핑에 시간을 3~4배나 더 쓰는데, 그 차이의 상당 부분은 다른 대안이 없다는 데에서 비롯된다. 우리는 이웃이라는 비용이 들지 않는 수단을 스스로 거부했다. 그런 점까지 고려하면 월마트나 맥도날드는 우리가 상상하는 것보다 훨씬 더 비싸다.

　비현실적으로 들릴지도 모르지만, 제3의 장소의 '일원'이 되는 것은 지역사회의 일원이라고 느낄 수 있는 지름길이다. 그것은 10여 개의 공식적인 단체에 소속되는 것 이상의 힘을 발휘한다. 그리고 그 이유만큼은 비현실적이지 않다. 그 힘은 제3의 장소가 제공하는 '공정한 게임'이라는 환경과 관련되어 있기 때문이다.

　공식적인 조직체들은 보통 비슷한 생각이나 관심사를 가진 사람들로 이루어지는 반면, 제3의 장소는 매우 다양한 사람들을 포괄한다. '공정한 게임'이란 그 장소에 있는 누구와도 접촉할 수 있고, 항상 예의 바르고 유쾌하고 공평하게 대화를 나누어야 한다는 것을 의미한다. 많은 사람들은 그런 대화를 버거워하며, 인터넷에서의 커뮤니케이션을 좋아하는 사람들은 이쪽이 '더 안전하다'고 생각하기도 한다.

　'모두와 잘 지내는' 사람은 그 사실을 개인적으로 자랑스럽게 여길 뿐 아니라 그런 집단에 속해 있다는 사실도 자랑스러워한다. 그들은 함께 유쾌한 장소를 만든 동료들의 '희한한 조합'에 경탄하곤 한다. 이런 경험은 아마도 과거보다 오늘날 제3의 장소를 갖고 있는 사람들에게 더 깊은 인상을 남길 것이다. 전후에 조성한 주거단지들은 예전보다 더 사사화 privatized되었을 뿐만 아니라 계층 간의 분리도 심해졌다. 오늘날 대부분의 사람들은 여러 계층의 사람들 속에서 성장할 수 없다. 소득 수준이나 인구통계학적인 특징이 매우 비슷한 사람들끼리 모여 살기 때문이다. 그런 사람들의 경험은 사회의 얇고 수평적인 한 단면에 근거하게 된다. 따라서 제3의 장소에서의 모임이 놀라울 수밖에 없다.

제3의 장소가 가진 기능으로 세 가지를 더 언급하고자 한다. 마지막 순서로 미루었다고 해서 덜 중요한 기능이라는 뜻은 아니다. 제3의 장소는 정치적 토론의 장으로서 큰 중요성을 갖는다. 많은 나라에서 노동자들의 새로운 연대가 카페 덕분에 출현했다. 노동자들은 카페에서 공통된 문제에 관해 토론하고 집단적인 힘을 실현하고, 파업을 계획하거나 전략을 세웠다. 많은 사람들이 1960년대의 인종차별 금지 법안을 '계몽된' 의회의 업적으로 평가하지만, 그 전에 남부 전역의 여러 흑인 교회에서 집회가 열리지 않았다면 그런 법안이 제출되지도 않았을 것이다.

왜 영국과 스칸디나비아, 사우디아라비아에서 커피하우스가 통치자의 공격을 받았는지 이해하기란 어렵지 않다. 사람들이 모여서 토론을 하고, 그러는 가운데 통치자에 대해 불만을 토로하던 곳이 바로 커피하우스였기 때문이다.

여러 조사에서 미국인은 정치적 리터러시가 낮다고 평가되어왔다. 사람들은 이번 정권의 내각에서 누가 일하는지, 자신을 대변하는 의원이 누구인지도 모른다. 스스로의 권리를 보장하기 위한 수정헌법인 권리장전을 내민다고 해도 뭔가 서명해달라고 하면 습관처럼 거절할 것이다. 크리스토퍼 래시는 이렇게 되물었다. 그들이 왜 알아야 하는가? 왜 그들이 사용하지도 않을 정보를 수집하겠는가? 더 근본적인 수준에서 이 조사들이 보여주는 것은 토론 부족이며, 이는 보통 사람들의 정치 토론의 장인 제3의 장소가 사라지고 있음을 시사한다.

제3의 장소는 지적인 토론의 장 역할도 한다. 제3의 장소에서 논의하는 주제는 정치적인 사안만이 아니다. 철학, 지리학, 도시개발, 심리학, 역사 등 매우 다양한 소재가 화제에 오른다. 누구나 지적인 대화를 할 수 있지만 특히 제3의 장소 단골손님들은 다른 사람들에게 의견을 피력하는 일에 익숙하다.

불행히도 현재의 미국인들은 지성주의를 현학적인 용어라 하거나 자격증이라도 있는 사람들의 전유물이라고 생각할 때가 많다. 하지만 누구나 삶과 사회의 여러 문제에 관해 생각한다. 스스로를 엘리트라고 생각하는 사람들은 '크래커 통 철학'이라고 비웃을지도 모르지만, 크래커 통이라는 표현은 오히려 '평범한' 사람들이 동네 가게에서 크래커 통을 테이블 삼아 한담을 나누듯이 토론하는 모습을 연상시킨다.

외부인은 제3의 장소의 사람들을 '비슷한 생각을 하는 사람들'로 뭉뚱그리고 싶겠지만 사실은 그렇지 않다. 제3의 장소의 '일원'이 되려면 특정 주제에 대해 아무 관심도 없는 사람, 즉 견해가 다른 사람을 받아들여야 한다. 때로는 자신의 지론이 사람들에게 받아들여지지 않을 수도 있다. 그들의 생각은 서로 다르다. 이념이나 '정치적 올바름', 혹은 희생양을 필요로 하는 모임과 달리, 제3의 장소에서는 다른 사람의 생각에 대해 내가 '대가'를 치르지 않는다. 누군가를 받아들일 것인지는 그의 생각이 아니라 모임을 활기 있게 만드는 성격과 능력에 달려 있다. 누가 다른 사람에게 참견하면, 누군가는 고개를 끄덕이고, 또 다른 누군가는 헛기침을 하거나 눈살을 찌푸리고, 또 어떤 사람은 웃을지도 모르지만, 손해를 보는 사람은 없다. 그 분위기는 마치 바람직한 교실 같다.

마지막으로 제3의 장소는 사무실 역할을 한다. 어떤 거래에는 한쪽의 '홈그라운드'가 아니라 중립적인 장소가 나을 때가 있다. 편안하고 격식을 차리지 않아도 되는 곳이라면 더 좋을 것이다. 나는 몇 년 전, 어느 학교 교장이 일과 시간의 대부분을 동네 식당에서 보낸다는 사실에 교사들이 분개했다는 이야기를 들었다. 그 교사들의 눈에는 교장이 권한을 남용한 것으로 보였다. 그러나 사실 교장은 식당에서 여러 학부모를 만났다. 학부모들은 옷을 차려입을 필요도, 사무실 바깥에서 기다릴 필요도 없었다. 교장은 교장실에서라면 만나지 못했을 학부모들도 만날 수 있었다. 어떤 사람은 제3의 장소에 가야 만날 수 있다. 특정 요일에 반드시 한 장소에 가는 사람이 있다면, 그곳은 그 사람을 만나기 위한 최적의 장소다. 학계에서도 은퇴한 사람들과 계속 연락을 이어가는 경우가 있는데, 보통 학교가 아니라 공통적으로 자주 방문하는 제3의 장소에서 만난다.

제3의 장소를 사무실로 이용하는 경우는 관료주의적인 사고방식이 팽배한 미국보다 다른 문화권에서 더 흔하다. 근동 및 극동 지역의 여러 나라에서는 자기 사무실을 유지할 돈이 없는 사업가들이 음식점을 사무실처럼 이용하고, 심지어 명함에 음식점 주소를 적기도 한다. 양식이 있는 사람이라면 누구나 펍을 즐겨 찾는다고 여기는 아일랜드에서는 자연스럽게 펍을 비공식적인 사무실로 이용하기도 한다. 당사자들 사이의 평등한 의사소통을 위해서라도 권장할 만한 관행이다.

이제 제3의 장소가 가진 여러 기능에 대한 설명을 마무리할 시점에 이르렀다. 나는 이 설명을 통해 제3의 장소가 지역공동체를 구축하는 기반이 될 수 있음을 독자에게 이해시키고자 했다. 독자들은 각자 동네에서 어떤 기능이 중요한지, 어떤 장소를 이 기능에 활용할 수 있을지 생각해 볼 수 있을 것이다.

내가 제3의 장소를 홍보라도 하는 것처럼 보일지도 모르고, 그것이 사실이기도 하다. 그러나 나의 의견에 반대하는 사람도 있을 것이다. 사생활을 중요하게 여기고, 이웃끼리 서로 알고 지내는 문화를 시대착오적이라고 생각하는 사람도 있다. 그런 사람들은 예전에도 있었다. 쇼핑이 일상이 되고 텔레비전 등 홈 엔터테인먼트가 널리 보급되기 훨씬 전에도 그렇게 생각하는 사람들이 있었다. 내 고향의 1940~1950년대를 떠올려 보면, 메인 스트리트에 생기가 넘쳤고 가게 안팎에서 사람들이 서로 어울렸지만, 당시에도 집 밖에 나오지 않는 사람들은 있었다. 축제가 열리면 인구가 700명밖에 안 되는 그 작은 도시에 하루에 1만 명씩 모여들었지만, 축제를 준비하지도, 즐기지도 않는 사람들은 항상 있었다.

그럴 수밖에 없다. 좋은 지역공동체의 첫 번째 요건은 꼭 일원이 되어야 할 필요가 없다는 점이다. 공공생활, 시민의식, 생기 넘치는 지역사회 같은 개념들은 많은 사람들에게서 잊혔고, 아직 잊지 않고 있는 사람들이 많다는 사실이 놀라울 정도다. 서문의 첫머리에 언급했듯이, 지역사회로부터의 탈출은 지난 수십 년 동안 미국인들의 집단적 목표였다. 우리는 그런 사람들에게 예의 바르게, 그러나 단호하게 응답해야 한다. 그들에게는 지역공동체에 책임을 지지 않을 권리가 있고, 공공생활 복원을 위해 시간과 에너지를 쏟지 않을 선택권이 있다. 그러나 자신이 선호하는 라이프스타일을 정당화하기 위해 '진보'라는 이름으로든, 아니면 다른 어떤 명분으로든, 다른 사람을 좌절하게 해서는 안 된다. 참여하지 않기를 선택하는 사람들은 늘 선택권을 가지고 있었다. 그러나 공공생활을 갈망하고 동네 거리에서 사람들과 어울리던 삶을 그리워하는 나머지 사람들에게는 선택권이 없다. 그리고 나는 나머지 사람들의 생각에 더 타당한 근거가 있다고 생각한다.

1996년 10월 1일
플로리다주 펜서콜라에서

그 어느 때보다 일과 삶의 균형이 중요하게 평가받고 있다. 그런데 여기서 이분법에 주목해보자. 우리는 하루를 직장과 집이라는 두 장소에서 보낸다고 생각한다. 모범적인 배우자란 퇴근하자마자 집에 돌아와 가족과 함께 시간을 보내는 사람이다. 물론 그 이상대로만 사는 사람은 거의 없지만, 우리 사회가 이상적이라고 보는 삶은 직장에서의 역할, 가정에서의 역할을 벗어난 시간을 허락하지 않거나, 쓸데없는 '기타'의 시간으로 간주한다. 그런데 이 책은 그 제3의 시간, 그리고 그 시간을 가장 즐겁게 보낼 수 있게 해주는 장소에 주목한다.

이 책은 1989년에 초판, 1997년에 개정판이 출간된 레이 올든버그의 《The Great Good Place: Cafés, Coffee Shops, Bookstores, Bars, Hair Salons and Other Hangouts at the Heart of a Community》의 번역본이다.

저자는 미국 사회가 장소를 배치한 방식이 사람들의 삶에서 큰 부분을 도려냈다는 문제의식으로 이 책의 논의를 시작한다. 미국 대도시 외곽의 중산층 주택단지가 주된 비판 대상이며, 책 전체가 미국인에게 보내는 메시지다.[1] 그러나 이미 제3의 장소라는 용어를 여러 한국 연구자나 건축가, 마케팅 전문가 등이 인용하고 있다는 점은 올든버그의 지적과 분석이 우리 사회에도 시사하는 바가 있음을 입증한다. 또한 최근 우리 사회에는 획일화·대형화·프랜차이즈화가 주는 공허함을 메우기 위해, 혹은 그것들이 주는 답답함 사이에서 틈을 벌리기 위해 작은 가게들을 만드는 사람들이 자주 눈에 띈다. 그중 많은 수는 가게가 소통의 창구, 동네의 사랑방이 되기를 바란다고 말한다. 그들은 굳이 학문적 분석을 통하지 않고서도 이미 제3의 장소의 필요성을 느끼고 있는 것이다.

앞서 말했듯이 제3의 장소라는 개념은 이미 한국에 소개되었다. 그러나 인용에 재인용을 거듭하는 가운데 제3의 장소 개념을 일터와 가정 외의 해방구 정도의 좁은 의미로만 사용하는 경우를 가끔 보는데, 올든버그가 제시한 제3의 장소의 기능은 지역공동체의 근간, 비공식적 사회안전망, 민주적 토론의 장, 계층이나 직업·연령에 따른 분절화를 막는 통합기제 등 훨씬 폭넓다. 학자가 아닌 사람들도 쉽게 이해할 수 있게 쓴 저자의 노력에도 불구하고 이제까지 원서가 번역되지 않았다는 점이 제3의 장소가 가진 함의를 다각적으로 검토하지 못하게 한 이유 중 하나가 아닐까 싶어 안타까웠고, 바로 이 점에서 이제라도 번역서를 통해 더 많은 독자에게 소개할 수 있게 되어 기쁘다.

얼마 전 노키즈존이 논란거리였다. 이 책에서 거의 마지막에 제기한 쟁점이 떠올랐다. 그것은 환경이 아이들을 몰아내고 있다는 점이었다. 올든버그는 아이들이 얼쩡거리며 방해하지 못하게 하고 싶어 할 때 어린이 전용 공간이 만들어진다고 했다. 세대 간 갈등이 계층 간 갈등 못지않게 중요한 사회 갈등 유형으로 대두되고 있는 현시점에, 이 책이 어떤 공간을 만들고 거기서 어떤 시간을 보내야 할 것인지를 더 넓은 시각에서 숙고하는 계기가 되기를 바란다.

저자는 이 책에서 다룬 사례 외에 《Celebrating the Third Place: Inspiring Stories About the "Great Good Places" at the Heart of Our Communities》(2001)에서 커피숍이나 술집뿐 아니라 이발소, 서점, 체육

관 등 여러 제3의 장소를 소개하고 있다. 정보와 위트, 사회학적 통찰력을 두루 보여주는 짧은 신간 《The Joy of Tippling: A Salute to Bars, Taverns, and Pubs(with Recipes)》(2018)도 참고할 수 있다.

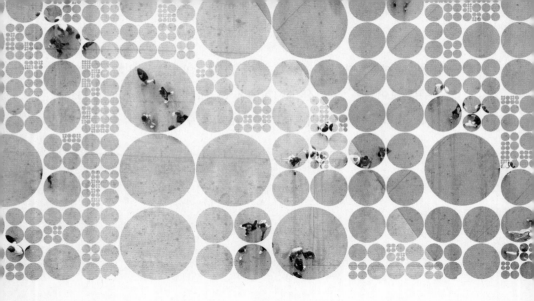

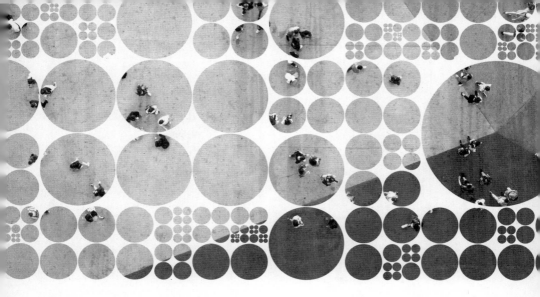

3부

일러두기

· 외국 인명, 지명 등은 대체로 국립국어원의 외래어 표기법을 따르되, 국내에 널리 굳어
진 표기가 있는 경우에는 그를 따랐다.
· 원서에서 이탤릭체로 강조한 부분은 두꺼운 글씨로 표시했다.
· 원서의 주는 모두 미주에 실었고, 옮긴이 주는 괄호 안에 (-옮긴이)라고 표시했다.
· 단행본과 정기간행물은 겹꺾쇠 《 》, 영화, 만화, 일간지 등은 홑꺾쇠 〈 〉, 논문이나 에
세이 등 짧은 글 제목은 큰따옴표 " "로 구분했다.
· 본문에 등장하는 책의 한국어판이 출간된 경우에는 한국어판의 서지사항을 달았고, 그
렇지 않은 경우에는 최대한 원어의 느낌을 살려 번역하고 원제를 병기했다.

　모든 멋진 도시와 위대한 문명에는 그 안에서 진화해온 독특한 비공식적 공공모임 장소가 있었고, 그러한 장소가 문명의 성장과 발전에 결정적인 역할을 했다. 이 장소는 시민들의 일상생활과 도시 경관의 일부가 되며, 결국 그 도시의 이미지를 지배한다. 수많은 노천카페는 파리를 파리답게 만들고, 로마를 머릿속에 그려보면 포럼^{forum}(사람들이 모여 토론하고 소통하는 장이자 시장의 기능도 갖고 있던 로마제국 시대의 도심 광장—옮긴이)이 먼저 떠오른다. 런던의 정신은 펍에서, 피렌체의 정신은 북적이는 광장^{piazza}에서 나온다. 비엔나를 제대로 보고 느끼려면 링슈트라세^{Ringstrasse}(오스트리아 빈의 중심부에 위치한 순환 도로—옮긴이)에 있는 오래된 커피하우스에 가야 한다. 아일랜드에는 식료품점에서 변모한 펍이 있고, 독일에는 전통적인 비어가르텐^{Biergarten}이 있으며 일본에서는 다실에서의 다도가 전반적인 생활양식의 모델이다. 이 모두가 개인과 사회 사이에 기초적인 매개가 이루어지는 장소다.

　고유의 제3의 장소를 지닌 도시에서는 낯선 사람도 집 같은 편안함을 느끼며, 그런 장소가 없는 도시에서는 현지인조차도 그런 편안함을 느끼지 못한다. 사람들이 모일 수 있는 장소는 삶의 필수 요소이며, 고유의 모임 장소 없이 성장한 도시는 사람들을 만족시킬 수 없다. 도시의 핵심은 사람들 사이의 다양한 접촉과 관계에 있는데, 이를 키우지 못하는 도시가 되고 마는 것이다. 그러면 사람들은 군중 속의 고독에 빠지고, 여기에 기술 진보가 더해지면 개인은 더욱 고립된다.

미국은 비공식적인 공공생활이 발달하지 못한 나라에 속하며 과거보다 상황은 더 나빠졌다. 휴식, 오락, 교우관계, 심지어 안전까지도 사적 영역인 가정의 몫이 되고, 가정은 개인을 사회와 연결해주기보다는 사회로부터 물러나 있게 하는 곳이 되었다.

집 인근에 사람들이 쉽게 만날 수 있는 장소가 있어야 비공식적 공공생활이 가능한데, 그런 장소의 종류와 수는 현저히 줄었다. 미국의 도시 개발 과정은 자발적으로 타인과 접촉할 기회를 충분히 제공하거나 독려하지 않는다. 그래서 개인은 자랑스러운 독립보다는 측은한 고립에 가까운 상태가 된다. 팽창하는 도시 속에서 일상생활은 마치 쉬는 시간 없이 이어지는 학교 수업이나 끝나고 맥주 한잔 마시는 재미 없이 고통스럽기만 한 소프트볼 경기 같다. 어울릴 장소가 부족해지면서 사람들과 여유를 즐기는 기쁨도, 그로부터 형성되는 사회적 유대도 함께 사라지고 있다.

비공식적인 공공생활은 좋은 마을, 멋진 도시의 필수 요소다. 이 책의 목표는 비공식적 공공생활이 이루어지려면 이를 뒷받침하는 환경이 필요함을 입증하는 것이다. 첫 번째 장은 비공식적 공공생활의 결핍 문제를 자세히 설명한 후 해결책으로 제3의 장소를 제안한다. 이후 논의는 세 부분으로 구성하여 제3의 장소의 **핵심**, **사례**, 그리고 관련 **쟁점**을 다룬다.

1부의 논의는 흥미진진하고 보람도 있었던 연구 결과물이다. 질문은 단순했다. 서로 다른 시대, 문화권마다 인기도 있고 수도 많았던 비공식적 모임 장소들을 찾아볼 수 있는데, 그 공통점은 무엇일까? 무대를 먼저 살펴보고 거기에서 이루어지는 행위를 보면 비공식적 공공생활에 지속적으로 참여한다는 것이 어떠한 사회적·심리적·정치적 의미를 갖는지 알 수 있다. 여기서 나는 시공간을 가로지르는 유사성에 주목했다. 그러자 다시 한 번, 나는 어느 시대, 어느 나라에서나 발견되는 유사성에 놀랐고, 비공식적 공공생활이 활성화되려면 그것을 뒷받침하는 핵심 환경이—겉보기에는 서로 달라도—어디에서나 매우 중요하다는 확신이 더욱 강해졌다.

2부는 여러 나라의 제3의 장소 사례들을 보여준다. 맨 먼저 살펴볼 19세기 독일계 미국인들의 라거 비어 가든은 평화적 공존과 행복한 연대의 모델로, 미국이 필요로 했지만 궁극적으로는 거부했던 가치를 상징한다. '메인 스트리트'는 제2차 세계대전 이전 비공식적 공공생활이 활기를 띠었던 미국 소도시의 모습을 보여주며, 가장 훌륭한 미국 고유의 사례다. 영국의 펍, 프랑스의 비스트로, 미국의 태번, 영국과 비엔나의 커피하우스에 관해서도 자세히 살펴본다. 각각의 구체적인 사례들은 제3의 장소 모델을 다시금 확인해주는 동시에 저마다 배울 점도 있다.

3부에서는 미국 사회에서 일어나는 비공식적 공공생활의 특징 및 운명에 관련된 쟁점들을 다룬다. 11장은 비공식적인 공공생활을 둘러싼 도시 환경을 살펴봄으로써, 어떤 요인들 때문에 도시개발이 오히려 도시의 파멸을 야기하는 역설적인 일이 벌어지며, 결과적으로 우리를 좌절케 하는지 밝힌다. 12장은 제3의 장소가 예나 지금이나 성차별적 전통 아래 있다는 인식으로부터 출발하여, 성별이라는 맥락에서 비공식적 공공생활을 다시 한 번 검토한다. 13장은 아동에 주목한다. 한 사회가 안전하고 풍요롭고 다채롭고 재미있는 비공식적 공공생활을 제공하지 않을 때, 가장 고통받는 존재는 바로 아동이다.

마지막 장은 도시에 사는 사람들이 양질의 삶과 대인관계에 적합하지 않은 환경에 적응해나가는 가운데 깨닫는 바가 있으리라는 점에서 낙관적인 전망의 근거를 찾는다. 희망은 전문가나 공무원들이 아닌, 주어진 환경을 사용하면서 부족한 점을 알게 되는 사용자들에게 있다.

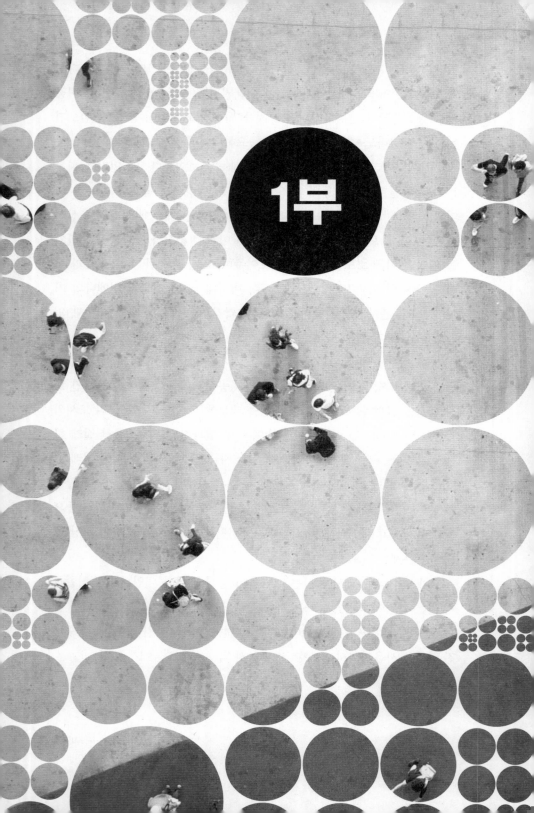

1부

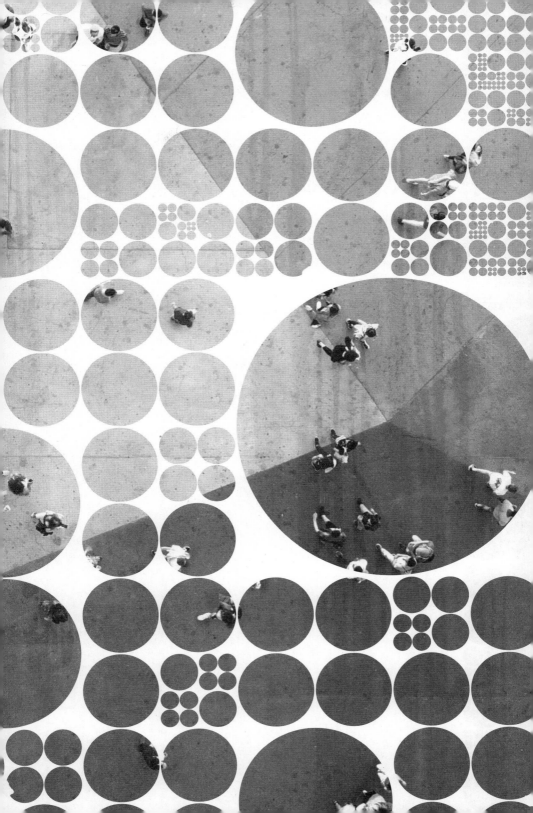

1장
미국에서 왜 장소가 문제인가

최근 미국에서 출판된 여러 저작물은 작은 마을에 대한 우리의 향수가 꼭 마을 자체를 향한 것이라기보다는 로버트 니스벳Robert Nisbet의 말대로 "공동체를 향한 추구"임을 시사한다. 공동체란 자기완결성을 갖추고 있으며 이해 가능한 범위 안에 있는 삶의 단위를 말한다. 작은 마을이 이전과 같은 위상을 되찾을 수 있는지는 그리 중요한 문제가 아니다. 사실 그렇게 되기란 불가능하다. 그보다는 미국인의 삶이 과거의 마을을 대체할 수 있을 만한 공동체를 발전시켜나갈 수 있을지가 관건이다. 이것이 바로 미국에서 장소가 문제인 이유다. 이 문제가 어떻게든 해소되지 않는 한 미국인들은 점점 더 짜증스럽고 파편화된 삶을 살게 될 것이고 정서적 불안과 불만이 지속될 것이다.

맥스 러너Max Lerner

《문명으로서의 미국America as a Civilization》, 1957

이후 전개된 양상을 보면 러너의 진단이 옳았다. 미국에서 장소 문제는 해소되지 않았고, 삶은 전보다 더 짜증스러워지고 파편화되었다.

작은 마을을 대체할 만한 새로운 형태의 공동체는 나타나지 않았다. 그리고 미국인들은 자신의 삶에 만족하지 못한다.

급속도로 증식한 자동차 중심의 교외 주거단지automobile suburb는 새로운 공동체로 보일지 모른다. 제2차 세계대전 후 1300만 명이 넘는 재향군인에게 보증금 없이 신규 개발 지구에 입주할 수 있는 자격이 주어졌다. 수많은 사적 공간들을 짓고 그 안을 채워나가는 가운데, 이러한 주거단지는 군수산업의 공백을 메울 대안이자 우애결혼companionate marriage(이전 시대의 결혼이 종족 보존, 안전, 경제적 이유 등으로 맺어진 것과 달리 사랑으로 연결된 현대 사회의 결혼을 말함-옮긴이)에 가장 잘 어울리는 거주 장소가 되리라고 기대했다. 그러나 행복은 오래가지 않았다.

전쟁에서 갓 돌아온 참전용사들은 안전하고 질서정연하며 고요한 안식처를 갈망했고, 이 말끔하게 구획된 단지는 그러한 욕구를 충족시켜줄 수 있었다. 하지만 그들의 부모나 조부모 세대를 뿌리내리게 했던 것과 같은 소속감과 장소감sense of place(특정 도시나 지역을 경험하면서 그 공간에 대해 갖게 되는 축적된 느낌-옮긴이)을 주지는 못했다. 집들이 모여 있다고 공동체가 저절로 만들어지지 않는다. 더구나 전형적인 주거단지들은 획일적인 주택과 도로를 넘어서는 어떠한 다른 구조나 공간 활용의 출현에도 적대적인 것으로 드러났다.

누군가가 묘사했듯이, 도시에 있는 주거 전용 구역과 마찬가지로 교외 역시 "각자가 흩어져 있는 사회적 실존의 구성 요소들에 가닿기 위한 전초기지에 불과"하다.[1] 교외 주거단지는 도시와 농촌의 장점을 두루 갖춘 환경을 제공해줄 것이라는 선전과 달리 개인의 삶을 파편화하는 결과를 낳고 말았다. "일하는 장소와 잠을 자는 장소가 다르고, 쇼핑을 하려면 또 다른 곳에 간다. 여가를 즐기고 친구를 만나는 곳이 딱히 정해져 있지 않고, 장소가 어디인지에 신경 쓰지 않게 된다."

거주자가 이사를 가면 교외 주거단지의 집은 쉽게 잊는다. 소중히 여기는 것들은 다 가져갈 수 있다. 동네 술집이나 상점에서 아쉽게 이별을 고할 필요도 없다. 애초에 그런 술집이나 상점은 있지도 않다. 사실 나이가 들면서 자연스럽게 다른 주거단지로 이사를 가는 경우가 많다. 주거단지들은 각기 일정 규모, 소득, 연령대의 가족에게 맞게 설계되므로 생애주기 내내 필요를 충족해주지 못하기 때문이다. 따라서 장소감이 생기지도 않고 한곳에 뿌리를 내리기도 쉽지 않다.

유럽에서 이주해 온 사람들은 이 같은 주거단지에서 공동체 생활이라고는 찾아볼 수 없음을 깨닫는다. 근래에 만난 한 활달한 여성은 여러 나라에서 살아본 경험을 들려주었다. 그녀는 지역을 옮길 때마다 새로운 환경에 적응해야 했다. 위에서 살펴본 미국 사회의 문제도 그중 하나였다.

여기 산 지 4년이 되었는데, 다른 어느 나라에서보다 더 이방인임을 절실히 느낀다. 사람들은 '좋은' 동네에 사는 데 자부심을 느끼지만, 살고 싶은 동네라고 부르는 곳이 우리에게는 감옥 같다. 이웃 간의 교류는커녕 이웃을 보기조차 힘들며, 아는 사람도 없다. 룩셈부르크에서는 저녁마다 동네 카페까지 산책을 하곤 했다. 카페에 가면 소방관, 치과의사, 은행원 등 거기에 있는 누구하고든 무척 즐거운 시간을 보낼 수 있었다. 여기서는 어두컴컴한 싸구려 술집에 차까지 타고 가도 그런 낙이 없다. 아무도 주위를 돌아보지 않으며 오히려 취객이 다가올까 봐 두려워하게 된다.

영국 저널리스트 케네스 해리스Kenneth Harris도 일찍이 영국인이 미국에서 가장 그리워하는 것 중 하나로 동네 펍을 꼽은 적이 있다. "미국 사람들은 식구들과 함께 동네를 거닐다 맥주를 한잔하며 이웃과 이야기를 나누고 돌아오는 일상을 도통 즐기지 않으며, 밤마다 개를 산책시키지도 않는다."[2]

유럽과 미국을 오가며 생활하는 2개국 거주자들은 양쪽 문화 차이를 더욱 뼈저리게 느낀다. 오스트리아 출신 건축가 빅터 그루엔과 그의 아내는 로스앤젤레스의 넓은 주택과 빈의 작은 집을 오가며 산다. 그루엔은 "로스앤젤레스에서는 친구를 만나거나 공연을 보기 위해 아늑한 집 밖으로 나가기를 주저하게 된다"라고 말한다. "한번 나가려면 시간도 많이 걸리고 장시간 운전의 피로도 감수해야 하기 때문"[3]이다. 하지만 유럽에서의 삶은 무척 다르다. "빈에 살 때는 외출이 잦다. 걸어갈 수 있는 거리에 콘서트 홀 두 개와 오페라 극장이 있고 연극을 볼 수 있는 공연장, 다양한 식당과 카페, 가게도 많기 때문이다. 로스앤젤레스에서는 오랜 친구를 만나려면 먼저 약속을 잡아야 하지만, 빈에서는 길을 걷다가나 카페에서 우연히 친구를 만나게 되곤 한다." 그루엔 부부는 미국 집이 빈에 있는 집보다 백 배는 넓지만, 미국에서는 빈에서 즐기는 공간에 비해 절반도 못 누린다고 느낀다.

교외 주거단지의 단점을 지적하기 위해 외부인의 시선까지 빌리지 않아도 된다. 그것이 가족의 삶에 미치는 영향은 익히 알려져 있다. 1960년대에 이미 교외 주거단지에 사는 주부는 "지루하고 고립되어 있으며, 물질적인 것에 사로잡힌" 모습으로 묘사되었다.[4] 타고 나갈 차가 없는 주부는 미국의 고립된 삶을 보여주는 전형적인 보기였다.[5] 차가 있는 사람들은 외로움과 고립, 공동체의 결핍을 이른바 '미친 스케줄 증후군frantic scheduling syndrome'으로 보상받고자 했다. '미친 스케줄 증후군'이란 미국 북동부의 한 상담전문가가 붙인 이름이다.

남편이 일하는 동안 교외에 내던져진 아내, 혹은 어린 자녀를 둔 엄마들이 겪는 외로움을 상담을 하면서 가장 흔하게 접했다. …
어느 동네에나 고독감이 만연해 있지만 잘사는 동네에서는 미친
스케줄로 고독감을 감추고 있는 것 같다. 테니스를 그렇게들 많
이 치는 것도 그런 이유에서다. 정말이지 모두가 테니스를 친다.[6]

예전 같으면 집에 있었을 기혼 여성 대부분이 이제는 직장에서 일을
한다. 행복한 교외 생활을 얻은 대가로, 아침마다 아빠 엄마가 일터로 사
라지고 나면 아이들은 어른들과 더욱 단절되고 만다. 전형적인 교외 생활
이란 청소년들에게 더욱 열악하다. 교외 주거단지는 청소년들에게 아무
것도 제공하지 않는다. 미국 사회학자 리처드 세넷[Richard Sennett]이 1970년
대 초반을 다음과 같이 묘사했는데, 지금은 더 나빠졌다.

지난 10년 동안 많은 중산층 아이들이 동네와 학교, 집을 벗어나
려고 했다. 부모가 그렇게도 공들여 얻은 생활을 아이들은 떠나
고 싶어 했다. 다양한 청소년운동 단체와 그들의 생활양식을 살
펴본 감상을 한마디로 요약하자면, 그들은 부모의 중산층 공동체
가 자유와 생동감을 가두는 새장, 혹은 우리 같다고 느끼고 있었
다. 그런 느낌은 중산층 환경이 안전하고 질서정연하기는 하지만
그 속에서의 삶이란 새롭고 예상치 못한 일, 변화라고는 찾아볼
수 없어 숨이 막힌다는 인식에서 비롯된다.[7]

동네가 얼마나 생동감 있는지 가장 빠르고 정확하게 알아보려면 아
이들이 그곳에 갔을 때 어떻게 행동하는가를 보면 된다. 십대 아이들이
교외 주거단지에 있는 집을 방문하면 우리에 갇힌 동물처럼 서성거리곤
한다. 행복해 보이지 않고 어딘가 불편한 표정이다. 이틀도 채 지나지 않

아 부모에게 빨리 집에 돌아가자고 조른다. 밖에 나가 또래와 어울릴 장소가 없고, 스스로 할 수 있는 일도 없으며, 주변엔 낯모르는 사람들이 사는 집밖에 없고, 거리를 돌아다니는 사람도 없다. 어른들은 잘 적응한다. 필요한 것이 적기 때문이다. 그러나 나이를 불문하고 교외 주거단지에서 생동감을 느끼는 사람은 거의 없다. 존경받는 원로 사회학자 데이비드 리스먼David Riesman은 교외 주거단지가 그곳 주민에게 미치는 영향을 분석하면서 "불쾌함을 억누르며 목적 없이 살게 한다"라고 묘사한 바 있다.[8] 아마도 **지루함**boring이라는 단어를 피해보려고 했던 것 같다. 십대 청소년이었다면 굳이 완곡하게 표현하려고 애쓰지 않았을 것이다.

미국 사회가 가진 장소 문제를 해결하여 사람들에게 공동체적 삶을 제공하는 데 실패했다는 점이 전후 교외가 폭발적으로 성장하는 데 걸림돌이 되지는 않았다. 오히려 새로운 교외 개발 형태가 출현하여 이전보다 집 밖에서의 삶이 훨씬 더 줄어들게 되었다. 왜 실패가 계속되는 것일까? 미국 건축이론가 돌로레스 헤이든Dolores Hayden은 미국인들이 이상적인 도시를 위해 이상적인 집을 포기한다고 본다.[9] 훨씬 더 넓은 부지, 훨씬 더 넓은 집을 갖기 위해 생명 없는 동네를 찾아갈 때, 지역공동체 따위는 문제가 되지 않는다. 공공환경 또는 공유환경이 갖추고 있는 편의와 호의가 쇠퇴하면 사람들은 점점 더 자신만의 공간에 욕심을 내게 된다. 집이 충분히 넓고 호화로우며 즐길거리와 편안함을 갖추고 있으며, 정치인들이 "친애하는 미국인 여러분"에 포함시키는 무리로부터 적절히 분리되어 있기만 하다면 집이 공동체를 대체할 수 있다고 여기는 것이다.

미국 사회에서 가족과 도시가 서로 소원해지는 이유에 관해서는 의견이 분분하다.[10] 수 세대에 걸친 연구를 진행했던 리처드 세넷은 "프랑스나 독일과는 달리 미국에서는 한 가정이 중산층이 되어 외부 세계의 위험과 혼란을 막을 수단을 갖게 되면, 곧 카페나 연회장에서 서로 어울려 즐기는 문화로부터 스스로 빠져나왔다"라고 주장한다.[11] 필리프 아리에스는 근대 도시 발전이 예전에 도시를 구성하는 핵심 요소였던 인간관계들을 말살했으며, 그 공백을 메우기 위해 "마치 비대해진 세포같이 가족의 역할이 과도하게 확대되었다"라고 말했다.[12]

　일주일에 하루 정도는 밤에 텔레비전 방송이 멈추어, 사람들이 그 시간에 자연스럽게 예전과 같이 집 밖에 나가 다른 사람들과 어울리는 나라도 있다. 하지만 미국에서는 그렇게 해도 소용이 없을 것이다. 세넷의 주장에 따르면 중산층은 공공장소를 부정적으로 여기기 때문에 텔레비전 방송을 안 해도 여전히 집에 머무를 것이고, 아리에스의 주장대로라면 친구나 이웃과 만날 장소가 없어서 나가지 않을 것이다. 미국 저술가 리처드 굿윈Richard Goodwin은 "펍이나 구멍가게, 공원 등 이웃 간에 따로 약속을 잡지 않고 자연스럽게 만날 수 있는 장소는 사실상 사라졌다"라고 선언했다.[13] 설명 방식은 다르지만 한 가지 긍정적인 점을 꼽자면, 가족과 도시가 앓고 있는 병을 치료할 치료법을 유추할 수 있다는 것이다.

　새로운 세대는 공동체 생활보다는 고도로 개인화된 삶을 추구하며 공익보다 개인적인 성공을 중요하게 여긴다. 이러한 태도는 부모에게 배운 것일 수도 있지만 각 세대가 스스로 경험을 통해 깨달은 것일 수도 있다. 중산층은 나이가 들거나 소득 수준이 높아지면 대규모 교외 주택단지를 떠난다. 이는 집을 더 나은 삶의 기준으로 삼게 만든다. 규격화된 주택에서 공동체적 삶은 실망스러울 따름이다. 주택단지에서는 거의 모든 공간이 개별 가족들을 위해 계획되었다. 따라서 집 밖에서 친구를 사귀고 우정을 쌓아보려고 해도 근대적 교외 주거단지의 제한된 특징과 시설에 가로막혀 좌절하게 된다.

　주거단지에 격식 없이 타인과 교류할 수 있는 중심 공간이 없으므로, 사람들은 바로 옆집 사람들만 알고 지낼 수밖에 없다. 가장 친한 사

람이 바로 옆집에 살 확률이 얼마나 낮은지 작은 마을에 살아본 사람이
라면 알 것이다. 새로 생긴 교외 주거단지라고 다르겠는가? 걸어 다닐 수
있는 거리 안에 100가구가 산다고 할 때, 그중 가장 마음이 잘 맞는 사람
들이 바로 옆집에 살 확률이 얼마나 될까? 물론 가까이 살수록 친해질 계
기가 많은 것은 사실이다. 하지만 한 블록 반 떨어져 사는 사람이 나와
잘 맞을지 어떻게 알 수 있겠는가?

이웃에 나처럼 사격이나 낚시, 경비행기 조종을 즐기는 사람이 산다
고 해도, 가족 전체가 서로 잘 맞지 않는다면 그 사람과 만나서 이야기를
나눌 기회조차 없을 것이다. 규격화된 주택단지에는 이웃끼리 힘들이지
않고 격식 없이 서로에 관해 알아가고 관계를 맺을 만한 장소가 없다.

이웃과 잘 어울려 지내려면 가족과 가족 사이, 또한 구성원들의 관
계가 좋아야 하며, 여기에는 상당한 노력이 필요하다. 이 과정에서 관계
는 쉽게 손상되거나 파열될 수 있다. 근래에 형성되어 뿌리가 약한 관계
는 회복도 어렵다. 더욱이 어렵게 만든 좋은 친구들 중 일부는 이 동네를
떠날 사람들이며, 이들은 쉽게 대체되지 않는다. 따라서 시간이 가면 갈
수록 이웃 관계와 지역공동체라는 허울을 만들기 위해 그만한 노력을 할
가치가 있는가 하는 회의감만 남는다.

─────── **비공식적 공공생활이 없다는 것**

앞서 미국 중산층과 프랑스나 독일 중산층의 차이에 관한 리처드 세
넷의 관찰을 언급한 바 있다. 미국인은 노천카페나 연회장에 일상적으로
가지 않는다. 프랑스나 독일 사람들에게 집과 일터 외에 사회적 응집과
충족감을 만들어내는 제3의 영역은 양질의 삶을 구성하는 핵심적인 요소
지만, 미국인에게는 그런 영역이 없다. 미국 사람들의 행동반경은 가정

과 일터에 국한되어 있으며, 그 외의 영역이 비집고 들어올 여지가 적다. 대부분의 사람들은 온실과 같은 가정의 품과 직장의 극심한 무한경쟁 사이를 끊임없이 왕복한다. 틀에 박힌 일상생활은 모두 버리고 '탈출'하고 싶은 욕망을 부추긴다.

사람들이 함께 휴식을 즐길 수 있는 기회가 적은 도시 환경에 살수록 집과 일터만 오가는 생활이 습관으로 굳어진다. 사람들이 모임을 갖던 친숙한 장소들은 급속히 사라지고 있다. 1940년대 후반에는 맥주와 양주 매출 중 대중음식점에서 팔리는 비율이 90%에 달했지만 지금은 30%로 감소했으며,[14] 동네마다 있던 선술집도 줄어들었다. 술보다 길 건너 드러그스토어에서 파는 음료수를 더 좋아하는 사람들이라고 해도 별 수 없다. 사실 이쪽 상황은 더 나쁘다. 드러그스토어에서는 1960년대에 이미 스낵 판매대를 보기 힘들게 되었기 때문이다.[15] 당시 어느 드러그스토어 경영 전문가는 "미숙련 노동자들의 강성 노조가 늘어나고 최저임금이 상승하고 있어, 스낵 판매대를 없애는 편이 낫다"라고 조언했다. 실제로 점주들은 그렇게 했다. 새로이 나타난 장소들은 신속한 서비스를 강조하다 보니 느긋한 휴식과 거리가 멀어졌다.

비공식적 공공생활이 없으면, 사람들은 대신 일과 가족에게서 너무 많은 것을 얻고자 한다. 지역공동체가 없어서 부족한 부분을 충족하려다 보니 가족이나 직장 동료들과의 관계에 과하게 의존하게 된다. 이러한 중압이 가져오는 결과는 확연하다. 가족의 해체와 악화라는 측면에서 보자면 오늘날 중산층 가족의 수준은 1960년대 저소득층과 비슷하다.[16] 미국은 세계적으로 인구 대비 이혼율이 가장 높은 나라에 속하게 되었고, 유아 인구 중 아버지가 없는 아이의 비율이 매우 빠르게 증가하고 있다. 전통적인 가족은 무너지고 대안적인 라이프스타일이 나타났다. 마치 선택의 폭이 넓어진 것처럼 보이지만 실제로는 그 어떤 선택을 해도 지역사회와 강하게 연결되어 있던 전통적인 가족만큼 만족스럽지 못하다.

　　미국의 기업들은 산업재해로 인한 장기 병가, 의료비, 생산성 저하로 500억 달러에서 750억 달러까지 손해를 보는 것으로 추정된다.[17] 노동자들의 스트레스는 산업재해의 주된 원인이다. 미국에서 가정의family physician 내원환자의 3분의 2가 스트레스와 연관된 문제로 진찰을 받은 것으로 나타났다.[18] 한 의사에 따르면 "우리의 생활양식 자체가 현대 질병의 주요 요인으로 대두되고 있다."[19] 《타임》지 에디터 클라우디아 월리스Claudia Wallis는 "미국에서 가장 많이 팔리는 3대 약물이 위궤양약(타가메트), 고혈압약(인데랄), 신경안정제(발륨)라는 사실은 유감스러운 징후"라고 말했다.[20]

　　미국인에게 없는 것은 비공식적 공공생활만이 아니다. 다른 나라에서 스트레스를 완화하는 데 매우 효과적으로 이용하는 수단들도 미국인들에게는 주어지지 않았다. 도시 환경이 스트레스를 가중시키는 것은 사실이지만, 이 환경을 조금만 바꾸면 스트레스를 줄이는 수단도 마련할 수 있는데 사람들은 이를 깨닫지 못하고 있는 것 같다. 매우 불행하게도 도시에서 누릴 수 있는 즐거움 대부분은 소비주의consumerism로 물들었다. 우리는 도시를 좋아하지 않는다. 즐겁지 않기 때문이다. 도시에서의 삶은 안전밸브 없는 압력솥과도 같으며, 도시 환경은 냉각장치가 없어 과열되어가는 엔진과 같다.

　　불행하게도 스트레스의 원인은 사회적이지만 치료는 개인의 몫이라는 견해가 많다. 많은 사람들이 현대인에게 높은 스트레스 수준은 불가피하며 사회시스템 자체의 속성이므로, 스트레스를 완화하려면 시스템 밖으로 나가야 한다고 생각한다. 때로는 뭔가를 즐길 때조차도 서로 경쟁하면서 스트레스를 받곤 한다. 때로는 그저 일상에서 벗어나기만 하면 나아질 것이라는 위험한 생각에 다다르기도 한다. 독일인이 비어가르텐에서,

프랑스인이 비스트로에서 활기찬 시간을 보내면서 원기를 회복할 때, 미국인은 마사지나 스파, 명상, 조깅, 장르소설에 의존한다. 유럽 사람들은 함께 어울리며 자유를 만끽하는 데 반해 미국에서는 타인과 교류하지 않을 자유를 찬미한다.

비공식적 공공생활이 없으면 생활비도 더 많이 든다. 마땅한 공공시설이 없으면 휴식이나 여가를 위한 시설과 수단이 사적 소유와 소비 대상이 되기 때문이다. 미국의 경우, 개인소비지출personal consumption expenditure이 GNP의 3분의 2에 달한다. 리처드 굿윈은 이러한 소비에 "인류의 본질적 소외"가 담겨 있다고 말한다.[21] 개개인이 소비하는 이 4조 달러는 사회를 분열시키는 데 크게 기여한다. 여가가 타락하여 소비가 되어버렸다는 논평이 있을 정도다.[22] 이 타락을 공격적으로 촉진하는 것은 바로 광고다. 광고 때문에 우리는 이 사회에서 만들어지는 상품이라면 무엇이든 소비하고 소유하고 싶은 충동을 느낀다.[23]

광고주들은 독선의 화신이어서 자신들의 노력이 없었다면 이 사회가 생기를 잃었을 것이라고 주장한다. 그들은 "누가 무언가를 팔기 전까지는 아무 일도 일어나지 않는다"(전설적인 세일즈맨 아서 H. 모틀리Arthur H. Motley의 명언−옮긴이)라는 말을 좋아한다. 완전히 상업화된 부문에서라면 아마도 그 말이 맞을 것이다. 하지만 돈이 지배하는 영역 바깥에서 사람들을 사귀고 함께 어울린다면 비공식적 공공생활이 발전할 가능성도 여전히 존재한다. 광고는 이데올로기로 보나 효과 측면에서 보나 비공식적 공공생활의 적일 수밖에 없다. 광고는 소외를 낳으며, 양질의 삶이란 돈을 주고 각자 살 수 있는 것이라고 사람들을 설득한다. 광고 이데올로기는 평등한 관계 가운데 발전하는 동지애를 몰아내고, 대신 서로 더 많이 가지려는 경쟁만을 조장한다. 이는 어떤 사람을 그 존재 자체로서 사랑하는 것과, 그가 가진 것 때문에 부러워하는 것의 차이와도 같다. 비공식적

공공생활이 풍성한 사회에서 광고를 경멸하는 경향이 있는 것은 우연이 아니다.[24]

비공식적 공공생활이 잘 발달되어 있는 사회에서는, 비록 가난하더라도 남들보다 검소하게 살아야 한다는 점 외에 다른 부담이 없다. 이는 엄청난 장점이 아닐 수 없다. 사회적 낙인도 없고, 다양한 경험을 할 기회를 박탈당하지도 않는다. 집과 직장에서 얻을 수 없는 것들을 비공식적 공공생활을 통해 보완하고, 경제적으로 궁핍한 사람도 사적 소유물의 부족분을 공공영역에서 보충할 수 있기 때문이다. 이러한 환경은 풍족한 사람들이 돈을 주고 살 수 없는 것들을 제공한다.

미국 중산층 라이프스타일대로 살려면 비용이 많이 든다. 다른 나라에서 동일한 만족감을 얻는 데 드는 비용과 비교하면 더욱 그렇다. 이웃이 함께하는 집단의례collective ritual나 자연스럽게 이루어지는 만남이 부족하다는 것은 개인들에게 엄청난 부담이 된다. 개인이 저마다 사회적으로 고립되지 않을 방도를 찾아야 하기 때문이다. 각 가구가 지역공동체와 연결되어 있지 않고, 모일 만한 장소도 없는 동네라면 지루함이라는 적이 어디에나 있는 셈이다. 주변 환경의 무미건조함을 상쇄하려면 돈이 많이 든다. 지루해진 사람들은 삶에 풍성함을 더하기 위해 끊임없이 새 벽지를 바르고 가구 배치를 바꾼다. 마치 무료한 유한계급처럼 새 옷을 사들이는 것도 같은 이유에서다. 길모퉁이 선술집에서의 자연스러운 만남이 사라진 시대에, 이웃과 모이려면 애써 디너파티를 준비하는 수고를 감수해야 한다.

비공식적 교류가 메마른 미국 중산층의 삶은 홈 엔터테인먼트 산업을 번성시킨다. 직접적인 경험 대신 간접경험을 제공하는 엔터테인먼트 콘텐츠를 즐기기 위해 각종 전자제품을 사들이는 사람이 늘어났다. AV 시스템을 구비하고 사회로부터 추방당한 사람들을 위한 지상낙원이라 할 수 있는 위성방송 수신 안테나를 설치한다. 그런데 콘텐츠에 대한 수요만큼 양질의 콘텐츠를 다양하게 만들어내기란 쉽지 않다. 이 때문에 제작자들은 모방과 공식에 의존하여 틀에 박힌 콘텐츠들을 쏟아낼 수밖에 없다.

운전을 할 수 있는 연령에 도달한 사람들은 무료한 삶으로부터 탈출하는 데 자동차를 필요로 한다. 자동차 역시 타인과의 교류 대신 각자의 삶에 매몰되게 하는 수단이다. 할부금, 보험료, 연료비는 대부분의 가계 지출에서 큰 비중을 차지한다. 더구나 이제는 걸어서 갈 수 있는 곳이 화장실밖에 없다는 농담을 할 정도로 어디를 가든 차를 타고 다니는 일상이 보편화되어, 부부도 각자 자기 차를 갖게 되었다.

비공식적 공공생활이 사라지면 일터 역시 사회적 긴장 완화social relaxation 기능을 수행해야 한다. 자연스럽게 친목을 도모할 수 있는 환경이 거주지에 조성되지 않으면 사람들은 직장에서 이를 대신할 만한 것을 찾게 된다. 일과 중 휴식 시간이란 단순한 쉼 이상의 의미를 갖는다. 즉, 신체적인 휴식보다 다른 사람들과 교류하는 데에서 얻는 효과가 더 크다. 퇴근 후에 이 효과가 충족되지 못하면 낮 시간에 휴식 시간을 더 길게 갖게 된다. 점심시간이 늘어져 업무 효율을 떨어뜨리는 일도 잦아진다. 업무에 관한 대화와 잡담 사이의 경계가 흐려지고 일과 놀이를 가르는 기준도 혼란스러워진다. 결국 일도 놀이도 만족스럽지 않다.

비공식적 공공생활이 사라져가는 데에서 미국 사회가 안고 있는 장소 문제가 분명하게 나타난다. 가족이나 일, 수동적인 소비로부터 얻는 것 말고는 타인과 경험을 공유하는 일이 얼마 안 되며 그나마 점점 줄어들고 있다. 집단적 경험 대신에 개인의 자의식만 비대해졌다. 미국인들은 물질적인 소유, 편안함, 즐거움을 추구하는 가운데 지루함과 외로움, 소외감, 가격표로 가득 찬 라이프스타일을 갖게 되었다. 미국이 여러 분야에서 발전했음을 부인할 수 없지만 적어도 비공식적 공공생활이라는 영역에서만큼은 오히려 퇴보했다.

이 영역은 사람의 발이 닿지 않은 미개척지처럼 수동적이지 않다. 테크놀로지나 행정조직이 발달하거나 인구가 증가한다고 해서 자연적으로 구축되지도 않는다. 도시에서의 삶이 가진 다른 영역들이 바뀌더라도 그저 시간이 흘러가도록 내버려두고 결과가 어떻게 되든 상관하지 않는다면 사람의 손이 닿지 않은 정원이 정글같이 바뀌고 결국 정원을 가꿀 역량을 잃어버리고 마는 것처럼, 사람들도 황폐해진 타인과의 관계를 어떻게 회복시킬지 알 수 없게 된다.

타인과의 건강하고 활발한 비공식적 교제 없이 살아가는 상태가 지속되면, 그런 교류를 만들어내는 방법을 잊고 만다. 미국에서는 모르는 사람들과 만나서 인사를 나누고 함께 즐기기 위한 관습적인 예절이 그렇게 분명하지 않다. 대신 타인과 접촉을 피하고 사생활을 보호하기 위한 전략이 발달했다. 이제는 행동반경 안에서 접촉해도 될 만한 사람을 구분할 줄 알고, 공공장소에서 다른 사람과의 접촉을 최소화하는 방법을 배우는 등, 교류하는 공간이 없는 곳 나름의 생존법을 익히는 일이 도시인에게 중요해졌다. 린 로플랜드는 미국 저술가 에이미 밴더빌트$^{Amy Vanderbilt}$의 오래된 베스트셀러인 《새 에티켓 백서$^{New Complete Book of Etiquette}$》(1962)에서 "낯선 사람들로 가득한 세계에서 써먹을 행동방침을 찾아볼 수 없다"라고 했음을 지적한다.[25] 범세계적이고 보편적인 미덕 따위는 사라지고 사람들은 모두 각자의 사생활로 침잠한다.

──────── 해법: 제3의 장소

이와 같은 미국 사회의 문제를 단 하나의 솔루션으로 한 번에 해결할 수는 없겠지만, 적어도 해결책을 마련하고자 할 때 고려해야 할 몇 가지 중요한 요소를 짚어볼 수는 있을 것이다. 비공식적 공공생활에는 몇 가지 기본 요건이 있으며, 이는 사회 전반의 건강한 발전을 위한 기본 요건이기도 하다. 어느 사회에서 비공식적 공공생활이 사라졌다면 이는 그 사회의 황금기가 끝났다는 뜻이며, 전망도 어둡다고 볼 수 있다.

이웃들과 매력적인 교류를 즐길 수 있는 도시를 알아보기란 어렵지 않다. 그런 도시에 가면 대로변이나 골목길, 공원과 광장 등 도시사회학자들이 틈새공간interstitial space이라고 부르는 장소에 사람들이 모여 있다. 쇼핑몰에서는 멋지게 차려입은 중산층만 환영받을지 몰라도, 틈새공간에서는 그렇지 않다. 젊고 건강하고 잘 차려입은 사람들 사이에 노인이나 가난한 사람, 누더기를 입었거나 노쇠한 사람도 뒤섞여 있다. 그 지역에 존재하는 모든 사람을 볼 수 있는 것이다. 대개 거리는 자동차 운전자만의 것이 아니라 보행자도 편안하게 돌아다닐 수 있고, 유모차에 아기를 태우고 산책하기도 좋다. 앉아서 쉴 곳도 많다. 아이들이 길에 나와 노는 모습도 흔하다. 영화에서 풍요롭고 행복한 동네를 보여주고자 하는 미술 감독이라면 바로 이런 모습을 연출할 것이다.

이곳에서는 건축물들이 휴먼 스케일human scale(인간에게 알맞은 규모─옮긴이)을 벗어나지 않고, 자동차가 보행자를 밀어내지 않으며, 삶에 여유가 있다. 그러나 이 장면만으로는 비공식적 공공생활을 활발하게 만드는 데 필수적인 그 도시만의 역동성을 알 수 없다. 비밀은 아름다운 풍경이 아니라 평범한 사람들의 삶 속에 있다.

이웃이 함께 어울려 사는 활기찬 동네들을 보면 일상생활에서 가정, 직장, 지역공동체라는 세 가지 경험 영역이 균형을 이루어야 편안함과 충족감을 느낄 수 있음을 알 수 있다. 세 영역은 각각 관련된 사람들과의 관계에 기반하며, 물리적으로 분리된 저마다의 장소가 있고, 다른 영역으로부터의 자율성이 확보되어 있어야 한다.

앞서 묘사한 풍경만으로는 알기 어렵지만, 세 번째 경험 영역도 집이나 사무실만큼이나 다른 영역과 구분되는 장소를 갖는다. 비공식적 공공생활은 비정형적이고 흩어져 있는 것처럼 보이지만 실상은 핵심 장소 core setting로 매우 집중되어 있다. 바로 이 핵심 장소에서 교류가 생겨나고 유지되는 것이다. 비공식적 공공생활의 핵심 장소가 사람들이 필요로 하는 만큼 풍부하게 제공될 때, 비로소 장소 문제가 해결되었다고 말할 수 있을 것이다.

미국의 저널리스트 피에르 샐린저Pierre Salinger는 한 인터뷰에서 미국보다 프랑스에서의 삶이 더 좋다고 했다. 프랑스에서는 모두가 여유로운데 반해 미국에서는 압박감이 심하다는 이유였다. 프랑스는 장소 문제를 해결했다. 프랑스인의 일상생활은 삼각대 위에 단단히 고정되어 있다. 삼각대의 세 다리는 가정과 일터, 그리고 식전주를 마시며 친구들과 어울리는 장소다. 미국에서, 특히 미국 중산층은 가정과 일이라는 다리가 둘뿐인 지지대 위에서 균형을 잡느라 기를 쓴다. 소외감이나 지루함, 스트레스가 고질병처럼 미국인들에게 붙어 다니는 것도 당연하다. 대부분의 미국인들에게 삶의 3분의 1은 부족하거나 아예 없는 셈이고 나머지 3분의 2는 제대로 조화를 이루지 못하고 있다.

우리의 도시 풍경과 일상생활에서 비공식적 공공생활을 위한 핵심 환경을 회복하기에 앞서, 그러한 장소가 어떤 특징을 가지고 있으며 그런 환경을 갖추면 어떤 점이 좋은지를 명확하게 해둘 필요가 있다. 신비하고 낭만적인 묘사만으로는 충분하지 않다. 그런 전략은 이미 확신하고 있는 사람들에게게밖에 통하지 않을 것이다. 그보다는 합리적이고 개인주의적인 세계관이 지배하고 있는 미국인들이 이해할 수 있는 용어로 분석하고 논의해야 한다. 즉, 샅샅이 파헤치고 구체적으로 어떤 이득이 있는지를 중심으로 설명해야 한다. 그래야만 이것이 비현실적인 특별한 경험이 아니라는 점을 납득할 것이다. 믿지 않으려 들거나 적대감을 보이는 사람들에 맞서 제3의 장소를 사수하려면 그들이 이해할 수 있는 언어로 설득해야 한다.

'비공식적 공공생활을 위한 핵심 환경'을 좀 더 간결하고 쉽게 표현 할 수는 없을까? 간결하면서도 객관적이고 누구나 이해할 수 있어야 한 다는 점에서 속어는 배제해야 할 것이다. 예를 들어 '뱅아웃bangout'이라는 속어는 부정적인 함의를 가지며 왠지 마리화나나 어두침침한 싸구려 술 집을 연상시킨다. 단골집이라는 뜻의 '행아웃hangout' 역시 서민들이 여가 를 즐기는 곳을 지칭할 때는 흔히 쓰지만, 상류층이 노는 요트 클럽이나 고급 바를 행아웃이라고 부르는 법은 없으므로 적절치 않다. 영어에는 사 실 프랑스어의 랑데부rendez-vous처럼 사람들이 가정과 일을 떠나 친구들 과 즐겨 찾는 장소를 두루 뜻하는 단어가 존재하지 않는다. 언어는 현실 을 반영한다. 즉, 우리가 적절한 용어를 찾아내기 어려운 것은 표현하고 자 하는 대상이 덜 발달되어 있다는 뜻이다.

'비공식적 공공생활을 위한 핵심 환경'은 너무 길고 복잡하여 기존의 단어 중에서 알맞은 표현을 찾아본 결과물이 바로 제3의 장소다. 제3의 장소란 사람들이 가정과 일터 밖의 영역에서 다른 사람들과 즐겁게 어울 리기 위해 자발적으로, 그리고 격식 없이 자주 찾는 공공장소들을 통칭하 는 용어다. 이 용어는 여러 모로 유용하다. 우선 중립적이며 짧고 쉽다. 또한 삼각대의 의미와 세 다리의 상대적 중요성을 잘 보여주기도 한다. 제1의 장소는 가장 중요한 가정이다. 아이들은 가정에서 한결같고 예측 가능한 환경을 처음 경험하며, 성장하면서 점점 더 큰 영향을 받는다. 가 정은 일터가 그들을 필요로 하기 훨씬 전부터, 그리고 일터로부터 버림받 은 후까지도 오래도록 사람들을 품어주는 안식처다. 제2의 장소인 일터 에서는 각자가 경제적인 역할 한 가지만 갖는다. 일터는 경쟁을 부추기고 동료들보다 앞서야 한다고 자극하지만, 한편으로는 생계수단을 제공하고 물질적인 삶의 질을 향상시키며 시간을 스스로 구조화하지 못하는 다수에게 일종의 시간표를 짜준다.

산업화 이전에는 제1의 장소와 제2의 장소가 하나였다. 그러다 산업화가 일하는 장소와 거주지를 분리했다. 생산적인 활동은 물리적으로나 정신적으로나 가정으로부터 멀어진 것이다. 제3의 장소라고 부르고자 하는 장소들은 이러한 분리가 일어나기 훨씬 전부터 존재했으므로, 제3의 장소라는 용어는 산업혁명, 그로 인한 공적 영역과 사적 영역의 분할이 가져온 엄청난 영향을 마지못해 인정하는 것이라 할 수 있다.

세 장소의 순위는 장소에 대한 의존성에 상응한다. 직장에는 안 다닐 수 있지만 집은 반드시 필요하며, 대개는 친구나 이웃과의 만남보다 일이 더 필요하다. 또한 이 순위는 그 장소에서 사람들이 얼마나 많은 시간을 보내는가와도 관련된다. 사람들은 보통 일터보다 집에서 더 많은 시간을 보내며, 제3의 장소보다는 일터에서 더 많은 시간을 보낸다. 중요성, 시간과 공간의 할애, 요구되는 충성도, 사회적 인식 등 여러 면에서 적절한 순위다.

제1, 제2, 제3의 장소 사이의 격차는 나라마다 다르다. 예를 들어 아일랜드, 프랑스, 그리스 등에서 비공식적 공공생활을 위한 핵심 환경은 매우 강력한 3위라 할 만하다. 반면 미국에서는 제3의 장소가 1, 2위와 격차가 큰 약체 3위다. 많은 사람들은 제3의 장소를 갖고 있지 않고, 그 필요성도 느끼지 못한다.

제3의 장소가 갖는 중요성은 문화적 배경이나 시대에 따라 다르다. 문자 사용 이전 시대에는 제3의 장소가 그 무엇보다 중요하여 마을 중앙을 차지하는 가장 웅장한 구조물이었다. 이러한 공간은 남자들의 모임 장소였으며 19세기 런던 팔 몰Pall Mall에서 호화롭고 우아한 사교 클럽으로 재현되었다. 고대 그리스와 로마에서는 아고라agora와 포럼이 크고 중심적인 시설이 되었고 집은 단순하고 검소해야 한다는 생각이 지배적이었다. 그들의 가치관에 따르면 도시 건축이란 사적이고 가족중심적인 삶보다 시민으로서의 공적인 삶에 더 큰 가치를 두고 있음을 보여주어야 하기 때문이다. 포럼, 콜로세움, 극장, 원형극장은 모두 거대하고 누구나 입장료 없이 들어갈 수 있었다.

그 후로는 그때만큼 제3의 장소가 두드러진 외관을 가졌던 적이 없다. 화려함이나 규모 때문에 눈에 띈 경우는 줄곧 있었지만 영향력은 한참 못 미쳤다. 거대한 공중목욕탕이 발달했던 문화도 여러 곳에서 발견되었고 빅토리아 시대의 술집 진 팰리스gin palace도 근사했다. 특히 진 팰리스는 주변의 누추한 환경과 대조되어 더욱 호화롭게 보였다. 19세기 미국 북부에서는 윈터 가든, 팜 가든 등으로 불리는 온실형 연회장이 유행했는데, 여기서도 크고 인상적인 구조물들을 많이 볼 수 있다. 하지만 지금까지 살아남은 제3의 장소는 외관의 화려함에 비중을 두지 않는다.

지금 제3의 장소를 중요하게 여기는 사회에서도, 제3의 장소는 외관이 화려하다기보다는 수가 많다는 점이 더 큰 특징이다. 도시의 지리적 팽창과 도시 내 다양성 증가, 구역들 간의 뚜렷한 차이는 변화를 요구했다. 휴먼 스케일의 작은 시설들이 늘어나고 도시 인구가 증가하면서 누구나 이용할 수 있도록 하는 것이 중요해졌다.

그런데 미국에서는 제3의 장소가 두드러진 존재감을 갖고 있지도, 뛰어난 증식 능력을 갖고 있지도 않다. 오히려 사람들이 모이는 것을 달가워하지 않으므로 그런 장소에 적대적이라고 할 수 있다. 도시에서 사람들이 가볍게 모일 수 있는 장소가 점차 사라짐에 따라, 사람들은 친구들과 여가를 즐길 만한 장소를 찾기 위해 고군분투한다.

종종 편의점 근처 나무 그늘에 픽업트럭 서너 대가 서 있고 그 앞에서 사람들이 캔 맥주를 마시는 모습을 보게 된다. 편의점에서 맥주를 살 수는 있지만 그 안에서 마실 수는 없기 때문이다. 이런 행태가 더 유행하게 되면 법으로 막을지도 모른다. 길을 따라가다 보면 프랜차이즈 햄버거 가게 주차장에 모여 있는 청소년들도 눈에 띈다. 점포 안에서 느긋하게 노닥거리기에는 눈치가 보이거나 쫓겨나기 십상이므로, 주차장이 최선의 선택이었을 것이다. 빨래방에서 세탁기가 돌아가는 동안 수다를 즐기는 사람들도 있다. 동네에 아이들이 놀 만한 장소가 없어 차고를 놀이 공간으로 꾸미거나 방을 하나 따로 마련하는 부모도 있다. 청소년들이 근처 숲에 애착을 갖는 경우도 있다. 규격화된 집과 단조로운 거리를 벗어나 해방감을 느낄 수 있기 때문이다.

예전에는 미국의 도시에도 집과 일터 외의 삶이 공간적으로 존재했다. 그러나 새로운 도시계획가와 개발업자들은 그런 도시 풍경을 몹시 하찮게 여겼다. 그들은 동네 태번을 유해시설로 간주했고, 새로 조성하는 교외의 주택단지에는 그런 장소가 들어서지 못하게 했다. 사람들은 단지 무엇인가를 사기 위해서가 아니라 이웃을 만나러 방앗간이나 곡물 창고, 소다수 판매대, 아이스크림 가게, 과자 가게, 담배 가게에 가곤 했는데, 지금은 그런 장소의 현대적 대체물이 없다. 도시계획가와 개발업자들은 척박한 격자 모양 공간에 사람들을 가두었고, 이런 상황에서 사람들이 서로의 존재라도 알아볼 수 있는 테이크아웃 커피점 하나가 아쉬운 형편이다.

정통 보수주의자이자 까탈스럽기로 유명했던 18세기 영국 정치가 에드먼드 버크Edmund Burke는 당대의 영국 사회를 진단하며 지역공동체의 연대가 끊어질 위기를 경고했는데, 현대의 미국인들이 바로 그 같은 상황에 놓여 있다. 실제로 미국은 "혼돈의 도시 미국"을 사회적 동물의 요구에 맞게 적응시켜야 하는, 말도 안 되는 과제에 직면해 있다.[26] 그러나 이 과제를 왜, 어떻게 해결해야 할지 고민하기에 앞서 비공식적 공공생활이 국가와 개인에게 어떻게 도움이 되는지를 정확하게 이해해야 할 것이다. 바로 여기에 이 책의 목적이 있다.

제대로 설명하려면 해결책을 제시하기에 앞서 문제를 정확하게 진술해야 한다. 이 때문에 원하는 바는 아니었지만 씁쓸하고 불쾌한 이야기부터 꺼낸 것이고, 이후에도 언급할 필요가 있을 것이다. 그러나 해결책은 흥미롭고 즐겁다. 제3의 장소에서의 생활을 논의하는 가운데, 독자들도 제3의 장소를 위대하다고(이 책의 원제인 'The Great Good Place'를 염두에 둔 언급이다.−옮긴이) 말하고 싶어 하는 필자를 이해하게 되리라 기대한다. 제3의 장소를 누리고 있는 독자라면 틀림없이 공감할 것이다.

2장
제3의 장소의 특징

전 세계 어디에서나 제3의 장소에 공통적으로 나타나는 매우 중요한 특징이 있다. 아라비아 반도의 커피하우스, 독일의 비어슈투베^{Bierstube}, 이탈리아의 타베르나^{Taberna}, 미국 변경 지대의 오래된 가게, 그리고 게토 바^{guetto bar}(빈민가 술집—옮긴이)는 여러 시대, 여러 지역에 걸쳐 있지만 서로 닮아 있다. 각각을 살펴보면 더 익숙한 패턴이 드러난다. 제3의 장소들이 갖는 불변의 동일성은 외관상의 차이를 무색하게 만든다. 또한 각 사회의 비공식적 공공생활이 이루어지는 장소에 대한 태도는 저마다 달라도 동일성에는 변함이 없다. 미국 중산층이 자주 찾는 맥줏집도—미국인들이 자부심을 갖는 장소는 아니지만—빈의 자랑인 커피하우스와 마찬가지로 훌륭한 제3의 장소가 될 수 있다. 다행스럽게도 타인과 교감하고자 하는 인간의 욕구를 해소해주는 제3의 장소의 역량은 해당 국가가 그러한 교감의 가치를 얼마나 잘 이해하고 있는가에 크게 좌우되지 않는다.

놀랍게도 제3의 장소가 주는 이점에 주목하는 사람은 거의 없다. 제3의 장소를 필요로 하는 사람이 그렇게도 많고, 제3의 장소를 대신하여 나타난 새로운 여가 활동에 관해서는 지루할 만큼 세부적인 면면까지 알려져 있는 데 반해, 정작 제3의 장소가 가진 특징과 작동 원리가 아직까지 사실상 감추어져 있다시피 하다는 점은 이상할 정도다. 집단 심리치료, 명상, 조깅, 마사지에 관한 분석은 무수히 많다. 그러나 사람들이 스스로 스트레스와 외로움, 소외를 치유할 수 있게 해주는 제3의 장소는 쉽게 간과한다.

　이러한 현상은 어제오늘 일이 아니다. 지역공동체는 사람들이 자연스럽게 모여드는 제3의 장소에서 가장 생기가 넘치며, 그런 곳에서 사람들은 온전한 본모습을 찾지만, 그러한 가치를 온당하게 기록한 사례는 역사적으로도 드물다. 오히려 과소평가하거나 간과하는 경우가 대부분이다. 영국의 위대한 에세이스트 조지프 애디슨^{Joseph Addison}은 마지못해 당대의 제3의 장소를 칭찬한 적이 있다. 18세기 런던의 커피하우스는 애디슨의 활동 무대이자 토론의 장이었고, 영국의 전례 없는 학문 융성에 불을 지핀 장소였다. 애디슨은 "남자들이 당파심이 아니라 사교에 대한 애정으로, 없는 사람을 비난하거나 곤란하게 하기 위해서가 아니라 함께 즐기기 위해 뭉칠 때, 스스로의 성장을 위해, 혹은 다른 이들을 위해 단합할 때, 그도 아니면 적어도 바쁜 업무에서 벗어나 다른 사람들과 가벼운 대화를 나누며 피로를 풀고 싶을 때 유용하다"[1]라고 논평한 바 있다. 그러나 사실 커피하우스는 그보다 훨씬 더 의미 있는 공간이었다.

　애디슨은 제3의 장소가 가진 유일한 "유용성"으로 힘들고 지루한 일상 업무로부터 탈출, 또는 일시 정지할 수 있게 해주는 곳이라는 점을 들었는데, 여러 관찰자들이 공통적으로 이처럼 제3의 장소의 한 면만 보는 경향을 드러냈다. 예를 들어 체코 출신의 미국 저술가 요제프 벡스베르크^{Joseph Wechsberg}에 따르면 빈의 커피하우스는 평범한 사람들에게 다음과 같은 장소다. "고요한 섬 같은 안식처, 서재와 도박장, 무엇인가를 선전하거나 불평을 쏟아내는 장場을 제공한다. 거기서는 적어도 잔소리하는 아내나 제멋대로 구는 아이들, 단조로운 라디오 소리나 이웃집 개 짖는 소리, 까다로운 직장 상사나 참을성 없는 채권자를 피할 수 있다."[2] 독일계 미국인 저널리스트 H. L. 멩컨H. L. Mencken도 20세기 초 볼티모어의 태번을 "조용한 피난처", "일상으로부터의 망명처"라고 했다.[3]

그러나 제3의 장소가 주는 이점은 스트레스로부터의 탈출이나 스트레스 경감 외에도 많다. 여기에는 권태로운 삶으로부터의 피난처, 무한경쟁 속에서 잠시 숨 돌릴 수 있는 쉼터 이상의 의미가 있다. 그 진정한 가치는 삶이 고단하거나 스트레스가 심하거나 휴식이 필요하기 때문에 나타나는 것이 아니다. 물론 일상으로부터의 탈출이라는 면이 없지는 않지만 그렇게까지 강조할 필요는 없다. 그런 관점으로 제3의 장소에 관해 논평한 사람들은 너무 외적 조건에만 주목하고, 그 안에서 사람들이 어떤 특별한 경험을 하고 어떤 특별한 관계를 맺는지를 보지 않았다.

제3의 장소가 주는 이점을 단지 집과 일터로부터의 탈출구라는 점에서만 찾는다면 온당한 평가라고 할 수는 없겠으나, 그렇게 할 때 좋은 점도 있다. 한 블록밖에 떨어져 있지 않은 아파트와 동네 태번, 집과 동네 빵집이 얼마나 다른 공간인지를 부각할 수 있기 때문이다. 제3의 장소가 갖는 존재 이유는 바로 제3의 장소와 일상 속 다른 환경들의 차이에 있으며, 둘 사이를 비교함으로써 가장 잘 이해할 수 있다. 물론 제3의 장소가 가진 장점을 돋보이게 하려다 집이나 일터의 모습을 왜곡해서는 안 될 것이다. 그렇게 한다고 도움이 되지도 않는다. 때로 내가 객관성을 잃을지도 모르지만 미국 사회의 여론, 신화와 편견이 여태껏 제3의 장소와 거기에서 이루어지는 교류의 가치를 공정하게 평가한 적이 없다는 점에 위안을 삼고자 한다.

──── **중립지대**

친구가 많을 수도, 다양한 친구가 있을 수도 있고, 매일같이 친구들을 만날 수도 있지만, 서로의 삶이 불편할 정도로 얽히지 않는다는 전제 하에서만 그러하다. 친구가 많거나 자주 만나려면 쉽게 친구가 될 수도 있고 쉽게 헤어질 수도 있어야 한다. 이는 명백한 사실이지만 그것을 둘러싼 모순 때문에 가려지곤 한다. 아무리 좋아하는 친구라고 해도 나의 삶에 깊이 들어오지 못하게 할 필요를 느낄 때도 있다. 혹은 사회학자 리처드 세넷이 말한 것처럼 "우리는 다른 사람들로부터 보호받고 있을 때만 다른 사람과 사귈 수 있다."[4]

미국의 저술가이자 도시계획가 제인 제이컵스는 미국 도시가 생명력을 회복할 방법을 모색하는 가운데, 대부분의 친교는 모순을 동반하며, 바로 이 때문에 친교를 위한 별도의 장소가 필요하다고 강조한다. 도시 사람들은 타인과 접촉을 즐기고, 그러한 접촉이 유용하며 의미 있다고 여기지만 "남들이 당신을 괴롭히는 것은 원치 않으며, 남들 또한 당신이 자기를 괴롭히는 것을 원치 않는다."[5] 만일 친구나 가족과만 교류할 수 있다면 그 도시도, 그 도시에서 개인의 사회생활도 무의미해질 것이다.

풍부하고 다양한 교류는 그 동네나 도시의 장래성, 잠재력이다. 그런데 풍부하고 다양한 교류가 이루어지려면 사람들이 모일 만한 중립지대가 있어야 한다. 언제든 원할 때 드나들 수 있고, 누가 특별히 주동하지 않아도 되며, 누구나 집처럼 편안하게 느끼는 곳이어야 한다. 중립지대가 없는 동네에서는 집 밖 교류가 빈곤해질 것이다. 이웃과 이야기는커녕 만나기도 힘들다. 그럴 만한 장소가 없기 때문이다. 중립지대가 있으면 가정에서보다 훨씬 더 격식 없이 친밀한 인간관계를 맺을 수 있다.

대체로 사회개혁가와 도시계획가들은 중립지대, 그리고 거기에서 이루어지는 인간관계와 상호작용, 여러 활동의 중요성을 무시한다. 사회개혁가들은 사람들이 길모퉁이나 가게 입구, 현관 앞 계단, 바, 과자 가게 등 공공장소에서 어슬렁거리는 모습을 싫어한다. 그들은 그렇게 시간을 보내는 일을 한심하게 여기며, 사람들이 더 나은 사적 공간을 가진다면 공공장소에서 시간을 낭비하지 않을 것이라고 생각한다. 제인 제이컵스가 지적했듯이 이런 생각은 "요리할 줄 아는 부인이 있다면 호텔 연회장 대신 집에서 파티를 할 것"이라고 말하는 것만큼이나 말도 안 된다.[6] 연회 테이블과 커피 카운터는 다른 곳에서라면 그러지 않았을 사람들이 자연스럽게 서로 어울릴 수 있는 분위기를 만들어준다. 길모퉁이와 연회장이라는 두 환경은 모두 공공성과 중립성을 가지며, 둘 다 동네, 도시, 국가 통합에 중요하다.

만약 미국인이 독립만큼 우애의 가치를, 자유기업만큼 민주주의의 가치를 존중한다면, 도시계획으로 인해 지역사회에서 사회적 고립이 야기되지 않도록 한두 블록마다 자연스럽게 모일 장소를 만들도록 규정했을 것이다. 조지아 식민지를 세우고 서배너(1733년 영국의 제임스 오글소프 장군이 이민자들과 함께 세운 미국 조지아주 동부 해안도시-옮긴이)를 설계한 영국의 장군이자 사회개혁가 제임스 오글소프James Oglethorpe의 지혜를 빌릴 수 있을 것이다. 그는 서배너 거주자들이 공공모임 장소 가까이에 살게 했고, 이는 셔먼 장군이 '바다로 행진'(남북전쟁 중 윌리엄 테쿰세 셔먼 장군이 지휘하던 북군이 남부 주요도시를 초토화시키며 진격한 1864년의 사건을 말한다. 북군은 12월 21일 서배너를 함락했으나 링컨에게 바치는 크리스마스 선물이라면서 도시를 파괴하지 않고 남겨두었다.-옮긴이)을 하는 와중에도 서배너를 지키는 힘으로 작용했다.

─── 제3의 장소와 레벨러

레벨러Leveler(수평파)는 찰스 1세 때 출현하여 크롬웰 공화정 때 사라진 급진적인 좌파 집단을 이르는 말이다. 그들은 모든 지위나 계급 차이를 폐지하고자 했다. 영국에서는 17세기 중엽까지 "사람들을 동등하게 만드는" 모든 것에 이 이름이 붙었다.[7] 당시는 영국이 전례 없이 민주정을 누리던 시대였다. 사람들은 이 시기에 새로 지어진 커피하우스도, 오래된 봉건질서가 쇠퇴함에 따라 새로운 친밀감을 누리던 커피하우스의 단골손님도 레벨러라고 불렀다.

커피하우스는 영국 사교 클럽의 전신이다. 초기 커피하우스들은 단골 고객들의 구성이나 대우에 있어서 매우 민주적이었다. 말하자면, "칵테일처럼 사람들도 섞여 있으며 신분이나 계층은 상관이 없다. 어리석은 멋쟁이와 명재판관, 투덜거리는 건달과 진지한 시민, 훌륭한 변호사와 떠돌이 소매치기, 신실한 비국교도와 위선적인 사기꾼, 서로 관계없는 이 모든 사람들이 하나로 뒤섞인다."[8] 이렇게 모인 사람들은 돌연 새로운 국가적 통합의 주체가 되었다. 활동 무대는 커피하우스였다. 그곳은 중립지대였기 때문이다. 거기에서는 이전에 그들을 갈라놓았던 신분이나 지위를 떠나 서로를 바라볼 수 있었다.

어떤 장소가 레벨러가 되려면 모두를 포용하는 곳이라야 한다. 즉, 누구나 접근 가능하고 입회와 배제에 관한 공식적인 기준이 없어야 한다. 사람들은 대개 사회적 지위가 비슷한 사람들 가운데에서 친구와 동료를 선택하는 경향이 있다. 공식적인 모임은 선택의 폭을 좁히고 제한하는 반면에, 제3의 장소는 가능성을 넓혀준다. 제3의 장소는 모두에게 문을 열고 지위 구분의 틀에 갇히지 않은 각자의 자질을 강조함으로써, 서로 어울리는 즐거움을 한정 짓는 기존의 경향성을 탈피하고자 한다. 제3의 장소에서는 신분보다는 각자가 가진 매력과 개성이 중요하다. 직장은 물론이고 가족 중에도 마음이 맞지 않는 사람이 있을 수 있다. 그런데 제3의 장소에서 함께 있을 때 진심으로 즐겁고 존경할 만한 사람을 사귀면, 이들을 대신할 수도 있다.

또한 레벨러 역할을 하는 장소에 가면 직장 동료에게도 일터에서 보여주지 않는 다른 면, 온전한 전인격을 드러낼 수 있다. 인간관계 대부분은 특정한 목적을 위해 만나는 사람들로 이루어진다. 사회학자들이 말하듯 사람들은 각자 부여받고 수행하는 여러 역할이 있기에 지속가능한 인간관계의 그물망을 가질 수 있지만, 다른 한편으로는 만남이 목적에 기반하기 때문에 각자의 개성이나 다른 사람들과 어울리는 일 자체의 본질적 즐거움이 가려지는 측면도 있다. 그에 반해서 게오르그 짐멜이 말하는 "순수한 사교"란 목적, 의무, 역할에서 벗어나 오직 "즐거움, 활기, 기분전환"을 위해 다른 사람들을 만나는 상황만을 일컫는다.[9] 짐멜이 주장했듯이 이러한 독특한 상황은 사람들에게 가장 민주적인 경험을 제공하며, 사람들이 온전한 전인격적 존재가 되게 해준다. 이런 만남에서는 사회적 제복이나 계급장을 모두 벗어버리고 그 아래의 본모습을 드러내는 편이 더 유익하기 때문이다.

제3의 장소에 들어설 때 어떤 변화가 일어난다는 것은 분명하다. 그 문을 지나면서 바깥세상의 신분증은 맡겨두고 모두 동등해져야 한다. 신분의 포기란 화물 트럭 소유주와 운전기사의 관계가 수평을 이룸을 의미하며, 이로써 더 인간미 있고 오래가는 관계를 맺을 수 있는 바탕이 마련된다. 수평화leveling는 바깥에서의 지위가 높은 사람에게도, 낮은 사람에게도, 즐거움과 기분전환이 된다. 밖에서는 자신의 사회적인 위치를 내세워 다른 사람들의 복종과 관심을 요구하던 사람들도 제3의 장소에 오면 기존의 지위가 거의 아무런 의미도 없다는 사실을 스스로 즐기게 된다. 거기에서는 정치적으로나 경제적으로 어떤 부침을 겪었든 관계없이 있는 그대로의 자신으로 받아들여진다.

마찬가지로 성취나 인기 면에서 높은 자리에 오르지 못한 사람들도 경력이나 경제적인 '실패'와 관계없이 제3의 장소에서 받아들여지고 함께 즐길 수 있다. 사람은 저마다 지위가 가리키는 것 이상의 무엇인가를 가지고 있으며, 그러한 사실을 가족 외의 누군가가 알아봐줄 때 진정으로 기쁨과 위안을 느낀다. 물질적 결핍에서 오는 짜증을 완화하는 최고의 진통제다. 지역사회가 가난한 사람도 동등하게 받아들여지는 환경과 기회를 제공하면 빈곤의 고통조차 상당 부분 사라진다. 순수한 사교는 더 성공한 사람이나 덜 성공한 사람이나 모두 인정하며, 양쪽 모두를 편안하게 해준다. 가정이나 기업과 달리 제3의 장소는 사기를 높이는 데 있어서 이런 어울림이 갖는 가치를 알아보고 실현한다.

제3의 장소에 침범하면 안 되는 것은 바깥세상의 지위만이 아니다. 개인적인 문제나 좋지 않은 기분도 치워두어야 한다. 다른 사람의 걱정거리를 듣고 싶지 않은 만큼 자신의 고민으로부터도 자유로워져야 하는 것이다. 제3의 장소는 유쾌하고 낙관적인 곳이다. 저마다 불운을 애석해하기보다는 다른 이들과 함께 있다는 것, 그리고 그들에게서 자신이 갖지 못한 새로운 면을 보는 것 자체를 즐겨야 한다.

일상적인 근심 속에 있다가 제3의 장소로 들어가면 마법처럼 눈에 띄게 달라지는 사람도 많아서, 찌푸린 표정에 무거운 발걸음으로 구부정하게 집으로 들어갔던 사람이 단 몇 시간 후에는 좋아하는 클럽이나 태번에 활짝 웃는 얼굴로 성큼성큼 들어선다. 영국 저널리스트 리처드 웨스트 Richard West는 세련된 뉴요커 지인을 따라 클럽에 갔던 경험을 다음과 같이 묘사했다. 그는 리무진에서 내려 계단을 올라 클럽 21에 들어갔다. "문을 열고 로비에 들어서자 마빈의 표정이 부드러워졌다. 찡그렸던 얼굴이 펴지고, 허세 따위는 길에 두고 온 것 같았다. 마치 마법에 걸린 것 같았다."[10]

미국 저널리스트 마이클 데일리Michael Daly는 "완벽한" 가정에서 자란 "완벽한" 아들이었던 피터 맥파틀랜드Peter MacPartland가 아버지를 살해

한 혐의로 기소된 비극적인 사건에 관해 쓴 글에서 맥파틀랜드가 끊임없는 투쟁과 경쟁으로부터 벗어날 수 있었던 유일한 장소를 언급했다. 그곳은 바로 태번이었다. 맥파틀랜드는 월요일 저녁마다 한 친구와 함께 루디스Rudy's라는 노동자 계급의 태번에 가서 〈먼데이 나이트 풋볼Monday Night Football〉을 시청했다. "그것은 그에게 최초의 자유와도 같았다. 맥파틀랜드는 루디스가 세상에서 가장 멋진 곳이라고 생각했다."[11] 도피처에는 여러 형태가 있을 수 있으며, 제3의 장소에서 사람들이 보여주는 변화된 모습은 단순히 그곳이 도피처라는 점만으로 설명할 수 없다.

─────── **가장 중요한 활동, 대화**

대화는 중립적이고 수평화 작용이 일어나는 무대가 있어야 가능하다. 대화는 제3의 장소의 가장 중요한 활동이자 제3의 장소를 유지시키는 활동이다. 생기 있고 재기 넘치며 다채롭고 매력적인 대화만큼 제3의 장소를 더 확실하게 보여주는 특징은 없다. 제3의 장소에서 사람들을 만나는 기쁨이 처음에는 미소와 반짝거리는 눈, 혹은 악수와 포옹으로 표출되지만, 그 기쁨을 더 진전시키고 유지하는 것은 재미있고 즐거운 대화다. 여러 사회를 비교해보면 얼마나 대화가 풍부한지가 제3의 장소의 풍요로움과 밀접하게 관련되어 있다는 사실을 바로 알 수 있다. 1970년대에 헝가리 태생의 미국 경제학자 티보르 스키토프스키Tibor Scitovsky는 이에 관한 통계자료를 제시했다.[12] 영국인의 펍 방문율과 프랑스인의 카페 방문율이 높게 나타났는데, 이들 나라에서는 사교적 대화에 대한 선호도 역시 매우 높게 나타났다.

스키토프스키는 미국인 관광객 대부분이 "다른 나라 사람들이 삶에 훨씬 더 가볍고 여유로운 태도를 보인다는 점에 충격을 받는다. 특히 그러한 태도는 산책로나 공원 벤치, 카페, 샌드위치 가게, 건물 로비나 현관, 그 밖에 사람이 모일 수 있는 곳이라면 어디에서든지 엄청난 잡담을 나눌 때 분명하게 드러난다"라고 말했다. 스키토프스키는 "대부분의 사람들은 술이나 커피를 마시기 위해서가 아니라 다른 사람들과 이야기하기 위해" 펍이나 카페를 찾는다는 점도 언급했다.

미국 문인들은 종종 대화가 더 중시되는 사회에 대한 부러움을 드러낸다. 그들은 어떤 행위가 그 행위가 일어나는 환경과 연관되어 있다는 점을 인식하고 있다. 미국의 사상가이자 작가 랠프 월도 에머슨Ralph Waldo Emerson은 "식탁 대화Table Talk"라는 에세이에서 대도시는 국가의 힘과 정신을 보여주는 표상이라고 주장하며, 특히 파리에 주목한다.[13] 파리는 오랫동안 유럽 전체를 지배하는 도시였으며 지금도 상당한 영향력을 갖고 있다. 에머슨은 파리가 "세계의 교류 중심지"가 된 여러 분야를 열거한 후 "대화와 카페의 도시라는 점이 파리가 가진 최고의 장점"이라는 결론에 이르렀다.

리처드 굿윈은 유명한 에세이 "미국의 상태The American Condition"에서 르네상스 시대 하루 일과가 끝날 무렵의 이탈리아 풍경과 미국의 저녁 러시아워를 대조하여 보여준다. "노을이 붉게 물들어가는 여름날 저녁, 피렌체의 종탑은 저녁 기도 시각을 알리고 사람들은 하루 일을 마치고 광장으로 모여든다. 피렌체 대성당Santa Maria del Fiore 계단은 사람들로 가득 찬다. 상인, 장인, 교사, 예술가, 의사, 기술자, 시인, 학자 등 지위나 계층은 상관이 없다. 수많은 사람들이 저마다 다른 생각을 가지고 있으며, 최신 소식과 여러 가지 질문과 고민 상담, 갖가지 농담이 활발하게 뒤섞인다. 언어와 사고가 끝없는 향연을 벌이며 호기심이 샘솟고, 수많은 사람들의 제각기 다른 생각이 고정되어 있는 것도 아니어서 모든 토론 주제가 무한대의 의미로 분화되며 이 모든 이야기들이 나타났다 곧 사라진다. 이것은 피렌체 사람들의 낙이다."[14]

　미국 사회에서는 대화를 가치 없는 것으로 보며, 대화에 능하지도 않다. 시인 워즈워스는 "대화가 무가치하다면 아무리 활기찬 대화도 그저 대화를 위한 대화로 폄하될 것"이라고 불평했다.[15] 티보르 스키토프스키도 미국 사회는 "대화에 무관심하고, 한가로운 잡담을 할 만한 환경을 만들지 못했으며, 대화 소재도 부족하다"라고 지적했다.[16] 미국인들은 잡담이 어리석고 진부하며 자기중심적이고 무분별하다고 말하는데, 그것은 미국인 스스로에 대한 정확한 평가다.

　대화가 어떤 장소를 매력적으로 만드는 데 그치지 않고 필수적인 요소가 되었다면, 그곳은 틀림없이 더 좋은 장소일 것이다. 사회 전체에서 대화가 쇠퇴하고 있더라도 제3의 장소에서는 대화의 기술이 보존된다. 그 증거는 셀 수 없이 많다.

　우선 대화의 규칙이 다른 곳에 비해 괄목할 만큼 잘 지켜진다. 대화의 기술에 정통한 사람들은 공통적으로 규칙이 매우 간단하다고 말한다. 미국의 법률가이자 저술가 헨리 세지윅Henry Sedgwick이 제시한 대화의 규칙도 간단하다.[17] ①대화 시간의 반은 침묵에 할애하라. 절반을 넘어도 좋다. ②다른 사람의 이야기에 집중하라. ③본인의 생각을 말하되 다른 사람의 기분을 상하게 하지 않도록 주의하라. ④사람들이 일반적으로 관심을 갖지 않는 주제는 피하라. ⑤개인적인 이야기는 가급적 피하고 그 자리에 있는 다른 사람들에 관해 이야기하라. ⑥가르치려 하지 말라. ⑦상대방이 들을 수 있는 한 목소리를 낮춰라.

　이러한 규칙은 제3의 장소가 가진 특징인 민주적 질서, 혹은 수평화에 잘 어울릴 듯하다. 이 규칙을 지키면 모두가 부족함 없이, 공평하게 이야기하게 되기 때문이다. 모든 대인관계가 그렇듯이 순수한 사교에도 적절한 형식이 필요한데, 이 규칙이 바로 그러한 형식을 만들어주었다. 기업에서는 말할 수 있는 권한이나 언제, 어떻게 말해야 하는지, 농담이 허용되는지, 누구에게 농담을 할 수 있는지가 지위에 따라 달라지지만, 제3의 장소에서는 거기에 모인 사람들 모두가 동등한 권한을 갖는다. 아무리 재치가 번득이는 사람이라 해도 대화를 장악해서는 안 된다. 남의 이야기만 들으려고 거기에 온 사람은 없기 때문이다.

제3의 장소에서는 어떤 어휘를 사용하는지보다 어떤 말투로 이야기하는지를 더 중요하게 여기는데, 이 점 역시 수평화에 도움이 된다. 영국 교육사회학자 브라이언 잭슨Brian Jackson은 영국 노동자 계급의 클럽 문화를 조사하다가 노동자들이 친숙하고 편안한 환경에서 이야기할 때 보여준 멋진 화술에 놀랐다.[18] 잭슨은 노동자들에게서 셰익스피어 작품 속에 나오는 인물과도 같은 위풍당당함을 보았다. 나는 이러한 예술적 재능을 미국 중서부 마을의 농부와 노동자들에게서 본 적이 있다. 그들은 풍부하게 감정을 실어 시를 낭송하고 그 지역에서 전해지는 이야기를 자기 일처럼 생생하게 묘사했으며, 학교 통폐합에 맞서 감동적이고도 설득력 있게 반론을 펼쳤다.

캘리포니아 샌타바버라에는 영문학과The English Department라는 이름의 태번이 있다. 주인은 샌타바버라에 있는 한 대학의 영문학과에서 수업과 세미나는 물론 연구실까지 찾아다니며 청강하다가 학교의 조치로 쫓겨난 적이 있다. 그런데 그 후 학교보다 태번이 더 배우기 좋은 곳이라는 것을 알게 되었다. 태번은 살아 있었다. 그는 고객들을 가리키며 "이 사람들의 이야기를 들어보라"라고 말한다. "이렇게 가르침을 줄 사람이 가득한 곳이 또 있을까? … 이 사람들은 모두 자기가 이야기하고 있는 주제에 깊이 빠져 있다. 이것이 진정한 탐구가 아니겠는가?"[19] 한 사회과학자는 학회장까지 맡았던 사람임에도 불구하고 자신의 경험에 비추어 볼 때 대부분의 학문 분과가 "학생들에게서 타고난 지혜를 빼앗아 간다"라고 말하기도 했다. 태번 영문학과 주인도 같은 깨달음을 얻은 것이다. 대학과 달리 제3의 장소는 타고난 지혜를 더욱 갈고닦게 해준다.

제3의 장소에서 대화가 갖는 중요성은 자리를 따분하게 만드는 '보어bore'(말이 많아서 상대방을 지루하게 만드는 사람—옮긴이)의 위험성에서도 확실히 알 수 있다. 가정이나 직장에서는 그런 사람들이 그렇게까지 악명 높지 않지만 사교를 위한 장소와 상황에서는 최악이다. 누군가가 부적절한 발언으로 대화를 끊어버리거나 주어진 몫보다 더 많이 말함으로써 분위기를 망쳐버리면, 대화에서 더 많은 것을 기대하는 사람들은 뒷걸음질하게 된다. 보어는 보통 다른 사람보다 시끄러우며, 재치 있는 말솜씨나 본질적인 내용 대신 큰 목소리와 장황함으로 승부를 보려 한다. 그렇게 해도 효과가 없으면 다른 사람들의 더 큰 인내심이 필요해진다. 대화가 일종의 게임인 것은 사실이지만, 그들은 공을 독점하고는 자신이 점수를 못 내더라도 다른 사람에게 패스하지 않는다.

이 시끄러운 수다꾼들은 사교성이 좋은 사람들에게 악재이며 교류를 방해하는 골칫덩이다. 영국 클럽 문화에 관해 풍부한 기록을 남긴 영국 고미술사학자 존 팀스John Timbs는 연륜과 식견을 갖춘 클럽 회원으로부터 다음과 같은 조언을 들었다. "클럽은 일단 넓어야 한다. 어느 클럽에나 보어는 있기 마련이지만 넓은 클럽이라면 보어를 피할 수 있기 때문이다."[20] 혹시라도 보어와 '공식적인 의형제'라도 되어버리면 낭패. 이는 배타적이고 격식을 중요하게 여기는 클럽보다 누구나 드나들 수 있고 비공식적인 장소가 더 유리하다는 점을 시사한다. 도망치기 쉬우니까!

제3의 장소에서 더 나은 대화가 이루어진다는 것은 대화 분위기를 통해서도 알 수 있다. 이곳에서의 대화는 다른 어떤 곳에서보다 활기차며 솔직하고 적극적이다. 또한 다른 곳에서 대화를 나눌 때보다 웃음과 위트가 넘친다. 이런 대화에는 현실을 초월하게 만드는 효과도 있다. 일찍이 에머슨은 파리로 가는 역마차 승객에 관한 에피소드를 소개하면서 이 효과를 다루었다. 승객들은 마차 두 대에 나누어 탔는데, 한 그룹은 마차 안에서 아무런 대화도 하지 않은 반면에, 다른 그룹은 금세 대화에 빠져들었다. "이들은 목적지까지 오는 동안 뇌우와 비바람, 위험한 사고를 겪었다. 그런데 두 번째 그룹은 첫 번째 그룹으로부터 그 이야기를 듣고 깜짝 놀랐다. 그들은 이런 일이 있었다는 것을 전혀 알지 못했던 것이다. 마치 속세를 잊고 다른 세상에 있었던 것 같았다."[21] 제3의 장소에서 이루어지는 대화는 몰입도가 매우 높을 때가 많다. 생동감 넘치게 흘러가는 대화 속에서 시간이나 상황은 곧잘 잊힌다.

대화의 흐름을 방해하는 것이라면 무엇이든 제3의 장소를 망친다. 보어나 철없는 대학생 무리, 전자기기 소리도 그런 예에 속한다. 그중 가장 흔한 것은 음악 소리다. 대화를 즐기려고 할 때는 제아무리 모차르트라도 너무 큰 소리로 연주하면 소음이 된다는 사실을 이해해야 한다. 특히 미국에는 음악을 너무 크게 틀어 대화가 불가능한 공공시설이 많다. 경영자가 말소리보다 20데시벨이나 더 크게 음악을 트는 이유는 분명하지 않다. 나른하고 파편화된 일상을 잊고 환각에 빠져들게 만들 수도 있고, 특정 고객층을 유인할 수 있을지도 모른다. 어쩌면 시끄러워야 사람들이 술을 더 많이, 더 빨리 마신다는 이야기를 경영자가 어디선가 들었을 수도 있고, 아니면 단순히 담당자가 그렇게 하고 싶었을 수도 있다. 이유가 무엇이든 스피커 볼륨을 올리는 순간 제3의 장소가 가진 잠재력이 제거될 수 있다. 대화를 방해하는 요소가 생기면 대화를 즐기러 왔던 사람들은 다른 곳으로 떠날 것이기 때문이다.

이와 같이 대화의 방해 요소가 있는 반면에 대화를 돕거나 촉진하는 요소도 있다. 제3의 장소는 그런 요소들을 갖추고 있으며, 반대로 대화를 활성화하는 요소가 있는 곳에서 제3의 장소가 출현하기도 한다. 더 정확하게 말하자면, 대화는 일종의 **게임**이어서 다른 게임과 어우러질 수 있다. 예를 들어, 클럽에서 카드 게임을 하면서 서로 아무 이야기도 안 하는 경우는 드물며, 패를 나누어 받고 딜러에게 아무 말도 안 하는 경우는 더 드물다. 게임과 대화는 생동감 넘치게 흘러가며, 대화는 게임을 더 즐겁게 만들고, 게임은 대화를 촉진한다. 브라이언 잭슨은 영국 노동자 계급의 클럽 문화를 관찰하면서 이 사실을 확인한 바 있다. "그들은 게임을 하는 데 많은 시간을 보낸다. 크리비지(두 명이 하는 카드 게임의 일종—옮긴이)나 도미노 게임은 대화이자 인성을 평가할 수 있는 수단이기도 하다. 구경하는 사람들도 조용한 법이 없으며, 게임이 진행될수록 더 많은 관전평이 오간다. 교활하다, 느리다, 빠르다, 쩨쩨하다, 등등 관전평은 대개 게임 내용보다는 플레이어의 성격에 관한 이야기로 흘러간다."[22]

모든 게임이 대화를 촉진하는 것은 아니며, 모든 게임이 제3의 장소에 도움이 되지도 않는다. 비디오게임을 즐기러 온 사람들로 가득한 방이나 두 명씩 짝을 지어 말없이 주사위 말판을 응시하고 있는 휴게실은 제3의 장소가 될 수 없다. 포켓볼 같은 게임은 대체로 제3의 장소와 잘 어우러진다. 단, 기교와 승패만 강조하여 각자의 개성을 무시하지 않는 한에서다. 무엇보다도 각자가 게임을 충분히 즐길 수 있어야 할 것이다.

미국 인류학자 로런스 와일리Laurence Wylie는 프랑스의 한 작은 마을을 묘사하는 가운데 게임이 사람들을 함께 어울리게 하는 데 있어서 얼마나 큰 잠재력을 가지고 있는지를 보여주었다. 이 마을 사람들은 동네 카페 앞에 모여서 여러 방식으로 불boule(금속 공을 굴려 표적이 되는 작은 공에 가까이 붙이는 스포츠—옮긴이) 게임을 즐긴다. "위트와 유머, 비꼬기, 모욕, 욕설, 논리, 실험적 시연 등이 이루어지며, 사람들은 상황을 극적으로 몰고 가서 게임을 더 흥미진진하게 만든다."[23] 이러한 특징이 있기에 불은 단순한 게임이지만 스포츠일 뿐만 아니라 훌륭한 사교활동이 된다. 다른 한편 "구경꾼들은 아무리 기술이 좋아도 게임을 재미있게 끌어가지 못하는 사람은 무시하고, 그렇게 실력이 뛰어나지는 않더라도 재치가 있고 약삭빠르며 상대방의 허를 찌르거나 극적인 요소를 만들 줄 아는 사람 주위에 모일 것이다. 물론 기술과 위트를 모두 갖춘 플레이어가 가장 인기 있다."

당구 채를 세워두거나 카드를 상자에 넣더라도 게임이 끝나지 않는다는 점을 인식할 때 우리는 비로소 제3의 장소가 가진 본질을 이해했다고 말할 수 있을 것이다. 헨리 세지윅이 관찰했듯이, 게임이란 "두 명이 반드시 필요하고, 넷이나 다섯 혹은 그 이상이 되면 더 풍부하고 다양한 즐거움을 준다. … 게임은 지성과 감성을 활성화하고, 기억과 상상을 불러일으키며, 불확실성과 의외성 때문에 재미있다. 게임에는 자제력과 극기, 노력과 기민함이 요구된다. 이 모든 자질이 게임을 더 흥미롭게 만든다."[24] 대화는 일종의 게임이며 제3의 장소는 이 게임이 펼쳐지는 경기장이다.

─── 접근성과 편의

최고의 제3의 장소는 하루 중 언제 가더라도 아는 얼굴이 있을 터이니 아무 때나 거리낌없이 혼자 갈 수 있는 곳이다. 그런 장소가 있다는 것은 외로움이나 무료함이 악령처럼 엄습할 때, 혹은 일과 중에 쌓인 스트레스와 불만을 좋은 친구들과 기분전환을 하여 씻어내고 싶을 때 강력한 자원이 되며, 그런 장소가 있어야 사람들 사이의 유대를 확인할 수 있다. 사회학자 필립 슬레이터Philip Slater 역시 "언제든 특정 장소에 가면 아는 사람을 여럿 볼 수 있어야만 공동체적 삶이 가능하다"라고 말했다.[25]

이와 같이 공동체를 구성하는 요건은 단순해 보이지만 막상 포착하기가 쉽지 않다. 미국 중산층 중 직장 외에 항상 아는 사람들을 만날 수 있는 장소를 가진 사람은 드물다. 주거단지 자체가 그런 장소에 점점 더 적대적인 방향으로 진화했다. 다른 여러 나라와 달리 미국에서 제3의 장소가 점차 줄어들었다는 점은 접근성의 중요성을 보여준다. 시간적으로나 위치상 방문하기 용이해야 살아남을 수 있기 때문이다.

예로부터 제3의 장소는 장시간 열려 있다는 점이 특징이었다. 옛날 영국 커피하우스는 하루에 열여섯 시간 동안 영업을 했으며 오늘날 미국의 도넛 가게는 24시간 열려 있다. 법적으로만 허용된다면 태번은 보통 아침 9시에 문을 열어 이튿날 새벽까지 영업한다. 쇼핑몰에서도 커피 카운터는 다른 가게보다 먼저 오픈한다. 제3의 장소로 기능하는 시설은 대개 하루 중 언제고 이용할 수 있다.

제3의 장소는 다른 곳의 책임에서 풀려난 사람들을 받아들일 수 있어야 한다. 우선순위로 따지자면 집과 일터, 학교가 더 중요하며 당연히 무시할 수 없다. 하지만 사람들은 집이나 일터, 학교에 의무적으로 있어야 하는 시간 전후에 타인과 교류하면서 휴식을 취하고 싶어 하며, 제3의 장소는 그런 사람들을 위해 준비되어 있어야 한다.

제3의 장소가 있는 사람들은 정기적으로 그곳을 방문하지만, 직장이나 집에 가는 것처럼 철저하게 시간을 지켜 꼭 가는 것은 아니다. 시간도 들쭉날쭉하고 며칠씩 가지 않기도 하며 때로는 아주 잠깐만 들르기도 한다. 시설의 관점에서 말하자면 방문객이 드나드는 시간이 유동적이고 특정 시간이나 날짜에 누가 있을 것인지 예측 불가능하다. 방문객 입장에서 말하자면 제3의 장소에 가는 행위는 무계획적이고, 불규칙적이며, 비조직화, 비구조화되어 있다. 바로 여기에 매력이 있다. 일반적으로 미국 중산층은 체계적이고 정돈된 상태를 선호하는데, 그런 경향으로부터 일탈하게 한다는 점이 바로 제3의 장소에 특색과 매력을 부여한다. 제3의 장소는 집과 직장의 반복적인 일상으로부터 벗어날 수 있게 해준다.

시간적인 요인만큼 공간적 요인, 즉 위치도 중요하다. 비공식적 모임 장소가 거주지에서 멀리 떨어져 있다면 매력이 떨어진다. 그 이유는 두 가지다. 첫째, 가기 불편하기 때문이고, 둘째, 모르는 사람들만 있을 것 같기 때문이다.

전형적인 영국 펍을 보면 가까운 위치의 중요성을 알 수 있다. 한때 법에 의해 펍 영업시간이 절반으로 단축됨에 따라 접근성이 급격히 떨어졌으나, 물리적 접근성 덕분에 계속 번성할 수 있었다. 펍은 '로컬'이라고도 불리는데, 이 명칭이 시사하는 바가 있다. 모든 펍은 누군가의 '동네'에 있다는 점이다. 무척 많은 펍이 동네 안에 있고, 그 동네 사람들이 펍을 이용한다. 그들이 펍에 가는 것은 아는 사람을 따라가기 편하고, 거기에 가면 반가운 얼굴을 볼 수 있기 때문이다. 영국 해협 너머 프랑스에서도 공공장소가 사교적인 목적으로 활발하게 이용되며, 모임 장소의 접근성도 훌륭하다. 블록마다까지는 아니더라도 적어도 동네마다 하나씩은 카페가 있어서 이웃들을 자주 만나 친분을 쌓을 수 있다.

도시 곳곳에 제3의 장소가 번성하면 사람들은 각자 원하는 대로 타인과 교류를 즐길 수 있다. 어떤 사람들은 제3의 장소에 자주 가지 않을 것이고, 어떤 사람들은 아주 드물게 갈 것이다. 동료와 함께가 아니라면 가지 않는 사람도 있을 것이다. 하지만 대개는 혼자 그곳에 간다.

———— **단골**

좌석 수, 마실거리 종류, 주차장, 가격 등은 제3의 장소의 매력을 결정짓는 데 있어서 이차적인 요인일 뿐이다. 단골손님을 끌어들이는 요인은 가게가 아니라 다른 고객들에게 있다. 적절한 사람들이 생기를 불어넣지 않으면 제3의 장소가 되지 못하는데, 단골손님들이 바로 그 적절한 사람들이다. 단골들은 장소에 특색을 부여하며 언제 방문하더라도 그곳에 아는 사람들이 있으리라고 예측하게 한다.

제3의 장소에서 주류는 단골손님이지만 언제나 수가 많은 것은 아니다. 수가 적든 많든 단골손님은 그 자리를 편하게 느끼며 흥겨운 분위기를 주도한다. 단골손님의 기분과 태도는 전염성이 있는 상호작용을 일으키며, 새로운 얼굴이 등장했을 때도 그들이 어떻게 받아들이는가가 중요하다. 주인의 환영도 중요하지만 단골손님만큼은 아니다. 바 카운터 맞은편에서의 환영과 수용이야말로 이 세계에 신참newcomer을 초대하는 방식이다.

단골의 중요성은 미국 전역의 술집에서 매일 입증된다. 대개 미국 술집에는 충성도 높은 단골이 없다. 손님들은 서로 떨어져 앉는다. 그들은 보이지 않는 불행의 무게를 어깨에 지고 홀로 앉아 맥주병 라벨을 뜯거나 성냥갑에 쓰인 광고 문구를 들여다보고 있다. 가끔은 원래 관심사였다는 듯이 텔레비전을 열심히 보기도 한다. 이 장면은 소설가 헨리 밀러 Henry Miller가 묘사한, 우울하고 세기말적인 미국 선술집 풍경을 연상시킨다.[26] 절망까지는 아니더라도 무기력이 팽배해 있다. 손님들은 대개 술을 마시기 위해서만이 아니라 힘을 얻기 위해서 이곳에 온다. 그러나 외로움이나 무료함으로부터 잠시 벗어나려던 의도가 무색하게도 더 외롭고 무료해지기만 한다. 시간이 갈수록 침묵이 깨질 확률은 줄어들고, 결국 비참한 결말에 이른다. 제3의 장소에서라면, 그리고 제3의 장소를 가진 사람들에게서라면 이런 음울한 장면은 볼 수 없을 것이고, 따라서 단골손님들도 당연히 그런 광경을 마주할 일이 없다.

단골손님도 모두 처음에는 초행자였다. 제3의 장소의 활력을 유지하려면 처음 온 사람을 받아들이는 일이 무척 중요하다. 무리에 합류하기가 그리 어려운 것은 아니지만, 그렇다고 저절로 이루어지는 일도 아니다. 환영받는 순서를 관찰해보면 어떤 요인이 새로 온 사람을 수용하는 데 관련되는지 알 수 있다. 가장 열정적으로 환영받는 사람은 돌아온 탕아, 즉 예전에는 충성도 높은 단골이었으나 사정이 있어 최근 몇 달 동안 오지 못했던 손님이다. 이들은 드물게 남들보다 더 큰 관심을 받는다. 그동안 보지 못했기에 물어볼 것도 많고 이야기해줄 것도 많기 때문이다. 그다음으로 환영받는 사람은 고정적인 단골손님이다. 먼저 온 친구들은 그가 오기를 기다리다 반갑게 맞이한다. 그다음 순위는 단골손님이 데리고 온 신참, 그다음은 외부인 둘이 함께 온 경우다. 외부인 혼자 온 경우는 가장 아래 순위로, 받아들여지기까지 가장 긴 시간이 걸린다.

그러나 처음에 혼자 온 사람이 오히려 단골이 될 가능성이 더 높다. 단, 우선 신뢰를 쌓아야 한다. 환영 강도를 좌우하는 요소는 신뢰다. 단골손님이 대동한 외부인은 이미 신원을 보증받은 셈이다. 외부인 둘이 함께 온 경우에는 적어도 둘 사이에 문제가 없음을 알 수 있고, 둘 사이의 대화 내용으로 신뢰도가 높아질 수도 있다. 그러나 혼자 온 외부인에게는 보증인이 없다. 개방적인 집단은 대개 대화라는 게임에 새로운 플레이어의 참여를 환영하는 한편, 상대방이 누구인지, 신뢰할 만한 사람인지 알고 싶어 하기 마련이다. 미국같이 서로 사람을 소개해주는 데 정해진 의례가 없는 나라에서는 환영의 서열이 더욱 중요하다.

그렇다면 혼자 온 외부인은 어떻게 무리에 합류할 수 있을까? 어려운 일은 아니지만 신뢰를 구축할 시간이 필요하다. 은행이 신용등급을 정할 때 고려하는 신뢰도나 서로가 서로의 목숨을 지켜주는 전투병들 간의 신뢰와는 다르다. 그보다는 심판 없는 동네 야구에서 신뢰를 쌓아가는 방법과 비슷하다. 동네 야구에서는 자주 얼굴을 내밀고 경기 매너가 좋으면 자연스럽게 모임의 일원이 된다. 제3의 장소에서도 새로 온 사람이 예의 바른지, 정중하고 상대방을 존중하는 자세로 대화를 주고받는지, 그리고 앞으로도 자주 올지가 관건이다. 이런 신뢰는 만나는 횟수가 거듭될수록 커진다. 다시 방문하기, 불쾌한 일을 만들지 않기. 이 두 가지 요건만 갖추면 일원으로 받아들여지며, 이 중 더 중요한 요건은 정기적으로 다시 방문하는 것이다.

처음 온 사람의 눈에는 제3의 장소 사람들이 실제보다 더 동질적이고 폐쇄적인 집단으로 보인다. 아직 무리에 합류하지 못한 사람은 제3의 장소가 다양성을 받아들이는 탁월한 능력을 가지고 있다는 것을 알기 어렵다. 미국 도시사회학자 일라이자 앤더슨Elijah Anderson은 학생 시절에 흑인들의 제3의 장소라고 할 수 있는 게토 바를 심층 분석한 적이 있다. 저학력, 저소득층 단골손님들이 중산층 고학력자였던 그를 받아들여주었기에 가능한 일이었다.[27] 영국 퍼블릭 바에서도 여러 개의 방으로 나뉘어 있는 곳은 노동자 계급만 이용할 수 있었고, 잘 차려입은 사람들은 출입이 제한되었다. 하지만 한 관찰자에 따르면 "여러 번 가면 어디든 원하는 자리에 앉을 수 있다."[28] 배타적인 장소에서는 새로 들어오는 사람을 엄격한 조건에 따라 심사하는 데서 기쁨을 느끼지만, 누구에게나 열려 있는 제3의 장소에서는 의외의 인물을 새로운 일원으로 맞이할 때 기뻐한다.

소박한 외관

제3의 장소는 보통 외견상 수수하다. 수수하다 못해 허름해 보이는 곳도 있다. 이는 사람들이 제3의 장소가 가진 중요성을 인식하지 못하게 만드는 이유 중 하나다. 겉만 보아서는 그리 의미 있는 장소 같지 않아 보인다. 제3의 장소는 대개 눈에 잘 띄지 않으며, 예외가 있기는 하지만 대부분 광고를 하지도 않고, 근사해 보이지도 않는다. 상업광고가 많고 외관을 중요하게 여기는 문화에서는 제3의 장소가 사람들에게 별다른 인상을 남기지 못할 가능성이 높다.

제3의 장소를 평범하게 만드는 몇 가지 요인이 있다. 첫째, 랠프 월도 에머슨이 관찰한 대로 타인과의 교류를 목적으로 만들어지는 "우정의 전당" 같은 곳은 없다. 제3의 장소는 만들어지는 것이 아니라 선택되는 것이다. 시설의 원래 용도가 무엇이었든, 사람들이 좋은 사람들과 시간을 보낼 곳으로 선택하면 그곳이 제3의 장소가 된다. 대개는 오래된 장소가 선택된다. 새로 생긴 시설은 본래의 목적을 고수하려는 경향이 있다. 또한 새로 생기는 가게는 짧게 머무르는 고객이 많을 것으로 예상되는 입지를 선택한다. 오래 시간을 보내는 손님은 수익성에 도움이 안 되기 때문이다. 새로 들어선 가게는 프랜차이즈 점포일 가능성이 높은데, 그렇다면 정책적으로 느긋하게 시간을 보내는 손님들의 행태를 막을 수도 있다. 프랜차이즈 본사의 정책에 따라 종업원들이 손님들이 어슬렁거리지 못하게 하기도 한다. 그 가게가 태번이라고 해도 다를 바 없다. 여기서 제3의 장소가 되기 위한 조건 중 그 장소 본연의 목적 외에 더 중요한 요인이 있다는 점을 알 수 있다.

평범함, 혹은 수수함은 '보호색' 역할도 하다. 프랜차이즈 매장처럼 반짝반짝 빛나는 외관을 갖고 있지 않으므로, 제3의 장소에는 외부인이나 잠깐 스쳐 지나가는 손님이 그렇게 많이 오지 않는다. 깔끔하고 현대적인 분위기를 좋아하는 중산층의 취향을 충족시켜주지도 못한다. 허름해 보이는 장소에는 중산층 고객이나 뜨내기손님이 아예 안 온다. 남성이 주로 이용하는 제3의 장소라면 여성 고객이 많이 찾지 않게 하는 요인이 되기도 한다. 물론 겉보기에는 낡았어도 실제로는 고객이 편안하게 즐길 수 있도록 깔끔하게 관리하고 있으니 오해하지 않기를 바란다. 여기서 이야기하는 초점은 그 장소가 주는 첫인상에 있다.

평범함, 특히 제3의 장소 내부의 평범함은 그곳에 모이는 사람들에게서 가식을 없애주는 효과도 있다. 불필요한 장식이 없는 인테리어는 겉치레를 버리고 모두 동등해지는 분위기를 만든다. 가식 없이 솔직해지는 공간이라는 점은 사람들의 복장에서도 드러난다. 제3의 장소 단골손님들은 굳이 집에 가서 옷을 차려입고 나오지 않는다. 만일 누가 과하게 옷을 차려입었다면 감탄이나 부러움이 아니라 놀림의 대상이 될 것이다. 제3의 장소에서 '겉모습'은 관심거리가 못 된다.

수수하고 검소한 분위기는 제3의 장소에 꼭 어울린다. 화려함이 조금이라도 있는 곳에서는 사람들은 자의식적이 된다. 수줍어하는 사람도 있을 수 있고 겉치레에 속아 넘어가는 사람도 있을 수 있다. 그 장소가 소문이라도 나면 곧 상업주의로 물들어버릴 것이다. 그렇게 되더라도 가게는 존립에 문제가 없을 것이고 어쩌면 더 번성할 수도 있겠지만, 제3의 장소라는 기능은 잃게 될 것이다.

끝으로 제3의 장소의 평범한 외관은 단골손님들의 마음속에 자리 잡은 모양새와도 닮아 있다. 최대한 그 장소의 이점을 누린다고 해도 단골손님에게 제3의 장소는 일상의 한 토막일 뿐이다. 제3의 장소를 대하는 가장 좋은 태도는 그저 일상의 일부로 여기는 것이다. 제3의 장소가 사람들의 삶에 기여하는 정도는 일상생활에 얼마나 자연스럽게 스며들어 있는가에 달려 있다.

장난스러운 분위기

제3의 장소를 지배하는 분위기는 장난스러움이다. 심각한 이야기를 해보려고 해도 1분 이상 지속하기 힘들다. 모든 화제와 발언자는 위트를 연습하고 발휘하는 공중그네와도 같다. 웃음과 떠들썩함으로 인해 장난스러운 분위기가 잘 드러날 때도 있지만 항상 그렇지는 않다. 그러나 분명하게 드러나든 그렇지 않든 간에 중요한 것은 정신이다. 이곳에서는 기쁨과 너그러움이 불안과 소외를 지배한다. 이는 내부자들의 마음을 따뜻하게 만드는 마법의 요소지만 동시에 외부자에게는—그가 아무리 가까이 앉아 있다 하더라도—자신이 그 매직 서클에 속하지 않는다는 것을 상기시키는 요소이기도 하다. 외부인들은 단골손님들이 쉽게 익히는 놀이 방식을 이해하기 어렵다. 외부인이 제3의 장소의 단골손님 무리에 수용되었다는 확실한 표식은, 심각한 그 무엇이 아니라 함께 놀 수 있다는 데서 나타난다.

놀이에 관한 세계적인 철학자 요한 하위징아^{Johan Huizinga}라면 제3의 장소가 가진 놀이터의 성격을 알아보았을 것이다. 하위징아는 놀이가 일상으로부터 떨어진 특정 장소에서 일어난다고 보았다. 놀이가 이루어지려면 그에 맞는 놀이터가 필요하다. 놀이터는 "금지되고, 격리되고, 울타리가 쳐 있으며, 그곳만의 규칙이 따로 있는 장소다. 놀이터는 일상적인 세계 속에서 일시적으로 펼쳐지는 또 다른 세계로, 일상으로부터 벗어난 특정 행위를 위해 마련된 공간이다."[29]

놀이터의 마법은 매혹적이다. 놀이에 참가해본 사람들은 그 놀이가 일어나는 장소로 이끌린다. 하위징아도 인정했듯이, 모든 공깃돌 놀이가 지속적인 모임으로 이어지지는 않겠지만 놀이 공동체가 대체로 그런 경향을 갖는 것 또한 사실이다. 왜 그럴까? 하위징아는 "어떤 예외적인 상황 아래 '떨어져 있으면서도 함께 있는 느낌', 중요한 무엇인가를 공유하고 있는 느낌, 혹은 일상세계에서 벗어나 통상적인 규범을 거부하는 느낌 때문에 게임이 끝나고 나서도 그 공동체 안에서 마법이 유지된다"라고 설명하면서, "클럽과 놀이의 관계는 모자와 머리의 관계와 같다"라고 말했다.[30] 아마 많은 사람들이 하위징아가 말한 느낌을 알 것이다. 그들은 여러 사교 모임이 따분하게 진행되는 와중에 마법의 시간이 찾아올 때 그 느낌을 경험한다. 정해진 활동이 없는 즉흥적인 모임인데 모두 그 자리를 너무 즐기고 떠나고 싶어 하지 않아서 생각보다 오래 머무르는 경우도 있다. 그런 경험을 해본 사람들은 다시 그런 모임을 찾거나, 만들거나, 되살리려는 충동을 느끼므로, "또 하자!"라는 말이 나올 수밖에 없다. 제3의 장소는 바로 그런 충동 때문에 존재한다.

또 하나의 집

오래전부터 아내들은 남편이 동네 태번같이 나쁜 곳에 드나드는 걸 불평해왔지만, 그곳이 정말 나쁜 곳이라는 근거는 미약하다. 만일 진짜로 그렇게 사악한 장소였다면 자멸했을 것이다. 제3의 장소는 여러 측면에서 집과 경쟁하며, 종종 그 경쟁에서 승리한다. 제3의 장소가 집과의 차별성을 가지고 집을 위협하는 존재라서가 아니라 편안한 장소라는 점에서 집과 유사하기 때문이다. 그렇다. 제3의 장소가 집보다 더 집 같을 때가 있다.

내가 가지고 있는 웹스터 사전에 따르면 제3의 장소는 **home**이라는 단어의 첫 번째, 두 번째 정의에 부합하지 않는다. ①"가족의 거주 장소"도 ②"가족이 함께 사는 삶에 의해 형성되는 사회 단위"도 아니기 때문이다. 그러나 "알맞은 환경"이라는 세 번째 정의는 집보다 제3의 장소에 더 잘 어울린다. 집은 꼭 알맞지 않을 수도 있지만 제3의 장소는 그럴 수 없다. 사실 집은 구성원끼리 친밀하다는 이유로 서로 최소한의 예의도 갖추지 않는 야만적인 장소인 경우도 많다.

물론 사적인 거주공간과 제3의 장소는 분명히 다르다. 우선 집은 사적인 환경이고 제3의 장소는 공공장소다. 또한 가족과는 달리 제3의 장소 중에는 동성끼리 주로 모이는 곳이 많다. 집에서는 무척 다양한 활동이 이루어지지만 제3의 장소에서 할 수 있는 활동은 훨씬 가짓수가 적다. 제3의 장소는 집이 아니다. 그러나 유사점도 충분히 많다.

나는 집다움homeness의 특징을 찾다가 심리학자 데이비드 시먼David Seamon의 책 한 권을 발견했다. 그는 집다움을 평가할 수 있는 다섯 가지 기준을 설정했다. 그는 진짜 집에 관해서만 이야기했지만 우리는 이 기준을 "또 하나의 집"에 적용해볼 수 있을 것이다. 시먼이 이런 비교를 예상했을 리는 없지만 이 같은 시도는 공공장소에 편향된 해석을 방지할 수 있으므로 오히려 그의 기준을 더 유용하게 만든다.[31]

시먼의 논의는 이렇게 시작한다. 집은 사람을 **뿌리내리게** 한다. 우리가 여기저기 돌아다니더라도 물리적인 중심은 집에 있다. 제3의 장소가 있는 사람들은 이 기준을 그 장소에 적용해보라. 한 지인은 프리랜서여서 출근을 하지 않는데 자기가 즐겨 찾는 커피숍을 두고 "이곳은 집을 제외하고 내가 매일 거의 같은 시간에 가는 유일한 장소"라고 말했다. 누군가가 제3의 장소를 갖고 있다면, 그 장소가 "그 사람을 갖고 있다"라고 말할 수도 있다. 미국에서는 제3의 장소가 프랑스에서만큼 단단히 사람들을 뿌리내리게 하지 못했다. 제3의 장소를 주기적으로 방문하는 사람들은 그곳에서 아는 얼굴을 볼 수 있으리라 기대한다. 기대했던 얼굴이 보이지 않으면 금방 알아채고, 그곳에 있는 다른 사람들에게 그에 관해 묻게 된다.

제3의 장소가 사람들에게 규칙적인 방문을 강요할 수는 없다. 이는 집이나 직장과 다른 점이다. 애리조나주 출신의 한 친지가 시카고에서 일하던 때에 드나들던 제3의 장소 이야기를 들려준 적이 있다. 그 사람은 여성이고 당시 혼자 살고 있었다. 그녀는 제3의 장소에서 어떤 장면이 펼쳐지는지를 묘사했다. 그녀를 포함해 몇몇 단골손님들은 길모퉁이 드러그스토어가 가진 매력과 접근성, 그리고 그곳의 즉석요리 서비스 때문에 모였고, 친구가 되었다. "사는 곳은 레지던스 호텔, 아파트, YWCA 등 서로 달랐지만, 사는 곳이 어디든 관계없이 모두가 그 가게를 더 집처럼 여겼다. 이틀 넘게 안 보이는 사람이 있으면 누군가가 찾아가서 잘 있는지 확인하기도 했다."[32]

대부분의 미국인은 이 사례에서처럼 집을 대체할 제3의 장소를 갖고 있지 않다. 그러나 제3의 장소에 더 깊이 뿌리내리고 있는 다른 사례들도 있다. 정신과의사 매슈 듀몬트Matthew Dumont는 낙후한 구역의 '지하'로 들어가 한 태번을 연구한 적이 있다. 듀몬트는 그곳을 스타Star 태번이라는 가칭으로 불렀다. 그는 스타 태번과 그곳의 바텐더가 노숙자들이 필요로 하는 것을 지역 보건 당국보다 훨씬 더 잘 충족시켜주고 있음을 알게 되었다. 그곳은 노숙자에게 "또 하나의 집"이 아닌, 진짜 집이었다.[33]

시먼이 '집다움'의 두 번째 요소로 꼽은 것은 내 것이라는 느낌, 즉 내가 소유하고 통제하고 있다는 느낌이다. 제3의 장소를 가진 사람들은 대개 "루디스가 우리 단골 가게야"와 같이 그 장소를 일인칭 소유격으로 지칭하며, 그곳에 가면 마치 자기들이 소유하고 있는 공간이라도 되는 듯이 행동한다.

남의 집을 방문하면 집주인이 아무리 다정해도 왠지 침입자가 된 느낌이 들기 마련이지만, 제3의 장소는 다르다. 제3의 장소는 공공장소이고, 단골손님은 외부인이 아니다. 또한 어머니가 가족에게 기여하고 있음을 자각하고 있듯이 단골손님들도 제3의 장소에서 만나는 사교 집단에 자신이 기여하고 있음을 안다. 그들은 완전히 자격을 갖춘 일원으로서 그 장소를 함께 **만들어**가는 주체다.

단골손님들은 일회성 손님에게 주어지지 않는 특권과 독점적인 권리를 갖는다. 공식적, 혹은 비공식적으로 전용석이 마련되어 있는 경우도 있고, 다른 사람은 이용할 수 없는 문으로 출입할 수도 있다. 전화를 무료로 쓸 수 있는 경우도 있다. 눈에 보이는 특전이나 특권이 없다 하더라도 친밀도가 높아지면 그와 비례하여 공간의 전유가 일어난다. 더 많은 사람이 방문하고, 이용하고, 그리하여 일원이 되면 그 장소는 그 사람들 것이 된다.

시먼은 세 번째 요소로 집이란 사람들이 기력을 되찾는 곳이라야 한다고 보았다. 물론 제3의 장소는 신체적으로 지쳤거나 아플 때 도움이 되지 않을 것이다. 그럴 때는 병원이나 집에 가야 한다. 그러나 긴장을 풀고 허심탄회하게 이야기를 나누며 정신적으로 회복하는 데에는 제3의 장소가 이상적이다. 이를 우리는 사회적 회복이라고 부를 수 있을 것이다. 특히 많은 여성들은 아내와 어머니 역할에서 벗어나 아늑한 장소에서 친한 친구들과 시간을 보낼 때 가장 편안하다고feel at home 말할 것이다.

'집다움'의 네 번째 요소는 마음 편하고 '자유로운 느낌'이다. 개성을 적극적으로 표출하고, 자기주장을 할 수 있는 환경이라야 한다는 뜻이다. 시먼의 관찰에 의하면 집에서 가구나 실내 장식을 선택하고 배치할 때 이 자유가 드러난다. 제3의 장소에서는 대화나 농담, 말투와 행동으로 표출된다. 양쪽 모두 흔적을 남겨 자신이 없을 때에도 그 장소와 관련 맺는 행위다.

마지막 요소는 '**따뜻함**'이다. 이는 시먼이 '집다움'의 특징으로 꼽은 다섯 가지 중 가장 추상적이며, 모든 집에서 나타나는 특징도 아니다. 따뜻함은 친절, 서로에 대한 지지와 관심에서 나온다. 유쾌함과 동지애의 조합으로부터 발산되며, 살아 있다는 느낌을 강화한다. 이 점에서 제3의 장소는 집보다 더 집다울 수 있다. 집은 따뜻함 없이 존재할 수 있지만 제3의 장소는 그럴 수 없다. 집은 따뜻함이나 친절함과 관계없는 여러 가지를 제공하는 곳인 데 반해, 제3의 장소에서는 따뜻함이 없다면 모임이 더 이상 이루어질 수 없을 만큼 따뜻함이 중심이 된다.

시먼은 공간을 어떻게 이용하는가와 따뜻함 사이에 깊은 관련이 있다고 보았다. 사용하지 않는 장소는 차갑게 느껴지며 타인과 공유하지 않는 공간에는 온기가 없다. 시먼은 또한 미국에서 1인 가구의 급속한 증가에 관해, 따뜻함의 결여가 개인과 사회에 어떤 영향을 미칠 것인지 의문을 제기했다. 내가 미국에서 온기를 발산하는 제3의 장소가 감소하는 데 대해 우려하는 바도 이와 유사하다. 나는 이러한 따뜻함의 상실이 가져오는 결과를 감히 이렇게 말한다. 사람들은 점점 더 차가워질 것이다!

─────── **요약**

제3의 장소는 중립지대에 존재하며 손님들을 사회적으로 동등한 조건으로 수평화하는 데 기여한다. 이곳에서 이루어지는 가장 중요한 활동은 대화이며, 대화는 인품이나 개성을 드러내고 이해하는 주요 수단이다. 제3의 장소라는 공간 자체는 특별할 것이 없고, 대체로 외관도 수수하다. 또한 직장 같은 공식적인 제도에 묶여 있는 사람들이 이용할 수 있도록 통상적인 근무 시간 외에도 열려 있다. 제3의 장소의 성격은 단골손님들에 의해 좌우되며 통상적인 장난스러운 분위기는 다른 영역에서의 진지함과 대조된다. 제3의 장소는 근본적으로 집과 다르지만, 심리적인 편안함과 지지받고 있다는 느낌을 준다는 점에서 이상적인 집의 성격과 흡사하다. 이와 같은 특징을 지닌 제3의 장소는 비공식적 공공생활을 활발하게 만드는 데 반드시 필요한 조건으로 보인다. 2장에서는 제3의 장소가 가진 특징들을 차례로 제시하되, 이 특징들이 결합할 때 발생하는 효과에 관해서는 설명하지 않았다. 이제 그 효과를 살펴보자.

3장
개인적인 이점

주기적으로 제3의 장소를 방문하고 그곳에서 이루어지는 친교의 가치를 높게 평가하는 사람들은 귀하고 특별한 이익을 얻게 된다. 모두를 동등하게 대하고, 대화를 중시하며, 구조는 느슨하고, 거기에 가면 확실히 친구를 만날 수 있는 데다가, 언제나 유쾌하다. 이 모든 것들이 합해져 다른 어느 곳에서도 볼 수 없었던 경험의 무대가 마련된다. 제3의 장소에서 길러진 사교와 대화 기술 또한 개인에게 이득이 된다.

제3의 장소에 가면 즐겁고 기력을 회복할 수 있어서 좋다. 이처럼 제3의 장소가 가진 가치는 주로 개인적인 차원에서 평가된다. 그러나 개인적인 이익에 그치는 것만은 아니다. 인간은 사회적 동물이므로, 개인적으로 얻은 바가 있다면 이는 곧 타인과의 관계를 향상시키는 데에도 기여하게 되기 때문이다. 즉, 개인의 이익은 곧 사회 전체에도 이익일 수 있다.

제3의 장소가 금전적인 이득을 줄 때도 있지만 여기서는 자세히 다루지 않을 것이다. 사람들이 친분을 쌓고 자주 만나다 보면 분명 선물을 주고받기도 하고 공구나 책을 빌리기도 할 것이다. 때로는 서로를 위해 시간과 노력을 할애하는 일도 생길 것이다. 어쩌면 좋은 제품이나 서비스에 관한 정보를 얻게 될지도 모른다. 그러나 어떤 모임이 아무리 상호부조적인 집단이 된다고 해도 금전적인 이득은 부차적이다. 도움이나 조언, 금전적인 절약은 어쩌다 보니 부수적으로 일어나는 일이지, 제3의 장소에서 모임이 형성되거나 유지될 수 있게 하는 요인이 아니다.

제3의 장소를 가지면 새로움(이것은 산업화, 도시화, 관료제화된 사회에서 특히 부족한 속성이다), 균형감각과 건강한 정신, 원기 회복, 그리고 자주 만나는 친구 집단을 얻을 수 있다는 점이 핵심이다. 물론 다른 장점도 있겠지만 상기한 네 가지는 모든 제3의 장소에서 보편적으로, 그리고 매우 명백하게 나타난다.

─────── **새로움**

사냥과 고기잡이로 생명을 부지했던 우리의 먼 조상들에게 삶이란 늘 새로움novelty의 연속이었다. 어려움은 많았지만 결코 지루하지 않았다. 우리의 노동 환경은 그때와 완전히 달라서 단조롭고 지루한 일투성이다. 대부분의 일은 기계적으로 반복되고 지나치게 좁은 영역에 국한되어 있어서 각자가 지닌 재능을 발휘하기 힘들고, 수렵을 할 때와 같은 고양감을 주지도 않는다.

그래도 미국인들의 보통 여가 시간에 비하면 일할 때는 그나마 새로운 일이나 자극이 있는 편이다.[1] 미국인이 여가 시간에 즐기는 활동에 특별한 기술이 필요한 경우는 거의 없고, 사람들이 그런 활동에 높은 가치를 부여하지도 않아서 점점 더 지루해진다. 테크놀로지의 발전으로 여가 시간이 늘어남에 따라 드라이브, 쇼핑, 텔레비전 시청같이 별다른 기술이 요구되지 않는 활동만으로는 우리가 필요로 하는 새로움의 양을 채울 수 없어졌다. 요즘 유행하는 차고 세일은 쇼핑몰에 가봐도 천편일률적인 상품들밖에 없으니 다른 방식으로 새로움을 보완하려는 시도일 것이고, VCR이나 위성방송 수요 증가는 진부한 텔레비전 프로그램 사이에서 새로움을 쥐어짜내려는 노력일 것이다.

티보르 스키토프스키는 《기쁨 없는 경제The Joyless Economy》(김종수 옮김, 중앙북스, 2014)라는 자신의 책에서 미국인이 청교도적 전통 때문에 인간이 얼마나 새로움을 필요로 하는 존재인지 알지 못하고 있다고 지적한다.[2] 그 결과 미국인은 새로움을 위한 흥미와 기술을 육성하지 않는다. 유럽과 비교할 때 미국인은 더 편안해지는 데 관심이 많은 반면 우리에게 자극을 주는 세계로 들어가는 데 대한 관심은 적다.

스키토프스키는 왜 많은 미국인들이 일상생활을 집과 직장이라는 두 영역에 한정하는지를 설명했다. 공교롭게도 제1의 장소와 제2의 장소 모두 매우 억제하는 분위기로 진화했고, 이 때문에 규칙성과 반복성이 두 장소가 성공적으로 기능하는가와 밀접하게 관련되어 있다. 또한 두 장소는 모두 상시적인 인구가 있으며, 그들과의 생활이 전부여서, 그 집단에 속한 사람들끼리는 너무 자주 만나고 그렇지 않은 사람들은 너무 드물게 본다. 결국 각 집단은 다양성을 상실하고, 제1의 장소와 제2의 장소에서 놀라움, 모험, 위험, 흥미진진함 등은 생경한 경험이 되는 한편, 사람들은 두 장소에 속한 소수에게 너무 많은 것을 기대하게 된다.

따분하게 반복되는 일상은 성격도 답답하게 만든다. 미국 저널리스트 피트 해밀Pete Hamill은 바로 이 점에서 자신의 지인들 사이의 뚜렷한 차이에 주목했다. "내가 아는 꽉 막히고, 스스로 사고할 줄 모르고, 불행한 사람들은 대개 온종일 일하고 바로 집으로 가서 먹고, 텔레비전 보고, 자는 것밖에 하는 일이 없다. 그들에게는 일과 가정생활 외의 그 어떤 사적인 경험도 없고, 다른 사람을 만나지도 않는다. 직장과 집만 있고 놀러 갈 곳이 없다."[3]

일상생활에서 새로움이 결여되었을 때 나타나는 부정적인 영향은 동료가 멍청해진다는 데서 그치지 않는다. 미국에서 소비하는 마약은 다른 모든 나라의 소비량을 합한 것보다도 많은데, 이는 사회적·물리적 환경이 주지 못하는 자극을 체내에서 일어나는 화학적인 자극으로 채우려는 시도라고 해석된다. 또한 범죄학자들은 올바른 길을 똑바로 가는 것에 비해 무척 새롭고 흥분되는 일이라는 점이 범죄를 부른다고도 말한다.

제3의 장소는 세 가지 점에서 새로움과 흥분을 촉진한다. 첫째, 다양한 사람들이 온다. 집이나 직장에는 비슷한 사람들만 모이는 데 반해 포용성이 강한 제3의 장소에서는 교사, 의약품 유통업자, 페인트공, 사무용품 소매업자, 지역신문 기자, 모두가 동료로서, 인간 대 인간으로서 친밀하고 활발하게 교류하게 된다. 따라서 제3의 장소의 전형적인 단골손님들은 풍부한 교류를 만끽하는 반면, 겁쟁이나 고집불통, 허세가 있는 사람, 그 밖에 인간의 다양성에 거부반응이 있는 사람들은 그렇게 하지 못한다.

단골손님들은 제3의 장소가 폭넓다는 것을 잘 알고 있다. 그들은 서로 다른 삶을 살아가는 여러 사람들에게 자신이 받아들여지고 있으며, 다양한 사람들이 자신을 좋아한다는 것을 깨닫고 좋은 느낌을 받는다. 개인은 여러 공식적인 조직에 속할 수 있지만 제3의 장소가 있다면 그 어떤 집단보다 더 강하게 지역공동체에 대한 소속감을 느낄 것이다.

상기했듯이 제3의 장소의 새로움은 계획이 꽉 짜여 있거나 조직적이지 않고, 구조가 느슨하며, 그곳에 오는 사람들의 구성이 유동적이라는 데서 비롯된다. 그 결과, 거기에 갈 때는 항상 불확실성이 존재한다. 단골손님들 중 누가 있을까? 새로운 사람을 보게 될까? 오랫동안 안 보이던 사람이 오늘은 나타나지 않을까? 친구를 데려오는 사람이 있을까?

단골손님들이 제3의 장소에 들어가는 모습을 보면, 그들이 거기에 가는 일을 흥미진진하게 여기고 있다는 사실을 분명히 알 수 있다. 차에서 내려 입구까지 가는 발걸음에 생기가 넘치고, 입구를 들어서며 누가와 있는지 살펴보는 눈은 열의와 기대로 가득 차 있다. 집이나 직장에 들어갈 때와는 다르다. 집이나 직장에는 누가 있을지 뻔하고, 습관적인 인사가 오갈 것이고, 그러고 나면 반복적인 일과가 이어진다. 이러한 차이는 (술집에 즐겨 가는 남편을 아내가 걱정하는 것처럼) 어디에 마음을 두고 있는가의 문제가 아니다. 평범하고 반복적인 일상 속에서 새로운 무엇인가가 올 것이라는 기분 좋은 기대 때문에 제3의 장소에 가는 발걸음이 가벼워지는 것이다.

다양한 사람들이 제3의 장소에 모이듯이, 거기에서 이루어지는 대화 주제 또한 다양하다. 집과 직장에서의 대화 주제는 새로울 것이 거의 없고 관점도 별반 다르지 않다. 집에서는 재미있게 이야기를 나누기보다 부부 사이의 문제나 돈 같은 주제로 진지한 토론을 해야 양질의 대화를 했다고 생각한다. 재미있는 대화는 손님이라도 와야 이루어진다. 음식을 준비하느라 들인 노력과 비용을 즐거운 대화로 보상받는 것이다.

제3의 장소에서는 집수리나 아이의 치아 교정, 큰아이는 누가 데려오고 작은아이는 누가 데려갈지 같은 일상적인 주제에 매몰되지 않으며, 직장에서처럼 무슨 얘기를 하든 결국 일 얘기로 끝나는 법도 없다. 제3의 장소에서 이루어지는 대화의 새로움은 언제나 변화하되 그 방향을 예측할 수 없다는 점에서 비롯한다. 오늘은 또 어떤 시시콜콜한 옛날 얘기를 끄집어내게 될 것이며, 앞으로 일어날 일에 대해서는 또 얼마나 엉뚱한 추측을 할까? 무슨 소문이 화제가 될 것이며, 그 소문은 얼마나 신빙성이 있을까? 오늘 도마에 오르는 사건은 무엇이고, 사람들은 어떻게 결론을 낼까? 격렬한 논쟁을 할까, 아니면 다들 한목소리를 낼까? 터무니없는 말을 하는 사람에게 맞장구쳐주는 사람이 있을까? 아니면 모두 눈치를 줄까? 누군가는 즐거워하고, 또 누군가는 공격을 받으며, 편견만 더 키우는 사람도 있겠지?

끝으로 제3의 장소의 새로움은 거기에 모이는 사람들의 집단적 역량으로부터 나오는데, 이 점이 가장 중요하다. 사실 제3의 장소가 제공하는 상호자극 자체가 새롭다. 매스 옵저베이션Mass Observation(영국인의 일상생활을 기록하기 위해 설립한 사회조사 기관—옮긴이)이 일찍이 제2차 세계대전 직전의 영국 펍 연구[4]에서 이러한 사실을 발견했다. 그들은 펍이 "다수의 대중이 모이면서 사고와 행동양식이 사전에 정해져 있지 않은 유일한 공공장소"라고 보았다. "다른 공공공간에서 사람들은 정치적·종교적 행사, 연극, 영화, 강연, 운동경기를 보는 관객일 뿐이다. 그러나 펍의 테두리 안에 들어가면 술을 파는 사람이든 사는 사람이든, 구경꾼이 아닌 참여자가 된다." 미국 사회학자 마셜 클리나드Marshall Clinard가 미국 중서부의 문화에서 관찰한 바도 동일하다. 견실한 시민 다수가 자신이 가장 소중하게 생각하는 모임이나 관계가 이루어지는 곳으로 교회보다 태번을 꼽았던 것이다.[5]

다른 곳에서와 달리 제3의 장소에서 일어나는 가장 만족스럽고 유익한 점은 사회적·능동적인 활동에 참여하게 된다는 점이다. 이 두 구성 요소가 결합하면 경험의 질이 더욱 높아진다. 야구를 예로 들어보자. 관중석에 앉아서 보기만 하는 사람보다는 직접 선수로 뛰는 사람이 더 많이 몰입하고 더 많은 것을 얻어 간다. 물론 텔레비전 중계라는 제한된 원격 버전을 보는 것보다는 야구장에서 보는 편이 나을 것이다. 또한 혼자보다는 팀의 일원으로 시합을 하는 편이 낫다. 관중석에서 볼 때에도 혼자보다는 누군가와 함께 보는 편이 낫고, 중계방송을 보더라도 혼자보다는 다른 사람과 함께 보는 것이 낫다. 이와 같이 경험을 강화하는 두 방식이 있다. 하나는 참여의 직접성을 높이는 것이고, 다른 하나는 사회성을 높이는 것이다. 그런데 슬프게도 지금은 많은 일이 자발성을 크게 요구하지 않으며 여가 활동은 더더욱 그러하다.

대화는 아무리 강조해도 지나치지 않을 정도로 중요하다. 새로움은 제3의 장소에 매료되는 사람들의 사회적 배경이 다양하다는 데서 나오며, 관객에 따라 맞춤형 공연을 선보이면서도 절대로 같은 공연을 두 번 보여주지 않는 무대와 같다는 점에서 더욱 강화된다. 그러나 상호자극이 없다면 새로움이 나타날 가능성이 사라지고 모든 것은 물거품이 될 뿐이다. 미국의 바에서 흔히 볼 수 있는 불편한 침묵은 대화가 얼마나 중요한지에 대한 무언의 증거다.

스키토프스키는 우리에게 대화법이 새로움의 이점을 알기 위해 가장 먼저 습득해야 할 기술임을 상기시킨다.[6] 대화법을 아는 사람은 제3의 장소처럼 대화를 촉진하는 분위기를 추구한다. 우리가 찾는 자극은 언제나 새로운 것과 익숙한 것의 혼합에 기초한다. 즉, 제3의 장소에서도 익숙한 단골손님들, 그리고 그들에게 기대하는 반응이라는 친숙한 배경 위에서 새로움이 나타난다. 모두가 서로를 잘 알고 있고 어떤 말이 이 사람을 화나게 하고, 무슨 말을 하면 저 사람이 폭발할지에 관한 목록이 머릿속에 있다.

균형감각

정신건강에는 환경과 유기체의 조화가 중요하다. 대부분의 사람들에게 이는 조화로운 대인관계를 뜻한다. 홀로 사막을 탐사하는 사람이나 깊은 숲속에 사는 은둔자라면 인간관계가 거의, 혹은 전혀 없어도 잘 살아갈 수 있을지 모르지만, 그들에게는 집단생활의 긴장감이 없다. 사회의 그물망 속에서 사는 사람들에게는 타인이 곧 환경이며, 대인관계의 질이 개인과 사회의 건강을 반영한다.

산업화된 도시 사회의 구조는 양질의 인간관계에 적합하지 않다. 고도의 전문화는 여러 인간관계를 파괴한다. 그 결과 미국 사회학자 셀던 베이컨Seldon Bacon이 구획화compartmentalization라고 표현한 현상이 일어난다. 구획화란 사람들이 자신이 속한 집단에 있지 않은 사람들의 "관심, 견해, 습관, 문제, 좋아하거나 좋아하지 않는 것"에 무지해지는 현상을 말한다. 그리고 "복잡하고 전문화되고 계층화된 사회에서 우리는 끊임없이 타인에게 의존하는 상황에 놓이지만, 아무도 우리에게 신경 쓰지 않는다고 느낀다."[7] 이런 환경은 공격성을 자극하는 상황을 더 많이 발생시키는 동시에 공격성이 더욱 위험한 방식으로 표출되게 만든다.

우리 사회에서 인간관은 쉽게 왜곡된다. 직접적으로 혹은 매체를 통해 다른 사람과 접촉하면 할수록 냉소주의가 싹틀 수 있다. 불안한 뉴스, 쓰레기 같은 범죄 소재 프로그램, 무신경한 이웃, 심술궂은 이웃 아이들, 범죄율 증가, 사법 시스템의 실패, 교통 혼잡, 탐욕적인 시장, 인플레이션, 오랜 친구나 친척으로부터의 고립 속에서 인간에 대해 긍정적인 시각을 유지하기란 쉽지 않다.

타인과의 유대를 저해하는 요인은 무척 많다. 그리고 그런 환경 때문에 유대가 더욱 중요하다. 긴밀한 대인관계를 갖고 있지 않은 사람들은 위험인물이 될 수 있다. 극단적인 예를 들자면, 대량살상범은 대개 외톨이다. 그런 사람들은 어디에도 소속되지 않으려 하고, 합리적이고 정상적인 사람들의 감시, 이의제기, 지원을 거부하면서 병적인 생각을 키워간다. 그들이 사이코패스에게서 종종 나타나는 매력을 보여줄 수도 있지만, 제3의 장소에서와 같은 인간관계를 맺는 일은 없다.

노인들을 보면 대인 접촉의 필요성이 더 잘 드러난다. 노인은 보통 대인관계가 부족하다. 너무 오래 혼자 지내다 보면 이유 없는 공포감이 커진다. 예를 들어 전화를 받았는데 전화를 건 사람이 아무 말도 하지 않는다고 하자. 예전 같았다면 전화를 잘못 건 무례한 사람이라고 생각했겠지만, 이제는 침입할 시간을 노리기 위해 집이 비었는지 확인하려는 도둑일지도 모른다고 여기게 된다. 또한 다른 사람들을 너무 안 만나고 살면 마음속에서 수십 년 묵은 과거의 상처가 다시 떠올라, 잠을 이루지 못할 정도로 그 상처를 곱씹고 확대 해석할 수도 있다. 대개는 이럴 때 친척이나 친구, 혹은 그 누구라도 집에 찾아와 대화를 나누어 유대가 회복되면 곧바로 '정상으로 회복'된다.

활동적인 젊은 사람들이라면 버스기사나 집배원, 신문배달원, 편의점 직원과 안면을 트고 대화를 주고받는 일을 상상도 안 하겠지만, 선택의 여지가 없는 노인들은 그런 식으로라도 대화할 기회를 절실히 원한다. 미국 중산층 사람들은 이웃과 상관없이 살아갈 수 있지만 노인은 운전이 힘들어서라도 그러지 못한다. 예전처럼 여기저기 돌아다니거나 멀리 있는 사람들과 왕래할 수 없어진 그들은 주변에서 일하거나 가까이 사는 사람들에게 새로이 관심을 갖는다. 노인은 인간관계를 기대할 수 없고, 노력 없이 인간관계를 유지할 수 없으므로 젊은 사람들보다 모임이나 의사소통의 중요성을 더 명확하고 절실하게 인식하고 있다. 그들은 사람들과의 관계 유지가 고립감이라는 악마로부터 자신을 구출하여 평온함을 가져다줄 수 있음을 깨닫는다.

그러나 정신건강과 삶에 대한 긍정적인 태도를 위해서는 다른 사람들과 연락을 유지하고 의사소통하는 것만으로 충분하지 않다. 우리 몸이 균형 잡힌 영양섭취를 필요로 하듯 정신도 마찬가지다. 현대적 삶으로 인한 짜증은 그것을 상쇄할 만한 다른 경험을 요구하며, 타인의 존재로 인해 자신이 즐겁고 만족스러워지는 인간관계가 바로 그러한 경험이 된다. 삶에 불만과 불안감뿐 아니라 기쁨과 즐거움을 가져다주는 원천이 사람이라는 점은 경험을 통해 얻은 교훈이다. 언제 '좋은 시간'을 보냈는지 생각해보라. 대개 오랫동안 알던 사람들과 있을 때였을 것이다. 사실 그들이 있기 때문에 그런 시간을 보내 수 있는 것이기도 하다. 어떤 사람은 일상적인 사회적 맥락과 동떨어진 곳에서 자구책을 찾으라고 하지만 그 효과는 미심쩍다. 모든 사회적 관계를 스트레스나 위협으로 간주하는 치료법도 있는데, 이는 해로운 결과만 남길 수도 있다. 스스로 어려움을 이겨내는 가장 좋은 방법은 적절한 인간관계를 맺어나가고, 그러한 인간관계를 정당하게 평가하는 것이다. 평균적인 미국 중산층이라면 이 의견에 동의할 것이다. 그러나 그들은 사교의 범위를 너무 좁게 상정하는 오류를 범하곤 한다.

제3의 장소는 거기에 오는 다양한 사람들 속에서 즐겁게 인간관계를 맺고 그 구성원들의 집단적 지혜가 발휘되도록 함으로써 건강한 관점을 갖는 데 기여한다. 영국의 변호사이자 작가 존 모티머John Mortimer의 소설 주인공인 럼폴Rumpole 같은 사람은 분명 현실에도 많으며, 럼폴이 겪는 상황 역시 매우 현실적이다. 럼폴 시리즈 중 한 권에서 그는 코앞으로 다가온 친구의 결혼을 막으려 애쓴다. 변호사인 그는 지금 친구가 어떤 위험에 처해 있는지 설명하며 이렇게 묘사한다. "하루 중 가장 평화로운 때. 5시 30분부터 샤토 플릿 스트리트에 있는 포메로이 와인 바에서 와인 한 병을 마시는 그 몇 시간. 베일리(런던 중앙 형사 재판소의 별칭-옮긴이) 전투와 가정생활의 공포 사이에 오아시스처럼 경이로운 평화가 있다."[8]

포메로이 와인 바는 럼폴에게 제3의 장소로, 그에게 적대적인 판사들과 "반드시 복종해야만 하는 여자" 사이에 축복 같은 막간을 선사한다. 그의 가정생활이 정말 공포스러울 리는 없지만 독자들도 "반드시 복종해야만 하는 여자"가 무슨 뜻인지 잘 알 것이고, 따라서 포메로이가 제공하는 해독제가 필요하다는 데 동의할 것이다. 물론 럼폴이 가정생활을 빼앗긴다면 평화의 오아시스만큼이나 가정생활도 그리워할 것이다. 럼폴이 배우자를 잘못 선택한 것은 아니다. 그는 훌륭한 여성과 결혼했고 다시 선택하라고 하더라도 그녀와 결혼할 것이다. 하지만 럼폴은 이런 인간관계, 즉 결혼제도의 한계를 절감하고 있는 것이다. 결혼제도 안에 함께 갇혀 있는 사람이 어떤 품성을 가졌는지의 문제가 아니라 가족만으로는 정서적·지적·사회적 삶 모두를 충족할 수 없기 때문에 집에만 모든 것을 기대하면 안 된다.

미국의 동네 태번에 가면 자기 아내를 '올드 레이디^{the old lady}' 혹은 '와이프^{the wife}'라고 부르는 남자를 흔히 볼 수 있다. 여자들끼리 모였을 때와 마찬가지로 남자들도 그런 호칭을 쓰며 결혼생활의 어려움에 관한 공감대를 형성하지만, 그렇다고 해서 아내나 결혼제도를 비난하는 것은 아니다. 그보다는 결혼을 너무 미화하거나 결혼생활에서 너무 많은 것을 기대하지 말라는 경고에 가깝다. 핵심은 자신의 결혼생활에 대해 균형 잡힌 시각을 유지하는 데 있다.

제3의 장소에서 직장에 관한 이야기를 나눌 때에도 비슷한 태도가 나타난다. 미국의 시인이자 번역가 케네스 렉스로스^{Kenneth Rexroth}는 남부 애팔래치아 지역 남자들이 '시저빌(갈매기의 일종─옮긴이)'이라는 단어를 다른 뜻으로 쓴다는 사실을 알아냈다.[9] 고용주가 진심으로 직원들을 위한다고 생각하는 동료 노동자가 있으면 그만큼 순진하다는 뜻으로 시저빌이라고 부르는 것이다. 이 말을 사용하는 사람들은 노동조합의 지도자도 아니고, 하고 있는 일에 심드렁하거나 냉소적인 사람도 아니다. 그들은 단지 동료에게 "자존감을 잃지 말고, 비현실적인 꿈을 꾸지도 말라"라고 이야기하고 있는 것이다.

제3의 장소에서의 조롱, 농담, 말장난, 헛소리, 결론 없이 끝난 논쟁 모두에는 인생관이 들어 있으며, 집과 직장에서라면 불가능한 냉정함을 견지할 수 있기 때문에 대화가 더 가치 있다. 에머슨은 인생이란 비판적이거나 지적인 그 무엇도 아니고 단지 "강인하게 버티는 것"이라고 말했다.[10] 개인은 제각기 불평하거나 칭찬하거나 철학적인 사색을 할 수도 있겠지만, 모두 공통적으로 이 삶을 견디고 있다. 제3의 장소 서식자들의 집단지성은 그들이 삶에 그리고 주변 사람들에게 이기적이고 비현실적인 기대를 하지 않고 삶을 잘 견디도록 해준다. 거기에서는 경험에 부합하는 지혜가 경험에 반하는 공상을 제어한다.

제3의 장소에서 건강한 인생관이 형성되기까지 그곳에서의 유머와 웃음도 한몫을 한다. 많은 전문가들은 웃음이 유익하며 치료 효과도 있다고 말한다. 그 한 가지 점만 보더라도 제3의 장소는 치료센터라고 할 수 있다. 웃음 빈도, 그리고 웃음을 발생시킨 내용 측면에서 치료 효과는 분명하다.

집과 직장에서는 보통 웃음소리가 들리지 않는다. 다들 무표정한 얼굴로 걷는 도로는 말할 것도 없다. 그러나 제3의 장소는 다르다. 오래전 한 코미디언이 정신병원을 웃음 학교라고 부른 적이 있는데 그것은 정확하지도 적절하지도 않다. 그는 진짜 웃음 아카데미인 제3의 장소를 간과했다. 제3의 장소에서는 정식으로 오락이 제공되는 곳을 제외하면 다른 어떤 장소에서보다 많이 웃는다. 미국인들은 평균적으로 하루 15회 웃는다고 한다.[11] 제3의 장소에서는 보수적으로 잡아도 최소한 한 시간에 열다섯 번은 웃을 것이다. 최근 중서부의 한 소도시에 있는 태번 전수조사에서 제3의 장소의 요건을 더 많이 갖춘 태번일수록 거기에 있는 사람들이 더 많이 웃는다는 사실이 나타났다. 이는 당연한 결과다.[12]

무엇이 웃음을 일으키는 것일까? 물론 농담 때문에 웃을 때도 있지만 주된 이유는 아니다. 농담이나 말장난은 오히려 외부인, 말하자면 예부터 웃음의 힘을 알고 있었던 영업사원이나 방문판매원 같은 사람들이 운을 떼는 수단이다. 농담은 유머를 매개하는 방편이며 웃음을 사랑하지만 농담은 즐기지 않는 사람도 많다. 농담은 인위적인 상황 설정에 기초하지만 유머는 마음과 감정을 작은 속임수로 자극한다. 더구나 대다수의 사람들은 농담에 서투르므로, 제3의 장소에서 평범한 사람이 섣부르게 농담을 했다가는 오히려 따분한 사람이 되기 십상이다.

제3의 장소 단골손님들은 현실적인 유머, 즉 실제 상황, 아는 사람과 관련된 유머를 훨씬 높게 평가한다. 현실은 유머와 웃음을 끝없이 캐낼 수 있는 콘텐츠의 광맥이며, 나와 직접적으로 관계 있는 현실일수록 더욱 그렇다. 농담은 결정적인 한마디가 끝나면 수명을 다하지만 실제 상황과 인물에 기반한 유머는 생명력이 지속된다. 사람들이 그 주제에 빠져들고 우스꽝스러운 내용이 꼭 내 이야기 같다고 느끼면서 하나의 유머가 또 다른 유머를 낳기 때문이다.

스스로를, 그리고 자신의 힘든 상황을 웃음거리로 만들 수 있어야 한다는 말은 진부하게 들릴지도 모른다. 그러나 실제로는 그렇게 할 줄 모르는 사람이 많다. 유머를 통해 우리는 좌절감과 박탈감, 허영심으로 가득한 일상을 전복시킨다. 미국 심리학자 제이컵 러바인Jacob Levine은 이를 다음과 같이 표현했다. "유머러스한 태도는 자신이 쉽게 상처 입지 않음을 재천명하며, 위협이나 공포에 굴복하기를 거부하는 심적 상태다. 프로이트가 이를 잘 표현했다. '유머는 체념하지 않고 반항한다. 유머란 자아ego의 승리일 뿐 아니라 쾌락 원리의 승리로, 실제 상황의 비정함에 맞서 스스로를 관철시킨다.'"[13]

제3의 장소에서의 유머는 유독 무례해 보일 때가 많지만 그것은 사실 애정의 표현이다. 유머가 있는 무례이기 때문에 가능한 일이며, 겉치레 예의가 넘쳐나는 세상에서 오히려 상대방을 믿을 수 있게 한다. 예를 들어, 제3의 장소에 누군가가 막 들어와서 친한 사람을 발견하면 이렇게 말하는 것이다. "네가 여기 있을 줄 알았으면 그냥 지나가는 건데." 그다음에는 "할 일이 그렇게 없어?", "애인한테 또 차였나 보네?", "다른 데서는 귀찮게 할 사람을 못 찾겠던가?"라고 빈정댈지도 모른다. 그리고 주인에게는 이렇게 투덜거린다. "왜 저런 사람을 계속 들이는 거예요?", "가게 운영을 어떻게 하는 겁니까?", "다른 사람도 생각을 좀 해주셔야죠." 물론 이 모두가 다른 사람들이 들으라고 하는 말이다.

이와 같이 특정 인물을 대상으로 하는 유머는 여러 메시지를 전달한다. 우선 가해자와 피해자는 구면이다. 그들의 관계는 쉽게 깨지지 않을 만큼 단단하다. 이런 말들은 재치를 겨루는 결투에의 초대장이다. 우리의 우정을 보라. 나를 사랑한다면 내 친구도 사랑하라! 모두들 기운 내자, 즐기러 왔으니, 함께하자!

보통 무례한 말은 상대방을 불쾌하게 한다. 그러나 제3의 장소에서 오가는 무례한 말들은 즐거움을 위해 의도한 것이고 우정이 그만큼 끈끈하다는 것을 보여준다. 또 다른 예를 들어보자. 다른 사람의 말에 동의하지 않을 때 어떻게 하는가? 통제되고 가라앉은 분위기라면 침착하게 논박하거나 차라리 못 들은 척할 것이다. 어쩌면 시무룩한 태도로 반대 의사를 드러낼지도 모른다. 하지만 제3의 장소에서는 열정적으로 반격한다. "머리가 어떻게 된 것 아냐? 내가 정신 차리게 해주겠어."

모욕을 주려는 말도 아니고 모욕을 당한 사람도 없다고 하면 외부인은 무척 놀랄지도 모른다. 이런 대화는 도덕적인 견해나 편견보다 동지애가 훨씬 더 중요하다는 사실을 아는 사람들 사이에서만 가능하다. 애정 어린 비난은 토론에 가미되는 양념일 뿐이며 상대방의 인격을 악의적으로 공격하는 것이 아니다. 제3의 장소의 단골손님이 "완전히 미친 사람"처럼 이야기한다고 해도 기분 나쁘고 위협적이라기보다는 사랑스럽다.

제3의 장소에서 유머가 언제나 아무런 고통도 주지 않는다는 뜻은 아니다. 스스로를 웃음거리로 삼는 데 훈련이 필요한 사람들에게는 제3의 장소가 해병대 신병훈련소와 같다. 그곳에 가면 사람들이 다른 어느 곳에서도 화제가 될 리 없는 당신의 탈모 증상이나 뚱배에 주목할 것이다. 제3의 장소 사람들은 누군가를 화나게 하거나 의표를 찌르는 사안을 기가 막히게 잘 찾아내고, 계속 되풀이하여 언급한다. 이 집단은 다양한 구성원들을 약 올리는 데 있어서 특별한 감각을 가지고 있다. 이 점은 유익하다. 사람들은 다른 사람들이 놀리기 전에 스스로를 웃음거리로 만드는 편이 낫다는 것을 배운다. 그러면 현실에서 누가 짓궂은 말로 공격하더라도 이 경험을 떠올리면서 상처받지 않을 수 있다.

제3의 장소에서의 유머에 가시가 돋친 듯할 때도 많지만 악의는 없다. 겉으로는 놀리면서도 마음속으로는 진심으로 상대방을 좋아한다. 누군가를 웃음거리로 삼을 때보다는 함께 웃을 때가 훨씬 많다. 누군가를 눈앞에서 놀릴 때조차도 애정이 드러난다. 이 사실을 알고 즐기러 온 사람들은 사교 수준이 한 단계 높은 것이다. 그들은 다른 사람들이 두려워하는 것으로부터 오히려 힘을 얻는다.

유머가 사람들의 결속과 해방감에 기여한다는 점은 학계에서도 인정하고 있지만 그 메커니즘이 완전히 파악되지는 않았다. 다음의 예와 비교하면 제3의 장소가 가진 강점을 더 잘 알 수 있을 것이다. 영국에서 "치료법의 한 형태로서의 유머"라는 주제로 심포지엄이 개최된 적이 있다. 여기서 한 발표자가 다음과 같이 주장했다. "적절한 공간이 구축되면 웃음이라는 경험을 통해 이웃을 결속시킬 수 있다. … 새로운 시설은 웃음을 유도하고 아노미-국가 또는 지역사회의 유대가 저하되고 있다는 느낌-를 대폭 줄일 수 있을 것이다. 일종의 커뮤니티 센터에 대한 사회적 요구가 있는 것으로 보인다." 그리고 그는 "농담 수용에 최적화된 웃음 센터"를 제안한다.[14]

상상해보면 끔찍하다. 건축가와 심리학자, 개그 작가로 이루어진 위원회가 핵심 요소를 구상한다. 그런 다음에는 패스트푸드 매장처럼 전국

방방곡곡에 이 '웃음의 방'을 복제하여 설치한다. 그러면 모두 획일화된 이야기를 하며 깔깔거리는 가운데 사라졌던 지역공동체가 마법처럼 되살아나고 국민의식이 회복된다.

문제는 유머가 외부에서 제공해야 하는 대상이라는 전제에 있다. 그렇게 되면 사람들은 자신의 삶 속에서 스스로 유머를 찾아낼 수 없게 된다. 인간 소외 문제를 해결하겠다고 장담했던 방안이 오히려 인간 소외를 부추기는 것이다. 이 방안은 사람들이 모여 웃기만 한다면 그 내용이 무엇이든 상관하지 않는다. 다시 말해, 웃음 자체보다 유머의 내용이 더 중요하다는 사실을 무시하고 있다. 웃음이 다가 아니라 서로를 놀리는 가운데서 소속감과 힘을 얻게 된다는 사실도 간과했다. 연출된 코미디나 판에 박힌 유머로는 그런 효과를 거둘 수 없다. 이렇게 비현실적인 구상이 펍의 나라 영국에서 제안되었다는 것은 아이러니다.

——————— **원기회복제**

제3의 장소는 그곳에 오는 사람들의 사기를 북돋우며, 이는 방문 후에도 완전히 사라지지 않는 효과다. 제3의 장소에서 이루어지는 상호작용은 자신을 행복하게 하는 동시에 다른 사람을 행복하게 하는 일이며, 모두에게 유익하다. 그 경험은 헨리 세지윅이 바람직한 대화의 조건에 관해 말했듯이 이기주의와 이타주의의 완벽한 결합을 구현한다. 사람들은 제3의 장소가 제공하는 막간의 시간을 즐기며, 따뜻하게 서로를 받아들이는 그곳 특유의 분위기를 경험한 후 자신감을 얻어 바깥세상에 나온다. 늘 보는 이웃들과 커피를 마시며 하루를 시작하는 사람은 온종일 나쁜 기분일 리 없으며, 제2의 장소에 있기 십상인 옹졸하고 불쾌한 사람들에 대해서도 면역력이 생긴다.

제3의 장소의 분위기는 다양해서, 얼마나 시끌벅적한지만으로는 활력 정도를 파악할 수 없다. 그러나 실제 데시벨과 관계없이 모든 제3의 장소는 공통적으로 정서적인 데시벨이 높다. 인간의 사교성에 대한 탁월한 사상가 게오르그 짐멜은 기쁨joy, 쾌활함vivacity, 기분전환relief, 이 세 가지를 종합하면 사교의 질이 나타난다고 보았다.[15] 기쁨은 행복에 의해 유발되는 감정이다. 쾌활함은 생동감 있는 움직임을 뜻한다. 끝으로 기분전환이란 의무감이나 단조로움으로부터의 해방감을 말한다.

제3의 장소라고 해서 항상 고삐 풀린 망아지처럼 신나 있는 것만은 아니고 조용하고 여유로운 분위기의 제3의 장소도 있을 터인데, 짐멜의 설명이 그런 측면을 잘 포착하지 못한다고 생각될 수도 있다. 그렇다면 다른 용어가 있다. 바로 **게뮈틀리히**Gemütlich(정감 있는, 아늑한—옮긴이)라는 독일어다. 다른 언어에는 이만큼 효과적으로 어떤 환경의 따뜻하고 친밀감이 번지는 분위기를 전달하는 단어가 없다. 이 단어는 활력 보충을 위해 반드시 이웃이 필요하다는 점을 드러내며, 나이, 성별, 국적을 불문하고 모두를 마음으로부터 환영하고 받아들이고자 하는 성향, 포용적인 태도를 암시한다. 자기 자신뿐 아니라 다른 사람들도 편안하게 느낄 수 있도록 도와야 할 의무가 있는 그러한 환경은 모든 사람에게 매력적이다.

그러나 우리의 관심은 제3의 장소가 얼마나 활기찬 장소인가보다는 제3의 장소를 항상 즐겁고 기분 좋은 공간으로 만드는 데 결합하는 요소가 무엇인가에 있다. 하루가 잘 풀리지 않은 사람에게도 제3의 장소는 격려가 된다. 1960년대 말, 여행 잡지 《홀리데이 매거진》에 실린, 뉴욕의 술집 '빌트모어 바'에 관한 글에서 미국 작가 조지 말코George Malko는 바 주인에게 손님들의 행동을 보면 그 사람이 어떤 하루를 보냈는지 알 수 있냐고 물었다. 주인은 "알기 어렵다"라고 대답했다. "안 좋은 일이 있는 사람은 그 일을 잊으러 바에 오고, 일이 잘 풀린 사람은 그것을 즐기러 바에 온다."[16] 앞에서도 언급했듯이 문을 들어서는 순간 개인적인 문제가 걸러진다는 것이 제3의 장소의 특징이다.

제3의 장소에 오는 사람들 사이의 특별한 관계도 명랑한 분위기를 유지하는 요인 중 하나다. 어느 제3의 장소에 있는 단골손님들 대부분은 서로에게 특별한 존재다. 그들은 낯모르는 사람처럼 서로에게 무심하지 않다. 너무 많은 시간을 함께 보내고, 너무 서로를 잘 알고, 너무 많은 골 칫거리를 공유하고 있고, 너무나 서로에게 당연한 존재라서 아무리 성격이 잘 맞아도 오히려 서로에 대한 열정이 식어가는 그런 관계와도 다르다. 제3의 장소를 자주 찾는 사람들 중에는 에머슨이 말한 '훌륭한 손님 commended stranger'이 많다. 훌륭한 손님은 인류를 대표하며, 우리 스스로를 비추어 보게 만드는 새로운 거울이며, 대화에 생명력을 불어넣는다. 에 머슨이 말했듯이 훌륭한 손님 앞에서는 "평소보다 더 말을 잘하게 된다. 가장 명민한 상상력과 풍부한 기억력을 발휘하며, 침묵의 악마는 잠시 자 취를 감춘다. 우리는 기억 속에 깊이 묻혀 있던 오래된 경험을 끌어내며 진실하고 품위 있고 풍부한 대화를 긴 시간 이어갈 수 있다. 옆에 앉은 가족이나 지인은 평소와 다른 능력이 발휘되는 모습을 보고 깜짝 놀랄 것 이다."[17]

훌륭한 손님이 불러일으키는 마법은 그들에 관해 더 잘 알게 되면서 사라진다. 그들도 틀릴 수 있다. 그들도 다른 사람과 마찬가지로 여러 문 젯거리를 안고 있으며 약점도 있다. 광채가 흐려지면 우리의 재치와 기억 력, 상상력을 고무하는 능력도 함께 약해진다. 하지만 제3의 장소는 광채 가 흐려지는 속도를 늦춘다. 그곳에서는 일상으로부터 벗어날 수 있기 때 문이다. 제3의 장소에서 몇 해 동안 친하게 지낸 사이라도 상대의 배우자 를 한 번도 못 보고, 집이나 일터에 가본 적도 없고, 따분한 바깥세계에 있는 상대방의 모습 자체를 본 적이 없을 수 있다. 마치 정부情婦가 성적으로 상대방을 매혹하듯이 제3의 장소 단골손님들은 대화와 사교의 측면에서 상대방을 매혹한다. 정부가 유혹적인 이유는 오로지 쾌락만이 목적이라는 데 있다. 정부와의 관계에서는 남편이나 아내가 공유하며 그들의 삶을, 그리고 서로에 대한 관심을 오염시키는 무수한 현실적 문제에 직면하지 않는다. 제3의 장소에는 '대화의 정부'가 많다. 사람들은 오로지 좋은 시간과 재미있는 활동을 공유하기 위하여 만난다. 훌륭한 손님을 맞이할 때의 흥분 또한 서로 너무 많은 것을 공유하지 않는다는 암묵적인 합의 덕분에 가능하다. 삶의 본질이나 현대 사회에서 세계는 어디로 가는가, 혹은 어제 스포츠 경기에서 일어난 실책에 관해 논할 때 집, 가족, 일 따위가 무슨 대수란 말인가?

　　사람들이 제3의 장소에서 머무르는 시간을 스스로 제어한다는 점도 그곳이 항상 밝은 분위기를 유지하는 데에 기여한다. 마법의 힘이 약해질 때, 혹은 그 전에 그들은 떠난다. 집이나 일터가 그렇게 가고 싶은 장소가 아닌 이유 중 하나는 다른 곳에 가고 싶은데도 거기에 머물러야 할 때가 자주 있다는 데에 있다. 하지만 제3의 장소에 억지로 머무르는 일은 거의 없다. 보통 맥주 한두 잔이나 커피 한두 잔을 마신 후에 일어선다. 만족감을 더 이상 얻을 수 없는데도 그 장소에 머물러야 할 의무가 없다. 제3의 장소에서 너무 많은 시간을 보내는 사람들은 거기에서 가장 따분하고 인정받지 못하는 사람이기 쉽다. 예를 들어, 태번에 가면 바의 끝자리에 앉아서 그 누구와도 말을 섞지 않는 해쓱한 사람을 흔히 볼 수 있다. 그런 사람을 영어로는 '몰트 웜malt worm(맥주의 원료인 맥아에서 비롯된 말로 술꾼을 뜻함-옮긴이)'이라고 한다. 누구보다도 자주 오지만 다른 사람들로부터 인정받지 못하는 존재이며 단골손님 무리에 끼지 못한다. 그는 다른 사람들과 흥미로운 대화를 나누는 법-이 기술은 바깥세상에서의 치열한 삶과 대결하는 가운데 연마된다-을 잊은 지 오래다.

제3의 장소가 가진 밝은 분위기를 유지시키는 또 하나의 힘은 그곳이 표현의 자유를 고무한다는 점이다. 제3의 장소에서는 사회적 역할에 의해 부과되는 의무나 처신으로부터 자유로울 수 있다. 다른 상황에서라면 억제해야 하는 것을 여기에서는 드러낼 수 있다. 직장은 가족을 부양해야 하는 사람들을 겁쟁이로 만들지만, 그런 압력이 제3의 장소에까지는 미치지 않는다. 따라서 여기서는 길거리의 전도사처럼 고함을 치거나 남편과 사별한 여인처럼 울부짖을 수도 있고, 고등법원 판사 같은 위엄을 뽐내거나 허세를 부릴 수도 있다.

어른다운 태도마저 벗어던지고 개구쟁이처럼 장난을 치거나 서로 놀리고 흘겨보거나 키득거릴 수도 있다. 집에서는 소극적이고 진지하기만 한 사람들도 거리낌 없는 친구들 앞에서는 배우자나 자녀가 상상할 수도 없는 행동을 할 수 있다. 책임감과 그에 수반되는 진지한 분위기로부터의 해방, 그리고 같은 고통을 겪고 있는 동지들과 함께 있다는 점은 더할 나위 없는 원기회복제가 된다. 또한 배우자나 자녀와의 문제를 유머의 렌즈와 거리 두기를 통해 재고할 수 있다. 그럴 때 사람들은 일상생활에서 느끼는 좌절감과 상실감을 떨쳐내며 즐거움을 얻는다.

제3의 장소는 아마추어리즘을 고무하는데, 이 역시 즐거움을 강화하는 요인이다. 바깥세상에서의 삶, 즉 일반적으로 사람들이 수행해야 하는 여러 사회적 역할만으로는 인간 본연의 표현 욕구를 충분히 발산할 수 없다. 우리가 종속되어 있는 일상적인 세계, 특히 현대 도시 세계는 독특함을 좋아하지 않고 개성을 용납하지 않는다. 현대 사회는 우리가 다른 사람들에게 어떻게 보일지 늘 의식하기를 원한다. 세상은 결코 흥분하지 않는 냉정한 사람을 선호한다. 슈퍼마켓에서 장미를 입에 물고 플라멩코를 추면 안 된다. 직장 상사에게 서류를 결재받고 나올 때나 레스토랑에서 좌석을 안내받으면서 탭댄스를 추면 안 된다. 영화관 매표소에 줄을 서서 발라드를 부르면 안 된다. 사무실 정수기 옆에서 상사가 아부하는 모습을 흉내 내는 것은 위험하다. 그러면 우리는 대체 어디서 그런 일을 할 수 있을까?

보통은 어디에서도 그런 일은 환영받지 못하는 듯하다. 현대 사회는 강한 표현에 대한 허용도가 낮다. 누군가가 너무 과하게 감정을 표현하면 주변 사람들은 불안해한다. 라디오를 들으며 길을 걷는 청년에게 주목하는 사람은 없지만 그가 노래를 부르면—즉, 능동적으로 자기표현을 하면—눈살을 찌푸린다. 우리는 흥분하지 말아야 하며, 혹여 흥분했더라도 드러내지 말아야 한다고 여긴다. 외부 세계는 욕먹을 만한 사람이 있어도 욕을 하지 말라고 하고, 사람들이 함께 춤을 추거나 공원에 모이거나 맥주잔을 들고 노래하기를 바라지 않는다. 예전보다 제약은 덜하지만 더 질서정연한 현대 사회에서는 평화와 선의의 상징이 오히려 평화를 방해하는 것으로 간주될 가능성이 높다. 하고 싶은 말이 있다면 공직 후보자에게, 고함칠 일이 있다면 근본주의 목사에게 맡기면 될 일이다. 평범한 시민은 샤워를 하며 노래하거나 아침식사를 하면서 배우자와 입씨름하는 정도로 만족해야 한다고들 생각한다. 열정이 있는 (또는 열정을 필요로 하는) 사람들에게는 너무 숨 막히고 김빠지는 일이다. 일상생활에서는 평범한 소시민인 사람도 제3의 장소에서는 가수나 댄서, 시인, 연설가, 심리학자, 희극배우, 현자賢者, 도박사, 영화 속 히어로가 될 수 있다. 제3의 장소에는 무대가 마련되어 있으며, 배우가 아무리 연기를 못해도 칭찬해 마지않는 훌륭한 관객들이 있다. 아마추어에게 격려 외에 더 무엇이 필요하겠는가?

미국 중산층 중 상위 계층에 속한 사람들 사이에서는 제3의 장소 대신 초대받은 사람만 갈 수 있는 사적인 칵테일파티가 널리 자리 잡았다. 내 경험에 의하면 제3의 장소가 있는 사람들은 보통 이런 칵테일파티를 경멸한다. 그런 자리가 원래 표방했던 목적을 달성하지 못한다는 점 때문이다. 칵테일파티는 열정적이지도 여유롭지도 않다. 문제점 중 일부는 물리적인 환경에 기인한다. 집이란 조용하고 편안한 곳으로, 애초에 그렇게 설계되고, 지어지며, 내부도 그런 목적으로 꾸며진다. 집에는 망가지기 쉬운 가족의 재산이 가득하다. 따라서 거리낌 없이 즐기기보다는 점잖게 처신해야 할 곳이다. 카펫과 벽지, 가전제품, 가구, 붙박이 비품을 조심해서 다루어야 한다는 사실을 가족 구성원이나 손님이나 모두 잘 알고 있다. 한마디로 집은 느슨해질 만한 장소가 못 된다. 문제는 이것만이 아니다.

보통 칵테일파티에 가면 편안한 의자가 충분하지 않아서 손님이 모두 앉을 수 없고, 그래서 결국 아무도 안 앉게 된다. 다른 상황이라면 서서 술을 마시는 것이 예의에 어긋나지만, 칵테일파티에서는 그렇지 않다. 일대일로, 혹은 몇 사람씩 모여 서서 이야기를 하다가 요령껏 자리옮기기를 반복한다. 모든 순열과 조합이 완성되면-즉, 모두가 각자의 의무를 다하고 나면-손님은 자리를 떠도 된다. 재기 넘치는 대화가 매우 중요하기 때문에 파티 주최자는 재미있게 대화를 이끌어갈 만한 손님들을 초대하고 그들에게 기회를 제공하기를 바란다. 그러나 열띤 연설이나 활발한 토론으로 이어져서는 안 된다. 칵테일파티의 상투적인 진행 방식은 그 파티가 당초의 목적을 이루지 못하고 있다는 사실을 은폐한다. 파티가 유쾌한 시간이 되리라는 기대는 터무니없다.

요컨대, 휴식뿐 아니라 충분한 자기표현을 위해서도 제3의 장소가 필요하다. 표현의 자유가 충분히 주어지면 대부분의 사람들은 저속해지지 않는다는 사실은 주목할 만하다. 사람들이 늘어나고 흥청거리는 가운데서도 제3의 장소에서 이루어지는 사교의 형태와 자기표현을 하는 데 적용되는 규칙은 유지된다. 그곳에 모이는 사람들은 훌륭하게도 소동을 일으키지 않고 기분을 최고조로 끌어올릴 수 있다. 제3의 장소 서식자들은 정기적으로 교류 욕구를 충족하며, 그 빈도가 충분히 높기 때문에 과하게 탐닉하지 않고 일정 한도 안에 머무를 수 있다. 그들은 재난을 초래하지 않고도 외부 세계의 삶에서보다 훨씬 높은 충만감을 성취한다.

─────── **무리로 만나는 친구**

얼마나 많은 친구를 만나며, 그는 어떤 친구이며, 얼마나 자주 만날 수 있는지에는 장소가 큰 영향을 미친다. 장소에 대한 이런 의존이 항상 뚜렷하게 나타나지 않는다면, 그것은 가장 가깝고 소중한 친구들이 내 집과 삶에 마음대로 드나들어도 되는 특별한 권리를 갖고 있기 때문일 것이다. 그러나 각자 사생활을 보호해야 하고 누구나 자신의 삶과 인간관계를 스스로 통제할 권리를 유지하고자 하므로, 그런 특권을 가진 친구는 극소수다. 바로 여기서 '사교의 패러독스'가 발생한다. 단순하게 말하자면, 우리는 사교를 원하지만 동시에 보호막도 필요하다.[18] 아무리 친한 친구라도 집이나 직장에 난입하게 놔둘 수 없으며, 주변에 있는 것조차 원하지 않을 때도 있다. 평범한 사람들은 자기가 원할 때면 언제든 떠날 수 있는 모임에만 나간다. 물론 모임을 여럿 가지려면 쉽게 그 모임에 들어갈 자유도 있어야 한다.

인간이 정착하는 지역마다 사람들이 편하게 모일 수 있는 장소, 즉 제3의 장소가 번성하게 하는 동력은 바로 이 사교의 패러독스다. 사람들은 원할 때 자유롭게 방문하거나 떠날 수 있고 언제나 이용 가능한 모임 장소를 필요로 하지만 도시계획이나 용도별 토지구획화 때문에 그런 장소가 들어서지 못하는 경우도 있다. 제3의 장소가 제공되지 못하는 지역에서는 활발한 친교가 현격히 줄어들고, 관계를 유지하기도 쉽지 않다.

용도별 구획화에 따라 동네 사람들이 모일 만한 상업시설을 허용하지 않는 미국의 교외 주거단지가 전형적인 예다. 주거용 건물 외에는 아무것도 없는 동네에서 거주자들은 불행한 선택을 해야 한다. 친구들이 초대 없이 아무 때나 방문할 수 있게 집을 개방할 것인가, 아니면 비공식적 사교활동을 최소화할 것인가. 보통은 사생활을 택할 것이고, 그것이 합리적인 선택이다. 어쨌든 집은 사생활과 휴식, 피로 회복을 위한 안식처이므로, 가족 구성원들의 공간으로 지켜야 한다.

도시에 살든 교외에 살든 폭넓은 친구 네트워크가 외로움을 거두어 주지 않는다는 사실은 모두가 알 것이다. 이동이 많은 현대 사회에서 자발적 결사체voluntary association 같은 '인스턴트 공동체'에 소속된다고 하더라도 사회적 고립이나 그에 수반되는 무료함과 소외감을 완전히 막을 수 없다. 광범위한 친구 네트워크는 결속감도 없고 본거지도 없다. 친구는 많지만 언제 만날 수 있을지 모른다. 자발적 결사체는 소속감을 확실히 주고 근거지도 있지만 그런 모임이 주는 이점은 정해진 시간에만 얻을 수 있다. 그리고 그중 많은 수는 한부모 가정 문제라거나, 교회의 현안, 브릿지 게임 등 모임의 주제에 관심사가 한정되어 있다. 도시 생활은 편리하고 제약 없는 교류 장소, 즉 특별한 목적 없이 약속하지 않고도 갈 수 있고, 짧은 시간을 어떻게 즐겨야 할지 아는 지인들이 반겨주는 장소를 점차 잃어가고 있다.

그러나 제3의 장소에서 만나는 친구들이 얼마나 가치 있을까? 정신과의사이자 심리학자인 이냐스 렙Ignace Lepp이 묘사한 대로 "가벼운 친구casual companion", 즉 상대방의 잠재능력을 끌어올려 인생에 도움을 주는 사람이라기보다는 그저 서로를 즐겁게 해주는 친구이기만 할까? 영국 추리소설 작가 해리 카마이클Harry Carmichael이 소설에서 "펍 친구pub pal"라고 말한 정도일까? 같은 소설 속 주인공의 말을 빌리면, "이런 우정은 술집 분위기에서만 번성할 수 있다. 현실 세계로 나가면 바로 시들어버린다."[19]
일반인이든 전문가든 기분전환과 사교를 위한 장소와 거기에서 만나는
사람을 현실 세계의 장소, 사람보다 열등하게 보는 경향이 있다. 대체 왜
사람들은 단조로운 일상과 그런 일상을 공유하는 사람들을 더 높게 평가
하고 자유로운 시간에 누리는 멋진 교우관계는 폄하하는지 의문이다. 어
떤 친구가 가장 좋은가가 아니라 다양한 친구들과 교제함으로써 얻을 수
있는 이점이 무엇인가가 중요하다.

　　펍이나 커피숍에서 사귀는 친구를 '더 가까운' 친구와 별개로 생각해
서는 안 된다. 어떤 친구는 둘 다이기 때문이다. 제3의 장소에서 만난 친
구와 더 확장된 관계를 가지는 경우도 있고, 누군가에게는 제3의 장소인
곳이 어떤 사람에게는 다른 곳에서 알게 된 사람들과 일시적으로 만나는
장소에 불과할 수도 있다. 어쩌면 그런 상황에서 제3의 장소가 시작되었
을지도 모른다. 선사시대 사람들은 생존을 위해 다른 사람들과 함께 사냥
을 하곤 했다. 그러다가 상대방의 사냥 실력에 감탄하고, 사냥할 때 외에
도 친하게 지내고 싶어진다. 요즘의 직장에 비추어 볼 때 그럴듯한 상상
이다. 우리 역시 일을 잘하고 '좋은 사람'으로 보이는 동료가 있으면 그에
관해 더 알고 싶어져서 퇴근 후에 맥주 한잔하자고 제안한다.

　　친구 유형을 비교하기 전에 다른 기준 하나가 더 필요하다. "펍 친
구"는 진짜 친구가 아니며 현실의 친구보다 못하다고 폄하하는 사람들은
폭넓은 교제의 즐거움을 제한하는 힘의 존재를 무시할 때가 많다. 제3의
장소에서만 만나는 친구도 많은데, 이는 선택의 문제가 아니다. 그런 친
구는 대개 다른 가족 구성원, 특히 배우자가 없었다면 집에 데려갈 만한
사람이다. 지그스Jiggs(1913년부터 연재된 만화 〈아버지 길들이기Bringing up Father〉의
주인공으로 아일랜드 노동자 출신의 부자―옮긴이)는 아내 매기가 집을 비우면
바로 딘티 무어라는 단골 술집에서 친구들을 집에 데리고 온다. 문제는

매기가 아무 때나 불쑥불쑥 나타난다는 데 있다. 매기는 지그스의 교우관계를 태번 안에 묶어두는 강력한 힘이다. 우정의 큰 덕목 중 하나는 그것이 사회구조 바깥에 존재한다는 점이다. 우정은 가족이나 일터, 교회, 그 밖의 어떤 조직에 의해서도 제한되지 않는다. 그러나 우정이 그런 환경으로부터 독립적일 수 있는 만큼, 우정에 영양분을 공급할 어떤 장소를 필요로 한다.

이제 제3의 장소에서 만나는 친구들에 주목하자. 그들은 암묵적인 상호동의에 의해 그곳에서만 만난다. 사람이 가질 수 있는 다양한 인간관계 중 이런 우정이 갖는 특별한 가치는 무엇일까? 사실 일반적인 우정의 정의에 잘 들어맞고 우리의 욕구 충족에 적합한 것은 더 개인적인 친구일 텐데, 그에 비해 제3의 장소에서 맺는 관계가 갖는 장점은 무엇일까?

우선 제3의 장소에서의 우정은 더 친밀한 관계를 보완한다. 인간의 고독을 연구하는 학자들은 일반적으로 개인이 친밀한 관계와 소속감을 필요로 한다는 점에 동의한다. 소속감을 가지려면 클럽이나 집단, 조직 등의 구성원이 되어야 한다. 소속감이란 개별 구성원이 아니라 집단에 연결되어 있다는 느낌이다. 친밀감과 소속감은 전혀 다른 속성이므로 어느 하나가 다른 하나를 대체하지 못한다. 우리에게는 두 가지 다 필요하다. 친밀감 없이 어딘가에 소속된다는 것은 공허함을 달래는 수단에 불과하고, 소속 없이 친밀감만 있으면 인간관계가 제한되어 지루해질 위험도 있고 친밀함이 과중한 부담이 될 수도 있다.

제3의 장소는 일종의 소속이며 거기에서는 한 사람 한 사람이 아니라 무리로 친구를 사귀게 된다. 제3의 장소 단골손님들은 우연히 친구가 되곤 한다. 예외는 거의 없다. 그곳에서는 사교라는 이름으로 모인 모든 이들의 조화를 추구하기 때문이다. 게다가 사람들의 분열을 초래하는 모든 원천은 '바깥에 두고' 오는 곳이 바로 제3의 장소다. 모두가 친구이며,

구성원이 되기 위한 요건은 거의 없다. 제3의 장소를 가진 사람들은 많은 친구들을 폭넓게 사귀게 된다는 뜻이다. 처음부터 거기에 있는 많은 사람들이 좋은 친구가 되리라고 생각하지는 않았을 것이다. 개별적으로 만났다면 친구가 되지 않았을 사람들도 있지만 그들은 '무리로' 다가온다. 따라서 제3의 장소에서 형성되는 친구 집단은 다른 유형의 친구들보다 훨씬 폭넓고 다양하다. 개인적인 선택 때문이 아니라 오히려 개인적인 선택을 뒷전으로 미루기 때문에, 각자가 가진 경험의 총합보다 더 풍성한 인간관계가 만들어진다. 그리하여 가족이나 직장은 계층이나 직업이 비슷한 사람들끼리의 사귐을 촉진하지만 제3의 장소는 이러한 근친교배적 사교를 거스른다.

제3의 장소에서 만들어지는 친구 무리는 특정 인물에 의존하지 않는다. 즉, 제3의 장소의 정체성은 특정한 한 사람에 의해 만들어지지 않는다. 사람들이 왔다 갔다 하더라도 낯익은 몇 사람만 그 자리에 있으면 된다. 개인적인 친구 관계에서라면 어느 한 친구 때문에 부담스럽거나 실망할 수도 있지만 여기서는 그런 일이 없다. 따로 약속을 잡을 필요도, 누구를 기다릴 필요도 없다. 어느 한 사람 때문에 계획을 취소하거나 복잡하게 만들 일도 없다. 요컨대, 개인적인 친구들끼리는 서로 일정을 맞추어야 하지만 여기서는 그럴 필요가 없으므로 오히려 더 안정적인 모임이 된다. "같은 마을에 사는 한 명의 보잘것없는 친구가 황실에 있는 열여섯 명의 형제보다 낫다"라는 중국 속담이 있다. 이 경구는 자주 만날 수 있는지가 친구 관계에서 얼마나 중요한가를 보여준다. 가장 친한 친구라고 해도 자주 볼 수 없는 경우가 많다. 제3의 장소에 속해 있음으로써 얻을 수 있는 가장 큰 이점 중 하나는 언제나 그 자리에 친구들이 있다는 점이다.

제3의 장소에서 만나고 교류할 수 있는 사람의 수가 많다는 점에서 비롯되는 마법이 있다. 집단적으로 만나는 친구들은 서로에게 개별적으로 만날 때와는 다른 영향을 준다. 정신건강의 측면에서 이 현상을 고찰한 전문가들이 있다.[20] 우선 "집단의 크기가 커지면 거기에서 이루어지는 '사교'가 많아지고 논쟁이나 불화를 이끌 법한 화제를 피하려는 압력이 커진다." 또한 규모가 큰 집단은 개별 참여자들의 소속감을 강화하면서도 감정적인 부담은 덜 느끼게 해준다. 따라서 "대규모 집단 활동은 감정 부담 없이 지위와 '소속감'을 줌으로써 정신건강을 증진한다."[21] 이러한 친구 모임은 각자 따로 만났을 때에는 경험할 수 없는 고양감을 준다. 또한 서로 다른 삶을 살아가는 사람들로부터 열광적으로 환영받고 인정받는 경험은 자존감을 높이는 데 상당한 도움이 된다.

미국의 사회학자 클로드 피셔Claude Fischer는 친구에 관한 한 저작 첫머리에서 우정과 사회적 지원 네트워크에 관한 열광적인 관심에 문제를 제기했다.[22] 우정이나 사회적 지원 네트워크는 양면을 가지고 있다. 이웃은 분명 도움이 되지만 때로는 피해를 주는 존재이기도 하다. 필요할 때 손을 잡아주는 친구가 있으면 좋지만, 그런 친구가 금전적인 도움을 바라며 손을 내밀어서 관계가 서먹해질 수도 있다. 그런 인간관계를 유지하는 데에는 나름의 비용이 든다. 이는 현대 사회에서 인간관계를 제한하는 요인이 되기도 한다. 출산, 이혼, 이사, 가치관 변화 등 여러 요인으로 우정이 예전만큼 가치를 갖지 못하게 될 수 있다. 현대 사회는 우정의 장애물을 늘리고 우정을 유지하는 데 드는 비용을 계산하게 만든다.

현대 사회는 제3의 장소를 상실함과 동시에 격식 없이 편하게 어딘가에 속함으로써 가볍게 우정과 친밀감을 얻을 수 있는 방법도 잃어버렸다. 부담을 내재하고 있는 우정의 보완물로서, 사람들이 그러한 부담으로부터 자유롭게, 단지 즐기기 위해 만나는 장소가 필요하다. 제3의 장소는 자아와 사교성이 최적의 균형을 이루고, 거기에 모인 사람들이 가장 즐거운 상태에 이르면서도 비용이 거의 들지 않는 곳이다. 이런 모임을 경시하고 더 부담스러운 관계만 높이 평가하는 사람들은 우리에게 도움이 되지 않는다. 길모퉁이까지 어슬렁거리며 걸어가는 것만큼 쉽게 얻을 수 있는 기쁨과 즐거움도 우리의 삶에 필요하다. 단, 그 길모퉁이에 적당한 장소가 있어야 한다!

4장
그 이상의 기능

제3의 장소에 관한 나의 주장에 관해 첫 번째 반응을 들은 것은 예전 직장 동료와 아침식사를 하던 자리였다. 긴 시간을 들여 내 글을 정독한 그는 이 주제에 관심을 보였고 내 생각에 동의하는 듯했다. 그런데 갑자기 화를 냈다. 더 나은 세상을 위한 희망이 다 꺾이도록 커피하우스나 태번에서 빈둥거리는 삶의 방식을 조장한다는 비난이었다. 그는 그렇게 시간을 낭비하기보다는 정치적인 운동단체에 가입하도록 독려하는 편이 훨씬 나을 것이라고 주장했다. 나는 그가 어느 지점에서 불쾌감을 느꼈는지 알 수 없었다. 그는 제3의 장소를 오해하고 있었다. 그러나 많은 사람들이 같은 오해를 할 수 있으므로, 별도의 답변이 필요하리라 생각한다.

——— 정치적 역할

대개의 미국인들은 제3의 장소가 가진 정치적 가치를 상상하기 힘들 것이다. 미국인은 결사의 자유를 충분히 누리고 있기 때문이다. 전체주의 사회의 독재자들은 비공식적인 모임 장소가 가진 정치적 잠재력을 꿰뚫어 보고 그런 장소가 생기는 것을 적극적으로 막는다. 어린 시절 독일 출신 노인들이 히틀러가 발표한 3인 이상 거리 집회 금지령에 관해 이야기하던 일이 생각난다. 소비에트 연방을 여행한 한 동료는 러시아인들이 비공식적인 모임에서조차 자기 의견을 표명하는 데 두려움을 가지고 있다고 말했다. 그 동료 눈에 러시아 사람들이 가장 자유로워 보였던 순간은 관광버스가 들판에서 멈추자 남녀 승객들이 두 갈래로 나뉘어 화장실이 아닌 수풀로 들어갔을 때였다.

독일계 미국인 저널리스트 마누엘라 휠터호프Manuela Hoelterhoff는 1983년 동독 드레스덴을 방문했다. 음식점 수가 부족하고 음식이 형편없는 데에는 고의성이 있다. 독일의 음식 수준이 낮다는 것은 부분적인 이유일 뿐이다. 카페가 있으면 사람들은 거기서 시간을 보내면서 그날의 참혹한 경험을 이야기할 것이므로 반대 의견의 온상이 될 수 있다. 따라서 그 수를 최소로 유지해야 한다. 공산주의 사회의 토대가 반사회적이라는 사실을 드레스덴에서 뚜렷하게 볼 수 있다.[1]

1953년 말 헝가리 정부는 농민들이 각자 겪고 있는 문제에 관해 토론하던 전통적인 농촌 독서모임 부활을 독려했다. 처음에 사람들은 참여를 주저했지만 결국 모임이 다시 활성화되었다. 그런데 이후 독서모임에서 체제를 비판하는 토론이 이루어지자 곧 공산주의 신문이 그 모임을 지역 저항의 거점으로 지목했다. 모임들은 문을 닫았다. 돌이켜보면, 토론모임 부활은 농민들을 조작된 선거에 끌어들이기 위한 고의적 책략이었으며, 선거가 끝나자 폐기처분한 것이었다.[2]

18세기 스웨덴 통치자들은 커피 음용을 금지했다. 당국은 커피하우스가 "불평분자들이 반란을 획책하는 체제 전복의 소굴"이라고 확신했다. 의학 전문가들은 커피가 인체에 유해하다는 과학적 증거를 내놓도록 강요당했다.[3] 가장 자발적이고 비공식적인 형태로 일어나는 자유로운 집회-너무나 기본적인 권리라서 미국 헌법에는 명시조차 하지 않는다-는 파시스트 통치에 대한 저주다.

이와 같이 제3의 장소는 전체주의 사회에서 행사하는 정치적 통제에 반하는 존재이며, 반대로 민주주의 정치 프로세스에 핵심적이다. 미국보다 더 적합한 예는 없을 것이다. 조금 거친 표현일지 모르지만 미국 민주주의는 독립혁명 시대에 지역 태번에서 태동했기 때문이다. 식민지 미국에서 태번은 민주적인 토론의 장을 제공하는 가장 대표적인 장소였다. 그곳에서 항의는 행동으로 구체화되었고, 혁명 조직 및 이에 뒤이은 정치조직에 관한 합의가 이루어졌다. 역사학자 칼 브리덴바우와 제시 브리덴바우Carl and Jesse Bridenbaugh의 말을 빌리면, 거기에는 "건강한 사회 질서의 필수조건으로 보이는, 자발적이고 책임 있는 결사체의 충실하고 자유로운 상호작용이 있었다."[4] 매도되거나 과소평가된 적이 많지만 사실 태번은 새로운 사회·정치적 질서를 만들어내기 위한 '필수 장치'를 제공했다.

미국 역사학자 샘 워너Sam Warner는 그 결정적 시기의 필라델피아(미국 독립운동의 중심지이자 첫 번째 수도—옮긴이) 태번들을 연구한 끝에 다음과 같은 결론에 이르렀다. "지금도 그렇지만 당시에도 각 태번마다 늘 모이는 단골손님들이 있었고, 따라서 태번들은 도시의 비공식적인 공동체 거점이 되었다. 단골손님들의 모임에서 비롯된 지역공동체는 혁명의 선구자가 되었고, 이후 지역 거버넌스 및 선거구 관리의 열쇠가 되었다. 친구들이나 같은 직업을 가진 사람들끼리의 정기 모임부터, 당구 모임, 보험회사 모임, 정치적인 비밀결사에 이르기까지 공식적이든 비공식적이든 모든 종류의 모임이 여기서 탄생했다. 벤저민 프랭클린과 그가 이끈 정치 모임이 이루어낸 여러 지역사회 혁신은 비공식적인 태번 모임이 가진 잠재력을 보여준다. 그들은 도시의 근간을 이루는 사회구조를 만들었고, 이 덕분에 독립혁명이 시작되자 신속하게 민병대를 조직하고 효과적인 통신 및 감사 위원회를 구성했으며 주민회의를 소집, 관리할 수 있었다."[5]

미국 역사의 대부분에 걸쳐 태번은 유권자들이 선출직 관료들이나 지역의 경제계 리더들과 만나는 장 역할을 해왔다. 18세기 선술집에 관해 워너는 "거리를 오가는 누구에게나 열려 있었으며 … 마을 지도자들이 그들을 둘러싸고 있는 세상과 접촉하지 않고는 살 수가 없게 만들었다"라고 기록했다.[6] 미국 역사학자 프레드 홈스Fred Holmes 역시 19세기 위스콘신주 매디슨을 "당시 2년에 500달러나 받던 많은 의원들도 술집에서 공짜 점심을 먹었다. 점심시간이 되면 그들은 서둘러 렐리시를 곁들인 고기나 생선 요리가 기다리고 있는 술집으로 향했고, 주석잔에 든 맥주를 들이켜곤 했다. 그 시절에는 국회의사당 복도를 얼쩡거리며 식사 자리에 의원을 초대할 기회를 잡으려 애쓰는 로비스트를 볼 수 없었다."[7]

　　미국 22대 및 24대 대통령 그로버 클리블랜드Grover Cleveland의 정치 초년생 시절을 살펴보면 제3의 장소가 정치적 책무성political accountability에서 어떤 역할을 담당하는지가 잘 드러난다. 당시는 평범한 시민들이 현재의 특수이익집단special interest group—지금은 이들이 정치를 좌지우지한다—처럼 쉽게 공직자에게 접근할 수 있는 시대였다. 미국 역사학자 앨런 네빈스Allan Nevins가 설명한 대로 술집은 피선거인과 유권자가 만나는 장이었다. "1870년대의 버펄로는 민주주의적인 도시였고, 그런 곳에서 여러 부류의 사람들을 두루 알지 못하면서 지역 보안관을 할 수는 없었다(그로버 클리블랜드는 1870년 버펄로시가 속한 뉴욕주 이리 카운티의 보안관으로 당선됐다.-옮긴이). 클리블랜드는 루이스 괴츠나 길릭스 같은 술집에 가서 만나는 사람 모두와 이야기를 나누었다. 피너클, 포커, 66 같은 카드 게임도 즐겼다. 그가 있을 법한 술집이 또 한 군데 있었다. 메인 스트리트와 스완 스트리트의 교차점에 있는 더 셰이즈로, 그의 집무실 근처다. 여기에는 카운터 바가 없어서 손님들이 한쪽 벽면에 멋지게 쌓여 있는 술통에서 직접 술을 따라 마시고, 거스름돈도 테이블에 놓인 통에서 직접 가져갔다. 이곳 말고도 한 군데가 더 있다. 배스라는 곳이다. 대체로 클리블랜드를,

그리고 다른 전문가나 사업가들을 술집으로 끌어들인 요인은 술보다는 음식이었다."[8]

정치인을 유권자로부터 분리한 것은 성장과 진보, 혹은 특수한 이해관계였을까? 워너는 필라델피아에서 변화의 패턴을 추적했다. 필라델피아는 작은 도시여서 거래소, 상공회의소, 신사 클럽 같은 상인들의 거점이 어떤 한계를 가지는지를 경험하지 못했다. 워너는 이렇게 말한다. "이들 모임은 중개인이나 도심 상인들의 눈으로만 도시를 바라보는 경향이 있거나 집단 내의 사교에만 관심을 갖는 폐쇄적인 조직이었다."[9] 미국 정치인들은 더 큰 자금과 특수 이해관계를 가진 사람들을 따라 시민들의 비공식적인 모임 장소를 떠남으로써 유권자들과 단절되었다. 정부 청사의 공간 계획은 이 문제를 두드러지게 했다. 건축가 빅터 그루엔이 관찰했듯이 미국인들은 "도심 관청가civic center를 관료들이 집중되는 장소로 만들었고, 이에 따라 관료들은 일반 시민들과 어울리지 못하게 된다." 그루엔은 "이것이 바로 그들이 서민들과의 연결고리를 잃어버리고 서민들의 문제를 이해하지 못하게 된 이유일 수 있다"라고 말한다.[10]

오늘날의 정치가들은 미디어를 통해 유권자들과 접촉을 유지한다. 주요 선거나 정치적 활동 대부분은 텔레비전 화면에서 일어나는 일이 되었다. 텔레비전이 능동적인 참여를 대체하고 지역의 풀뿌리 조직을 약화시켰다. 정치적 영향력은 점차 멀리에 존재하는 권력과 조작의 원천으로 옮겨 간다.[11] 퓰리처상을 수상한 역사학자이자 대통령 고문을 지낸 제임스 M. 번스James M. Burns는 텔레비전에는 한계가 있으며 미디어를 남용하면 민주적 절차를 어지럽힐 수 있다고 경고했다. 정치인의 인격에 관한 논란이 정치적인 쟁점을 덮는다. 후보자들은 더 이상 당 지도부가 되지 않아도 되고, 심지어는 지도부와 함께 일할 필요도 없다. 미디어에서 선거를 경마처럼 다루고, 중요한 쟁점은 간과할 때가 많다. 최악의 경우,

리더십 사인주의私人主義, personalism가 중요해짐으로써 효과적인 리더십 창출이 어려워진다. 그렇다면 어떠한 처방이 필요할까? 번스는 이 점을 단적으로 지적하며 "이 심각한 경향을 해결할 기본적인 방법은 지역 리더십, 가족 참여, 시민 조직을 다시 활성화하는 것"이라고 주장했다.[12]

　정치 프로세스에 풀뿌리 조직의 직접적인 참여가 필요하다는 점은 민주주의의 핵심이다. 텔레비전은 이 필요성을 모호하게 만들었지만 그렇다고 완전히 제거한 것은 아니다. 업계 종사자들이 주장하는 것처럼 미디어가 전문적·윤리적·객관적이고 오류가 없다고 하더라도 민주주의 사회의 정치 활동에서는 제한적인 역할밖에 수행하지 못한다. 속도와 효율성, 많은 사람들에게 폭넓게 접근할 수 있다는 점은 민주주의 정치 체제뿐 아니라 독재 정권에도 가치 있는 특성이다. 텔레비전이나 신문이 탄생하기 전부터 태번은 뉴스를 얻을 수 있는 통로였으며, 질문하거나 항의하고, 새로운 의견을 내거나 자기 의견을 보태고, 집단적으로 지역 여론을 형성할 기회도 제공했다. 이러한 능동적이고 개인적인 참여는 민주주의 정부에 필수불가결하다. 이와 반대로 효율적으로 집까지 배달되는 미디어 시스템은 건강한 사람들을 집에만 갇혀 있게 만든다. 혼자 뉴스를 접하는 사람일수록 미디어를 통제하는 자들의 조작에 넘어가기 쉽다.

　텔레비전은 특정 집단이나 개인을 장악하고 있지만 그들에게 주의를 기울이는 법은 없다. 매스미디어는 우리 대부분이 살고 있는 세계의 구석구석까지 닿지 않으며 그렇게 하려고도 하지 않는다. 윈스턴 커비Winston Kirby는 텔레비전을 보며 자란 세대에 관해 이렇게 지적했다. "텔레비전 시대의 산물은 지역 정체성이 없다. 이 세대는 지구라는 행성, 마셜 매클루언Marshall Macluhan의 표현을 빌리자면 지구촌의 산물이다."[13] 물론 글로벌 이슈는 중요하다. 그러나 지역 문제 역시 중요하다. 그런데 미디어는 현지의 문제들을 모두 적절하게 다룰 수 없다. 우리는 "정보 도넛"

의 "구멍"에 사는 셈이다.[14] 우리는 사는 도시의 시의회 활동보다 남미에서 일어난 스쿨버스 사고에 관해 더 잘 안다. 우리의 삶에 훨씬 더 큰 영향을 주는 것은 전자인데도 말이다. 많은 미국인들은 지역사회의 실종을 개탄한다. 지역공동체가 사라진 데에는 몇 가지 이유가 있는데 그중 하나는 지역이 미디어에 나타나지 않는다는 사실이다. 게다가 지금은 미디어가 무엇이 실제인지를 정의하게 된 시대다. 우리 동네는 텔레비전에 나오는 법이 없으며 나온다 하더라도 아주 가끔이다. 우리가 아무 데도 살지 않는다고까지 말할 수는 없겠지만, 적어도 중요한 지역에 살고 있지는 않음이 틀림없다.

풀뿌리 정치의 재활성화, 복구는 반드시 필요하며, 그렇게 하기 위해 사람들이 모일 수 있는 장소의 부흥 역시 필수적이다. 그렇게 쉬운 일은 아닐 것이다. 텔레비전이 두각을 나타낸 시기에 우리가 열심히 개발한 교외 주거단지에는 풀뿌리 조직이 형성될 장소가 없다. 미국의 저술가 로버트 골드스톤Robert Goldston은 교외 주거단지가 본질적으로 시민의식 civicism을 부정한다고 말했다. "교외 주거단지에는 우연한 만남이나 대규모 회합이 이루어질 수 있는 공간이 거의 없다. 가족과 친구의 협소한 범위를 넘는 사회 참여라고는 비인간적이고 격리된 원천으로부터 재화와 정보, 오락을 수동적으로 받아들이는 행위뿐이다."[15]

민주주의 프로세스에 필수적인 친구나 이웃과의 일상적 만남을 가로막는 수단은 독재자의 공식적인 칙령이나 정책만이 아니다. 미국에서는 대량 건설 기술과 토지용도 지정조례, 상상력이 결여된 도시계획이 결합되어 부지불식간에 동일한 목적이 달성되었다. 개발업자가 의도적으로 사람들이 모일 수 있는 장소나 걸어 다니기 좋은 길을 배제하고 공동체를 건설하여 미국의 민주적 정치 프로세스를 방해하려고 했다면 반역죄를 물었을 것이다. 그러나 의도가 없었다고 해도 결과는 똑같이 나쁘다.

학교에서 "시민 지성^{civic intelligence}"을 계발해야 한다고 촉구한 미국의 저술가 데이비드 매슈스^{David Mathews16}는 독자들에게 '바보^{idiot}'라는 단어가 사생활과 어리석음을 동일시했던 고대 그리스인들에게서 비롯되었다는 점을 상기시킨다. 바보는 스스로를 전체적인 사회 질서와 연관 짓지 못하고 사적인 세계밖에 이해하지 못하는 사람들을 뜻했다. 바보가 되지 않으려면 어떻게 해야 할까? 무엇보다도 가장 기본적인 정치 활동인 **대화**에 자주 참여해야 한다. 제3의 세계에서 가장 주된 활동인 대화가 바보가 되지 않는 데 필수적인 것이다. 매슈스는 다음과 같이 설명한다.

> 좋은 정치적 대화는 '사고를 확장'시키고 그렇게 확장된 사고는 다시 대화에 반영된다. 우리는 그러한 대화를 통해 사물들, 그리고 우리가 서로 어떻게 연결되는지를 인식하게 된다. 또한 사회 전체의 구조와 기능을 이해할 수 있는 역량을 개발할 수 있다. 이 역량은 민주적인 자치 역량이기도 하다. … 또한 좋은 정치적 대화는 서로의 차이 가운데에서 공통점을 발견할 수 있는 장이다.

———— 결사의 습관

제3의 장소는 지역공동체의 정치 프로세스를 활성화하는 것 이상으로 광범위한 역할을 수행한다. 그들은 다른 모든 주민 모임 형태의 전신이면서, 또한 다른 모임들과 공존한다. 토크빌이 말했듯이 자유로운 집회의 권리^{right of free assembly}는 "인간의 가장 자연적인 특권"이다.¹⁷ 그런데 사람들은 대부분 이 권리가 어떻게 행사되고 실행되는지 잘 알지 못한다. 자유로운 집회는 많은 사람들이 생각하는 것처럼 공식적인 조직에서 시작되지 않는다. 노동조합회관^{Labor Temple}에서 시작되지도 않으며, 공제조합이나 독서모임, 학부모회의, 시청에서 시작되는 것도 아니다. 상기한 공식적 모임들은 모두 제3의 장소에서 길러진 '결사의 습관habit of association'의 산물이다.

18세기 미국에서 '결사의 습관'은 마을 안이나 마을과 마을을 잇는 도로 길가의 여관과 주점에서 탄생했고, 방앗간, 총포사, 인쇄업자 사무실, 대장간에서 발전했다. 2세대 정착민들은 오래된 상점을 근거지로 삼았다. 나중에는 비공식적인 모임이 열리는 가게와 음식점으로, 아이스크림 가게, 당구장, 대형 술집도 추가되었다. 학교와 우체국을 모임 장소로 활용하는 경우도 많았다. 신흥도시 중에는 비공식적인 모임이 이루어질 만한 중심 장소가 풍부한 곳도 있었지만 매우 적은 곳도 있었는데, 그런 도시에서는 결과적으로 사회적 교류가 거의 혹은 완전히 사라졌다.

미국 사회학자 뉴얼 심스Newell Sims는 미국 농촌 지역에 관해 연구하면서 개방적이고 포괄적인 결사가 공동체 형성에서 핵심적이라고 지적했다. 언제나 문제는 농민의 존재 양식에 의해 발생한 극단적 개인주의와 소통 결여를 극복하는 일이었다. 농촌 지역은 인구밀도가 낮고 경제활동이 독립적으로 이루어지므로 서로 교류하거나 일상적으로 모임을 갖기 힘들다. 이는 공감과 대화의 기술이 발달할 기회가 적다는 의미이기도 하다. 누구나 포용하는 제3의 장소가 부재함으로 인해 "사회적 삶의 가장 중요한 국면"을 잃었다. "이러한 결핍은 공동체의 핵심 자체가 빠진 것이다."[18]

심스의 관찰대로 조직은 공동체 발달의 진보된 단계이고, "조직이 나타나고 유지되기 전에 공동체의 본질적 내용이 먼저 존재해야 한다."[19] 사람들이 공식적인 조직의 직무를 수용하거나 규칙을 따르기 전에 결사의 습관이 먼저 뿌리내려야 한다. 농민들은 생각도 비슷하고 당면한 문제도 유사하지만 서로 멀리 떨어져 살아간다는 점이 실패 원인일 때가 많았다. "상호 신뢰, 공감, 열의, 목적, 어떤 문제에 대해 이해하고 있는 바" 모두가 대체로 불안정했고, "각자의 마음과 마음이 상호작용함으로써 달성될 수 있는 진정한 집단의식"으로 진화하지 못했다.[20] 필요한 것은 가장 간단한 형태의 결사, 즉 "새로운 사람을 사귀고 친분을 더 돈독하게 하기 위한 일상적이고 가볍고 비공식적이며 일시적인 모임"이었다.[21]

농촌의 삶은 사람들의 교제를 방해했다. 미국 농부에게 특별히 사교 본능이 없거나 다른 사람들보다 적다고 볼 수는 없을 것이다. 농촌 환경이 사교적인 성향의 실현을 방해한 것이다. 또 한 가지 요인으로 지역 사제들의 태도도 문제가 되었다. 예를 들어 1914년 오하이오주 클레르몽에서 실시한 설문조사에서 다음 몇 가지 사회적 활동에 대한 성직자들의 태도를 알 수 있다. 그들은 일요일 야구(100%가 반대), 영화(65%가 반대), 댄스(90%가 반대), 서커스 관람(48%가 반대)에 부정적인 태도를 보였고, 테니스, 크로켓, 농산물 품평회에 관해서만 긍정적인 응답이 더 많았다.[22]

1911년 인디애나주에 있는 마셜 카운티와 분 카운티에서 장로교 교회가 유사한 조사를 실시했다. 이 조사에서는 교회가 지역사회에서 더 넓은 범위의 교제를 위한 장으로서 활성화된 곳과 그렇지 않은 곳이 있음이 밝혀졌다. 교회의 80%는 사회적 활동을 격렬히 반대했는데, 심지어 교회가 후원하는 활동일 때에도 마찬가지였다. 사회적인 활동은 있더라도 마을 안에만 집중되어 있었고, 대부분의 마을에서는 아주 적거나 없었다. 비공식 모임 장소가 없는 마을일수록 교회의 신도 수가 적거나 그들의 열의가 약했으며, 저속한 술집들이 건전한 놀이, 레크리에이션, 비공식적인 모임이 없는 틈을 파고든 마을도 있었다. 전반적인 성직자들의 태도는 사교활동은 구원에 도움이 되지 않는다는 것이었다. "교회가 필요로 하는 것은 사회적인 삶이 아니라 영적인 삶"이라는 말에서 목사들의 전형적인 관점을 알 수 있다.[23]

이 논문 저자들은 프리메이슨이 가장 활발한 곳에서 오히려 교회들이 가장 강력하며, "둘 다 형제애와 사교성이라는 동일한 정신을 바탕으로 한다"라는 조금 역설적인 결론에 이르렀다. 다음과 같은 두 가지가 확실한 결론으로 도출되었다. "①건강한 종교 생활을 위해서는 지역공동체에서의 사회적 교류가 필요하다. ②교회가 성공하려면 지역공동체의 사교 욕구를 인식하고 사교활동에서의 리더십을 교회가 일정 부분 담당해야 한다."[24] 미국이 힘을 길러가던 시기의 청교도주의와 개신교에 대한 가장 뼈아픈 비난은 아마도 신앙생활을 위해 지역공동체에서의 삶을 희생하는 경우가 너무 많았다는 지적일 것이다.

농촌사회학자의 연구 영역은 지역사회의 핵심 요소와 그것을 가능케 하는 기본 메커니즘과 프로세스를 밝히는 것으로 독특하게 포지셔닝되었다. 그들의 통찰력은 거기에 무엇이 **없는지**를 찾아내는 쪽으로 발달했다. 농촌사회학의 창시자 찰스 조사이어 갤핀Charles Josiah Galpin의 다음 구절에서 그 상실된 것이 무엇인지 뚜렷하게 드러난다. "첫째로, 모든 농가는 지인에 한정되던 대인관계를 문밖으로 확장하여 이웃의 모든 집, 더 나아가 마을의 모든 집까지 확장시킬 필요가 분명하다. 이것은 사교활동 유지를 위한 정책으로 안착되고 각 가정, 이웃, 지역사회의 일종의 준종교적 원칙이자 신성한 결의가 되어야 한다. 마을과 도시에서는 일상적으로 어쩔 수 없이 접촉이 일어난다. 시골에서는 압력 대신 합리적인 수단을 사용해야 한다. 시골에서 큰 규모로 사람들의 사교활동을 유도한다는 것은 사람들을 경제적인 압박 없이 움직이게 하는 일로, 위대한 이상주의만큼이나 높은 도덕적 수준을 필요로 한다."[25]

도시에서는 결사의 습관을 갖기가 더 쉽지만 자동적으로 생기는 것은 아니다. 가정이나 직장을 기반으로 하는 모임은 지역공동체나 풀뿌리 민주주의에 적합하지 않다. 사회적 차이라는 벽을 뛰어넘어 마음 맞는 사람을 찾아낼 수 있는 장소가 필요하다. 미국 독립을 이끈 주역들이 정치적인 토론을 하던 선술집 같은 곳이 있어야 한다. 미국 건국의 아버지 중한 명인 알렉산더 해밀턴Alexander Hamilton의 회고에 따르면 선술집은 "서로 다른 국적과 종교를 가진 다양한 사람들을 하나로 녹여내는 진정한 사회적 용매"를 제공했다.[26] "파리가 날아다니는 넓은 홀에 국적별로는 스코틀랜드인, 영국인, 네덜란드인, 독일인, 아일랜드인이 있었고, 종교별로는 로마가톨릭, 제7일 안식일 재림파, 모라비아교, 재세례파, 그리고 유대교도 한 명"이 모여 있었다. 이 술집은 폭넓게 다양한 단골손님들을 끌어들였고 단골손님들 간의 관계는 느슨했는데, "그들로부터 더 정연하게 조직화된 유형의 사교 클럽이 놀라울 만큼 많이 만들어졌다."[27]

그로부터 한 세기 후, 밀워키의 독일계 이민자들에게서도 비슷한 모습을 볼 수 있었다. 그들의 라거 비어 가든은 그곳을 즐겨 찾는 사람이라면 누구든 환영했고, 여기에서 만나 격식 없이 어울리던 사람들이 독서모임, 사격 클럽, 합창단, 밴드, 사교 클럽, 지역 의용대, 자원봉사 소방대등 지역공동체와 구성원들의 생활에 내용과 형식을 부여하는 여러 조직을 만들었다. 각각의 가정이 모인 가운데에서 어떻게 지역공동체가 출현하게 되는지를 특히 선명하게 드러내는 사례였다. 이는 가능한 한 누구나 자유롭게 접근할 수 있어야 결사의 습관이 촉발될 수 있음을 보여준다.

우리는 수동적으로 텔레비전 앞에 앉아 '가장 거부감이 적은 프로그램Least Objectionable Program; LOP'을 보며 그렇게 많은 시간을 보내면서도 술집이나 커피숍에서 시간을 보내는 것은 낭비라고 주장한다. 텔레비전 프로그램을 만드는 사람들은 진실을 좀 더 잘 알고 있다. 방송제작자들은 노동자 파업이나 높은 실업률 문제가 쟁점이 될 때마다 노동자들의 분위기와 견해를 취재하러 피츠버그나 디트로이트의 술집으로 향한다. 대중매체는 노동자들이 경영진과 정부의 역할, 그리고 자신이 속한 노동조합의 입장을 이해하게 되는 것이 바로 그러한 술집에서라는 점을 잘 알기 때문이다. 이런 술집은 다른 어느 곳보다 민주주의 프로세스가 굳건하게 살아 있는 장소다. 같은 문제를 안고 있는 사람들이 동네 음식점, 선술집, 커피숍에서 만나 공통 기반을 발견하고 집단적 감정에 의미를 부여하며 그것을 정교화한다. 또한 서로에게 사회적 지원을 제공하기도 한다.

─────── **통제기관이자 선의의 강제력**

미국에서는 지역사회에서 제3의 장소, 특히 술을 파는 곳들이 사회 통제기관이나 선의의 강제력으로 인식되는 경우가 거의 없었다. 청교도적인 사회일수록, 또는 노동력의 생산성을 극대화하려는 압력이 클수록 '놀러 가는 곳'을 부정적으로 보는 것이 사실이다. 하지만 친밀한 지역사회의 삶이 사라지고 그 대신 진짜로 사회를 좀먹는 힘이 출현하면 제3의 장소가 담당하는 역할이 더 잘 드러난다.

대중사회mass society와 **대중매체**mass media라는 용어가 흔하게 사용되지 않던 1930년대 후반, 매스 옵저베이션이라는 영국 연구자 그룹은 우려를 안고 그 힘이 지역공동체에 미치는 영향을 검토했다.[28] 그들은 인구 18만 명인 잉글랜드 북부 소도시 워크타운Worktown(조사 대상 도시를 특정하지 않기 위해 붙인 가공의 명칭─옮긴이)을 철저하게 분석하여, 이 연구를 제2차 세계대전 직전에 마무리하였다. 개인의 삶에 대한 지역사회의 영향력이 쇠퇴하고 있음이 분명해진 시기였다. 그들은 주민들에게 "인생은 살아갈 만한 가치가 있는가?"라는 수사적인 질문을 던졌다. 이 질문으로부터 그들이 알고자 한 바는 답이 아니라 누가 그 답을 주는가였다. "100년 전에는 남자의 심장, 아내의 육체, 교회, 동네 펍이 그 답이었다." 그러나 그것은 100년 전 이야기다. 1940년에는 〈데일리 미러Daily Mirror〉(영국의 일간 타블로이

드 신문-옮긴이), 축구 도박, 라디오, 그 밖의 매스컴이 답이었다.

미디어가 어떤 영향을 미치는지는 확실하지 않았지만 영향력이 강력하다는 점은 분명했다. 연구자들은 청소년들 사이에서 미디어의 영향력이 특히 크다는 점을 깨달았다. 미디어로부터 이익을 얻는 사람들이 그 영향력의 속성에 관해 거의 혹은 전혀 관심을 갖고 있지 않다는 점은 분명했다. 지역사회는 이 모호하지만 파급력이 높은 힘, 그리고 그것이 태도와 행동에 미치는 영향에 취약했다.

지역공동체들은 수 세기에 걸쳐 지방 세력가들의 영향을 효과적으로 통제하는 수단을 정교화했지만 새롭게 출현한 외부 세력인 미디어를 통제할 수단은 아예 없다고 해도 과언이 아니다. 예를 들어, 어느 펍 주인이 대관식 날 평소보다 늦게까지 영업을 하고 싶다면 불필요한 요식행위를 엄청나게 감당해야 한다. 반면에 전국 신문은 고의로 편향되게 만들거나 조작된, 혹은 오해를 불러일으키는 기사를 수백만 명의 손에 쥐여줄 수 있으며, 진실을 알아챌 사람은 거의 없을 것이다. "이 새로운 세력은 단순히 이익만을 위해 제멋대로 군다."[29]

이런 상황은 낯설지 않다. 미국에서 시 당국은 술집 주인에게 겁을 줄 수도 있고 공원을 폐쇄할 수도 있으며, 어떤 사업장을 유해한 시설로 간주하여 출입을 통제하거나 선거 기간을 맞아 거리 정화를 시행할 수도 있다. 지방 세력가 통제는 그것이 '실제'이든 단지 '보여주기'든, 효과적일 수 있다. 그러나 지방 세력가들에게는 그렇게 엄중한 공무원이나 당국도 대중매체 앞에서는 무력하다. 수백만 명의 부모가 반대하는 프로그램도 계속 방영되기 마련이고, 전문가들은 그런 프로그램의 유해성에 관해 탁상공론만 계속할 뿐이다. 그리고 전문가들은 지역사회의 삶으로부터 괴리되어 있다.

최근 동네 공원에서 본 인상적인 장면이 있다. 야구를 하던 어린이들이 있었는데, 한 여성이 산책을 하다가 실수로 그 사이를 가로질러 갔다. 소년들은 험악한 말로 계속 소리를 질러댔고, 그 여성은 아이들을 진정시키려고 애썼다. 아이들은 로빈 윌리엄스, 에디 머피, 버디 해킷, 리처드 프라이어, 조지 칼린 같은 최고의 연예인, 혹은 천박한 말투로 스타덤에 오르려고 하는 젊은 코미디언들의 말투를 흉내 내고 있었다.

대중매체는 지역사회의 통제로부터 자유로울 뿐만 아니라 새로운 유형의 유명인사를 탄생시킨다. 이들은 과거의 영웅과 매우 다르다. 전형적인 미디어 스타는 대중에게 모범을 보여야 한다는 생각이 없다. 오히려 일반인보다 이혼율이 높고 사건 사고도 잦으며 싸움에 휘말리거나 마약에 손을 대는 일도 많고, 심지어 그런 일들이 멋지고 세련되기라도 하다는 듯한 인상을 준다.

미디어가 자주 뿜어내는 유해하고 낯선 영향에 맞서는 가장 좋은 방법은 무엇이 우리에게 가장 소중하며 어떻게 그 소중한 것을 보존해야 하는지에 관해 토론하는 집단적인 대면접촉이다. 그런데 이를 가로막는 가장 큰 장애물이 또한 미디어다. 집에 배달되는 신문, 전파를 타고 오는 라디오나 텔레비전 방송은 사람들을 집에 머무르게 한다. 혼자 고립되어 보내는 시간 동안에는 소속감을 느끼지 못한다. 미디어는 고립된 소비자들에게 영합하는 동시에 그들을 더욱더 고립시킨다.

언제 어디에서나 미디어를 접하면서 수십 년을 살아온 지금에서야 우리는 새로운 시각으로 지역에 남아 있는 모임 장소를 제대로 평가하기 시작한 것 같다. 사실 예전에는 태번이나 청소년들이 자주 모이는 곳을 교회, 스카우트, 4-H 클럽(농촌 청년 교육단체-옮긴이)과 동급으로 생각하지 않았었다. 이 두 부류는 오히려 정반대에 가까워 보였다. 그러나 돌이켜보면 아이스크림 가게나 길모퉁이의 맥줏집도 일종의 통제기관 역할을 해왔다. 태번에서도 거친 말이 오가기는 하지만 오늘날 텔레비전에서 들리는 욕설만큼 심하지 않고, 그나마도 미디어의 언어 행태에 불쾌감을 느끼는 다른 손님들에게 제지당한다.

1930년대나 1940년대 어머니는 아들이 길모퉁이 드러그스토어에서 왜 그리 오래 죽치고 있는지 이해하지는 못할지언정, 아들이 어디에 있는지는 알 수 있었다. 주변에 어른들이 있으며 거기에서 '아주 나쁜 일'은 일어나지 않으리라는 것도 알았다. 오늘날에도 그런 장소가 있다면 어머니들이 얼마나 좋아할까? 아내 입장에서도 과거에는 남편이 퇴근길에 어디에서 어슬렁거리고 있는지 뻔했으며, 참을성 없는 아내라면 조금은 짜증이 났겠지만 그게 다였다. 하지만 이제는 사적인 공간인 집과 공공장소 사이의 괴리가 커짐에 따라, 부모나 배우자나 가족의 안위를 알 수 없다는 점을 점점 더 걱정하게 되었다. 사람들은 더 이상 동네에서 놀지 않으며, 사람들이 모이는 장소는 가족 구성원의 통제권을 벗어나 있다.

어느 동네에 제3의 장소가 남아 있다면 그 장소는 지역공동체에서의 삶에 통제권을 행사한다. 그 장소 안, 그리고 거기에 자주 오는 사람들에게는 훨씬 더 긍정적인 효과를 준다. 제3의 장소는 선의의 강제력을 가지고 있고, 습관적으로 그곳을 찾는 단골habitué에게 밖에서보다 훌륭한 인간관계를 맺을 기회를 제공하며, 그들은 습관habit처럼 그 기회를 활용한다.

제3의 장소에서 단골손님들 사이의 관계는 대체로 평등하지만, 어디서나 그렇듯 완전히 평등하지는 않다. 남들보다 주위의 신망을 더 받는 사람에게는 공통적인 특징이 있다. 그들은 듣기 좋은 말을 하는 데 능하거나 그렇게 자주 농담을 하지도 않으며 항상 남의 말에 따르는 사람도 아니다. 하지만 정직하며 재치 있고 사려 깊다. 믿음직하고 존재감이 강하다. 또한 사귈 만한 가치가 있고 함께 있으면 편안하다. 어떤 연령대의 제3의 장소에나 두드러지는 사람은 항상 있었다.

가장 합당한 사람이 리더가 된다는 점은 제3의 장소를 참신한 매력이 있는 장소로 만든다. 직장에서는 누구를 리더의 자리에 앉힐지 정할 때 여러 요인을 고려한다. 인성은 중요하지 않다. 고대 로마에 "자격이 안 되는 사람이 높은 자리에 앉는 것만큼 난처한 일은 없다$^{Asperius\ nihil\ est}$ $^{humili\ cum\ surgit\ in\ altum}$"라는 말이 있는데, 우리도 실제로 그런 고통을 자주 겪는다. 제3의 장소에서 존경받는 사람들을 직장의 리더에 견주는 사람도 많겠지만 그 둘의 차이는 의심의 여지 없이 분명하며, 바로 이 차이가 제3의 장소의 신비한 매력에 기여한다. 제3의 장소에서는 정의가 승리하며, 위계가 존재한다면 인간 본연의 양식良識, decency에 기초한 것뿐이다.

일라이자 앤더슨은 시카고대학교의 대학원생일 때 시카고 남부의 젤리스라는 술집의 단골 무리에 낄 수 있었다.[30] 흑인 게토에 있는 바는 그들 사이에서도 평판이 좋지 않았다. 그러나 일원이 되려면 정규직에, 다른 사람을 대하는 태도가 "바르며", 의지가 강하고(마약상 같은 말종이 아니라) 쓸모 있는 인간이어서 알고 지낼 만한 가치가 있어야 했다. 외부인이라면 생각조차 못했을 바로 그곳에서 인성이 가장 중요하게 작용했던 것이다. 앤더슨은 "그들의 가치 체계를 '양식'이라는 한 단어로 요약할 수 있다"라고 설명했다.[31] 젤리스는 그곳을 "또 하나의 집"으로 삼는 사람들에게 '존재의 기회'를 제공했다. 앤더슨은 다음과 같이 말한다.

> 친구나 이웃과 함께 있는 환경은 스스로 가치 있는 사람이라고 느끼게 만드는 데 있어서 가장 큰 영향을 미친다. 다른 환경, 특히 생소하고 비인격적인 기준으로 사람들을 평가하는 바깥세상은 그보다 훨씬 덜 중요하다.[32]

자주 반복되는 이 시대의 비극 중 하나는 백인 도시계획가들이 소외 계층이 사는 동네에서 그들에게 중요한 장소들을 제거해놓고 그들을 위한 일을 했다고 생각한다는 것이다.

제3의 장소가 만든 사회에서는 덕목을 갖춘 사람이 대접을 받는다. 이는 외부세계에서 찾아볼 수 없는 점이다. 한 친구가 이렇게 말했던 것이 기억난다. "근무일에는 항상 본심을 감추고 직함과 가식의 세계에 들어가야 한다. 이제 나는 가능한 한 매일 또 다른 세계에 들른다. 별명과 장난이 가식을 없애준다. 그러고 나니 더 즐거워졌다. '그들'에게서 받는 괴로움이 예전에 비해 절반 정도밖에 안 된다."

제3의 장소에서 성숙한 양식은 바깥세상에도 영향을 준다. 제3의 장소 단골손님들은 커피 카운터에서도 바람직하지 않은 행동을 하지 않는다. 그들은 어떤 행동이 적절하고 어떤 행동이 부적절한지를 제3의 장소에서의 두서없는 대화 속에서 수없이 검토한다. 집과 정원을 가꾸지 않아 마을 경관을 해치는 사람, 다 쓴 기저귀를 주차장에 버리는 몰상식한 사람, 불로소득이나 부당한 돈을 챙기기 위해 누군가를 고소할 빌미를 찾는 비열한, 부모로서 의무와 책임을 다하지 않는 사람은 빈축을 산다. 그런 사람들은 크게 변하지 않는 한 집단의 구성원으로 받아들여질 수 없다. 제3의 장소를 준거집단으로 삼는 사람들은 크든 작든 윤리적·도덕적인 판단을 해야 할 때 "그들이라면 어떻게 생각할까?"라고 질문하며, 그러한 질문 덕분에 더 명확하고 순조롭게 답을 얻을 수 있다.

제3의 장소는 집단 안팎에서 양식 있는 말과 행동을 강제하는 힘으로 작용한다. 마치 그것이 제3의 장소에 속하기 위한 조건이라도 되는 듯이, 사람들이 가진 가장 바람직한 모습을 이끌어낸다. 그러나 거기에 모인 사람들이 한 손에 맥주잔을 들고 일과 가족에 대한 의무로부터 도망치려는 것처럼 보일 수 있으므로 장점은 쉽게 간과된다. 심지어 스스로도 잘 모르고 지나치곤 한다. 사람들의 미덕을 구현한다고 자임하는 다른 조직도 많지만 제3의 장소는 묵묵히 더 양식 있는 시민을 만들어낸다.

절제된 즐거움

최근 가정폭력 문제를 다루는 정신과의사와 이야기를 나눈 적이 있다. 그는 동네 태번의 쇠퇴를 애석해했다. 그는 남자들이 술집에서 "스트레스를 풀면 아내에게 모든 화를 쏟아내지 않을 것"이라고 했다. 그러면서 지금보다 예전에는 훨씬 더 많은 사람들이 태번을 즐겼는데, 그런 안전밸브의 부족이 아내에게 폭력을 휘두르는 사람의 비이성적인 공격성과 폭력의 상당 부분을 야기한다고 그는 확신했다.

좋은 태번은 스트레스를 풀어줄 뿐 아니라 쌓이지 않게 해준다. 두가지 모두 증거는 충분하다. 문화인류학자라면 스트레스를 풀 필요가 있어서, 그리고 집단적으로 그래야 했기 때문에 이런 장소가 나타났다고 설명할 것이다. 전 세계 여러 문화의 집단적 의례를 관찰해보면 의도적으로 흥청거리며 즐기는 자리를 마련하는 일이 매우 흔하다는 점을 바로 알 수 있다. 의례는 잔치나 축제, 유람, 종교적 축일, 농신제, 음주 파티, 심지어 난교 파티의 형태로 제도화된다.

파티나 축제에서는 일상적인 규범이나 예의를 무시하고, 소수가 아닌 모두에게 흥청거림이 허용되고, 광기가 표출되는 방식 또한 사사롭기보다는 공개적이고, 우연하게 나타나는 것이 아니라 의도적으로 드러낸다. 또한 그런 행동은 특정한 목적을 달성한다고 볼 수 있는 지표가 있다.

광기의 기간이 사회를 지탱하는 습관이나 도덕을 위협하지는 않는다. 오히려 그 반대다. 공동체 구성원은 특별한 상황에서의 행동과 그 밖의 시간에 준수해야 할 예절의 차이를 잘 알고 있다. 사회체계란 곧 도덕체계다. 그것은 구성원들을 통제하고 제한하며, 어느 정도 억압하기도 한다. 축제는 규범의 구속으로부터 해방시키는 동시에 평상시에는 규범을 더 잘 준수하게 한다. 이 기간에 허용되는 것이 평소에는 허용되지 않기도 한다. 또한 축제 기간 동안 일상으로부터 벗어나 벌이는 집단적 유흥은 사회적 결속social cohesion을 드러낸다. 관용이 커질수록 공동체에 대한 소속감도 강해진다. 성 파트리치오 축일을 가장 잘 즐기는 사람들은 아일랜드인이다. 아무리 다른 놀 기회가 없어도 아일랜드 출신이 아니면서 그날을 아일랜드인만큼 즐기는 사람은 거의 없을 것이다.

더 단순하고 통일된 사회에서 사람들은 정해진 일정에 따라 유흥에 참여하고 함께 탐닉한다. 모두가 축제를 기다리고 기꺼이 참여한다. 참여를 할지 말지가 개인이 선택할 사안이라고 생각하는 사람은 아무도 없다. 그러나 복잡한 산업사회에서 사람들은 저마다 일정을 가지고 있다. 업무 시간도 다르고 휴일도, 휴가도 각자 다르다. 다수는 국경일을 수동적으로 지키지만 무시하는 사람도 많다. 미국에서 크리스마스 휴가 기간은 즐겁지만, 이때 더 우울해하는 사람도 많다. 사람들은 나팔이나 축포가 아닌, 신용카드를 가지고 거리로 나간다.

개인주의가 팽배한 산업사회에서는 각자 즐겨야 한다. 소수는 언제든지 마음껏 즐길 수 있지만 대다수는 바쁘게 일상을 반복해야만 한다. 유흥을 언제 어디에서 어느 정도까지 즐겨야 하는지 정해주던 전통은 쇠락했다. 오늘날의 유흥은 공동체를 통합하고 결속하는 기능을 수행하지 않는 경우가 많으며, 규범에 맞는 행동을 강화하지도 못한다. 남아 있는 것은 때때로 '풀어지고' 싶은 심리적 충동뿐이다.

카바레나 바에서는 싸움이나 말썽이 흔히 일어난다. 이것은 과거에 사회 결속 기능을 가졌던 유흥의 반사회적 잔재다. 펑크록의 과격한 슬램도 마찬가지다. 미국 도시에서 일어나는 빈민가 폭동도 바뀌지 않는 빈곤에 지친 스스로에게 '풀어질' 기회를 제공한다. 폭력성 증가로 우려를 사고 있는 스포츠 경기장 풍경도 이러한 현상의 일환으로 볼 수 있다. 1970년대 후반부터 보스턴 레드삭스 구단은 풋볼선수를 스무 명 고용하여 팬들 사이를 돌아다니면서 말썽을 일으키는 사람들을 진정시키거나 경기장

밖으로 끌어내는 임무를 맡겼는데, 이들은 항상 바쁘다.[33]

사람들은 자기가 사는 마을이나 도시에 축제가 있든 없든 상관하지 않으며, 의례화된 유흥이 없으면 유흥은 예측불가능하고 위험해진다. 그런 행동은 방지하면서 긍정적인 기능을 복원할 방안이 필요하다. 앞서 언급한 정신과의사가 믿는 것처럼 제3의 장소가 답이 될 수 있을까? 일면 그렇다고 할 수 있다. 제3의 장소가 더 많아져서 더 쉽게 갈 수 있게 되고, 미국인들의 삶에 완전히 스며든다면 더욱 확실한 답이 될 것이다.

유흥을 위해 잘 설계된 제3의 장소의 좋은 예로 캐나다 전역에 퍼져 있던 전통적인 맥주 태번을 들 수 있다. 하지만 더 조용하고 고급스러운 분위기로 경쟁하는 브라세리가 유행하기 시작하면서 이제는 그런 맥줏집을 흔히 볼 수 없게 되었다. 과거의 태번은 시끄럽게 대화를 나누며 맥주를 끝없이 마셔대는 (남자들만의) 장소였다. 대부분의 좌석은 큰 탁자를 둘러싸고 있어서, 자연스럽게 목소리가 커졌다. 남자들은 '떠들썩하게 놀' 곳을 찾아 술집에 갔다. 하지만 다들 그 한계가 어디까지인지 분명히 알고 있었다. 예를 들어, 손님은 모두 테이블 좌석에 앉아 있어야 하고, 바에 다가서면 안 된다. 주문은 남성 웨이터를 통해서 해야 하는데, 웨이터는 산전수전 다 겪었을 듯한 나이에 경호원을 해도 좋을 체격이다. 심한 욕설은 허용되지 않았고, 만취한 사람은 즉시 쫓겨났다. 거기에 모여 있는 이들은 모두 지역 주민이었으므로, 아는 사람이기 때문에 서로를 통제할 수 있는 측면도 있었다. 손님을 끌기 위한 수법 따위는 없었다. 맥주는 떠들썩함을, 떠들썩함은 맥주를 불렀고, 이 두 가지는 전통적인 캐나다 맥주 태번의 유흥을 만들어내는, 간단하지만 가장 적절한 재료였다.

오늘날의 미국 태번과 비교할 때 당시 캐나다 태번에서는 손님이 더 오래 머물렀고, 더 많이 마셨으며, 더 열정적으로 즐겼지만 문제를 일으키는 일은 훨씬 적었다. 그들의 환락은 통제하에 있었다. 스트레스를 풀려는 욕구는 정해진 한계 안에서 해소되었다. 사람들은 그 한계를 이해하고 존중했으며, 한계가 있다고 해서 열정이 사그라들지도 않았다.

평균적인 제3의 장소의 모습은 캐나다 태번만큼 시끄럽지 않다. 떠들썩함은 즐거움을 만드는 재료 중 하나에 불과하며, 모든 제3의 장소는 그 외에 다른 것들을 많이 제공한다. 우선 수적으로 강점이 있다. 제3의 장소는 반복되는 일상에서 탈출하여 여유와 흥겨움을 느끼게 해주는데, 그 강도가 낮더라도 빈도에 의해 상쇄된다. 즉, 미친 듯이 즐겁지는 않아도 그 즐거움이 일상생활의 리듬 일부를 차지하게 되는 것이다. 무엇보다도 제3의 장소는 현대 도시에서의 정해진 일정에 따른 생활, 그리고 활동이나 기능에 따른 공간구획이라는 특징에 잘 어울린다.

공공영역의 경계 초소

미국에서 우리는 공공영역에 대한 통제권을 잃었으며, 사용권도 박탈당하고 있다. 미국 저널리스트 그레이디 클레이^{Grady Clay}가 말한, 새로운 "감금의 시대^{Age of Confinement}"는 고의적인 정책의 문제다. 이 정책은 공공영역에서 거지, 행상, 부랑자, 아이들, 노인, 방랑자, 떠돌이를 제거했던 것처럼 제3의 장소도 효과적으로 제거했다.[34] 이는 심각한 문제로, 이 책의 마지막 부분에서 진지하게 다시 논의할 것이다. 여기서는 양식 있는 사람들이 이용하고 누릴 수 있는 공공영역을 확보하는 데 있어서 제3의 장소가 왜 중요한가에 관해서만 간단히 설명하려고 한다.

도시의 공공영역을 사교와 오락을 위해 사용하는 데 적대적인 정책을 폈을 때 나타날 수 있는 분명한 결과 중 하나는, 책임감 있고 법을 준수하는 시민들이 수행하는 감시 기능을 잃어버린다는 점이다. 자유민주주의 국가에서는 치안기관이 이 일을 담당할 수 없다. 공공영역을 안전하게 만드는 데 결정적인 역할을 하는 것은 평범한 시민들이다. "자연스러운 감시"를 담당하는 보통 사람들이 충분히 존재한다면 거리의 질서가 유지될 수 있다.[35] 파리 도로변의 카페나 레스토랑은 보통의 파리지앵이 비공식적 공공생활을 즐기는 주된 장소일 뿐만 아니라 1만 개의 경계초소이기도 해서, 거기에서 여유를 즐기는 수백만 명의 보통 사람들은 자기도 모르게 감시자 역할을 하고 있다.

　　미국인들은 일반적으로 공공장소에 대해 이렇게 생각한다. "이것은 내 공간이 아니므로 내가 책임질 일도 없다. 시에서 공공장소를 관리하고 있지 않은가?" 이러한 태도는 전반적으로 공공 편의시설이 부족하다는 점과 맞닿아 있다. 그러나 어딘가에 제3의 장소를 갖고 있는 사람들은 다르게 생각한다. 그들은 제3의 장소에 걸어가거나 가까이에 차를 세울 수 있을 것이라고 기대하며 그에 관해 걱정하는 일이 없기를 바라고, 단골집과 그 주변이 안전하고 적절하게 잘 관리되기를 바란다. 제3의 장소나 그 근처에서 불미스러운 사건이 발생하면 손님들이 들고일어나 해결책을 요구할 것이다. 더 나아가 오스카 뉴먼Oscar Newman(미국 건축가이자 도시계획가로 '방어공간' 개념을 제안함—옮긴이)이 지적했듯이, 많은 사람들이 자신의 공간이라고 여기는 장소일수록 사람들은 거기에서 어떤 일이 일어나는지 더 적극적으로 감시한다. 어떤 장소를 자주 방문하고 친숙해지면 그곳에서 어떤 행동이 정상적인지에 대한 감각이 발달하고, 어떤 행동이 기대되는지를 알기 때문에 그러한 규범을 스스로 더 적극적으로 지키고자 한다.[36] 낡은 식당이나 길모퉁이의 선술집을 일소해버리면 지역이 개선될 것이라고 상상하는 사람들은 그런 장소와 함께 수십 명의 경찰관도 함께 사라지는 셈이라는 점을 인식해야 할 것이다.

────── **의심이 많은 독자에게**

　이전의 경험에 비추어 볼 때, 제3의 장소와 관련된 몇 가지 핵심적인 문제를 가능한 한 분명하게 제시해야 할 것이다. 내가 가진 편향을 인정한다. 나는 제3의 장소 찬성론자다. 나는 제3의 장소에서 이루어지는 모임이 사회와 개인에게 유익하다고 확신한다. 이러한 편향은 정당한 의심을 일으킬 수 있다. 제3의 장소를 갖고 있지 않은 사람들은 특히 회의적인 반응을 보일 것이다. 이러한 점에서, 지금까지 제3의 장소의 특징과 장점에 대한 일반적인 설명은 마쳤으므로 제3의 장소가 갖추어야 할 조건을 다룰 차례다.

　내가 제3의 장소를 너무 미화한다고 비난하는 사람들이 있다. 몇몇 비평가들은 아돌프 히틀러가 따뜻함이나 우정과 무관한 방식으로 비어홀을 활용했다는 사실이나, 동네 술집이 태머니 홀^Tammany Hall(19세기 말에서 20세기 초까지 뉴욕에서 활동했던 부패한 정치 파벌−옮긴이) 같은 정치 조직이 반민주주의적으로 도시 행정을 장악하도록 선동했음을 상기시키기도 했다.

　감히 말하건대 제3의 장소에 관한 나의 묘사에는 과장이 없으며, 묘사와 다른 곳이 있다면 그곳은 제3의 장소가 아니다. 이 묘사는 머릿속에서 나온 것이 아니라 내가 직접, 혹은 다른 사람들이 관찰한 바에 근거하여 있는 그대로를 적은 것이므로, 미화했다는 비판은 옳지 않다.

　물론 앞서 제시한 특징들이 모든 술집이나 카페에 들어맞지는 않는다. 나의 주장에 회의적인 사람들이 항상 의심스러운 눈으로 보는 태번부터 생각해보자면, 나부터도 평균적인 태번은 제3의 장소일 가능성이 적다고 생각한다. 술집들은 대개 불건전한 요소로 사람들을 유혹한다. 제3의 장소가 다른 곳과 차별화되는 점은 점잖으면서도 유쾌한 분위기가 항상 유지된다는 것이다. 단골손님들은 그 점을 잘 알고 있으며, 그래서 그곳을 다시 찾게 된다.

추가적으로 두 가지 점을 명확히 해두어야 할 것이다. 제3의 장소는 모든 사회적·개인적 질병을 치료할 수 있는 만병통치약이 아니며, 제3의 장소에서 이루어지는 모임을 좋아하지 않는 사람도 있을 것이다. 이 책은 제3의 장소에서의 교제가 개인의 삶과 공동체에 낳는 긍정적인 효과에 관해 보수적인 입장을 취하고 있으며, 제3의 장소라는 세계에 들어서면 곧바로 쉽게 관찰되는 직접적 이점에만 논의를 국한했다.

제3의 장소의 매력에는 한계가 있다. 제3의 장소에 합당한 지위를 부여하는 프랑스와 영국 같은 나라에서조차 모든 사람이 제3의 장소를 찾는 것은 아니며, 정기적으로 카페나 펍을 방문하는 사람이 국민의 절반을 조금 넘는 정도다.[37] 미국의 경우, 마을 사람들이 모두 서로 알고 지내며 누구나 갈 수 있는 곳에 제3의 장소가 있는 작은 마을에서도 제3의 장소를 자주 찾는 사람은 많지 않다. 어떤 사람들은 오지 않는 편이 나을 수도 있다. 제3의 장소에 모이는 사람들은 비판적인 사람들이 상상하는 것처럼 그저 빈둥거리며 시간을 낭비하는 것이 아니다. 서로 다른 사회적 입장과 대화 스킬을 넘어서는, 다른 사람에 대한 애정이 있어야 한다. 시무룩한 얼굴로 대화에 참여하지 않는 사람은 아무런 보탬이 안 되므로 다른 데 가는 편이 낫다.

그러나 누구에게나 제3의 장소를 선택할 기회는 있어야 한다. 현재 미국의 도시 지형은 혼자 있거나 집에 있는 것을 좋아하고, 밖에 나가더라도 배타적인 환경을 선호하는 사람들에게만 우호적이다. 모임을 즐기고 사교적이며 '클럽 회원이 되기에 알맞은clubbable' 유형은 우리 사회에서 도시개발이 취한 방향 때문에 부당한 대우를 받고 있다. 그리고 이 사람들이 바로 지역사회의 모습을 좌우한다.

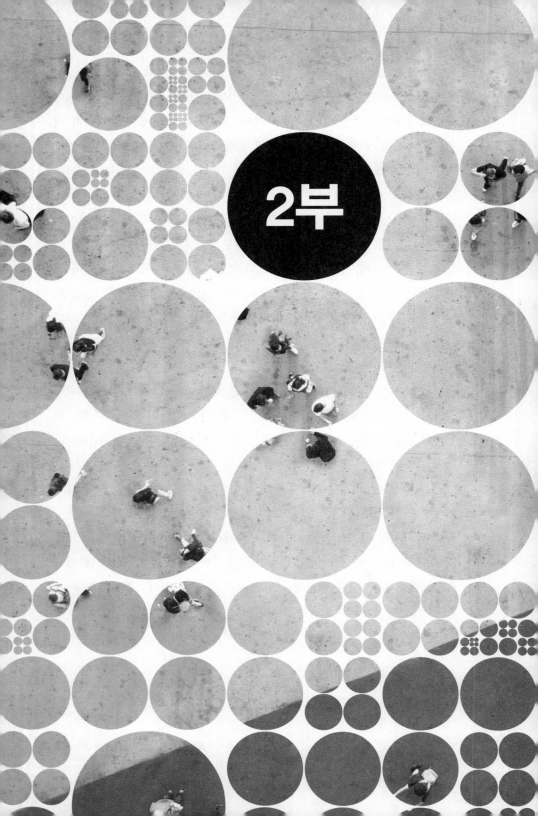

2부

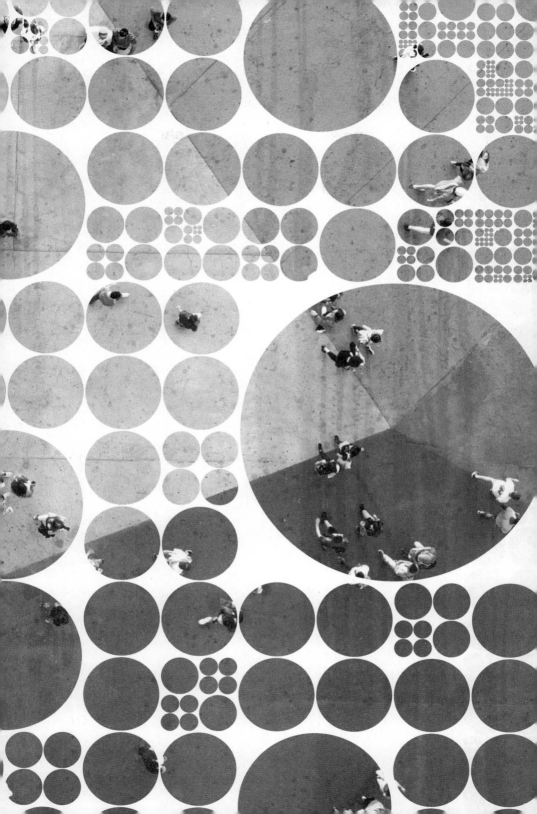

5장
독일계 미국인의 라거 비어 가든

위스콘신 지역 역사가 프레드 홈스는 "오늘날의 사교 생활에서는 옛 독일식 살룬saloon(제1차 세계대전과 금주령 시대 전까지 미국에서 유행했던 대중적인 술집 유형—옮긴이) 같은 모임 장소를 거의 찾아볼 수 없다"라고 지적한다. "살룬과 비교하면 현대식 태번은 거만한 사기꾼arrogant pretender"이라는 것이다.[1] 살룬과 라거 비어 가든에서 독일계 이민자들은 음주를 적절하게 자제하고 술자리를 통해 공동체를 형성하는 모범을 보여주었다. 미국사를 통틀어 독일계 미국인들의 라거 비어 가든보다 더 훌륭한 제3의 장소의 예는 없었다. "계획된 즐거움만큼 끔찍한 것은 없다"라는 말도 있지만 분명 그 말을 한 사람은 독일인이 아니라 영국인이었다.[2] 독일계 이민자들은 즐거움을 위한 공식을 가지고 있었다. 그 공식은 매우 유효적절하여 위험요소나 중단, 혹은 실패 가능성 없이 매일 실행할 수 있었다.

라거 비어 가든의 특징은 여러 요소의 조합으로부터 비롯되었는데, 그중에서도 이민자들의 인구통계학적 구성이 중요한 부분을 차지했다. 독일계 이민자, 특히 1840년 이후에 이주한 집단은 규모가 컸고, 그만큼 다양했다. 노동자 계급이나 그 어떤 계층에도 국한되지 않았다. 서로 다른 삶의 방식을 가진 사람들이 새로운 땅에 만들어진 새로운 공동체에 편입되고 통합되어야 했다. 이 새로운 미국인들의 사교 장소는 기본적으로 모두에게 열려 있었다.

　이민자들이 가지고 온 유럽의 전통도 중요한 역할을 했다. 그들은 대체로 독일 계몽주의 도시의 중산층으로 성장했으며 풍요롭게 사교 생활을 즐기는 문화를 가지고 있었다. 그들은 체조 클럽, 사격 클럽, 노래 모임, 체스 클럽, 연극 클럽, 사교 클럽, 학회나 예술가 협회, 교육자 모임, 그 밖의 여러 자발적 모임과 함께 라거 비어 가든도 미국에 들여왔다.

　독일인들이 함께 있을 때 보여주는 행동은 그들의 인생관에 기초한다. 독일인의 인생관은 두 가지 측면에서 이민자의 유입으로 인한 화학적 변화나 그들이 가지고 온 전통보다 더 중요했다. 첫째는 질서를 향한 열정, 둘째는 비공식적인 사교가 지역공동체에서의 삶을 지탱하는 기초라는 깨달음이었다. 라거 비어 가든에서 가진 모임들은 공식적인 조직적 활동의 모태가 되었다. 비어 가든이 이 중요한 역할을 수행하려면 사람들을 분열시키지 않고 하나로 뭉치는 힘을 가져야 했다. 그런데 전형적인 미국 북부식 술집(양키 살룬)에는 당연히 아쉬운 점이 많았다.

　밀워키로 이주한 한 독일인은 1846년 고국의 친지에게 보낸 편지에 이렇게 불평했다. "어슬렁거릴 수도 자리에 앉아 있을 수도 없다. 그저 슈냅스 한 잔 벌컥벌컥 마시고 바로 나갈 수밖에 없다."[3] 아쉬운 점은 또 있었다. 양키 살룬에는 돌아가면서 한 사람씩 모두에게 술을 사는 위험한 관행이 있었다. 이는 독일인들의 빈약한 주머니 사정에도 위협이었지만, 그보다 더한 문제는 질서를 해친다는 점이었다. 한 사람이 전체에게 한 잔씩 술을 돌리다 보면 가장 빨리 마시는 사람이 속도를 좌우하기 때문에 음주량을 제어하지 못하게 된다. 나머지 사람들은 원했던 것보다 과음을 해야 하는 상황에 처한다. 이와 반대로 독일인들은 이른바 '더치페이', 즉 각자 자신이 마신 술값을 계산하는 것이 관행이었고, 각자 자기 속도대로 주문했다.

또한 양키 살룬에서는 너무 도수가 높은 술을 마셨다. 잉글랜드나 웨일스 사람들이 최초로 맥주 양조장을 세웠는데 거기서 만드는 술은 너무 독했다. 아일랜드식 살룬의 주된 주종은 위스키였고 그곳 사람들은 행동도 거칠어서 가족과는 함께 올 수 없었다. 그러다 독일인이 많이 정착했고 홉 열매 생장이 적합한 모든 지역에서 독일식 맥주 양조장이 만들어지자, 이내 독일식 살룬과 라거 비어 가든이 번성했다. 독일인이 맥주 맛에 특히 민감할 것이라고들 생각하지만, 역사적인 사실에 비추어 보면 독일인이 가장 주목하는 것은 알코올 도수였다.

독일인들이 맛보다 알코올 도수를 줄이는 데 더 관심을 가졌다는 사실은 1870년대 뉴욕의 라거 비어 가든에 관한 미국 저널리스트 주니어스 브라운Junius Browne의 묘사에서도 확실히 알 수 있다. "나는 이 섬에서 '라거 맥주를 마셔도 취할 수 있을까?'라는 질문이 처음 제기되었다고 믿는다. 이곳 맥주의 질을 생각하면 당연한 일이다. 뉴욕에서 생산, 판매되는 맥주가 모든 면에서 열등하며 미국 전체에서도 최악이라는 사실에는 의문의 여지가 없다. 약하고 밍밍하며 건강에도 좋지 않고 맛도 없다. 던더버그 함艦(미국에서 1862년에 만든 역사상 가장 큰 목재 선박—옮긴이)을 띄울 만큼 마시더라도 취하지 않을 것이다. 뉴욕에서 맛있는 맥주를 마시기란 불가능하다. 그것을 마셔보지 않은 서부 사람이라면 뉴욕에서 얼마나 형편없는 물질을 맥주라고 부르고 있는지 상상할 수 없을 것이다."[4]

동시대에 미국 역사가이자 저술가 앨빈 할로Alvin Harlow가 신시내티의 맥주를 평한 글에 따르면, 서쪽으로 갈수록 맥주의 품질이 높아진다. "토박이 노인들은 오래전 신시내티 최고의 맥주를 양조했던 존 하우크John Hauch에 관해 알 것이다. 하우크는 맥주를 만들거나 다룰 때 프랑스의 랭스나 에페르네의 포도주 장인만큼이나 까다로웠다. 와인 감정가들과 마찬가지로 그 역시 1870년대에 맥주를 병에 담기 시작할 때 고개를 저었다. 맥주는 항시 나무로 만든 통에 보관해야 한다. 하우크는 맥줏집 주인들에게 맥주 저장고의 온도를 시원하게 유지하고 조심스럽게 술을 취급할 것을 요구했다. 짐마차에서 술통을 끌어 내려 보도의 깔개 위에 쿵 하고 내려놓아서는 안 되며, 조심해서 들어 올려 지하 저장고까지 그대로 들고 내려가야 했다."[5]

맥주는 독일을 상징하는 음료인 만큼, 독일인들이 맥주 맛의 기준을 버린 것은 절대로 아니다. 브라운의 글에서도 알 수 있듯이, 초기 뉴욕 맥주의 미흡한 수준은 독일인들이 음주를 절제하는 것을 더 중시한 결과라고 보아야 한다. 그들은 독주에 눈을 돌리지 않고 맛있는 척, 그냥 형편없는 뉴욕 맥주를 마셨다. 이러한 태도를 할로의 글에서 찾아볼 수 있다. 할로는 1856년 여름 셍어분트 축제fest of the Sängerbund(독일 문화권의 합창제—옮긴이) 기간에 신시내티에서 일어난 일을 다음과 같이 설명했다. "오후가 되자 흥분한 사람들도 몇몇 눈에 띄었지만 앵글로색슨 민족이 많이 모여 있는 곳에서 흔히 볼 수 있는 취객의 난동은 전혀 없었다. 독일인들이 상대적으로 자극이 적은 음료수를 즐기기 때문이기도 하지만, 남녀노소가 함께 어울리는 분위기가 더 큰 영향을 미친다. 독일인이 모이는 곳에서는 맥주보다 독한 술을 판매하지 않았다. 한번은 외부인이 몰래 독주를 반입하려고 한 적이 있는데, 가게 주인이 병을 빼앗아 박살내버렸다."[6]

독일인들은 음주에 관한 교훈을 학습하고 전통으로 다듬어왔다. 여행객의 객관적인 시각에서 보면 그 중요성이 더욱 명백했다. 영국 소설가 바이올렛 헌트Violet Hunt가 그 예를 보여준다. 그녀는 20세기 초의 독일과 영국 술집을 대조했다. 그녀의 묘사를 통해 독일계 미국인들이 대서양을 가로질러 가져오고 싶어 했던 공간의 모습을 충분히 상상할 수 있다. "어느 여름 오후, 새로 깐 자갈밭에 남녀노소가 섞인 한 무리가 질서 있게 앉아 있다. 그들은 예의 바르고 품위가 있으며, 시끄럽지도 술에 취해 있지도 않다. 작은 탁자마다 빨간 체크무늬 식탁보 위에 커피잔과 맥주잔이 놓여 있다. 아이들은 옆에 앉아 있고, 개들은 발치에 엎드려 있거나 사람들 주위를 맴돈다. 탁자 밑에서는 새들이 종종거리며 상냥한 사람들이 가끔씩 던져주는 빵 부스러기를 쪼아 먹는다. 그들은 큰 잔으로 헬레스 Helles(밝은색 일반적인 맥주—옮긴이)를, 혹은 작은 잔으로 둥클레스Dunkles(흑맥주—옮긴이)를 벌컥벌컥 들이켜며, 그러면서도 무심하고 평온하게 앉아 있다. 잔을 거듭해도 신성한 고요함은 흐트러지지 않는다. 개들도 싸우는 법이 없고 새들도 안심하고 주위에 머문다. 아무도 갑자기 의자를 밀치며 일어나지 않으리라는 사실을 모두가 잘 알고 있었다. 언쟁은 시가나 파이프 담배 연기 속에서 자신들이 들이켜고 있는 달콤한 공기를 더럽히고 인간적인 대화의 부드러운 숨결을 욕되게 할 것이었다. 다양한 연령의 자녀와 함께 온 사려 깊은 아내들은 태양의 위치를 예의 주시하다 일몰을 눈치챈다. 때가 되었다고 생각하면 이내 앉은자리를 정리하고, 남은 빵을 싸고, 아이들의 턱받이에서 빵 부스러기를 털어낸 후 착착 개어 넣고, 힐데스하임의 금빛 첨탑이 집으로 돌아가는 귀로를 가리킬 것 같은 서쪽으로 눈을 돌렸다. 남편들은 몸을 털며 일어나 음식값을 지불했다. 맥주는 실컷 마셨지만 어떤 폐해도 없었다."[7]

이 장면은 악마의 음료를 인류가 통제할 수 있다는 증거다. 그러나 헌트는 이 모습을 관찰한 후 곧바로 영국에서는 있을 수 없는 일이라고 선언했다. 영국에서는 두 시간만 음주가 지속되면 바로 추한 광경과 고성이 난무하므로, 술을 마시는 장소에 아이들이 들어오지 못하게 하는 정부의 조치가 정당화된다. 그녀의 모국인 잉글랜드에서는 '엄격한 절주'를 권장하며 '보호적인 주류법'을 시행하고 있어서, 독일식 비어 가든과 비견할 만한 장소가 없다. "영국에 그렇게 매력적인 장소가 있다면 여지없이 영업면허가 취소될 것이다. 악행이 건전함을 가장하거나 쾌락이 아름다움의 탈을 쓰지 않도록, 정부의 윤리가 곧바로 나설 것이기 때문이다. 정부는 마음껏 유쾌한 시간을 즐길 수 있는 모든 장소를 억지로 무미건조하게 만들어서 즐거움을 창출하는 습관을 세심하게 제거한다."[8]

헌트는 이 차이의 상당 부분이 술의 종류에 기인한다고 주장한다. "독일 맥주는 알코올 도수나 품질, 숙성도에 있어서 영국 술과 현격히 다르다. 영국 술은 사람들의 마음, 지갑, 가정의 평화를 깨뜨리는 것으로 악명이 높다. 독일의 맥주에는 쉽게 취하지 않는다. 물로 희석하지도, 마취성 물질이나 그 어떤 다른 물질도 섞지 않는다. 또한 적절한 방법으로 보존된다."[9]

주니어스 브라운은 자신의 관점으로 옛 뉴욕의 무수히 많은 라거 비어 가든에서 독일의 축제 전통을 관찰했다. "독일인의 음주는 미국인의 악습과 다르다. 독일인은 라거를 즐기되 과음한 것처럼 보일 때조차도 이성을 잃지 않는다. 그들은 돈이나 시간을 낭비하지 않는다. 말다툼을 하지도, 치고받고 싸우지도 않는다. 미국인들과 달리 자신의 희망이나 자신을 사랑해주는 사람들의 행복을 망치지 않는다. 그들은 우리가 폐에 산소를 공급하듯이 라거를 마신다. 독일인에게 라거는 마치 생존에 필요한 것처럼 보인다. 맥주는 사회적 가치를 가지며, 감브리누스(맥주를 발명했다고 전해지는 전설 속의 플랑드르 왕—옮긴이)는 모든 가정의 질서를 지키는 수호신이다. 독일인은 살룬이나 비어 가든에 갈 때 아내나 자녀, 연인을 대동함으로써 가정과 유흥을 실질적으로 결합한다. 가족들이 있기에 과음이나 부적절한 행동을 제어하고, 적절한 시간에 자리를 떠나며, 맥주와 안락감을 만끽한다. 그들은 편안한 마음과 완벽한 식사라는, 평화를 위한 두 가지 필수 요소를 누린다."[10]

그들의 질서를 향한 욕구는 술과 음주를 지배했다. 하지만 살룬이나 비어 가든이 공동체 생활의 필수 요소가 되려면 비용도 통제해야 했다. 양키 살룬의 주인은 언제나 동네 사람들의 휴식과 오락에 대한 욕구를 정확하게 파악하고 있었고, 이를 활용하여 돈을 버는 재주가 있었다. 그런데 독일계 미국인들은 비싸지 않으면서 게으르게, 장시간 머무르기 좋은 공공장소를 원했다. 이는 모두에게 만남의 장소가 되려면 반드시 충족되어야 할 조건이었다.

브라운이 라거 비어 가든의 성공에 주목했던 것은 호경기 시절 뉴욕의 바우어리 지구를 관찰할 때였다. "독일인들은 열심히 일하고 절약하면서도 최저 비용으로 충분한 여가를 즐기고 있었다. 그들은 큰돈을 들이지 않고 즐거움을 얻는다. 미국인이 10달러를 쓸 때 독일인은 1달러를 주고도 더 큰 즐거움을 누리며, 미국인이 돈을 낭비하는 사이에 더 풍요로워질 수 있었다."[11] 밀워키에 대한 홉스의 묘사에서도 독일인 특유의 효율성 덕분에 다른 사람들과 여가를 즐기는 비용을 낮게 유지할 수 있었음을 알 수 있다. "이른바 '즐거운 90년대'라고 불리는 1890년대에는 맥주가 저렴했고 세금도 무시할 만한 수준이었다. 사실 1944년까지도 밀워키에서 맥주 한 잔 값이 5센트 이상인 경우가 드물었다. 1890년대 후반에 스테이트 스트리트와 서드 스트리트가 교차하는 사거리의 남서쪽 블록에 살룬이 네 곳 있었는데, 그중 어디를 가더라도 단돈 5센트에 맥주 두 잔을 마실 수 있었고, 로스트 비프, 구운 햄, 소시지, 구운 콩, 채소, 샐러드, 빵과 버터, 애피타이저 몇 가지가 나오는 훌륭한 점심은 무료였다. 두 사람이 합해서 5센트 동전 하나만 있어도 각자 제대로 된 식사 한 끼와 맥주 한 잔씩을 큰 잔으로 즐길 수 있었다."[12] 홉스는 더 큰 함의도 지적했다. "초기 '가난한 사람들의 클럽Poor Man's Club'(라거 비어 살룬의 별명)은 중요한 사회·경제적 문제를 해결했다. 주택을 건설하고 상공업 활동을 촉진하기 위한 자본이 필요했던 시기에 거의 공짜로 여가와 사교를 즐길 수 있었던 것이다."[13]

독일 이민자들은 공동체 생활에서 비공식적인 모임 장소가 갖는 중요성을 생각할 때 터무니없이 높은 가격으로 그 기능을 손상시켜서는 안 된다는 점을 잘 알고 있었다. 밀워키의 술집을 관찰했던 미국 역사학자 캐슬린 콘젠Kathleen Conzen도 홈스와 비슷한 언급을 했다. "1860년 무렵 밀워키에서 가장 좋은 태번들에서는 양질의 맥주를 싸게 마시고 공짜 음식을 먹을 수 있었을 뿐 아니라 대화와 음악, 때로는 가게 주인의 노래를 즐길 수 있었다. 밀워키 최초의 비어 가든은 1843년 여름 북동쪽 강변에서 문을 열었다. 입장료로 단돈 25센트만 내면 '잘 가꾸어진 꽃과 긴 산책로, 소박한 정자, 티볼리 언덕에서 내려다보는 아름다운 경치'를 즐기고, 일주일에 한 번은 독일인 취주악단의 연주도 들을 수 있는 곳이었다."[14]

반역죄lese majesty라고 하면 러시아에 기밀 정보를 팔아넘기는 사람을 연상하게 된다. 그러나 독일계 미국인들은 훨씬 신랄하고도 넓은 의미로 사용한다. 그들은 바가지요금을 물리는 콘서트 주최자나 시비를 걸어 소풍을 망치는 불량배도 반역죄인으로 본다. 공동체 생활의 평온과 충만한 즐거움을 위협하는 것이라면 무엇이든 그들의 신경을 거슬렀다. 그들은 미국 저널리스트 리처드 오코너Richard O'Connor가 예리하게 지적했듯이 사회의 핵심부가 변해서가 아니라 주변부에서 용인하는 무질서가 사회 전체의 질서를 무너뜨린다고 생각했다.[15] 그들에게는 적국의 스파이와 암표 상인이 동류였다. 저렴한 비용으로 (일차적으로) 음식과 술, 음악을 공공장소에서 즐길 수 있어야 이웃과 견고한 관계를 구축하고 지역공동체를 존속시킬 수 있었다.

이용자의 예의 바른 행동과 비용이 적게 든다는 점은 비어 가든을 누구나 환영받으며 편하게 즐길 수 있는 곳으로 만드는 결정적인 요소들이다. 비어 가든의 본래 목적을 위해서라도 누구나 참여할 수 있어야 했다. 라거 비어 가든은 아이들과 여성, 비非독일인에게도 열려 있었고, 그 안에서 사회적 계급은 대체로 잊혔다. 엄격하게 독일다운 것, 또는 다른 나라 사람들과 공유하기 어려운 문화는 가정 내에서 보호했다. "독일인들은 가정에서 가족의 테두리를 지키려고 하는 경향이 있다. 그러나 맥주통 마개가 열리고 와인병 코르크 마개가 뽑히는 순간, 술과 노래와 춤이 있는 파티에 모든 민족이 초대된다."[16]

뉴욕에서 가장 명성이 높은 비어 가든 중 하나였던 애틀랜틱 가든에서도 포용성이 매우 중요했다. 브라운은 다음과 같이 기록했다. "애틀랜틱은 뉴욕에서 가장 국제적인 성격을 지닌 유흥 장소였다. 손님 대부분은 독일인이었지만 그 외의 모든 나라 사람을 다 볼 수 있다고 해도 과언이 아니다. 애틀랜틱 특유의 분위기를 생각하면 프랑스, 아일랜드, 스페인, 이탈리아, 포르투갈 사람은 물론, 중국이나 인도 사람도 있을 것이다."[17] 애틀랜틱은 한 번에 2500명을 수용할 수 있는 초대형 가설건물로, 독일계 이민자들이 제공할 수 있는 최선이었고, 독일인뿐 아니라 모두에게 개방했다.

포용성inclusiveness은 라거 비어 가든의 좋은 분위기를 만드는 가장 중요한 요소였다. 초목이 있는 곳이라는 뜻에서 가든이라고 이름 붙였지만, 인간관계와 정이 커가는 곳이라는 의미에서도 어울리는 이름이었다. 이 분위기를 가장 잘 나타내는 단어는 독일어인 '게뮈틀리히카이트Gemütlichkeit'다. 이 단어는 따뜻함, 친절함, 아늑함, 호의 등을 모두 함축하고 있다. 양키 살룬의 여러 문제점 중에서도 의심의 여지 없이 가장 큰 문제는 바로 이 게뮈틀리히카이트의 부족이었다. 양키 살룬은 싸움꾼이나 취하고 싶은 사람들을 위한 장소였지, 가족과 함께 오는 사람이나 다른 사람이 기뻐하는 모습에서 즐거움을 느끼는 손님을 위한 장소는 아니었다.

진정한 게뮈틀리히카이트는 공동체와 이웃의 존재를 인식하고 찬미하는 분위기이므로 배제에 기초할 수 없고, 따라서 특정한 나이나 성별, 계급, 국적을 차단하지 않는다. 즉, 본질적으로 포용적이라야 하는데, 라거 비어 가든이 바로 그런 장소였다. 앨빈 할로에 따르면 신시내티에 사는 독일인은 성공해서 언덕 위 부유한 동네의 주택을 구입했다 하더라도 "동포들과의 관계를 끊지 않고 비어 홀과 음식점, 정치, 문학, 음악, 스포츠 등 다양한 주제의 클럽에서 휴식과 운동을 즐기기 위해 '라인 강 건너'라고 불리는 예전 동네를 방문하곤 한다."[18]

할로는 하버드에서 온 한 방문교수가 친구를 통해 비어 가든의 게뮈틀리히카이트를 접했던 일화도 소개했다. "에서는 신시내티의 독일인 사회를 소개해주었다. 매우 흥미로운 모임이었고 그들에게서 배운 점이 많다. 상류층 구성원들은 운하 북쪽 마을에 있는 비어 홀에서 주로 만났다. 거기에는 훌륭한 사람이 많았다. … 실력자들이었다. 그들의 대화는 대단히 인상 깊었고, 그들 개개인의 자질은 내가 가지고 있던 이상적인 인간상의 수준을 우리 민족에게서는 찾아볼 수 없는 수준으로 끌어올렸다."[19]

미국에서 태어난 사람들에게는 일상 세계의 분열과 대립을 극복하는 장소 창출이 가능하다는 사실 자체가 흥분되는 일이었다. 할로는 1869년 독일노동자협회German Workman's Society에서 주최한 파티에 초대받았던 한 신시내티 기자의 말을 인용했다. "동료의식은 전염성이 있어서, 모두가 그 영향을 받았다. 갓난아기부터 아이들은 물론이고 제2의 유년기라고 하는 노인들까지 소홀히 하지 않았다. 어린 소녀들은 어른들 사이에 섞여 춤을 추고 싶어서 망원경으로 본 축소판 어른처럼 굴었다. 모두가 다른 사람들을 가능한 한 행복하게 해주려고 애썼다. 이들보다 잘난 것도 없으면서 자만심에 빠져 있는 사람들은 이 사례를 본받아야 할 것이다."[20]

또 다른 신문기자는 어느 독일인의 연주회에 참석한 후 그곳에서의 교류에 관해 다음과 같이 썼다. "맥주, 커피, 담배의 향이 공기를 편안하게 만들었다. 그 공기가 주페, 슈트라우스의 음악과 합해지니 마치 전 세계 사람이 친구인 듯한 기분이 된다. 혼자 앉아 시무룩한 표정으로 눈을 맥주잔에 고정하고 있던 페트루스 영감도 예외가 아니다. 동네 사람들은 그가 항상 우거지상을 하고 있는 것이 고국에서 겪은 파혼 때문일 것이라고들 얘기하지만 아마도 간肝과 통풍痛風 때문일 것이다."[21]

게뮈틀리히카이트의 핵심은 포용성인데, 이 점에 관해서는 프레드 홈스가 잘 지적했다. 그는 위스콘신 사람들이 라거 비어 살룬을 '가난한 사람들의 클럽'이라고 지칭하지만 그것은 잘못된 표현이라고 말했다. "'가난한 사람들의 클럽'은 부정확한 용어다. 일용 노동자뿐 아니라 그들의 고용주, 그 지역의 사업가나 전문직 남성들도 살룬을 찾기 때문이다. 당연히 부유한 사람도 많았다. 물론 이 명칭이 의도한 바는 학식 높고 고명하신 분들이 오지 않는 곳이라는 뜻이었다. … '가난한 사람들의 클럽'은 의식적으로든 무의식적으로든 이웃들과 친밀한 관계를 맺고자 하는 욕구에서 탄생했다. 공식적인 조직이나 회원제도, 임원, 활동 계획이나 이를 위한 기금 없이 존재하는 모임이었다. 독일에서와 같은 계층 간의 차이는 인정되지 않았다. 슐리츠 팜 가든, 슐리츠 파크, 밀워키 가든, 하이저스 같이 잘 알려진 곳에 가면 재산이나 집안을 판별하는 잣대가 작동하지 않았다. 부자와 가난한 사람, 예술가와 노동자, 학자와 작가가 모두 어우러져 고향과 지역성으로 묶인 하나의 가족을 이루었다."[22]

라거 비어 가든이 가진 포용성이나 '수평화'라는 특징은 더 호화로운 곳에서 가장 뚜렷하다. 홈스는 그의 책에서 세계적으로 명성이 높았던 슐리츠 팜 가든을 묘사했다. 이곳에는 실내에 실제로 '야자수 정원'이 있어서 유명했다.[23] 높은 아치형 천장과 스테인드글라스 창문, 화려한 유화,

파이프오르간, 무성한 야자수가 있는 그곳 역시 '가난한 사람들의 클럽' 이었다. 가난한 사람도 부유한 사람과 똑같이 환대하는 것이 슐리츠 팜 가든의 정책이었다. 사회·경제적 차이는 게뮈틀리히카이트와 양립할 수 없었다.

아무리 화려하고, 아무리 훌륭한 오락을 제공한다고 해도 그런 것들이 가격을 올릴 이유가 되지 않았다. 한 잔에 5센트짜리 맥주를 하루에 30~50통씩 팔았고, 무료 점심도 당시 밀워키의 여느 살룬과 같은 수준이었다. 일요일에는 콘서트가 열렸고, 누구나 환영받았다.[24]

여러 나라 사람이 뒤섞여 있고, 여성도 있으며, 부자와 빈자가 함께 있고, 청년층, 장년층, 노년층이 한 공간에서 즐거운 시간을 보내는 일도 빈번하다. 이런 점들이 포용성을 드러내는 가장 놀라운 증거다. 그러나 포용성에는 다른 차원도 있다. 공공모임 장소를 얼마나 쉽게 이용할 수 있는지, 그리고 실제로 얼마나 자주 이용하는지도 중요하다. 라거 비어 가든은 두 가지 조건을 모두 충분히 갖추었다.

주니어스 브라운은 "저지 시티, 호보켄, 브루클린, 허드슨 시티, 위호켄 등 기차나 증기선으로 쉽게 뉴욕에 갈 수 있는 동네는 말할 것도 없고" 맨해튼에만 3000개에서 4000개의 라거 비어 가든이 있다고 추정했다."[25] 비어 가든의 성장 추세는 버펄로, 신시내티, 이른바 "게뮈틀리히카이트의 수도"였던 밀워키, 세인트루이스, 시카고, 샌프란시스코에서도 비슷했다.

브라운에 의하면 "이 가게들은 제각기 규모도 종류도 달랐다. 탁자 하나에 의자 두 개밖에 없는 길모퉁이의 작고 누추한 가게도 있었고, 바우어리 지구의 애틀랜틱 가든이나 할렘 인근의 해밀턴 가든, 라이언 가든 같은 대규모 업소도 있었다."[26]

라거 비어 가든은 살룬과 다르다. 살룬에는 바가 있고 거기에서 교

류가 주로 이루어지지만, 라거 비어 가든은 테이블이 주를 이룬다. 가든
이라는 이름은 여름에 야외에서 맥주를 즐겨 마시는 독일인들의 습관 때
문에 유행하기 시작했다. 맥주는 확실히 음악과 신선한 공기가 있는 곳
에 가장 어울린다. 저면 윈터 가든이나 애틀랜틱 가든처럼 어마어마한 규
모로 건물을 지은 까닭은 추운 겨울에도 공원에서와 같이 확 트인 느낌
을 받을 수 있게 하려는 데 있었다. 그러나 아마도 대부분의 장소에서는
현실적인 문제 때문에 정원을 완벽하게 구현할 수 없었을 것이다. 19세
기 뉴욕의 술집 이름을 조사한 브라운은 "라거 비어 살룬과 라거 비어 가
든의 차이는 매우 근소했다. '가든'은 거의 전적으로 상상의 산물이었다.
구멍이 뚫린 지붕, 커다란 화분에 심은 전나무 한 그루, 다 죽어가는 포
도나무 한두 그루만 있어도 게르만 민족의 머릿속에서는 정원이 완성된
다."[27]

　　그 시절의 크고 우아한 비어 가든은 미국 테마파크의 선구자로 볼
수 있다. 예를 들어, 애틀랜틱 가든에는 정면의 대형 바 외에도 작은 바
가 여러 개 있었고, 사격장, 당구장, 볼링장, 매일 음악이 흘러나오는 오
케스트리온(오케스트라 같은 소리를 내는 자동 연주장치-옮긴이)이 있었으며,
저녁에 연주하는 악단도 여럿 있었다. 밤마다 손님들로 북적였다. 밀워
키의 공원들에서 제공하는 다양한 오락거리도 이와 유사했다. 많은 파빌
리온과 피크닉 공간, 회전목마, 긴 야외 테이블이 공원 곳곳에 있었다.
팹스트 공원에는 450미터 길이의 롤러코스터, 캣첸재머라는 놀이 공간,
와일드 웨스트 쇼(카우보이나 북미 인디언이 묘기를 보여주는 쇼-옮긴이)가 있었
고, 여름에는 콘서트도 매일 열렸다. 슐리츠 공원은 밀워키의 언덕 꼭대
기 3만 2000제곱미터 부지에 자리 잡고 있었고, 대형 탑에 오르면 밀워키
전체를 볼 수 있었다. 5000석 규모의 콘서트홀, 동물원, 겨울 댄스 홀, 볼
링장, 대형 레스토랑이 있었고, 그 사이사이에는 산책로와 분수대, 화단

이 있었다. 밤이면 32개의 등과 500개의 전등갓, 수천 개의 가스 불꽃이 공원 전체에 화려한 광채를 더한다.[28] 일반 입장료는 25센트였는데, 당시 사람들에게 적지 않은 금액이었다. 그러나 공원 안에서 즐길 수 있는 여러 오락거리와 공짜 음식 때문에 입장료를 그만큼 받지 않으면 안 되었다.

구세계의 여러 나라 출신 이민자들이 미합중국의 인구를 구성했지만, 그중 단 몇 나라 사람들만 민주적인 '용광로melting pot'에 필수적인 다민족적 사교 형태를 적극적으로 보급했다. 유대인들은 한결같이 반反동화주의를 고수했고, 그리스인들은 주로 자기들만 가는 커피숍에서 다른 사람들과 교류했으며, 스칸디나비아, 이탈리아, 폴란드에서 온 사람들은 자기 민족끼리의 교류에 만족했다. 일부 고령의 미국인, 그리고 아일랜드인과 독일인만이 민족에 얽매이지 않고 폭넓게 교류하는 "보편주의자"로 드러났다.[29] 여러 민족이 뒤섞여 교류하는 장소로서 독일식 비어 가든과 아일랜드식 바의 차이는 말 그대로 낮과 밤의 차이와도 같았다. "아일랜드 바는 조명이 어두운 반면에 독일식 술집은 대낮처럼 환했"고 "독일식 살룬은 가족이 함께 찾는 장소였던 반면에 아일랜드식 바는 남자들의 세계였다."[30] 독일식 살룬은 혼자 온 여자 손님은 탐탁지 않아 했지만, 남자가 가족을 동반하는 데는 문제가 없었고, 아이들도 예외가 아니었다. 독일식 살룬과 비어 가든은 대개 술집에 대한 미국 사회의 빈번한 비난에서 벗어나 있었다. 무엇보다도 범죄와 관련되는 경우가 거의 없었다. 사실 독일식 살룬 주인에게 돈을 맡기면 은행보다 안전하다고 할 정도로 신뢰를 받았다. 비판적인 사람들조차도 독일식 살룬이 가정을 안정시키는 효과가 있다는 점을 인정하지 않을 수 없었다.

그러나 결과적으로는 아일랜드 모델이 더 우세했다. 미국은 독일의 국가대표 음료에 익숙해졌지만, 독일인들이 맥주를 마시는 분위기는 빼놓고 맥주만 남겼다. 이 나라 국민은 **좋은** 태번이라는 개념을 용납할 수 있을 것 같지 않았고, 좋은 태번을 상상할 수 없는 국민은 열등한 태번밖에 갖지 못할 운명인 것이다.

라거 비어 가든이나 독일식 살룬의 가장 넌더리 나는 측면은 일요일에 가장 인기 있고 붐비는 곳이라는 점이었다. 독일 이민자들은 계몽 도시로부터 '대륙식 일요일Continental Sunday'이라는 문화를 가지고 왔다. 독일인들은 소풍이나 콘서트, 사격축제, 체조, 합창, 그리고 무엇보다 맥줏집에서 열리는 풍성하고 떠들썩한 모임에서 휴식을 취하고 영혼을 치유하는 데 익숙했다. 독일인의 평온한 라이프스타일은 상당 부분 이와 같이 여가 시간에 기분전환을 하는 방식에 기인한다. 시카고에서 일요일의 활동을 금지하려는 시도 때문에 독일인들이 폭동을 일으킨 일도 있었다.(1855년 4월 21일 시카고에서 일요일에 선술집을 폐쇄하고 주류 취급 면허 비용을 인상하는 조례를 발의했는데, 이것이 독일 이민자들을 겨냥한 것으로 보고 독일인들이 일으킨 라거 비어 폭동을 가리킨다.—옮긴이) 불행하게도 미국에는 일요일에는 일과 거리를 두고 아무것도 하지 않아야 한다는 종교적 사고가 지배적이었다.

카를 그리징거Karl Griesinger라는 독일 신문 편집자는 그 중요한 시기에 미국에서 몇 년간 머물렀다. 일요일을 무료하고 게으르게 보내는 미국인들을 보고 아연실색한 그는 안식일을 지키자는 고결한 주장 이면에 있는 단순한 경제적 동기를 포착했다. 미국의 교회는 정부가 지은 것도 아니고 세금으로 지은 것도 아니었다. 오로지 자발적인 기부에만 의존했다. 기부금은 신도 수와 예배 참석자 수에 달려 있었다. 대개의 경우 목사는 신을 위해서뿐만 아니라 생존을 위해 싸워야만 했다. 교회의 경쟁자는 모두, 특히 일요일에는 신의 왕국뿐 아니라 가난한 목회자의 생계에 위협이 되었다.[31]

그리징거의 분석은 독특하면서도 명쾌했다. "미국의 성직자는 다른 사업가들과 마찬가지로 스스로를 지켜야 했다. 즉, 경쟁에서 이기고 고객을 늘려야 하며, 수입이 충분하지 않다면 그것은 자기 책임이었다. 그렇다면 미국 교회에서 왜 그렇게 천국과 지옥을 강조하며 사람들을 끌어들이려고 애를 쓰며, 미국이 다른 어느 나라보다 예배에 참석하는 일이 당연한 나라가 되었는지는 분명하지 않은가? 일요일마다 빠지지 않고 교회에 가는 것이 예의범절이나 최신 유행처럼 되어, 이를 따르지 않으면 화를 부르게 될 것이다. 그들은 서류 위조보다 일요 예배를 빠지는 일이 더 큰 죄라고 생각한다.

거룩한 일요일에 미국인들이 다른 무엇을 할 수 있겠는가? 무료함만이 그들을 교회에 데려다줄 것이다! 합리적인 사람들은 '엿새 동안 일하고 일곱째 날에는 쉴지니'라는 말을 일요일이 심신 이완을 위한 하루가 되어야 한다는 뜻이라고 이해했다. 그러나 미국인은 다르게 이해했다. 그들의 해석은 일요일의 안식을 무덤 안에서의 안식으로 만들었다. 그리고 이 해석을 모두에게 강제하는 법을 만들었다.

일요일에는 반드시 필요한 공무를 위한 경우가 아니면 기차도 다니지 않는다. 버스도, 배도 끊긴다. 모든 사업체가 업무를 보지 않고, 식당도 벌금을 물까 봐 문을 닫는다. 법은 온 동네를 무덤 같은 정적에 휩싸이게 만들었고, 법을 위반하지 않고서는 빵이나 우유, 담배도 살 수 없다. 신이 허락하지 않았으니 극장이나 볼링장, 즐거운 여행 따위는 꿈도 꾸지 말고, 겨울에 불을 피워 따뜻한 음식을 만들 수 있음에 감사하라니! 이런 법을 만든 사람들은 반쯤 미친 것이 틀림없다."[32]

그리징거의 주장은 역사에 의해 입증되었다. 오늘날 미국 교회는 과거에 사교활동을 금지했던 바로 그 이유 때문에 오히려—심지어 일요일에도!—사교활동을 지원한다. 미국인들의 종교적 관점이 그들의 성격에 궁극적으로 어떤 영향을 주었는지는 판단하기 어렵지만, 생기 넘치고 즐거운 대인관계와 경쟁적인 관계를 조화시킬 기회를 거부한 것은 사실이다. 독일계 미국인들은 양키의 무뚝뚝함을 만들어낸 환경에 마지막까지 굴복하지 않고 버텼다. 그러나 결국 W. C. T. U.Woman's Christian Temperance Union(여성 기독교 절제 연맹−옮긴이)의 윤리관과 모르쇠당Know Nothing party(이민자 배척을 주장했던 정당−옮긴이)의 편협한 신앙, 독일과 치른 두 번의 전쟁, 미국 사회에 동화되고자 하는 독일계 미국인들의 자발적 의지가 결합하여 라거 비어 가든과 이를 둘러싼 생활양식을 과거로 밀어내버렸다.

오늘날 남아 있는 것이라고는 라거 비어 가든의 게뮈틀리히카이트를 조잡하게 흉내 낸 모사품과 빈껍데기뿐이다. 몇 년 전 중서부에 있는 테마파크에 간 적이 있다. 비싼 주차요금을 내고 입장료로 어른은 9달러, 아이들은 8달러씩 내야 했다. 거기에 성인이 즐길거리가 전혀 없다는 점을 고려하면, 아이들을 수고스럽게 데리고 와준 어른들에게 무료입장은 물론 공짜 맥주 한 잔쯤은 대접해야 마땅하다. 테마파크에서 어른들이 할 일이라고는 줄 서기밖에 없다. 모두들 줄을 서서 대부분의 시간을 보낸다. 비어 가든에는 한 가지 맥주밖에 없고, 그나마 종이컵에 나오는데 바가지요금을 받는다. 그렇게 붐비는 날이 아니었는데도 우리는 핫도그 하나를 먹기 위해 30분이나 줄을 서야 했다. 과거의 라거 비어 가든과는 달리 밤에 즐길 수 있는 장소도 아니었다. 여름마다 가는 사람도 있고 5년에 한 번이면 충분하다고 생각하는 사람도 있겠지만 대개는 평생 한 번밖에 가지 않을 것이다.

몇 해 전 여름에 한 소도시에 있는 공원에서 연례 텐트 피크닉 행사가 열렸다. 많은 사람들이 모여 활기가 넘쳤다. 거기에 있던 많은 사람들이 무척 즐거웠다고 말했고, 어떤 사람들은 며칠, 아니 몇 주 동안이나 그 피크닉 이야기를 나누었다. 하지만 마냥 멋진 시간이었다고만은 할 수 없게 만드는 몇 가지 장면이 있었다. 소프트볼 게임 도중 몇 명이 부상을 입었는데, 그중 둘은 골절상이었다. 여자들은 남편이 다른 여자에게 관심을 보인다며 화를 냈고, 남편들은 아내가 다른 남자의 호의에 응해준다며 화를 냈다. 이런저런 이유로 그 후 한동안 사이가 나빴던 부부도 많았다. 많은 이들이 피크닉 다음 날 심한 숙취로 고생했다. 공원 설비가 망가지고 사람들이 소지품을 분실하기도 했다. 거기서 먹고 마신 음식값은 가공할 만한 청구서로 돌아왔다.

그 사람들이 교양이 없었다고 할 수도 있고, 그래도 즐겁지 않았느냐고 할 수도 있다. 그런 시간을 너무 오래 기다린 나머지 막상 기회가 왔을 때 과열 양상을 보인 것 같기도 하다. 이런 설명은 모두 추측일 뿐이다. 어쨌든 이런 식의 사교가 자주 이루어질 수 없다는 점은 분명하다. 우선 몸이 감당할 수 없고, 주머니 사정도 허락하지 않을 것이다. 결혼생활의 평화를 위해서도 안 될 일이다. 이와 반대로, 라거 비어 가든에서의 유흥은 과하지 않고 돈이 많이 들지도 않아 자주 즐길 수 있었다. 독일계 미국인들은 여러 구실을 만들어 자체적인 축제를 열어 즐겼을 뿐만 아니라, 이탈리아인들을 도와 이탈리아의 영웅 오르시니를 위한 퍼레이드를 열기도 하고, 조지 워싱턴의 생일이나 독립기념일인 7월 4일에는 미국인보다 더 유난을 떨었다.

미국 남부에 독일계 미국인들이 정착하여 만든 작은 농촌 마을이 하나 있다. 몇 년 전부터 이 마을에서는 지역신문의 무비판적인 지원으로 주민들이 소시지 축제를 열고 있다. 수천 명이 향수를 불러일으키는 이 작은 마을에 오래된 독일식 축제를 즐기러 모여든다. 저 멀리서 독일 음악이 연주되는 소리가 들린다. 그러나 아쉽게도 실제 연주가 아니라 녹음하여 방송으로 계속 틀어놓은 것이다. 악단이나 의상을 갖추어 입은 사람은 없다. 광장을 가득 메운 부스와 탁자에서는 주민들이 중고물품을 파는 데, 가격이 소매가나 다름없다. 사고 싶은 물건도 없고 실제로 물건을 사는 사람도 없다. 중앙 무대에서는 진짜 상인이 되기에는 너무 가난하거나 소심한 사람들이 축제 분위기에 도취한 사람들에게 쓰레기 같은 물건을 팔려고 한다. 지역 공예가들은 돌아다니며 조잡한 도자기나 번들거리는 에폭시 수지로 두껍게 덧칠한 쓸모없는 목제품, 색이 야단스러운 수예품을 판다. 아이들을 위한 체험형 동물원도 있다. 다행히도 무료가 아니어서 입장료 때문에라도 많은 아이들이 가지는 못하지만, 늦은 오후 혹은 이른 저녁이 되면 벼룩, 이, 진드기에 물린 아이들을 치료하러 가야 하는 부모가 여전히 많다.

맥주를 마시기도 힘들다. 우선 줄을 서서 음료권을 사야 하고, 음료권을 맥주로 바꾸려면 다른 쪽에서 또 줄을 서야 한다. 맥주는 종이컵에 주는데도 가격은 터무니없이 비싸다. 음식은 그럭저럭 괜찮지만 입맛을 다실 만한 것은 없다. 게다가 한 시간 가까이 줄을 서서 기다려야 먹을 수 있다. 축제 장소까지 이어지는 모든 거리는 중고물품 가판으로 가득하다. 한때 '소도시 미국small-town America'(소도시에서의 삶이 중심이 되는 나라인 미국을 뜻함-옮긴이)은 연례 축제를 연다는 사실 자체에 자부심을 가졌지만 지금은 바뀌었다. 인구가 증가함에 따라 다들 자기 몫을 어떻게 챙길 것인가에만 혈안이 되어 있다.

그러나 이 축제에 꾸준히 많은 사람이 찾아온다는 점을 빼놓는다면 이러한 나의 평가가 오해를 불러일으킬 수 있을 것이다. 방문객 수라는 면에서 볼 때 소시지 축제는 분명 성공적이다. 이유가 무엇일까? 아마도 몇 가지 요인으로 이 축제의 과분한 인기를 설명할 수 있을 것이다. 우선 방문객들의 안목은 대개 자신의 경험에 기반한다. 50세 미만의 방문객이라면 더욱 그렇다. 직설적으로 말하면, 그들은 주민들이 자발적으로 이루어낸 더 나은 지역 축제를 목격한 적이 없다. 그런 축제에서는 주차도 무료이고 디즈니 킹덤을 비롯한 테마파크나 세계 박람회의 방문객이 맞닥뜨리는 값비싼 입장료도 없다. 많은 사람들은 이 축제에서 기업형 테마파크의 매끄러움과 대조되는 점을 발견하고 오히려 반가워한다. 반면에 테마파크에서는 효율성을 위해 사람들이 마치 짐처럼 옮겨지고, 적재되고, 일렬로 세워진다.

이제까지 몇 가지 사례를 비교한 것은 미국이 라거 비어 가든을 거부함으로써 무엇을 잃게 되었는지를 강조하기 위해서였다. 그러나 엄밀하게 말하자면 적절한 비교라고 할 수 없다. 소시지 축제같이 1년에 한 번뿐인 이색적인 행사와 라거 비어 가든같이 일상생활에 필수적인 부분을 차지했던 존재를 정확히 비교하기란 불가능하다. 가끔씩만 열리는 행사는 아무리 잘 계획해도 정기적으로 모이고 참여함으로써 얻을 수 있는 효과를 제공할 수 없기 때문이다.

독일계 미국인의 라거 비어 가든은 제3의 장소의 탁월한 모델을 보여준다. 라거 비어 가든을 기반으로 하여 폭넓게 비공식적인 교류에 참여하고, 그럼으로써 우정을 쌓고 흥미가 맞는 동료를 찾을 수 있었다. 사람들은 비어 가든의 행복하고 편안한 분위기 속에서 다른 사람들을 만나고 알아가며, 점차 연극 클럽, 체조단, 토론 모임, 합창단, 사격 클럽, 지역 의용대, 자원봉사 소방대, 사교 클럽, 사회 개선을 위한 모임 등을 결성했다. 이것이 지역공동체의 기초였다. 오코너가 관찰했듯이, 술을 마시면서 이루어진 관계임에도 불구하고 "길모퉁이 식료품점만큼이나 건전하다."[33] 금욕을 강조하는 여러 찬송가를 탄생시키고, 어린 넬(찰스 디킨스Charles Dickens의 《오래된 골동품 상점The Old Curiosity Shop》의 주인공—옮긴이)처럼 작은 소녀가 술주정꾼들 사이에서 부질없이 아버지를 찾아 헤매는 이미지를 강화하는 양키 살룬과 달리, 비어 가든은 가족들을 해체하기는커녕 하나로 만들어주는 힘이었다. 비어 가든은 미국의 경쟁적인 경제 시스템과 꾸준한 사교 생활 사이에서 균형을 이루는 데 기여했고, 동등한 기초 위에서 모두를 환영함으로써 사회적 격차를 완화했다. 독일계 미국인들은 인간이 사회적인 존재로서 반드시 가져야 할 태도, 즉 자신이 행복하려면 다른 사람들도 행복해야 한다는 사실을 다른 어느 누구보다 잘 알았던 것 같다. 그들은 신세계의 거친 땅에 제1의 장소, 제2의 장소, 제3의 장소라는 균형 잡힌 삼각대를 세웠다. 그렇게 각자의 삶에 안정성을, 그들이 정착한 지역에 문명을 부여했다.

6장

메인 스트리트

리버파크(저자가 연구한 마을의 가칭–옮긴이)는 제2차 세계대전 종전 무렵 전형적인 미국의 작은 마을이었다. 남녀노소 모두가 이 마을의 메인 스트리트를 자기 집 앞마당처럼 생각했고, 길지 않은 거리였지만 야외에서건 실내에서건 여기저기 제3의 장소에서 교류가 자주 이루어졌다. 동네 소문을 듣고 싶어서든, 아니면 단순히 무료함을 달래기 위해서든, 반복되는 일상으로부터 잠시 빠져나오고 싶은 욕구가 마을을 산책하는 것만큼이나 쉽게 충족되었다.

1940년에 리버파크의 인구는 720명이었다. 이 마을은 중서부의 북쪽 미네소타 남부에 있었으며, 비옥한 농경지를 관통하여 굽이굽이 흐르는 강을 따라 형성된 마을이었다. 당시에는 도로 사정이 좋지 않아 마을 밖으로 나가기 쉽지 않았다. 마을에서 가까운 간선도로는 협소하고 위험했다. 땅을 고르지 않고 자연적인 지형을 따라 도로를 건설하던 시절에 만들어져 1킬로미터마다 언덕과 움푹 파인 곳, 급커브가 있었기 때문이다. 2급 도로는 건조한 날씨 때문에 흙먼지가 날리고 울퉁불퉁했다. 봄에는 땅이 물러 굴곡이 느껴지지 않지만, 여름에는 건조해서 도로를 거친 빨래판으로 변신시켰다. 혀를 깨물지 않으려면 옥수숫대를 물고 있으라는 농담이 있을 정도다. 이후 새로운 아스팔트 도로들이 생기기 시작했지만 그때까지는 흔치 않았다.

텔레비전은 아직 등장하기 전이었으므로, 일반적으로 집은 오락의 장소가 아니었다. 자동차 여행이 어렵고 집에서 놀거리가 없다는 사실은 공동체 구성원들이 서로를 새로움, 다양성, 즐거움의 원천으로 삼게 만들었다. 이 시기 '소도시 미국'에서는 일상생활에 일종의 장식을 부여할 수 있는 주된, 그리고 거의 유일한 수단이 그것뿐이었다. 함께 대화하고 서로의 익살과 장난에 감탄하고, 좋은 일과 불운한 일에 공감하면서 사람들의 하루하루가 흥미로워졌다.

일상생활이 너무 급하지 않고 충분히 각자의 개성에 관심을 줄 수 있다면 풍부한 개성이 드러나는 법이다. 리버파크에 사는 사람들이 모두 훌륭한 성품을 가졌다고까지는 말할 수 없어도 개성이 풍부한 것은 사실이었다. 미국의 작가이자 법률가인 로버트 트래버^{Robert Traver}는 작은 마을에서만 누릴 수 있는 표현의 자유, 그리고 그 즐거움에 관한 글을 쓴 적이 있는데, 리버파크가 바로 그런 환경을 제공한다.

"작은 마을일수록 필연적으로 '괴짜'가 많이 나올 수밖에 없다. 앞서 말했듯이 나는 대도시에 깊은 혐오감을 갖고 있는데, 다음과 같은 슬프고도 충격적인 깨달음이 이 혐오에 기여했다고 생각한다. 우리의 거대한 도시들은 굶주리고 좌절한 괴짜들로 가득하다. 괴짜들은 도시 사람들의 거대하고 맹목적인 분노 때문에 개성과 삶에 대한 사랑을 자유롭게 표현하지 못하고 영원히 묻어두어야 할 뿐 아니라 심지어 횡포를 가하는 군중과 하나가 되어야 한다."[1] 리버파크에는 '괴짜'가 충분히 많았다. 당대의 모든 소도시도 마찬가지다.

리버파크에서 서로 장난을 치는 일이 흔했다는 점은 삶의 질을 엿볼 수 있는 단서다. 오늘날 미국 사회에서 장난은 악의가 있거나 쓸데없는 짓으로 여겨진다. 이것을 두고 우리가 진보했다고 생각하는 사람이 있을

지 모르지만, 실상은 장난을 거는 위험을 무릅쓰기에는 우리의 대인관계가 너무 허약하고 신뢰가 없어진 것이다. 장난은 사람들이 서로에게 깊은 관심을 가지고 있고 사회적 유대가 끈끈할 때에만 진가를 발휘한다. 리버파크 주민들의 장난은 매우 기발해서 수년 동안 세간에 오르내리기도 했다. 오늘날 장난은 전투부대나 프로 스포츠 팀, 직장 내 친밀한 업무 팀과 같이 아주 가까운 관계에서만 가능하다. 지금은 긴밀함이 특수한 집단의 특징이지만 리버파크에서는 지역사회 전체에 퍼져 있었다.

——— 휴먼 스케일

어떤 요인이 주민들을 동네에 머무르게 하고, 집 밖으로 나오게 하는지에 대해서는 앞에서 설명했다. 리버파크에서 제3의 장소가 활발해지는 데에 상당히 기여한 요인이 또 하나 있는데, 그것은 지역공동체의 크기다. 이 마을의 인구 규모와 물리적 넓이는 여러 전문가가 이상적이라고 하는 범위 안에 있었다.[2] 어른들은 모두가 서로를 알아보며, 길에서 누구를 만나든지 그 사람의 목소리를 알아들었고, 그 사람은 물론 가족에 대한 평판까지 기억해낼 수 있었다. 공동체의 규모가 인간 기억력의 한계를 벗어나지 않았기 때문이다.

마을의 규모는 눈과 다리의 한계도 벗어나지 않았다. 마을 안의 어디든 걸어갈 수 있었고, 멀어봤자 예닐곱 블록이었다. 어디서든 네 블록 안에 메인 스트리트까지 도달할 수 있었다. 마을의 모든 편의시설에 도보로 접근 가능했다. 메인 스트리트는 그렇게 길지 않아서 한쪽 끝에서 반대편 끝에 서 있는 사람을 맨눈으로 알아볼 수 있을 정도였다. 마을 사람들이나 마을 안에 있는 여러 장소들은 마치 쉬운 그림 퍼즐과도 같아서, 아이들이 학교를 마치기 전에 그림을 완성할 수 있었다.

720명은 여러 기준에서 볼 때 분명 적은 인구지만, "공생사회convivial society"를 만들거나 친교 기능을 최대한 충족하는 데 필요한 최소 인구[3]는 넉넉하게 웃돈다. 친교에 대한 욕구를 충족하기에는 충분히 크면서도, 분열을 피할 수 있을 만큼 작았다. 리버파크에도 가난한 사람들이 있었지만 다른 사람들의 삶도 크게 다르지 않았다. 빈곤은 낯설거나 불명예스러운 것이 아니었다. 독신 남녀도 여럿 있었는데, 그들도 '짝이 없는' 사람이라는 이유로 지역사회에서의 교류에서 배제당하지 않고 잘 동화되었다. 개신교도와 가톨릭 신자들 사이에 뿌리 깊은 적대감이 있기는 했지만 (이 마을이 생긴 초기에 이른바 종교 '전쟁'이 있었다) 노골적인 분열을 초래하지 않았으며, 지역사회의 젊은이들을 오염시키지도 않았다.

조금 관대하게 말하자면 리버파크는 메인 스트리트 길이가 다섯 블록 정도 되는 마을이라고 할 수 있겠지만, 실제로는 그보다 작아 보인다. 작은 마을의 블록은 대도시의 블록 하나와 같지 않은 데다가, 메인 스트리트에 있는 대부분의 상업시설은 겨우 세 블록 안에 있기 때문이다. 커뮤니티의 상업시설 중에서 몇몇을 제외한 나머지는 모두 메인 스트리트를 따라 다닥다닥 붙어 있다. 40개 정도 점포가 메인 스트리트의 북쪽과 남쪽에 거의 동일하게 분포해 있다. 상업적인 관점에서 이 마을은 원 스트리트 타운one-street town이며, 그중에서도 작은 규모에 속한다.

─────── **메인 스트리트의 분위기**

이 장의 서두에 리버파크에서는 제3의 장소에서의 교류가 메인 스트리트를 따라 여기저기에서 일어났다고 언급했다. 이는 대도시에서처럼 교류가 특정 술집이나 커피숍 등에 한정되지 않는다는 뜻이다. 리버파크에서는 비공식적 사교가 도로와 상점들에 흘러넘쳤다. 대도시에서라면 용인되지 않았을 일이다. 메인 스트리트에 있는 특정 장소들만이 아니라 메인 스트리트 자체를 제3의 장소라고 불러야 하는 것은 이러한 이유다.

그렇게 일반화할 수 있는 근거는 차고 넘친다. 우선 특정 목적지의 명칭보다 **업타운**uptown이라는 용어가 훨씬 자주 사용되었다. 주민들은 메인 스트리트의 동쪽에 살든 서쪽에 살든, 중앙 교차로의 북쪽에 살든 남쪽에 살든, 모두 "업타운으로 간다"라고 말했다. 업타운은 그 자체로 존재감이 있었으며, 그 안에 있는 여러 장소 사이에 차이점보다는 유사점이 많은 단일 장소였다. 업타운으로 간다는 말은 거기에서 볼일을 본다거나 특정 장소에 간다는 뜻 외에 다른 사람들과 교류한다는 뜻을 포함했다. 단지 식료품만 사 오거나 우편물을 가지러 우체국에만 들렀다가 바로 돌아오는 일은 드물었다.

메인 스트리트에 자주 가게 만드는 요인으로 사교가 큰 비중을 차지한다는 점은 그 길을 걷는 사람들의 모습에서 드러난다. 대도시에서의 전형적인 보행자와는 그 태도가 사뭇 다르다. 대도시 다운타운의 보행자는 빠른 속도로 걸으며, 다른 사람과 눈을 마주치지 않으려고 하면서 어딘가에 열중하고 있는, 심지어 언짢은 일이라도 있는 듯한 표정으로 지나간다. 사실 대도시 보행자의 종종걸음은 꼭 도시 생활의 분주함 때문이라기보다 보도를 공유하는 다른 사람들과 연루되지 않고 싶어 하는 속내를 담고 있을 때가 많다. 이러한 도시 사람들의 걸음걸이를 열심히 "어딘가에 가고 있"으며, "바쁘다"는 표시로 읽는 것은 추론일 뿐이다. 그러나 추론을 거치지 않고도 그 사람들이 다른 행인들과 아는 척하거나 인사를 나누거나 대화하려는 의도가 없다는 점은 바로 알 수 있다.

리버파크의 사람들은 아무런 경계심도 없고 오히려 기대감에 찬 얼굴로 천천히 걷는다. 멈추어 서서 인사를 나누는 일을 마다하지 않았고, 오히려 그런 일이 생기기를 기대했다. 지나가는 사람들은 모두 아는 사람이니 말을 건네지 않을 수 없기도 했지만, 잠시 잡담을 나누면서 뭔가 재미있는 일이 생길 수도 있다. 모두가 진심으로 서로를 좋아한다는 뜻이 아니다. 퉁명스러운 인사만 건네는 사람도 있지만 어쨌든 거의 모두가 인사는 했다. 사이가 안 좋은 두 사람이 마주치면 한쪽이 상대방을 피하려고 길을 건널지도 모른다. 그런 일은 이 모습을 지켜보는 구경꾼들에게 재미를 주었다.

더 사교적이거나 덜 바쁜 사람은 메인 스트리트 한 블록을 지나는 데 한 시간이 걸릴 수도 있다. 낮에 메인 스트리트에 가면 항상 좋은 사람들이 어디론가 걸어가고 있거나 어슬렁거리기 때문이다. 가게에서 나오거나 다른 방향으로 걸어가는 사람뿐 아니라 가게 앞 계단이나 벤치에 앉아 있는 노인과 은퇴자들과 이야기할 수도 있다. 나이 든 사람들에게는 젊은이들과 이야기를 나누고 세상 돌아가는 이야기를 듣는 것만큼 좋은 일이 없다.

누가 지금 리버파크에 간다면 1940년대와는 매우 다른 풍경을 보게될 것이다. 거리는 예전보다 한산할 것이다. 예전에는 도로가 한적해지는 밤 10시가 되면 "거리가 문을 닫았다"라고 말장난을 하곤 했는데, 그런 식으로 말하자면 지금은 계속 문이 닫혀 있는 셈이다. 사람들은 길에서 사라졌고, 그들을 수용하던 편의시설들도 마찬가지다. 메인 스트리트의 건축물들도 눈에 띄게 달라졌다. 예전에는 가게 입구의 커다란 창문과 옥외 좌석이 거의 필수적인 건축 요소였다. 여름이면 사람들이 시원한 곳을 찾아 넓은 계단과 카소타 산産 석회암 패널이 깔린 가게 입구에 걸터앉아서 쉬곤 했다. 중앙 출입구 양쪽에 목재 벤치를 하나씩 비치한 곳도 있었다. 가게마다 대형 창문이 있고 가게 주변에 사람들이 모여 있을 수 있다는 점은 건물의 안과 밖을 하나로 이어주고 거리에 활기를 더하는 요인이 되었다. 하지만 이제 야외 좌석은 거의 다 사라졌다. 새로운 가게 입구는 도로와 딱 붙어 있고 창문은 훨씬 작아져서 밖에 있는 사람이 안을 들여다보거나 안에 있는 사람이 바깥을 내다보기 힘들다. 사업주들이 사업장 안이나 주변에서 사람들이 쉬어 가게 하고 싶어도 바뀐 건물 구조가 이를 허락하지 않는다.

따뜻한 계절에 국한되기는 했지만 그 기간 동안만큼은 거리에 우호적인 분위기가 넘쳤다. 날씨가 좋은 날 업타운에 가면 어느 가게도 들어가지 않고 바깥에서 저녁 시간을 보내는 사람들이 많았다. 리버파크 사람들에게는 우연히 만난 바로 그 자리가 모임 장소가 되곤 했다. 길모퉁이에서 서서 이야기를 나누거나, 가로등이나 주차되어 있는 자동차에 기대어 서거나, 거리 곳곳에 있는 벤치에 앉아도 좋았다.

제3의 장소에서의 교류가 가진 확산성이라는 특징은 다른 목적을 가지고 있던 시설로 전파되었다는 점에서도 증명되었다. 한가하게 시간을 보내거나 수다를 떠는 행위는 태번이나 카페, 소다수 판매대에 한정되지 않았다. 자리가 마땅치 않으면 이 마을에 둘 있는 농산물 매장 중 한 군데에 가서 달걀 상자나 곡물 포대에 앉으면 됐다. 병원도 두 곳이 있었는데 그중 한 곳의 대기실은 의사가 돌보고 있는 불량 청소년들에게 점거되곤 했다. 이발소는 세 군데 있었는데 이 중 어디에 가더라도 돈 한 푼 안 내고 이웃들과 허풍 섞인 잡담을 나누거나 최신 잡지를 훑어보거나 커다란 선풍기 바람을 쐬면서 상쾌한 비누 냄새를 즐길 수 있었다.

리버파크의 상인들이 유난히 자비로워서 아무것도 사지 않고 오랫동안 눌러앉아 있는 손님에게 이런 태도를 보인 것은 아니었다. 대도시 상인들과 달리 그들에게는 실질적으로 고객을 선택할 권한이 없었다. 사업에 성공하려면 가게에 들어오는 모든 이들의 구미에 맞추어주어야 했다. 돈을 내지 않는 손님이나 궁핍한 손님이라고 거부하면 당사자는 물론, 그 손님의 친구들까지 가게를 찾지 않을 위험이 있고, 그런 일이 반복되면 망할 수도 있다. 또한 대개 가게가 한가했으므로 아무도 없을 때에는 그런 손님이라도 환영받았다. 보통은 다른 손님이 있더라도 일 없이 시간을 때우러 오는 손님이 앉을 자리가 있었다. 가게 주인, 진짜 손님, 공짜 손님이 모두 서로 아는 사이이고, 남의 가게를 쉼터로 이용할 때 지켜야 할 '에티켓'을 어릴 때부터 훈련받았기 때문에 문제가 생기는 일은 거의 없었다. 가게를 쉼터로 이용하는 사람은 장사가 한창일 때는 말참견을 하지 않았고, 손님들에게 거치적거리지도 않았다. 오히려 도움을 주는 경우도 있었다. 동네 소년들 중에 많은 수가 검란檢卵 기술을 배워서 필요할 때 혹은 재미로 일을 거들곤 했다. 상자를 쌓거나 트럭에 화물을 싣는 일을 돕기도 하고 곡물 포대를 번쩍 들어 쌓으면서 힘을 과시하기도 했다. 가게 주인들은 일손이 필요할 때 망설임 없이 젊은이들의 힘을 빌릴 수 있었다.

리버파크의 아이들은 메인 스트리트에서 때와 장소, 즉 언제부터 언제까지 어디에서 놀아도 되는지를 금세 배웠다. 통금 시간은 아홉 시였는데, 모두 잘 지켰다. 언제든지 누구나 우체국에는 들어갈 수 있었지만, 은행은 부모를 동반해야만 들어갈 수 있었다. 식사 시간에는 카페에서 얼쩡거리면 안 되지만, 한가한 시간에는 그래도 된다는 것도 배웠다. 따라서 토요일 오후 1시부터 5시 사이에 음식점에 가면 한구석 칸막이 좌석에서 포커 게임을 하는 여덟 살짜리 아이들을 볼 수도 있었다. 판돈을 넣는 통에는 녹색과 검은색 크레용으로 테두리를 칠한 부동산 양도증서나, 장난감 돈 수천 달러가 들어 있을지도 모른다. 가게에서는 양주잔에 크림소다나 펩시콜라(혹은 위스키와 비슷한 음료수라면 무엇이든)를 따라 주기도 했다. 칸막이가 없어도 상관없었다. 아이들은 알아서 예의 바르게 행동했다. '정직한 게임'을 위해 탁자 위에 장난감 권총을 놔두었지만 발사한 적은 없었다. 아이들은 손님이 없는 시간에도 그 장소가 살아 있게 만들어주는 존재였다. 모두가 이 상황에 만족했다. (요즘 그만큼 아이를 안전하게 맡길 수 있는 곳이 있던가?) 가게 입장에서도 단돈 20센트라도 벌 수 있으면 그냥 공치는 것보다는 나았다.

그러나 대부분의 아이들은 메인 스트리트에 나가 노는 것을 좋아했다. 젊은 사람들이 일하고 있는 낮 시간 동안 보도의 벤치는 아이들과 노인들 차지였다. 벤치는 마을의 최고령 세대가 최연소 세대와 자유롭게, 그리고 적극적으로 어울릴 수 있는 주된 장소, 사실상 거의 유일한 장소였다.

메인 스트리트를 따라 늘어서 있는 상점 40개 중 19개는 평소에도 사람들의 교류를 장려하는 분위기로, 사교와 영업이 하나로 결합되어 있었다. 전문적인 사무실과 붐비는 식료품점 정도만 예외였다. 따라서 리버파크에서는 공식적인 교제 장소가 따로 필요하지 않았다. 당구장, 영화관, 볼링장이 없어도 부족함을 느끼지 않았고 그런 오락 장소를 확보하려고 노력하지도 않았다. 적어도 1940년까지 리버파크 사람들은 상업화된 오락 없이 스스로 즐거움을 만들어내는 역량을 갖고 있었다. 그 직접적인 결과로서, 지역공동체의 결속과 서로 협동하는 습관이 강해졌다.

─────── **활동 거점**

메인 스트리트 전체가 제3의 장소 분위기이기는 했지만 그중에서도 핵이라고 할 수 있는 장소가 몇 군데 있었다. 가장 중요한 곳은 버트럼 드러그스토어였다. 이 가게는 로저 바커^{Roger Barker}(미국의 사회심리학자로, 환경심리학의 창시자-옮긴이)와 그의 동료들이 중서부 연구에서 묘사한 클리포드 드러그스토어와 놀랄 만큼 닮았다. 로저 바커가 연구한 캔자스의 마을은 (우연히도) 리버파크와 인구가 비슷했다.[4] 미국 환경심리학자 로버트 벡텔Robert Bechtel은 어느 여관의 현관 앞 계단과 알래스카에 있는 항공기 관제경보실의 비공식적 휴게실에서 비슷한 현상을 관찰했다.[5] 바커는 이를 '핵심 장소'라고 불렀고, 벡텔은 행동의 '거점focal point'이라고 지칭했다. 그들의 정의에 의하면, 한동네 혹은 한 지역사회의 핵심 장소란 다른 어느 곳보다 지역 주민을 만나기 쉬운 곳을 말한다. 그 장소는 가장 다양한 주민들을 만족시키며, 상업적인 장소라면 가장 손님이 많은 곳이다. 동네에서 떠도는 이야기를 들을 수 있으므로 지역에서 일어나고 있는 일에 관해 알고 싶을 때 가는 곳이기도 하다. 쉽게 말해 '모든 일의 중심'이다.

버트럼 드러그스토어는 벡텔이 제시한 모든 조건에 부합했다. 지역의 중심에 위치하여 접근성에 있어서 누구에게나 공평했고, 중요한 기능들이 그 안 혹은 주변에 있었다. 또한 그곳에 와서 아무것도 하지 않아도 상관없었다. 마을의 중앙 교차로에 있었으므로 대부분의 운전자가 지나가다 들를 수 있었다. 작은 선물을 사려면 대개 이 가게에 갔고, 구독하지 않는 잡지를 살 때에도 갔다. 신문, 만화책, 페이퍼백 소설책을 팔았으며, 버스 승차권도 있었다. 그레이하운드(미국 버스 회사 이름이자 이 회사에서 운행하는 고속버스—옮긴이)가 승객을 태우거나 내려주는 곳이 바로 이 가게 정문 앞이었다. 독립기념일 몇 주 전부터는 다양한 폭죽과 장난감 권총도 팔았다.

청소년들은 소다수 판매대 맞은편의 칸막이 자리에서 크리비지, 카나스타, 피너클 같은 카드 게임을 했다. 어른들은 작은 뒷방에서 포커 게임을 했다. 여름에는 가게 뒤쪽의 말 편자 던지기 게임장이 인기였는데, 낮 시간에는 어른 네 사람이 모이기가 쉽지 않았으므로, 아이들도 어른들과 함께 팀을 이루어 게임을 하곤 했다.

그러나 뭐니뭐니 해도 가장 핵심적인 장소는 소다수 판매대다. 소다

수 판매대는 비어 있는 법이 없었고, 특히 학생들이 하교하는 시간에는 항상 붐볐다. 일찍이 소다수 판매대가 특별한 장소라고 말한 미국 심리학자 T. R. 영[T. R. Young]은 옳았다. "소도시 미국에서 아이스크림 판매대는 사람들로 하여금 특별한 종류의 사회적 자아가 되게 하는(혹은 사회적 자아가 되는 방법을 배우는) 장소다. ⋯ 현대 도시에서는 적절한 자아 구조가 어디에서 형성되는지를 도무지 알 수 없다. 다른 역할은 몰라도 적어도 이 과제는 해결하지 못하고 있는 것이다."[6] T. R. 영이 뜻한 바를 모두 이해하기는 어렵지만, 그의 결론은 확실히 옳다. 드러그스토어는 분명 리버파크의 청소년들이 가장 즐겨 찾는 제3의 장소였다.

나에게 이 주제에 특별히 한 장을 할애할 것을 간청한 동료가 있다. 그녀는 오하이오에 있는 이와 비슷한 장소를 안다면서 "술 없는 바, 소다수 판매대가 있는 동네 드러그스토어를 찬양하며"라고 제목까지 정해주었다. 그리고 그 의미를 다음과 같이 설명했다.

저는 오하이오주 애크런시 외곽, 공장 지대에 있는 작은 마을에서 자랐습니다. 1933년에 태어났죠. 학교에 들어가기 한참 전, 아빠는 매일 저녁 나를 데리고 길모퉁이 드러그스토어로 가서 콜라를 마셨습니다. 그것은 일종의 의례였어요.

몇 해가 지나 주인이 바뀌었어요. 처음에 있던 약사가 점포를 처분하고 다른 약사가 사들인 거죠. 하지만 소다수 판매대는 그대로였습니다. 그곳은 길 건너 바를 즐겨 찾지 않는 동네 남자들의 모임 장소였어요. 동네 여자들은 들어와서 물건을 사고 바로 나갔지만 남자들은 모여서 잡담을 나누었습니다. 대개 아이는 나밖에 없었어요. 저는 높은 의자에 앉아 체리 코크나 레몬 코크를 홀짝홀짝 마셨습니다. 아빠와 함께 거기에 가는 건 행복한 일이었어요.

어른이 되어 되돌아보니, 그 '모퉁이'가 저의 인생에서 자아를 형성하는 데 강력한 영향을 미쳤다는 생각이 들어요. 저는 아주 일찍 바버턴보다 넓은 세상이 있다는 것을 배웠어요. 시, 주, 국가에 정부라는 것이 있으며, 정부에서 일어나는 일이 사람들의 삶에 영향을 미치고, 사람들은 정부에 참여한다는 것도 알게 되었죠. 확실하지는 않지만 저는 그 모든 배움이 바로 그곳에서 이루어졌다고 믿습니다. 드러그스토어에서 들었던 대화 덕분에 사상에 대해 이야기하는 데 대한 거부감이 없어지고, 부엌에서 여자들끼리 나누는 전형적인 대화만큼 남자들의 대화도 편안해진 것이 아닐까요? 정치·경제·철학에 대한 일생 동안의 관심이 그 길모퉁이에서 뿌리를 내린 것이 아닐까요? 그 어느 것도 가정이라는 세계에서는 찾아볼 수 없는 주제였지만 제3의 장소에서는 핵심이었으니까요.

오늘 아침에 문득 제가 유년기에 그 길모퉁이에서의 경험을 할 수 있었다는 사실에 감사함을 느꼈습니다. 그런데 아침의 감사가 오후의 슬픔으로 바뀌었죠. 제가 경험한 것을 전혀 겪어보지 못할 모든 아이들을 생각하면 안타까워요. 요즘은 술집이 남자들끼리의 대화가 이루어지는 제3의 장소가 되었으니 딸아이를 술집에 데려가는 아버지는 거의 없을 테니까요.[7]

분명 버트럼의 소다수 판매대도 남녀를 가리지 않는 장소였다. 여자아이들이 놀러 와도 상관없었다. 소다수 판매대는 사실 청소년들의 제3의 장소가 무엇을 갖추어야 하는지를 모두 알려주는 선례다. 얼마 전 크리스마스라 가족이 모두 모인 자리에서 한 친척이 자신이 사는 동네의 청소년 문제에 관해 이야기했다. 그 지역은 새로운 채광 기술을 중심으로 만들어진 곳이어서 오래된 동네라면 당연히 있을, 아이들을 위한 장소가 전혀 없었다. 그는 청소년들이 "배은망덕한 놈들"이라고 불평했다. 최근에 그들을 위해 특별한 오락 장소를 만들어주었는데도 전혀 고마워하지 않는다면서 말이다.

그의 푸념을 듣고 나는 두 가지를 물어보았다. 그 장소가 마을의 정중앙에 있어서 어디에서든 비슷한 시간 안에 도달할 수 있는지, 그리고 어른들도 거기에 가는지를 말이다. 그는 둘 다 아니라고 했다. 그곳은 청소년들만을 위한 전용 공간이므로, 아무도 그런 시설을 마을 중심부에 두고 싶어 하지 않는다고 했다. 요즘은 노인과 청소년을 배제하고 싶어 하는 경향을 다른 곳에서도 자주 볼 수 있다. 나이 든 사람들은 자신의 운명을 순순히 받아들이지만 젊은이들은 부당하게 소외되는 데 대해 분노했고, 분노를 표출할 수단도 가지고 있다.

리버파크의 아이들은 3.2 조인트(알코올 도수 3.2%의 약한 맥주를 파는 주점-옮긴이)에 혼자 가는 것을 편하게 느낄 만한 나이가 되어서도 드러그스토어에 드나들기를 그만두지 않았다. 드러그스토어는 어린아이들만을 위한 장소가 아니었다. 여름에는 카소타 석회암으로 만든 널찍한 계단이 조금 큰 남자아이들 차지였다. 그들은 손님이 들어갈 만큼만 길을 터놓고 계단을 가득 메웠다. 장난도 치고, 드나드는 사람들 구경도 하고, 가족의 차를 빌릴 수 있는 친구를 찾아 차를 얻어 탈 기회를 노리기도 했다. 안에 들어가면 만화책을 공짜로 볼 수 있었고, 목재 칸막이에 이름 이니셜을 새기거나 장난을 치며 돌아다니기도 했다. 가게 주인은 그들이 적은 금액이라도 꾸준히 매출을 올려주는 고객이므로 조금 성가시더라도 그냥 놔둘 만하다고 생각했다. 아이들에게 버트럼 드러그스토어는 지역사회의 심장과도 같은 존재였다.

어른들도 아이들이 있다고 불평하지 않았다. 버트럼은 모두의 것이었다. 그 안에 있는 소다수 판매대는 성인도 많이 이용했는데, 아이들과 자리를 나누는 데에 거부감을 느끼지 않았다. 성인 중에도 술집을 싫어하는 사람이 많았다. 어떤 사람들은 도수가 낮은 술이라 해도 술을 판매하는 음식점이라면 꺼렸다. 농장 일을 하는 사람들은 특히 술집을 부정적으로 생각했다. 토요일 밤에는 스스로 부과한 금주를 푸는 사람도 있었지만, 대개는 주말에도 예외 없이 금주했다. 그들은 농부들이 술을 많이 마신다는 세간의 편견을 없애려고 했다. 허구한 날 술집에서 시간을 보내던 사람들이 강이 범람해서 제방이 무너지자 지원금을 받으려고 가장 먼저 줄을 서더라는 이야기는 너무나 잘 알려져 있었다. 농민들이나 그 밖에 술집을 경멸하는 사람들에게 드러그스토어의 소다수 판매대는 '알코올 없는 바'였다.

그 밖의 제3의 장소

버트럼 드러그스토어가 모든 연령대에게 마을의 거점이기는 했지만, 그 외에도 다양한 모임과 활동을 즐길 수 있는 장소가 여럿 있었다. 주민들이 술집을 자주 찾지 않는다고 해서 술집이 쇠퇴한 것은 아니었다. 1940년 리버파크에는 주류판매점 세 군데(그 자리에서 마실 수도 있고 술만 사 갈 수도 있었다)와 3.2 조인트 다섯 군데(그중 네 곳은 식사를 제공했고 카페라고 부르는 사람도 많았다)가 있었다.

하지만 아일랜드 출신의 아마추어 권투선수들이 '피의 양동이Bucket of Blood'라는 별명으로 부르며 자주 찾던 3.2 조인트 한 곳을 제외하면 모두 조용했다. 3.2 조인트는 청소년이 성인이 되었음을 상징하는 장소였다. 여자아이들이나 남자아이들 모두 중학교나 고등학교에 입학할 나이가 되면 늦은 오후 또는 초저녁에 거기에 가곤 했다. 학교 농구선수들이 시합 후 승리를 축하하러 오는 곳이자, 돈을 많이 쓰지 않고도 오래 이야기를 나눌 수 있는 데이트 장소이기도 했다. 주크박스는 젊은 사람들 취향에 맞는 음악으로 채워졌다. 청소년들은 이곳에서 가벼운 내기 게임도 배웠다. 고득점을 하면 꽤 큰 보상을 받을 수 있는 핀볼 머신이 있는 곳도 있었고, 푼돈을 걸고 크리비지, 진 러미, 피너클 같은 카드 게임을 하기도 했다. 카운터 뒤편에 있는 펀치보드punch board(구멍이 많이 뚫린 널빤지를 쳐서 당첨 번호가 적힌 쪽지를 꺼내는 도박 게임-옮긴이)에는 항상 0.22구경 소총 같은 매력적인 상품이 걸려 있었다. 대개 바에는 주사위 컵이 있어서 손님이 주문할 때 바텐더가 주사위를 굴렸다. 모든 게임에는 적절한 제동장치가 있었으므로 청소년들이 내기 게임을 해도 아무 문제가 없었다. 주류판매점에 놓인 슬롯머신에 진짜로 중독된 어른이 한두 명 있었을지는 모르지만, 청소년에게는 '팔 하나 달린 날강도one-armed bandit(슬롯머신을 뜻하는 속어-옮긴이)' 이용이 금지되어 있었다.

이 마을에는 프리메이슨 지부가 하나 있었지만 1940년 무렵에는 활발하게 활동하고 있지 않았다. 그것은 비밀리에 운영되는 우애조합fraternal order이었고, 모든 조합원이 가능한 한 이 단체의 전모를 드러내지 않는 데 기꺼이 동의했다. 그 이유는 딱히 이야기할 만한 활동을 하지 않고 있기 때문이었다. 활발한 시민단체로는 자원봉사 소방대와 스포츠 팀 후원자 클럽이 있었다. '클럽'이라는 용어는 공식적인 조직이 전혀 없는 두 모임을 농담 삼아 일컫는 말로도 사용되었다. 그중 하나는 '햇빛 클럽'이었다. 이는 메인 스트리트에서 일어나는 일들을 구경하고 논평하고 싶어 하는 은퇴한 남자들의 욕구와 메인 스트리트 상인들이 그들에게 넉넉히 제공한 야외 좌석이 조합되어 탄생한 모임이다. 그들은 해가 잘 드는 따뜻한 자리에 앉기 위해 시간마다 움직여서 길의 한편에서 다른 편으로 이동했는데, 이 때문에 햇빛 클럽이라는 별칭이 생겼다.

다른 하나는 '거짓말쟁이 클럽'이었다. 이 명칭은 마을의 특송업체 사무실에서 자주 모이는 노인들을 일컬었다. 메인 스트리트는 기차역에서 2킬로미터 정도 떨어져 있었고, 특송업체에 맡긴 물건은 화물트럭을 이용해 철도특송으로 연결되었다. 밤에 이 사무실은 모임 장소로 활용되었다. 여기 모인 노인들은 선별된 사람들이었다. 나이만 많다고 해서 아무나 받아들이지 않았고 화목 난로 주변의 따뜻한 자리를 내주지 않았다. 이곳은 제3의 장소답게 저녁 시간이 지나면 바로 생기가 돌기 시작했다. 집에만 갇혀 있기 지긋지긋해지는 겨울철에 가장 출석률이 좋았다. 구성원들은 어릴 때부터 알고 지내서 서로 간에 거짓됨이 없는 친구로, 부부 간의 연대가 혼인계약의 일부가 되기 훨씬 전에 아내를 얻었으며, 마치 엘리트 동료들처럼 모여서 노인들에게서는 보기 드문 허세를 부리며 변해가는 시대를 논했다.

지역사회의 거점으로서 드러그스토어와 경쟁할 만한 유일한 장소는 우체국이었다. 당시에는 우편물이 각 사업장이나 거주지까지 배달되지 않아서 누구나 매일 우체국에 직접 찾으러 가야 했다. 그래서 우체국은 만남의 장이었다. 앉을 자리는 없었지만 서서 이야기할 만한 공간이 있었다. 우체국은 항상 열려 있었으며 큰 유리창으로 안에 누가 있는지 볼 수 있었다. 겨울밤에는 집에 가는 길에 몸을 따뜻하게 녹일 겸 잠시 쉬어 가는 장소였다.

메인 스트리트에 있는 제3의 장소들은 성격이 다양했다. 우체국이나 특송업체 사무실에서는 사람들이 모여서 잡담을 하더라도 여느 회사 사무실에서 동료들과 일상적인 대화를 나눌 때처럼 비교적 조용했다. 3.2 조인트는 좀 더 활발했고, 주류판매점은 매우 왁자지껄했다. 어떤 시간에도 리버파크는 시민들이 원하는 만큼 흥을 제공할 수 있었다. 토요일 밤에는 모든 것의 박자가 평소보다 한 단계씩 빨라졌다.

조용히 대화만 나누든 시끌벅적하게 춤을 추며 놀든, 일반적으로 리버파크의 제3의 장소들이나 메인 스트리트는 적어도 밤 10시까지 활기를 띠었다. 확신하건대, 활기를 유지시키는 열쇠는 메인 스트리트에 있는 장소를 방문하는 사람의 대다수가 **혼자** 와서 친구를 찾으려 한다는 사실에 있었다. 현재 지역공동체가 이루지 못하고, 그리하여 현대인이 삶에서 놓치고 있는 것이 바로 이 특징이다. 지금은 혼자 들를 만한 장소를 찾고, 거기에서 좋은 친구들을 발견할 확률이 매우 낮다. 어딘가에 가서 누군가에게 이야기를 건네고 싶다면 애초부터 친구와 **함께** 가야 한다. 제3의 장소 모임을 정례화하려면 미리 계획하고, 준비하고, 시간과 장소도 정해야 한다. 가정용 오락기기가 사람들을 집에 묶어두거나 고속도로가 사람들을 다른 동네로 데려가기 전, 리버파크 같은 작은 마을에서는 별로 애쓰지 않아도 혼자서 놀거리와 친구들을 찾을 수 있었다. 그 당시에 리버파크에서는 교류에 대한 본능적인 욕구를 별다른 노력 없이 일상적으로 충족할 수 있었으므로 지루함이 끼어들 틈이 없었다.

그런데 시대가 변했다. 리버파크의 거리에서는 좀처럼 사람을 볼 수 없고, 메인 스트리트의 한쪽 끝에서 다른 쪽 끝까지 걸어가는 동안 가게에서 흘러나오는 웃음소리를 한 번도 못 듣고, 말 걸 상대를 한 명도 못 만날 수도 있다. 출입구 옆에 앉아 있는 사람도 없다. 앉을 자리가 사라졌기 때문이다. 노인과 젊은이가 서로 어울리는 일도 없다. 건물 안을 들여다볼 수 있는 창문도 몇 개 안 돼서 안에 누가 있는지 알 수 없고, 안에서 밖을 내다보더라도 재미있는 볼거리가 거의 없다.

한때 유명했던 마을 연례 축제도 이제는 열리지 않는다. 주민들은 다른 사람들의 즐거운 시간을 훼방하는 오토바이 폭주족을 아무도, 지방 보안관조차도 통제할 수 없어서 축제가 사라진 것이라고 말하지만, 사실 그 쇠퇴는 더 일찍 시작되었다. 예전에 음식과 행사를 열심히, 그리고 사심 없이 준비했던 사람들이 나이가 들었고, 그 일을 물려받은 젊은 세대는 축제의 전통을 이용해 돈을 버는 쪽으로 눈을 돌렸다. 그들은 일은 적게 하면서 이익은 더 많이 가져갔다. 그 때문만은 아니었다. 3.2 조인트가 줄어들고, 야구장과 관중석, 야외무대가 철거되고, 크리스마스에 10미터짜리 소나무를 둘러싸고 노래를 부르던 전통이 사라지는 등, 리버파크에서 일어난 여러 변화는 서로에게, 그리고 타지에서 온 사람들에게 즐거움을 선사하는 마을 사람들의 능력이 전반적으로 크게 쇠퇴했음을 시사한다. 주민들의 잘못은 아니다. 이러한 변화가 이곳에서만 일어난 현상이 아니며 그들이 통제할 수 없는 요인들에 달려 있었기 때문이다.

──────── **새로운 형태의 메인 스트리트?**

제2차 세계대전 이전의 소도시와 메인 스트리트에 대한 기억과 사례들은 흐릿해졌고, 많은 사람들은 그것이 쇼핑몰이라는 형태로 재탄생했다고 주장한다. 일례로 1973년에 시사주간지 《유에스 뉴스 앤드 월드 리포트U.S. News and World Report》는 쇼핑몰이 메인 스트리트를 대체하며 미국 지역사회의 중심이 되었다고 주장했다.[8] 미국의 역사학자이자 지리학자 리처드 프랜캐빌리아Richard Francaviglia는 메인 스트리트의 특별한 미덕 따위는 원래부터 없었다고 주장했다. 그는 쇼핑몰이 메인 스트리트에 못 미칠 것이 없으며, 오히려 누추한 과거의 소도시와 거기에 사는 사람들에 비해 쇼핑몰이 훨씬 매력적이라고 보았다.[9] 미국 작가 랠프 키스Ralph Keyes는 쇼핑몰이 "지금껏 교외에서 본 가장 평온하고 기분 좋은 환경"이라고 단언했다. 그는 쇼핑몰이 "옛 시가광장"처럼 "낯익은 사람들 사이에서 산책할 수 있게 해주는 장소"라고 설명했다.[10] 미국의 도시학자 유진

반 클리프Eugene van Cleef는 그의 책에서, 쇼핑몰에는 "쉬어 갈 수 있는 벤치가 있어서" 쇼핑객이 "완벽한 휴식을 취할 수 있으며" 이러한 "새로운 산책로"는 "결단력 있는 사람들이 지역공동체 안에서 할 수 있는 일의 궁극을 달성한 기념비적 산물"이라고 썼다.[11] 이러한 주장들은 너무 터무니없다. 전쟁 전의 소도시와 현대의 쇼핑몰 모두를 잘 아는 사람이라면 누구라도 이 둘을 비교하는 데 반발할 것이다. 쇼핑몰을 찬미하는 사람들은 대개 사회학적 통찰력 없이 물리적인 겉모습에만 집착한다.

많은 사람들이 쇼핑몰을 매력적인 곳이라고 생각하는 것은 놀랍지 않다. 쇼핑몰을 둘러싼 바깥 세계가 너무 추하여 대조적이기 때문이다. 전형적인 도시의 주요 도로를 따라 눈앞에 펼쳐지는 풍경은 머리 위로 어지럽게 얽혀 있는 전선, 빠르게 지나가는 운전자들의 눈에 잘 띄도록 커다랗게 만든 멋없는 간판들, 쓰레기 더미, 주차되어 있거나 움직이고 있는 자동차 행렬 따위다. 따라서 도시의 추한 면을 제거하기만 해도 쇼핑몰의 인테리어는 기분 좋게 느껴질 수밖에 없다. 그러나 그것은 외형일 뿐이다. 쇼핑몰의 실체는 전쟁 전의 소도시나 메인 스트리트에 비해 척박하다.

쇼핑몰은 무엇보다 '기업국가corporation country'다. 전형적인 쇼핑몰에서는 주요 체인점이 통로의 양쪽 끝을 지배하며, 그 사이로 작은 점포들이 줄지어 있다. 소규모 점포들은 양끝의 거대 체인점에 너무 뒤떨어지지는 않으면서도 실제로 위협이 될 만한 수준도 아니어야 한다. 대형 점포들은 그들이 쇼핑몰에 손님을 끌어들이는 유인책을 자임하며 경쟁의 성격을 좌우한다. 쇼핑몰의 목적은 교류가 아닌 판매에 있으며, 손님들이 "완벽한 휴식을 취할 수 있는" 벤치는 상징적인 의미로밖에 볼 수 없을 만큼 수가 적다. 건축에 관한 글에 기업의 홍보가 영향을 주는 일이 빈번하다는 점을 생각하면, 쇼핑몰의 벤치에 관한 미국의 정치학자 아널드 로고Arnold Rogow의 솔직한 논평은 신선하다. 로고는 동부의 한 쇼핑몰을 두고 "16만 제곱미터가 넘는 면적에 피곤한 쇼핑객이 쉴 수 있는 목재 벤치가 딱 세 개 있다"라고 언급했다. 덧붙여 "쇼핑객은 환영하지만, 빈둥거리러 오는 사람은 환영하지 않는다"라고 지적하는데, 이는 실제로 지역 상공회의소 회장이 했던 말이다.[12] 이윤을 위한 장소는 친구를 위한 장소가 아니며, 쇼핑몰의 궁극적인 목표는 판매일 수밖에 없다.

메인 스트리트와 정반대로, 쇼핑몰에는 낯모르는 사람들만 가득하다. 방문객들은 쇼핑몰 통로를 따라 끊임없이 단조롭게 순환하며, 아는 사람을 만날 가능성이 희박하므로 애써 아는 얼굴을 찾으려고 하지도 않는다. 어차피 기대했던 바도 아니다. 이유는 간단하다. 쇼핑몰은 그 지역의 중심에 위치한다. 외곽의 주택단지에 사는 수많은 사람들이 이용할 수 있도록 하기 위해서다. 다른 개발단지에 사는 사람들은 서로 알지 못하며, 심지어 같은 단지 안에도 아는 사람이 별로 없다. 그들 대부분은 '활동 거점'이나 '핵심 장소'를 갖고 있지 못하다. 그 결과 사람들은 이웃끼리도 잘 모르고, 같은 동네 이웃들은 쇼핑몰의 수많은 고객 중 극히 일부일 뿐이다. 조사에 따르면 한 사람이 쇼핑몰에서 보내는 시간은 평균적으로 일주일에 다섯 시간밖에 안 된다. 따라서 쇼핑몰에 친구가 있을 때 내가 그곳을 방문할 확률은 낮고, 서로 마주칠 확률은 훨씬 더 낮다.

쇼핑몰이 메인 스트리트를 대체하게 된 시대의 삶이 얼마나 척박한지를 설명하기 위해 수치와 확률까지 동원하지 않아도 된다. 그것은 저녁에 집에 돌아온 남편에게 하루 일과를 이야기하면서 "오늘 내가 누구를 만났는지 알아?"라며 흥분한 목소리로 지역 쇼핑몰이나 슈퍼마켓에서 아는 사람을 만났다는 소식을 전할 때 증명된다. 드러그스토어 같은 제3의 장소가 없는 요즘 아이들도 쇼핑몰에서 누군가를 만났다면서 상기된 표정으로 집에 들어올지 모른다. 쇼핑몰은 '지역사회 참여의 중심'이 아니라, 오히려 얼마나 이웃 간의 관계가 소원해졌는지를 알려주는 척도인 것이다.

쇼핑몰에서 체커스, 체스, 포커, 진 러미, 크리비지 같은 게임을 하는 사람은 본 적이 없다. 그러나 쇼핑몰 지지자들은 그곳이 "완벽한 휴식"을 취할 수 있는 장소라고 말한다. 유료 볼링장조차 운영하지 않는데, 볼링장은 넓은 공간을 차지하여 단위면적당 수익이 빠르게 달성되지 않기 때문이다. 쇼핑몰 주변에는 녹지가 있지만 거기서 편자 던지기 놀이를 하는 노인도, 레슬링을 하거나 게임을 하는 아이들도 보지 못했다.

취미로 디스플레이를 하는 지인이 쇼핑몰에서 디스플레이가 얼마나 어려운 일인지 이야기해준 적이 있다. 점포 면적은 대개 사전에 정한 기준에 따라 원격 전산 시스템으로 중앙에서 제어하며, 획일적이고 융통성이 없다. 다른 누군가의 디스플레이를 위해 공간 배치를 바꾸기란 불가능하다. 흡연이나 음식물을 금지하는 표지판은 필요 이상으로 많다. "어슬렁거리지 말 것"이라고 쓴 표지판은 필요하지 않다. 어슬렁거리려면 빈 공간이 필요한데, 좁은 통로와 전시 상품 때문에 그럴 만한 여지가 없기 때문이다.

메인 스트리트와 달리 쇼핑몰은 늦은 아침이 되어서야 문을 열고 저녁 일찍 문을 닫는다. 쇼핑몰에서의 활동은 쇼핑몰의 영업시간에 맞추어 재단된다. 따라서 이용할 수 있는 시간보다 이용할 수 없는 시간이 더 많고, 메인 스트리트와 달리 저녁 시간을 즐기러 쇼핑몰에 갈 수 없다.

많은 쇼핑몰에 술집이 있지만 동부와 서부 해안 지역 쇼핑몰에 관한 로고의 다음과 같은 언급은 중서부와 남부에서도 똑같이 적용된다. "쇼핑몰에서의 교류는 매력적이지 않다. 술집 손님들은 혼자 와서 우울한 표정으로 결코 꺼지지 않는 텔레비전만 뚫어지게 바라본다."[13] 쇼핑몰에 입점한 음식점은 보통 카페테리아로, 많은 손님을 수용하고 회전율을 높일 수 있도록 설계된다. 과한 냉방으로 손님들이 느긋하게 식사하기 힘든 경우도 있다. 음식이 식기 전에 먹으려면 서둘러야 하기 때문이다.

물론 쇼핑몰을 좋아하는 사람도 많다. 따라서 쇼핑몰도 나름의 장점이 있음은 분명하다. 일부 쇼핑몰은 뛰어난 편의를 제공하기도 한다. 하지만 소도시의 메인 스트리트에는 비할 수 없다. 메인 스트리트의 친밀함을 파괴했던 바로 그 조건이 쇼핑몰을 발생시켰다. CBS 특파원 찰스 쿠럴트Charles Kuralt보다 쇼핑몰과 메인 스트리트의 핵심적 차이를 더 잘 아는 사람은 거의 없을 것이다. 미국의 저널리스트 데이비드 핼버스탬David Halberstam은 쿠럴트와 인터뷰한 후 이렇게 썼다. "쿠럴트는 캔자스시티에 새로 생긴 현대적인 쇼핑센터를 취재하면서 우울해졌다. 쇼핑센터는 연결이 끊긴 사람들의 목적 없는 세계였다. '쇼핑몰의 쥐mall rat'라고 불리는 십대 청소년들은 통로 여기저기를 어슬렁거리러 오고, 중산층 부인들은 근사한 점심식사를 하러, 농장을 팔아버린 농부도 달리 할 일이 없어 쇼핑몰에 온다. 쿠럴트에 따르면 '그들은 필요에 따라 서로 상호작용을 하기는 하지만 서로에 관해 아무것도 알지 못한다.' 그는 쇼핑몰이 '공동체 의식이 없는 장소'라고 말했다."[14] 한마디로 메인 스트리트와 쇼핑몰은 다르다. 너무나 대조적이어서 어떠한 비교도 무색할 정도다.

소도시에는 있고 쇼핑몰에는 절대로 없는 것이 무엇일까? 그것은 미국의 사회학자 오린 클랩Orrin Klapp의 연구 주제인 '지루함'이었다. 그는 모닥불 주위에 모여 민담 이야기를 하는 사람들이 아니라 "텔레비전 채널만 바꾸면 온갖 정보가 흘러나오는" 이 시대의 사람을 떠올려야 한다고 말한다.[15] 클랩은 고정관념에 관해 경고한다. 도시 사람들은 작은 마을을 "아무 일도 일어나지 않는 따분한 오지"라고 생각하는 경향이 있다. 그러나 소도시 생활에 관한 여러 연구에 따르면 소도시 사람들은 서로에게, 그리고 작은 사건들에 강한 관심을 갖는데, 이는 지루함에 대한 내재적 저항감이라고 할 수 있다.

제3의 장소는 더 큰 도시에서도 소도시가 가졌던 긍정적인 측면을 발달시킬 수 있게 한다. 개인이 목적으로부터 해방되어 자유롭게 즐기는 곳에서 비로소 사람에 대한 관심, 그리고 서로를 즐겁게 하고 때로는 서로에게 깨우침을 주는 인간의 역량이 커질 수 있다. 따라서 작은 마을과 달리 대도시에서는 '괴짜'가 탄생하지 않으며, 이는 소도시가 더 큰 표현의 자유를 가지고 있음을 반영한다고 설명한 로버트 트래버의 주장은 정확하지 않다. 사실 '괴짜'보다 제3의 장소 단골들에 대해 더 잘 묘사한 표현은 찾기 힘들다. 반면 쇼핑몰은 얼굴 없는 인간들이 부유하는 혼합액과도 같다. 거기에 '괴짜'는 없다.

7장
영국 펍

미국의 태번이나 칵테일 라운지와 달리 영국의 펍은 평판이 좋고, 존중받으며, 시민의 삶에 상당히 잘 융화되어 있다. 영국 알코올 소비의 4분의 3은 여전히 공공장소에서 이루어지며, 펍의 이용을 줄이려는 여러 세력에도 불구하고 굳건하다. 로버트 골드스톤의 추정에 따르면, 전형적인 런던의 술집은 시민주의를 거의 상실한 도시에 마지막으로 남아 있는 시민정신이다.[1] 평범한 영국 시민들도 펍을 옹호한다. 일상적으로 이용하는 장소일 뿐만 아니라 상징성이 크기 때문이다. 영국 작가 힐레어 벨록 Hilaire Belloc의 다음과 같은 말이 자주 인용된다. "펍이 사라진다면 공허함에 빠지게 될 것이다. 펍의 상실은 최후의 영국다움을 잃어버리는 것을 뜻하기 때문이다."

영국은 펍의 나라인 동시에 클럽의 나라이기도 하다. 이 둘은 양극단에 있다. 펍은 영국의 현대 민주주의를 이끈 반면, 클럽은 악명 높은 분열적 계급체계를 단적으로 보여준다. **클럽**이라는 단어는 '나누다'와 '붙이다'라는 두 가지 뜻을 가진 고대 영어 clifan 또는 cleofian에서 유래한다.[2] 따라서 클럽은 분할을 위한 단합을 나타내는 표상이다. 영국의 클럽은 오랜 전통을 지닌 영국 사회의 불평등을 상징하고, 또한 집행한다. 클럽은 계급체계를 방어하는 최후의 요새이며, 현 시대에 배제와 우월의식을 가장 미화하고 낭만화하는 제도다. 서민은 이 특권층의 수호자를 접할 기회를 1년에 한 번도 허락받지 못했다. 요즘은 펍이 곤란한 상황에 처해 있지만, 어떤 사람들은 클럽이 쇠퇴하고 있다는 사실에서 위안을 얻는다. 벨록이 옳았다! 교만하고 독선적인 자들은 배타적인 클럽으로 향하지만 영국의 영혼이 머무르는 곳은 펍이다.

펍이라는 단어는 퍼블릭 하우스를 줄인 말로, 일반 대중에게 서비스를 제공할 목적으로 당국의 면허를 받은 음주시설을 말한다. 5만 2000제곱킬로미터가 채 안 되는 면적 안에 7만 4000개의 펍이 흩어져 있다. 영국은 전 세계에서 세 번째로 큰 맥주 시장이며, 네 잔 중 세 잔이 펍에서 소비된다.

약 2.5제곱킬로미터당 평균 네 개가 있을 만큼 펍이 번성하고 있다는 점은 사실상 모든 영국인이 가까운 곳에서 펍을 접할 수 있음을 뜻한다. 지리적 근접성 때문에 펍을 '로컬local'이라고 부르기도 한다. 펍에 다니는 사람들은 저마다 자주 찾는 동네 펍이 있고, 모든 펍은 누군가의 동네 펍이다. 펍은 상업지구나 유흥가에 처박혀 있기를 거부했고, 누구나 쉽게 갈 수 있으며 규모가 작은 장소로 남았다. 이런 특징들에 친숙한 편안함까지 더해짐으로써 펍이 영국인의 삶에 깊이 스며들 수 있었고, 지속적으로 사람들을 끌어들이는 강력한 영국 펍 문화가 형성되었음이 틀림없다.

여러 모임 장소 중 펍이 가장 지배적이라는 사실은 앞에서 언급했던 워크타운 연구에서도 뚜렷하게 나타났다. 그 연구는 펍 문화에 관해 지금까지 수행된 연구 중에 가장 깊이 있는 고찰로, 잉글랜드 북부 공업 중심지에서 "집과 직장을 제외한 그 어느 다른 장소에서보다 펍에서 더 많은 사람들이 더 많은 시간을 보낸다"라는 사실을 밝혔다.[3] 펍은 교회, 댄스홀, 정치적 조직을 합한 것보다 더 많은 건물을 차지했고, 더 많은 사람을 수용했으며, 더 많은 시간과 돈을 쓰게 했다.

펍은 워크타운에서만 비정상적으로 인기가 있었던 것일까? 오히려 워크타운의 펍은 다른 지역의 펍보다 덜 매력적이었다. 춤을 출 수도 없었고 당구 게임도 하지 않았다. 게다가 워크타운의 인구 대부분은 중하위 계층이었는데, 그들은 음주를 부끄러운 일로 생각하는 경향이 있었다.

술집이 평균적인 영국인의 제3의 장소라는 사실은 분명하다. 그렇다면 펍은 사람들에게 무엇을 제공하는 것일까? 펍은 왜 그렇게 높은 인기와 애착의 대상이 되었을까?

그 답은 영국의 저술가들이 흔히 내놓는 설명만큼 복잡하거나 신비롭지 않다. 펍에 호의적인 언론들은 낭만적인 태도를 취할 때가 많다. 논평가들은 성급하게, 특히 대륙의 '펍 유사품'과 비교하며 영국 펍이 가진 신비로움을 찬양하고, 다른 나라에서 펍을 만들려는 움직임을 포착하기만 하면 "진짜 펍은 영국에서만 가능하다!", "펍이 무엇인지는 영국인밖에 모른다", "다른 나라 사람은 절대로 펍을 만들 수 없다!"와 같은 상투적인 문구들로 집중포화를 퍼붓는다. 펍이 그것을 낳은 문화의 일부라는 점에서는 자부심 넘치는 이 주장에도 일리가 있다. 그러나 맥주 펌프에 달린 도자기 손잡이나 담배 연기에 찌든 테디 보이(1950년대 런던 뒷골목의 청년들을 부르던 별칭-옮긴이) 사진, 지역 크리켓 팀 기념품이 마법을 부리는 것도 아니고, 예스러운 간판이나 무늬가 조각되어 있는 유리창, 손님들의 독특한 행동이 영국 펍의 특징적인 따뜻함과 활기를 발생시키는 것도 아니다.

영국의 펍이 다른 나라 술집보다 그렇게나 우월하다면 이유는 매우 간단하다. 다름 아닌 그 규모와 따뜻함이다. 펍은 대개 휴먼 스케일에 맞게 만들어져 있다. 친밀감이 들고, 아늑하며, 한 번 혹은 이따금씩 들르는 손님보다는 가까운 이웃을 위해 꾸며진 공간이다. 미국인은 그렇게 작은 성공에 만족하기 힘들다는 점을 어느 누구보다 잘 알고 있었던 텍사스 사람이 있었다. 바로 미국 민속학자 프랭크 도비Frank Dobie다. 그는 제2차 세계대전 동안 영국 케임브리지에 있는 '앵커'라는 깨끗하고 자그마한 펍의 애호가가 되었다. 그는 미국에 그런 장소가 있다면 어떤 운명에 처했을지 추측하며 이렇게 썼다. "미국에서 그런 가게를 운영했다면 돈을 꽤 많이 벌었을 것이다. 그러고 나면 더 많은 손님을 수용할 수 있도록 가게를 확장하고 매디슨 스퀘어 가든만큼 커질 때까지 계속 키워나가거나 표준화하여 체인점으로 만들었을 것이다. 그러나 아늑하고 자그마한 영국의 펍을 진정한 '축복받은 섬'으로 만들었던 특징은 이미 한참 전에 잃어버렸을 것이다."[4]

펍에 관한 한 최고의 전문가인 영국인 벤 데이비스Ben Davis는 펍이 다른 사람들과 교류하며 술을 마시기 좋은 장소일 뿐이라고 주장한다.[5] 사람들은 환대받고 싶어서 펍에 가며, 식료품점이나 은행에서보다 더 따뜻하고 인간적인 환대를 원한다. 친절한 술집 사장은 친구도 될 수 있다. 사람들은 펍이 집처럼 편안하기를 원하며, 어색함을 느끼게 하는 것은 금물이다. 사교적인 술손님들은 친근하게 호의를 나누고 싶어 한다. 무엇보다도 펍에 있는 사람들 사이에 유대감이 싹터야 하는데, 이는 허물없는 분위기가 있어야 가능하다. 점잔 빼지 않고 서로를 편안하게 대해야 대인관계에서 친근감을 느낄 수 있기 때문이다. 사교적인 손님은 지적인 허세 없이 솔직하게 자신을 표현하는 분위기를 즐기고 싶어 한다. 여느 술집과 다름없이 영국 펍 주인들도 새로운 고객 유치 방법을 시험해보려고 하지만, 데이비스가 제시한 바와 같은 전통은 지켜지고 있다. 펍은 사교적인 술손님들이 원하는 특징을 가장 잘 갖춘 장소다.

펍을 찾는 영국 남자들에게는 대개 주로 다니는 동네 펍이 한둘씩 있지만, 그렇다고 하나 또는 소수의 펍만 이용하는 것은 아니다. 미국에도 바 호핑^{bar-hopping} 문화가 있지만, 영국의 펍 크롤링^{pub-crawling}(바 호핑과 펍 크롤링 모두 하룻밤에 여러 술집을 돌아다니면서 술을 마시는 일을 말함―옮긴이)이 더 흔하다. 게다가 런던 어디를 가나 펍이 있으므로 런던 사람들 대다수의 머릿속에는 가용한 피난처 목록이 들어 있다.[6] 작은 규모의 펍은 따뜻한 분위기에서 기다리지 않고 서비스를 받을 수 있다는 점에서 기다림, 딱딱함, 지루함, 좌절을 연상케 하는 관공서, 박물관, 교회, 콘서트홀, 공항, 상점과 기분 좋은 대조를 이룬다. 또한 관공서 등 다른 곳에서 짜증 나는 일을 겪더라도 멀지 않은 곳에서 펍을 찾을 수 있으므로, 아주 짧은 여유 시간만 있으면 그 상황으로부터 뛰쳐나가 피난처에서 순수하게 행복한 시간을 보내며 진정할 수 있다.

─────── **여러 개의 방**

펍 주인들의 일차적 목적은 교제의 장을 마련하는 것이 아니라 돈을 버는 데 있었겠지만, 그들은 일관되게 포용적인 태도를 견지했다. 같은 방까지는 아니라고 해도 한 지붕 아래 다양한 고객을 폭넓게 들이고자 했던 것이다.

초기의 펍은 마차가 다니는 시골 큰길가의 주택이었다. 여행자들은 이곳에 들러 집주인이 직접 양조한 에일 맥주 한 잔을 사서 주방에서 마셨다. '귀하신' 분들에게는 거실 일부를 내주었으므로, 주방에 있는 '천한' 사람들을 피할 수 있었다. 펍은 초창기부터 계층에 따라 분리된 공간을 제공함으로써 여러 계층의 사람들을 수용했다.

그러나 대개 펍은 하층민과 노동자 계급의 것이었고, 더 많은 고객을 유치하기 위해 중간 계층을 목표로 했다. 펍에 서민적인 이미지가 짙었던 원인은 19세기 전반기에 산업화가 활발하게 일어나고 그에 따라 노동자들이 도시로 대거 유입된 데 있었다. 새로운 수요에 부응하기 위해 가장 먼저 등장한 진 팰리스는 도시 전반, 특히 노동자 거주 지역의 칙칙하고 더러운 풍경 속에 화려하고 우아한 오아시스를 제공했다. 진 팰리스는 긴 바와 많은 종업원, 그리고 서서 마시는 문화 도입—예전에는 주방에서든 거실에서든 앉아서 마셨다—을 통해 많은 손님을 수용했다. 진 팰리스의 경쟁자로 비어 하우스beer house도 있었다. 비어 하우스는 폭발적으로 늘어났다. 도시의 급격한 성장에 대한 반응으로 1930년 정부가 맥주법Beer Act을 제정하여 누구든 허가 없이 맥주를 판매할 수 있도록 허용하자 8년 만에 비어 하우스가 4만 5000개나 생겼다.[7]

19세기 후반 빅토리아 시대에 이르러 펍이 진 팰리스의 뒤를 이었다. 사회가 더욱 성숙해짐에 따라 정부는 음주시설을 엄격하게 통제하려고 했다. 19세기 전반기에 싹터 급속도로 성장한 중간계급은 이제 전성기를 맞이했다. 이 신흥 계급은 스스로 만들어낸 계급의식이 매우 강했고 같은 계급 사람들과 술을 마시기를 고집하여, 펍에서 술을 마실 때에도 자기들끼리 있을 공간을 요구했다.

이 새로운 상황에 대응하여 건축적인 해법이 출현했다. 넓은 방에 타원형이나 말굽 모양의 바 카운터를 설치하고 이를 다시 화려하게 장식한 칸막이로 분할하는 방법이었다. 새로운 버전의 펍은 진 팰리스의 우아함을 만들어낸 많은 재료와 모티프를 칸막이나 그 밖의 장식에 도입했다. 방 하나를 10여 개로 나누어 각각 따로 바를 설치하기도 했는데, 각 구역은 계층에 따라 구분했다. 대개 좁았지만 거울이 많아서 폐소공포증이나 격리된 느낌을 일으키지 않았다. 각각의 바는 우아한 바 카운터에 면해 있고, 칸막이가 낮아서 모두가 높고 화려한 천장 전체를 볼 수 있었다. 또한 바에 앉아 있는 사람들은 다른 칸 사람들의 움직임을 어느 정도 엿볼 수 있었고, 카운터 뒤에 있는 거울로 펍 전체가 보였다. 주류면허 당국에서도 이 모두를 승인했다. 빅토리아 시대 펍은 중간계급의 성장과 함께 창출된 건축적 발명이었으며, 거꾸로 사회계층을 더욱 강화하고 세분화했다.

20세기 중반의 펍은 도로변 여관의 전통, 진 팰리스, 빅토리아식 펍의 특징을 접목했다. 그 변화는 연속적이었고 잉글랜드 남부에서 북부로, 농촌에서 도심으로, 큰 도로에서 뒷골목으로 갈수록 두드러졌다. 영국 펍의 유형을 알려주겠다고 말하는 문헌들은 복잡하기만 하다. 확실하게 조사하려면 술집이 각각 언제 존재했으며, 그에 대해 묘사한 글은 언제 쓰인 것인지 면밀하게 살펴야 한다.

그러나 다양한 변화에도 불구하고 영국 펍의 연속성이 훼손되지는 않았다. 집 밖에서 격식 없이 술을 마시는 영국의 전통을 유지하려면 외관뿐 아니라 방들의 용도 변화가 필수적이었다. 최고의 전통, 그중에서도 변화의 압박에 적응할 수 있는 전통만 살아남았다. 여러 방의 쓰임이 달라진 것이 특히 흥미롭다. 나의 스승 중 한 명은 이렇게 말하곤 했다. "어떤 제도가 유지되는 이유는 그것이 나타났을 때의 이유와 다르다." 여러 개의 서로 다른 방을 배치하는 관행도 그랬다. 이 방들의 특징이 어떻게 진화하였으며, 그러는 가운데 어떻게 지속적으로 사람들을 끌어들였는지는 매력적인 주제다.

퍼블릭 바

퍼블릭 바는 최저이자 최고의 장소다. 우선 최저 가격으로 이용할 수 있다. 업그레이드된 것이 아무것도 없으므로 값을 싸게 받는다. 예를 들어 바닥은 보도와 같은 자갈 바닥 그대로다. 바닥에 톱밥을 까는 전통이 있어서 '톱밥 응접실sawdust parlour'이나 '침과 톱밥spit and sawdust' 같은 속

칭이 생기기도 했다. 어떤 지역에서는 퍼블릭 바가 '포 에일^{four-ale}'이라고
불리기도 한다. 에일 1쿼트(약 1리터-옮긴이)를 단돈 4펜스에 팔던 시절로
부터 유래한 이름이다. 또한 잉글랜드 북부에서는 '지하 창고^{vault}'라고 부
르는 사람이 많다.

퍼블릭 바는 큰길에서 바로 들어갈 수 있고, 지나가는 사람들이 쉽
게 볼 수 있다. 퍼블릭 바를 이용하는 손님들은 타인의 호기심 어린 시선
과 탐탁지 않은 평가를 피하려고 하지 않는다. 그들이 종종 대동하는 아
내들도 마찬가지다. 웨이터는 없으며 바텐더 혼자 고객들을 상대할 때가
많다. 여자 바텐더인 경우에는 보통 나이가 지긋한데, 아마도 젊은 시절
에는 고급 룸에서 일하며 고객들과 친하게 지냈을 것이다. 그녀의 나이와
기질은 퍼블릭 바의 질서를 유지하는 데 기여하며, 토요일 밤의 흥청거림
속에서도 유효하다.

벽에는 펍을 소유하고 있는 맥주회사 포스터 외에는 그림 한 점 걸
려 있지 않다. 쿠션이 있는 자리도 없으며, 등받이조차 없는 의자에 앉아
야 할 때도 있다. 퍼블릭 바는 다른 방들과는 달리 세련됨이라고는 찾아
볼 수 없으며, 단조로운 색조를 띤다. 색과 장식, 소재가 모두 담백하며,
남성적이지만 절제된 분위기다. 그 단순함과 꾸밈없음은 통상적인 퍼블
릭 바 손님들보다 오히려 사회적으로 우월한 사람들에게 매력적일 수 있
다.[8]

대부분의 펍에서 퍼블릭 바는 가장 기본이 되는 방이다. 최소한의
비품만 갖추고 있기 때문이기도 하지만, 펍에 있는 여러 방 중에서 가장
전통적인 특징을 잘 보여주기 때문이기도 하다. 그 어떠한 격식이나 장식
도 없다는 점은 최초의 영국 펍이었던 대로변 여관의 주방 모습과 같다.
퍼블릭 바는 제3의 장소의 특징을 다른 어떤 방보다 분명하게 보여준다.
손님들은 나뉘지 않고 하나의 집단을 형성하여 바의 맞은편에 앉아 있는

사람과도 큰 소리로 이야기를 나누곤 한다.[9] 다른 방에서는 손님들이 더 작은 단위로 분할되는 경향이 있다.

퍼블릭 바는 가장 훌륭한 대화의 장이기도 하다. "프라이빗 바에서는 대화가 거의 없지만 펍의 나머지 구역은 레이싱, 크리켓, 풋볼, 개, 날씨, 음식에 관한 이야기로 떠들썩하다."[10] 대화의 질을 나타내는 확실한 지표는 유머 수준인데, 이 또한 퍼블릭 바가 다른 방보다 월등하게 높다. "살룬에서는 여성이 가까이에 있으면 건전하고 재미없는 농담을 한다. 반대로 여성이 없으면 불건전하고 재미없는 농담을 재탕한다. 진짜 런던 토박이 재치꾼들이 술을 마시는 포 에일 바에서는 해묵은 농담에 의존할 필요가 없다. 그들의 신랄한 논평이나 그에 대한 사람들의 즉각적인 반응 모두 즉흥적이다." 이와 같이 퍼블릭 바의 가치는 펍 전체가 주는 이점보다 크다.

퍼블릭 바는 영국의 개인주의가 가장 유쾌하게 표출되는 곳이다. 개인주의를 드러내기는 하지만 개인이 더 넓은 사회에 속해 있다는 것을 느끼기에 적당한 수의 친구들이 있기 때문이다. 또한 공공장소 중에서 행동에 대한 제한이 가장 느슨한 곳도 바로 여기다. 심지어 손님이 음식을 가지고 와서 먹어도 막지 않았다. 바 카운터에 담뱃불 자국을 내거나 바닥에 침을 뱉더라도 신경 쓰는 사람이 없었다. 북부의 퍼블릭 바를 관찰한 연구자들에 따르면 "똥을 누지 않는 한, 거의 모든 행동이 허용되었다."[11] 이처럼 마음껏 즐길 수 있는 곳이므로, 퍼블릭 바 소유주들이 가게에서 대부분의 시간을 보내는 것은 놀랄 일이 아니다. 영국 정치학자 어니스트 바커Ernest Barker의 말을 빌리면, 이런 환경에서 영국인들은 "도버 해협 절벽 위에 앉아 있는 갈매기만큼 어디에도 얽매이지 않은 자유로운 영혼이 된다."[12]

펍의 다른 방들은 유행에 따라 외관이 달라지기도 하고 더욱 세련되어지기도 한 반면 퍼블릭 바는 항상 매력을 주는 공통분모를 그대로 지니고 있다는 점에서도 펍의 표준이 된다. 그러나 퍼블릭 바는 때때로 외부의 '침략' 대상이 된다. 다른 방에 자리가 없거나 다른 방에서 인기 있는 마일드 맥주를 마실 수 없을 때 중간계급 손님들은 퍼블릭 바로 향한다. 그렇다고 해서 작업복 차림을 한 사람들이 우아한 바로 쳐들어가서 복수할 수는 없는 노릇이다. 그러나 적어도 한 번 그런 침략이 치명상을 입힌 사례가 있기는 하다. 1930년대 말에서 1940년대 초, 런던 웨스트엔드 지역에 있던 여러 훌륭한 펍이 황폐해졌다. '첼시와 블룸즈버리의 바지 입은 여성들'로 대표되는 '화려한 젊은이들Bright Young People'(1920~1930년대에 영국 사회를 풍미했던 향락적인 젊은 귀족과 사교계 명사들—옮긴이)은 여기저기 몰려다니다 퍼블릭 바를 발견하고 이곳에서 다트 게임에 열중했다.[13] 당시에는 저급한 퍼블릭 바에만 다트 보드가 있었고, 펍 주인들은 라운지나 살룬 바에 더 멋진 다트 보드를 비치할 만큼 재빠르지 못했다. 침략자들은 말 그대로 퍼블릭 바를 점령했다. 단골손님들은 정중하게 자리를 내주었는데, 이내 항복하고 술을 마시러 다른 곳으로 떠났다. 갑자기 모여든 사람들은 변덕스럽기 마련이다. 이 침략자들도 새로운 침략 대상을 찾아가고, 한때는 멋진 장소였던 바의 잔해들만 남았다.

　　미국에서도 이와 비슷한 일이 있었다. 대학생들이 좋은 장소를 수없이 망쳐놓고, 더 훌륭한 많은 장소를 위기에 처하게 만든 일이었다. 미국에서 가장 오래된 바라고 추정되는 뉴욕의 '맥솔리 올드 에일 하우스Mcsoley's Old Ale House'는 도시 재개발에도 살아남았고 페미니스트들의 맹공에도 살아남았지만, 밤마다 가게를 점령하고 치즈 플래터로 한 끼를 해결하는 대학생들 때문에 가장 심각한 위협에 직면했다.[14] 이 침입자들은 자신을 매료시킨 이 바의 즐거움과 매력에 아무런 기여도 하지 않고, 그런 매력이 사라지면 곧바로 다른 희생양을 찾아 떠난다. 위스콘신 북부에 있는 한 태번은 꾸준히 찾아주는 고객들에게 보답하기 위해 맥주 한 잔 가격을 25센트로 유지하고 있다. 그런데 최근, 대학생들이 쪼들리는 주머니 사정으로 최대한 술을 마실 수 있는 곳을 찾아 밤늦게 몰려오기 시작했다. 그들은 뒷문 밖에서 맥주잔을 깨뜨리고, 변기 대신 야외에서 볼일을 보기 일쑤였다. 주인은 일찍 문을 닫는 수밖에 없다는 사실을 깨달았지만, 그러자니 오래된 단골손님들을 늦은 밤까지 놀 수 있는 다른 가게로 떠나보내게 될 터였다.

내가 그런 무리의 일원이었던 과거에, 다니던 학교 주변, 대학가 끄트머리에서 기가 막힌 장소를 발견하고 감히 그곳을 차지하려고 했다. 그러나 주인은 대비가 되어 있었다. 그는 지하실 바닥에 타일을 깔고, 바와 별도의 화장실도 설치했다. 그리고 우리를 지하로 내려보냈다. 심지어 바텐더 일을 하는 것도 '허락'해주었다. 그는 우리가 그 가게의 단골 고객들을 존중하지 않고 충성도 높은 고객이 되지도 않을 것임을 애초부터 알고 있었다. 하지만 그는 지하실 개조에 든 비용보다 많은 것을 얻었고, 예의 바른 기존 고객들도 보호했다. 이와 같이 방을 여러 개로 나누는 것은 제3의 장소로 기능하는 데 많은 이점을 준다.

─────── **살룬 바**

빅토리아 시대 펍에서 살룬 바는 공공 음주시설이 도달할 수 있는 우아함의 최대치를 보여주는 곳이었으며, 그러한 위상은 살룬 라운지가 등장할 때까지 변함없었다. 여기서는 조명의 밝기를 조정함으로써 화려한 패브릭 벽지, 에칭으로 무늬를 넣은 유리, 조각이 새겨진 마호가니와 로즈우드, 황동 발걸이, 고대 그리스풍 기둥, 공들여 만든 스노브 스크린 snob-screen(높은 계급 사람들이 종업원에게 얼굴을 노출하지 않을 수 있게 설치한 가

림막-옮긴이), 붉은색 고급 카펫이 주는 미적 효과를 극대화했다. 살룬 바는 안락함, 우월함, 우아함을 상징한다. 누군가 말한 것처럼 그것은 스스로에게 "잘 살고 있다는 기분 좋은 느낌"을 불러일으킨다. 과거에 펍의 주된 고객이었던 중하계급은 우아함과는 거리가 먼 집에 살았으므로 더욱 매력적으로 느꼈을 것이다.

제2차 세계대전이 끝날 무렵, 영국 펍은 대개 퍼블릭 바와 살룬 바로 이루어져 있었다. 레이디스 바, 프라이빗 바, 살룬 라운지 등 다른 방을 설치한 곳도 있었지만 상기한 두 가지 방이 훨씬 오래 존속했다. 칼라가 없는 옷을 입거나 광 내지 않은 구두를 신고 살룬 바에 들어가려는 사람은 "이쪽이 아닙니다, 손님"이라는 냉랭한 말로 제지당했다. 가장 좋은 방인 살룬 바에서는 무엇이든 그 펍에 있는 최상의 것을 고객에게 제공한 반면, 퍼블릭 바에는 편의시설이 부족하고 별다른 장식도 없었다. 살룬 바에서는 테이블에 앉을 수 있었고, 편안한 자세로 벽난로 곁에 앉아 원한다면 여성 바텐더와 시시덕거릴 수도 있었다. 퍼블릭 바에서는 가능하지 않은 일이었다. 퍼블릭 바는 투박스러운 반면, 살룬 바는 아늑하고 클럽 같은 분위기였다.

빅토리아 시대의 살룬 바에서는 사회적으로 더 낮은 지위에 있는 사람들과 같은 지붕 아래에서 술을 마시고 있다는 사실을 숨기기 위해 가능한 한 모든 장치를 동원했다. 유명한 인물이라면 옆문을 통해 펍으로 들어갈 수 있었다. 방에 들어가면 불투명한 창문을 살짝 열고 주문을 한 후 다시 닫아 사생활을 보호했다. 중하계급 남자들도 아내의 눈을 피해 친구들, 그리고 풍만한 금발 여성 바텐더와 술자리를 즐겼다. 이 모든 것은 이제 추억거리가 되었다. 1960년대 초까지 여성 바텐더들의 외모는 예전 같지 않았지만 살룬 바는 여전히 남자들이 아내, 혹은 '다른 사람의 아내'와 술을 마시는, 어느 정도 외부와 차단된 장소였다.[15]

빅토리아 시대부터 현재까지 변화한 영국 사회의 계급 구별은 펍 문화에 반영되었다. 1920년대에는 "살룬 바에 들어갈 수 있는 사람이 퍼블릭 바에 가는 법이 없었"고 파출부나 굴뚝청소부 같은 사람이 살룬 바에 들어가는 일은 더더욱 없었다.[16] 당시 살룬 바는 중하계급의 장소였다. 중간계급이나 상류계급은 더 고급스러운 펍에 가거나 집 혹은 그들만의 클럽에서 술을 마셨기 때문이다. 이 시기 살룬 바 고객층은 기술자, 영업사원, 점원, 하위 사무직 노동자들이었다. 그러나 1960년대 기사들은 사교적인 음주자들 중에서 "부유하고 부끄러움을 모르는" 사람들이 가는 곳이 살룬 바라고 소개한다. 이는 예전보다 계층이 더 높은 사람들이 펍을 이용하고 있으며, 은둔하고자 하는 욕망은 적어졌다는 점을 시사한다.[17] 이제는 사업가나 공직자 등 '관리자 계급'도 펍에 호화스러운 살룬 라운지가 없으면 기꺼이 살룬 바를 이용한다.[18]

과거의 영국 펍에서는 계급에 따라 공간이 엄격히 구분되어 있었는데, 이는 매우 느슨해졌다. 여전히 구분이 존재하기는 하지만, 대개 겉모습만 다른 표면적인 차이다. 방의 선택은 옷차림 정도의 엄격하지 않은 기준에 달려 있을 때가 많다. 그리고 살룬 바에 가도 좋을 만큼 차려입었다면, 어느 무리와 어울리고 싶은지에 따라 어느 바에 들어갈지를 선택할 수 있었다.

─────── **살룬 라운지**

살룬 라운지는 가장 나중에 등장한 방의 형태로 소기의 목적을 달성하고 1940년대부터 차츰 사라졌다. 널찍하고 우아한 살룬 라운지는 기존의 단골 고객들보다 높은 계층 사람들을 겨냥했다. 살룬 라운지를 두면 확실히 이미지를 개선하는 효과가 있었고, 살룬 바 가격 인상도 정당화되었다. 그러나 라운지는 비터 맥주를 벌컥벌컥 들이켜기보다 애프터 눈 티를 홀짝홀짝 마시는 데 더 적합했다. 고객층이 비슷했던 일등급 열차나 여객선 라운지에서 영감을 얻은 것이 분명한데, 술을 마시는 장소로서는 단점이 많았다. 우선 공간이 너무 휑했고 사각형 바가 방 한쪽에 뚝 떨어져 있었는데, 살룬 바에서 자주 볼 수 있는 타원형 마호가니 바에 비해 척박하기 그지없었다. 라운지의 가장 기본적인 특징은 살룬 바까지 이어져 있는 카펫이었다. 술값이 비싸기로는 살룬 라운지나 살룬 바나 마찬가지였지만, 라운지에서는 팁을 줘야 했기 때문에 결과적으로는 라운지 술값이 더 비싼 셈이었다. 살룬 바보다 나은 무엇인가를 원하는 사람들을 위해 라운지가 도입되었으나, '낫다'는 것은 더 훌륭하게 꾸며져 있다기보다는 그저 바의 룸들과 다르다는 것을 의미할 때가 많았다. 1930년대의 전형적인 펍은 살룬 바, 프라이빗 바, 저그 앤드 보틀(테이크아웃 전용 카운터—옮긴이)로 이루어져 있었으며, 공간이 넉넉한 경우에는 살룬 라운지도 있었다. 당시에 살룬 라운지는 '슈퍼 바super-bar'라고 불리기도 했다. 살룬 라운지는 펍 주인의 야망을 보여주는 지표였다.

살룬 라운지의 잉글랜드 북부 버전은 대개 '베스트 룸best room'이라고 불렸는데, 다른 방들과 달리 피아노가 있는 경우가 많아서 '뮤직 룸music room'이라고 부르기도 했다. 베스트 룸은 모든 것이 달랐다. 관습상 여성은 펍의 다른 구역에 들어갈 수 없었지만, 이곳에는 들어갈 수 있었다. 퍼블릭 바에서 남자들이 흔히 보이는 태도는 이곳에서 허용되지 않았다. 여기서는 옷을 잘 갖추어 입고 자리에 앉아서 술을 마셔야 했으며, 돈은 더 많이 지불했다.

펍의 지붕 아래 살룬 라운지가 등장했다면, 그 방에는 혼자 들어가서는 안 된다는 것이 일반적인 인식이었다. 펍은 공공장소지만 라운지에서는 사생활이 보호되었다. 라운지에서는 낯선 사람이 접근하거나 대화에 끼어드는 일이 없다. 살룬 라운지는 소수의 친한 사람들끼리만 가는 곳이었다. 따라서 라운지 바, 또는 살룬 라운지는 퍼블릭 바의 대척점에 있다. 퍼블릭 바에는 보통 혼자 가며, 다른 사람들이 말을 걸어오곤 했다. 살룬 라운지에서는 사회적 지위에 민감한 사람도 처음부터 편안하게 느낄 수 있었다. 가까운 친구나 지인과 동행하므로 낯선 사람이나 사회적 지위가 다른 사람과 말을 섞지 않아도 되기 때문이다. 같은 펍 안에서도 다른 방에서라면 안에 있는 모든 사람이 함께 허물없이 나누는 대화에 적극적으로 참여하기 위한 대화 기술이 필요하지만, 살룬 라운지에만 간다면 그런 기술 없이 펍을 즐길 수 있다. 심지어 아무런 대화도 하지 않고 집 거실에서처럼 축음기에서 흘러나오는 음악에만 귀를 기울일 수도 있었다. 그러나 펍의 진정한 음악은 대화다.

──── 프라이빗 바

영국 펍에 관한 에세이는 보통 펍 애호가가 자의로 쓴 경우가 많고, 그래서인지 프라이빗 바를 언급은 하더라도 그렇게 깊이 파고들지 않는다. 단순히 인기가 없어졌다는 점만으로는 그 이유가 다 설명되지 않는다. 사라져가고 있거나 이제는 기억 속에만 존재하는 다른 면들은 애정을 담아 자세히 서술하는 경우가 많기 때문이다. 따라서 의도적으로 무시하고 있다는 의심이 든다. 프라이빗 바는 펍이 가진 건전한 이미지를 해치는 오점이기 때문일까?

프라이빗 바의 의미는 경우에 따라 조금씩 다르다. 어떤 곳에서는 퍼블릭 바의 주 고객과 살룬 바의 주 고객 사이의 계층이 주로 이용하는 작은 바를 프라이빗 바라고 불렀다. 숙련노동자, 그리고 화이트칼라 남성들 중 "거친hard-boiled" 부류가 단골손님임을 시사하는 글도 있다.[19] 그러나 더 많은 경우에 프라이빗 바는 '너기 홀nuggy hole', 즉 여성들을 위한 공간이었고, 대개는 상당히 작았다. 노동자 계급 여성에게 퍼블릭 바가 있었듯이, 살룬 라운지가 생기기 전에 더 높은 계층의 여성 중 펍을 즐기고 싶어 하는 사람들이 갈 수 있었던 곳이 바로 프라이빗 바였다.

그러나 제2차 세계대전 이후에는 프라이빗 바의 성격이 조금 달라졌다. 이 시기의 프라이빗 바 단골손님들은 '비밀 음주단'이라고 부르는 것이 더 적절할 것이다. 당시 프라이빗 바는 신세를 망쳐 사교적이고 마음 편한 사람들 사이에 있기가 불편해진 사람들의 은둔처이자 음주를 부끄러워하여 소근거리는 목소리로 술을 주문하거나, 대화를 나누고 싶어 하지 않는 사람들을 위한 방이었다.

프라이빗 바는 저그 앤드 보틀 코너와 결합되어 있는 경우가 많았는데, 그럴 만한 이유가 있었다. 저그나 병에 담긴 맥주를 사면 마치 다른 누군가에게 가져다주려는 것처럼 보일 수 있기 때문이다. 눈치 빠른 바텐더는 따로 요청하지 않아도 저그와 병을 종이로 싸주었다. 다른 방들에서는 전반적으로 연대감이 느껴지는 반면에 여기서 술을 마시는 사람들은 다른 사람의 눈을 피하고 싶어 하고 부끄러워하기 때문에 분위기가 침체되어 있다. 다른 방에서는 술이 '대화를 촉진하는 윤활유'였지만 이 우울한 방에서는 그 역할을 하지 못했다.

잉글랜드 남부 도시에서 유행했던 프라이빗 바를 북부의 탭룸taproom과 혼동하면 안 된다. 탭룸은 지역의 관습에 의해 만들어진 단골을 위한 자리로, 이방인이 얼쩡거리면 그가 무례하다고 여긴다. 탭룸을 이용하는 계층은 볼트vault(북부의 퍼블릭 바—옮긴이)와 동일하다. 가격도 같고 내부 장식도 똑같이 소박하다. 그러나 좌석이 더 많고 게임도 할 수 있는 '가난한 사람들의 클럽'이었다.

지금까지 펍에 있는 여러 방에 관해 간략히 살펴보았다. 이런 일반적인 설명이 순수주의자의 반발을 불러일으킬지도 모르지만, 한 지붕 아래에 있는 여러 공간이 어떻게 발원하고 어떤 특징을 가졌는지 윤곽을 그리는 데 도움이 되었을 것이다. 여러 종류의 바를 낳았던 계급 구별은 폐기되고 있지만 영국의 펍은 지금도 여러 바를 운영하는 전통을 이어가고 있다. 다양한 공간을 품고 있다는 점은 전 세계 제3의 장소 중에서도 가장 유서 깊은 사례 중 하나인 펍에 풍성함과 높은 회복력을 더해주는 등 여전히 예전과는 다른 방식으로 여러 이점을 발휘하고 있다.

같은 가게에서 여러 가지 매력이 제공된다는 점은 수용 가능한 고객층의 범위를 극대화한다. 미국의 경우, 트럭 운전사나 공장 노동자들이 장악한 태번은 아무리 가까운 곳에 있어도 다른 계층 사람들의 관심을 끄는 일이 거의 없다. 그러나 영국 펍은 언제나 그 지역에 살거나 그곳을 지나쳐 가는 여러 계층을 포용할 수 있었다. 여러 개의 방은 펍의 포용력을 극대화했다. 특정 고객이 시끄럽든 조용하든, 거칠든 고상하든, 펍 전체의 분위기는 해치지 않았다. 미국의 술집과 비교하면, 영국 펍은 '모두의 것'이라고 인식될 가능성이 훨씬 높다. 펍이 그렇게 번성할 수 있는—지금은 예전만 못하지만—이유도 바로 그 포용력으로 설명된다. 펍 주인은 어느 계급을 겨냥하여 어떤 가게를 운영할지 결정할 필요가 없었다. 전형적인 펍은 모든 고객을 매료시켰다. 사람들이 있는 곳이라면 어디에서든, 그들이 어떤 사교적 음주를 선호하는지와 상관없이 번창할 수 있었다.

영국에서 남성과 여성이 서로 다른 사회에 살던 때에 여러 개의 방을 두는 문화는 펍이 여성을 배제하지 않고 당시의 현실을 받아들이는 수단이 되었다. 여성은 어떤 방에는 관습 때문에 출입할 수 없었지만, 그 맞은편 방에서는 환영받았다. 호주 같은 곳과는 달리 영국에서는 에일 하우스 시절부터 여성의 출입을 막지 않았다. 술집에서 배제된 호주 여성들은 기표소에서 복수했고, 그 결과 호주의 펍은 저녁 여섯 시라는 상상하기 힘든 시각에 문을 닫게 되었다. 이와 대조적으로 영국 여성들은 펍에 자유롭게 드나들었으며, 오늘날 영국 펍 손님의 거의 절반이 여성이다. 분명 방을 여러 개 두는 문화가 영국 여성들이 펍을 마음껏 즐길 수 있는 길을 열어주었을 것이다.

여러 개의 방을 둠으로써 펍은 다양한 실험을 해볼 수 있었다. 이는 펍이 세상의 변화에 적응하는 데에 도움이 되었다. 살룬 라운지를 설치한 원래 목적은 펍의 수준을 높이고 그렇게 함으로써 남녀를 불문하고 중간계급 손님을 유인하는 것이었지만, 그 목적을 달성한 후에도 유지되었다. 벤 데이비스가 말했듯이, 라운지는 새로운 시도를 하고 최신 유행에 발맞추기에 이상적인 장소로서 남아 있다.[20] 라운지가 있으면 거기에 비디오 게임기나 핀볼 기계 등 일시적으로 수요가 높은 오락거리를 다양하게 설치할 수 있다. 방 하나로 이루어진 술집이라면 그런 '대화와 사교의 적'은 단골손님들을 떠나게 만들고, 좋았던 펍의 몰락을 야기할 것이다. 라운지를 실험실로 사용하면 실험이 진행되는 동안에도 퍼블릭 바와 살룬 바에서는 이미 유효성이 증명된 요소들을 보전할 수 있다. 현대식 펍은 관계당국, 소수자 집단, 펍을 소유하고 있는 맥주회사들의 반짝이는 아이디어, 언제나 존재하는 사회개혁가 등 여러 방면에서 압력을 받는다는 사실을 데이비스도 잘 알고 있었다. 라운지와 같은 제3의 방은 일종의 완충장치로서, 펍의 이상적인 모습을 제각기 다르게 그리는 여러 집단의 압력으로부터 펍을 보호한다.

예전에 방을 각각 분리했던 사회적 겉치레나 가격 차이를 더 이상 신경 쓰지 않는 고객들도 기본적인 방들을 그대로 유지하는 데 불만을 갖지 않는다. 펍을 찾는 새로운 세대는 각 방의 차이를 분위기 차이로 받아들였다. 격식 없이 농담을 주고받으며 교류하기를 원할 때도 있고, 사적인 분위기에서 편한 자세로 쉬고 싶을 때도 있다. 재치 있는 말솜씨가 빛을 발하는 날이 있는가 하면, 재치가 고갈되어 조용히 있고 싶은 날도 있다. 여기에는 분명히 행복한 역설이 존재한다. 한때는 펍을 계급에 따라 여러 공간으로 분할하게 만들었던 상황이 지금에 와서는 오히려 모두가 즐길 수 있는 다양한 환경을 낳은 것이다.

─────── **이중의 난제**

사법당국과 양조업체들은 쌍둥이처럼 영국 펍의 생존에 위협을 가하는 두 요소다. 주류판매 면허를 담당하는 판사들은 방향을 잘못 잡은 공익의식을 과도한 규제와 결합하고, 맥주회사들은 탐욕과 그들과 특약을 맺고 있는 펍(영국의 펍은 양조회사와 약정을 맺고 해당 회사의 제품만 판매하는 타이드 하우스tied house와 여러 회사 제품을 자유롭게 판매하는 프리 하우스free house로 나뉜다.−옮긴이)의 잘못된 경영을 결합한다. 펍들은 지난 75년 동안 이 두 힘에 맞서 싸웠지만 패하고 있다.

가장 노골적인 정부의 간섭은 하루의 3분의 2에 해당하는 시간 동안 펍의 영업을 법으로 금지한 일에서 볼 수 있다. 이후 영국은 한 세기 전의 '술에 취한 작은 섬'이 아니라 미국산 버드와이저보다도 알코올 도수가 낮은 술을 애호하는 '맨정신의 나라'가 되었지만, 영업시간을 제한하는 법은 한동안 유지되었다.

영국의 이 인기 없는 법은 1914년 8월에 발효되었다. 군수품 공장에서 술 취한 노동자 때문에 생산성이 떨어지자, 내무장관이 전시국방령 Defense Act of the Realm의 광범위한 영향력을 이용하여 펍의 영업시간을 엄격하게 제한했다. 그전, 에드워드 7세 시대(1901~1910)에는 새벽 5시에 문을 열어 휴식 시간 없이 폐점 시간인 밤 12시 30분까지 영업을 하는 것이 보통이었다. 새로운 규제하에서 펍은 오전 11시까지 영업을 시작할 수 없었고, 오후 3시부터 5시 30분까지는 문을 닫아야 했으며, 10시 30분에 영업을 종료해야 한다. 사람들은 이 정책을 비난했다. 소득세와 마찬가지로 일시적인 조치라고 말했지만 결국 소득세가 원상복귀되지 않았던 것처럼 펍 영업시간 규제도 되돌려지지 않았기 때문이다. 전쟁이 끝나고 사람들은 일상으로 돌아왔다. 그러나 펍에서의 교류를 중심으로 하는 일상의 즐거움은 돌아오지 않았다. 많은 사람들은 기회만 주어지면 노동자들도 고용주만큼 술을 많이 마실까 봐 이 정책을 유지하는 거라고 비아냥거린다.

가혹한 펍 영업시간 제한은 다른 변덕스러운 규제와 혼합된다. 특정 펍에만 11시가 아니라 10시 또는 11시 30분 개점을 허용하는 지역도 많다. 또한 법은 금지한 시간에 음료 제공을 중단해야 한다고만 규정하고 있으므로, 문을 열었다고 해서 들어와서 주문을 할 수 있다는 뜻은 아니다. 그래서 어떤 펍은 영업을 중단한 시간에도 문을 열어두는데, 환기를 위해서일 수도 있겠지만, 사람들을 감질나게 하기 위해서인 경우가 많아 보인다. 끝으로 법은 영업이 허가된 시간 동안 반드시 대중에게 서비스를 제공해야 한다고 명시하지 않았기 때문에, 그 시간대에는 문을 열든 닫든 주인 마음이다. 따라서 다음과 같은 오래된 만화는 재미있으면서도 씁쓸하다. 코가 빨간 술주정뱅이 단골손님 두 명이 술이 가득 찬 잔을 들고 마호가니 바에 기대 있다. "버트, 사전에서 가장 불쾌한 단어 세 개가 뭔지 알아?" "몰라." "타임, 젠틀맨, 플리즈TIME, GENTLEMEN, PLEASE!"(손님에게 영업이 끝날 시간임을 알리는 말—옮긴이)

아일랜드 저널리스트 모리스 고럼Maurice Gorham은 《동네 펍으로 돌아가라Back to the Local》라는 짧은 책에 생각보다 일찍 문을 닫은 펍 앞 도로에 모여서 슬퍼하고 있는 사람들을 그린 에드워드 아디존Edward Ardizzone의 삽

화를 실었다. 고럼은 이런 사람들이 알코올 중독자도 아니고 싸우고 싶어서 안달 난 폭력배도 아니라고 설명한다. "그저 펍 이용객으로, 펍에서 친구를 만나고 대화를 나누고 새로운 소식을 교환하며, 답답한 집에 있기보다 바에서 사람들과 활기찬 시간을 보내기를 선호한다. 그 모든 것과 헤어진다는 것은 견디기 어려운 일이다. 그래서 가게 전등이 꺼지고 요란하게 빗장이 잠기고 철문이 덜컹 닫히는 동안에도, 그들은 따뜻하고 밝은 바에서 시작한 이야기를 길에서 계속 이어간다."[21]

펍 영업시간은 75년 동안 융통성 없이 유지된 데 반해 사람들의 습관은 변했다. 근무 시간이 단축되었고, 노동윤리는 약해졌다. 사람들은 늦게 일어났고 영업 시작 시간부터 펍에 오는 사람은 거의 없었다. 차라리 문 닫은 펍 앞에서 슬퍼하는 사람들이 가장 오래 거리에 남아 있는 토요일 밤 폐점 시간을 늦추는 편이 나았을 것이다. 1988년 여름, 오후 영업시간 제한 규정이 결국 폐지되었다. 시민의 권리와 자유에 대한 인식 때문은 아니었고, 관광객의 소비 증진이 침체된 경제에 도움이 되리라는 생각에서 내린 조치였다.

펍은 과도하게 규제하고 새로운 펍 허가에 인색하다 보니 영국의 펍 수는 감소했다. 펍의 규모와 위치에 관련된 정책도 문제였다. 그것은 치안판사와 양조업체가 지지하는 정책이었다. 수많은 작은 펍이 있던 시절의 전통은 사라져가고, 그 자리를 소수의 대규모 펍이 차지한다. 정부 입장에서 관리·감독하기 편하려면 펍 수가 적은 편이 좋다. 양조업체도 마찬가지다. 펍의 규모가 커지고 숫자가 줄어들면 효율이 높아진다. 이윤이 많아진다는 뜻이다.

옛 전통은 펍의 근접성을 극대화했다. 1940년대에 실시한 한 조사에서 "펍 단골손님의 90%는 단골 펍까지 가는 거리가 300미터 이하"[22]라고 응답했다. 펍을 '로컬'이라고 부르게 된 것도 소규모 펍이 풍부하게 분포되어 있는 데 기인하며, 낯선 사람들이 아니라 익숙한 얼굴들을 마주하게 된다는 장점이 있었다. 최근에 지어진 펍들은 규모가 큰 대신 수가 적어서 펍과 펍 사이의 거리가 멀다. 그 결과 사람들은 차를 운전해서 펍에 가야 한다. 펍은 '하우스 오브 콜'(배달원 등이 연락을 기다리는 장소-옮긴이)이라는 별칭에 걸맞게 마치 대합실처럼 아는 사람을 찾아보기 힘들어졌다.

사법당국과 맥주회사들은 사람들의 사교 습관을 이중으로 방해하고 있다. 펍의 영업뿐만 아니라 맥주 소비도 방해한다는 뜻이다. 전체 맥주 소비 중 가정에서의 소비가 차지하는 비중은 약 25%였는데, 최근 두 배 이상 증가했다. 더 놀라운 것은, 1979년부터 1981년까지 짧은 기간 동안 맥주 소비 총량이 약 10%나 감소했다는 사실이다.[23] 사람들은 펍에 덜 가고, 펍에서 덜 마신다. 사람들이 이제 거실 텔레비전 앞에서 맥주를 마신다는 뜻이 아니다. 소비가 전반적으로 줄었다. 맥주가 너무 비싸지면서 많은 사람들이 술 마시는 습관을 버렸고, 애석하게도 사교 습관도 함께 버렸다. 특히 북부 공업지대에서 펍과 맥주의 전통은 급격히 사라지고 있다.

이 책을 쓰고 있는 현 시점에 맥주회사들은 1파인트에 50펜스를 요구하고 있는데, 이에 대한 반발이 심하다. 그 돈의 거의 절반은 재무부로 가게 된다. 크롬웰 시절 맥주에 도입한 죄악세sin tax를 의회가 유지하고 있기 때문이다. 맥주 애호가의 나라가 맥주를 포기하기 시작하고, 가격 때문에 혐오감이 생겨 맥주 맛마저 떨어져서 더 이상 맥주를 즐기기 힘들어졌다면 이것은 폭정이다. 노동자 계급의 얼마 안 되는 단순한 즐거움을 빼앗아가는 일이기 때문이다. 한때 차에 너무 가혹한 세금을 부과하여 가난한 사람들이 허름한 집에서 손님들을 접대하고 즐거운 시간을 보낼 수 있는 유일한 수단을 빼앗았던 나라도 영국이었음을 기억하자.

미국에서도 두 개의 대형 음료회사가 경쟁사의 제품을 소매점 선반에서 퇴출하고 있기는 하지만, 영국인들이 맥주회사 직영 술집의 약정을 참고 있는 데 비하면 그 정도는 아무것도 아니다. 영국에서는 맥주회사가 펍의 주된 소유주가 된 지 오래다. 맥주회사는 펍의 소유주로서 맥주를 보관하고 서빙하는 방식을 통제할 뿐만 아니라 경쟁사 제품을 퇴출시킬 수 있다. 작은 펍 뒤에 큰돈이 있으며, 소유주의 부재와 이윤이라는 단 하나의 목적만 추구하는 원격통제는 가게의 운명을 상시적인 위험에 빠뜨린다.

미국 자동차회사가 그렇듯이, 영국 맥주업체는 소매업자에게 공정하게 이윤을 배분하려고 하지 않는다. 두 경우 모두 기업의 탐욕 때문에 고객과의 관계가 삐걱거린다. 자동차 판매업체나 펍 주인은 살아남으려면 고객을 속이는 수밖에 없다는 압력을 느낀다. 매스 옵저베이션 팀에 따르면 펍 주인들은 맥주회사에 대해 악감정을 갖게 되는 일이 빈번하다. 생맥주를 서빙할 때 불가피하게 맥주를 어느 정도 흘려 버려야 하는데 맥주회사들은 대개 이 양을 감안해주지 않기 때문이다. 어느 펍 점주는 맥주회사의 관점에 따르면 고객에게 정직하지 않은 펍만 성공할 수 있다고 말하기도 했다.[24] "내가 맥주에 무슨 짓을 하고 싶어서 하는 것이 아니다. … 그들이 이렇게 저렇게 하라고 직접적으로 이야기하는 것도 아니다. 그러나 결국 맥주에 물을 타는 수밖에 없다." "영리한" 점주는 "물을 타기 전에 지하 맥주창고에 가서 사전작업을 한다. 부레풀isinglass을 이용하는 사람도 있고, 더 파렴치하게 특수한 맥주잔을 사용하기도 한다." 여기서 부레풀은 물을 탄 맥주의 비중을 정상으로 되돌리기 위해 사용하는 수단이다.

맥주회사들은 영국 펍의 관리 태만에도 책임이 있다. 그들은 펍이 고객을 쫓아낼 정도까지 열악해지도록 내버려두었으며, 사교적인 펍 문화에 유해한 요소들을 도입하는 등 펍의 역사에 오점을 남겼다. 펍이 반드시 우아해야 하는 것은 아니지만 조악해져서는 안 되며, 충성도 높은 고객들이 존재하는 한 쇠락해서도 안 된다. 그러나 맥주회사가 소유하고 있는 펍 중 다수는 소유주의 근시안적인 관점과 탐욕 때문에 조악해진다. 모리스 고럼은 그들의 수익 위주의 원격통제에 관해 다음과 같이 요약했다.

> 원격 회계사들이 장부에 코를 박고 전국 단위로 수선비나 설비 교체를 위한 자금 삭감에 착수할 때 쇠락이 시작된다. 펍이 허름해지기 시작하면 고객들은 모욕감을 느끼고 매출이 감소한다. 구역 관리자들은 실제로 점포의 운영 상태를 살피는 대신에 장부만 보고 임금 삭감을 결정한다. 그러면 많은 점주는 인건비를 줄이기 위해 청소 시간을 대폭 단축한다. 가게는 더 너저분해지고, 매출은 더 떨어지며, 그러면 임금을 더 깎아야 한다. 악순환이 계속되는 것이다.[25]

맥주회사들은 오래된 펍을 사들이거나 새로운 펍을 지어 점주들에게 임대한다. 임차인이 당국에 영업허가를 신청할 때 회사 차원에서 지원을 해주는 대신 자사의 맥주만 취급하도록 한다. 이러한 구조는 필연적으로 접객의 질 저하를 부른다. 평생 펍 애호가였던 영국 작가 루이스 멜빌 Lewis Melville은 1920년대에 만연했던 주인의 태도 변화에 예민하게 반응했다. 다음과 같은 그의 불만은 널리 반향을 일으켰다. "이제는 날씨 이야기를 하며 상냥하게 손님을 맞이하는 주인이 없다. 주인에게 손님이란 무엇일까? 펍 주인은 더 이상 펍의 소유주가 아니라 수많은 펍을 소유한 회사의 일개 관리자일 뿐이며, 당신에게는 조금도 관심이 없다."[26]

맥주회사들은 새로운 고객을 유치하고 시류에 발맞추고 싶어 온갖 시끄러운 오락거리를 펍에 도입했다. 고럼은 1940년대에 쓴 글에서 주크 박스의 끔찍함에 관해 이야기하면서, 주크박스 때문에 여러 펍에서 "쫓겨났다"라고 말하기도 했다. 고럼이 다녔던 펍 중 한 곳에는 주크박스가 한쪽에 위협적으로 설치되어 있었는데, "언제 멋모르는 사람들이 주크박스를 가동시켜 펍의 분위기를 엉망으로 만들지 모를 일이었다."[27] 예나 지금이나 펍의 친절한 분위기는 대화에 기초하며, 대화를 방해하는 그 어느 것도 허용되어서는 안 된다. 그러나 맥주회사들은 대대적으로 대화를 방해한다. 벤 데이비스는 1981년에 쓴 글에서 주크박스 외에도 여러 방해 요인을 지적했다. "이 나라의 거의 모든 술집에서 주크박스, 슬롯머신, 핀볼 기계, 오락기 같은 잡다한 물건들이 기생충처럼 피부 안에 침입해 들어와 윙윙, 딸각딸각, 삑삑, 덜컹덜컹, 꺅꺅거린다."[28]

모든 사업이 그렇듯이 펍 사업에서 성공하려면 누가 왔는지뿐 아니라 누가 오지 않았는지도 예리하게 파악할 수 있는 눈을 지녀야 한다. 맥주회사들의 고객층을 넓히려는 시도는 사람들과의 상호작용보다 기계와의 상호작용을 더 편안하게 여기는 열등한 종족을 불러들이는 대신 한때 충성도 높았던 고객을 떠나보냈다. 데이비스는 그들도 자신을 위한 장소를 가질 권리가 있음을 인정한다. "핀볼 게임장이나 오락장, 디스코장 discotoria을 두면 된다. 주류판매 허가를 내줘도 좋다. 그러나 제발 이 말도 안 되는 것들을 펍에 들이지는 말아달라. 무엇인가를 얻기 위해 기존의 것을 파괴한다는 것이 말이 되는가?"

영국에서 펍에 대한 정부의 권력 남용은 프라이빗 클럽의 급증을 낳았고, 맥주회사의 펍 관리 부족은 와인 바의 인기 상승으로 이어졌다. 40년 전에는 늙은 과부들이나 자주 가는 곳으로 치부되었던 와인 바가 달라졌다. 맥주 소비는 지속적으로 감소하는 데 비해 와인 소비는 계속해서 증가했으므로, 와인 바는 맥주 산업의 깊은 고민거리가 되었다. 이렇게 된

데에는 술의 질 문제도 있었다. 알코올 도수도 낮아진 데다가 맥주 원료의 종류와 품질도 저하되었는데 소비자가는 오히려 높아졌다. 한 잔의 가격은 와인과 맥주가 비슷했지만 질에 있어서는 와인이 확연히 더 훌륭했다.

식당보다 훨씬 싼 가격에 제대로 된 점심을 먹을 수 있다는 점도 와인 바의 장점이다. 편안하고 세련된 와인 바는 직장인 여성이나 젊은 남성들 사이에서 인기가 좋다. 맥주회사는 새로운 펍을 설계했고 영업허가를 담당하는 판사들도 이에 우호적이지만, 와인 바는 클럽 같은 분위기에 서비스가 신속하고 가격도 합리적이어서 신종 펍에 견주어도 우세하다. 와인 바가 맥주 산업에 가하는 위협은 금방 지나갈 것 같지 않다. 유감스럽게도 퍼블릭 바의 전통적인 분위기와 일체감이 와인 바나 최근에 교외에 새로 등장하기 시작한 펍에서는 발견되지 않는다.

──────── 펍이 동네에 주는 이점

한 미국인 동료와 사람들이 편하게 만날 장소가 부족하다는 주제로 이야기를 나누던 중에 그가 말했다. "그래도 우리 동네에 그따위 술집이 생기는 건 원치 않아!" 내가 불리했다. 나는 바람직한 모습을 들어 주장하고 있는 반면 그는 우리가 사는 지역 곳곳에 실제로 존재하는 술집들의 이미지를 가지고 이야기하고 있었던 것이다. 만일 빅 앨스Big Al's(샌프란시스코에 있던 토플리스 바로 디즈니 애니메이션에 등장하는 큰 곰의 이름을 땄다.—옮긴이) 같은 술집을 우리 동네로 옮겨 오는 문제라면 내가 그보다 더 심하게 항의했을 것이다. 미국 술집이 추하고 저급해 보인다는 고정관념은 대부분 정당하다. 사회·경제적 수준이 어떠하든 최소한의 자존감을 가진 사람이라면 거주지에 그런 외관을 지닌 가게가 들어오는 일을 참기 힘들 것이다.

이와 대조적으로 영국의 전형적인 지역 술집은 그 일대에 매력과 색깔을 더해준다. 펍은 흉물스럽다거나 환경을 악화시키기는커녕, 독특한 건축 형태의 살아 있는 사례이자 그 지역 건축자재를 사용한 최고의 건축물인 경우가 많다. (맥주회사들이 그 장미꽃이 시들도록 내버려둔다는 것은 애석한 일이다.) 대충 지은 밋밋한 건물에 멋없는 간판이 달려 있는 펍은 결코 없으며, 대개 견고하면서도 세련된 외관을 하고 있다. 조금 떨어져서 보면 작은 도서관이나 은행, 서퍼 클럽, 혹은 작은 교회나 가게처럼 보이기도 하고, 시골 별장이나 여관처럼 보이기도 한다. 미학적으로 볼 때 재앙에 가까운 미국 태번의 주차장도 영국 펍에는 없다. 영국 사람들이 가볍게 맥주를 즐기는 펍이라는 환경과 그 문화는 안팎으로 모방할 만한 모델이다.

이름이야 무슨 문제가 되겠는가? 미국의 빅 앨스보다 영국의 베드퍼드셔주에 있는 도그 앤드 배저(개와 오소리)라는 술집 이름이 더 나을 것도 없고, 암퇘지와 수퇘지라는 뜻의 소우 앤드 피그스라는 펍보다 런던의 노동자들이 "우리 라운지"라고 부르는 가게가 오히려 더 돼지우리 같다. 천편일률적인 체인점이어서 바로 옆 동네에도 똑같은 가게가 있다는 것을 누구나 안다.

이 책에서 살펴본 영국 펍의 특징은 유감스럽게도 대개 과거의 것이다. 나는 빅토리아 시대부터 물려받은 전통적인 펍을 고찰했으며, 가장 번성했던 시절의 펍에 대해 찬사를 보냈다. 펍의 숫자가 줄어들고, 영국인의 삶에서 펍의 역할이 작아진 만큼 펍의 특징도 흐려지고 있음은 피할 수 없는 사실이다. 모리스 고럼은 다음과 같은 엄중한 언급과 함께 펍을 추모했다. 짧지만 많은 이야기를 담고 있는 글귀다. "펍 하나가 사라질 때마다 슬픔을 느끼는 우리에게 있어서 펍의 일생은 비극적이다. 진보, 재건, 도시계획, 전쟁, 이 모두는 하나의 공통점을 가지고 있다. 그런 일이 진행되기에 앞서 펍이 스러진다는 점이다. 마치 낮 앞의 양귀비꽃처럼."[29]

그러나 고럼이 덧붙이듯이, 펍이 다시 살아날 가능성은 언제나 있다. 영국 작가 귄 토머스Gwyn Thomas는 코츠월드 지방의 포세 브릿지 호텔Fosse Bridge Hotel에 관한 글을 맺으며 지혜를 촉구했다. 이 오래된 여관에는 아주 멋진 바가 있었는데, 문을 닫을 위기에 처해 있었다. 펍을 되살리려면 영국인들에게도 이러한 지혜가 필요하다.

> 부활이 도래했다. 서광이 비친 것이다. 누더기가 되었던 부분은 15세기 코츠월드의 오두막에서 가져온 소재로 수선했다. 방들은 널찍하고 조용하다. 나무 한 그루에 달하는 장작더미가 특유의 느린 속도로 향기롭게 타들어간다. 날이 어두워지면 바가 붐비기 시작한다. 공기를 가득 채우는 코츠월드 사투리 특유의 울림은 장작 연기처럼 부드럽게 흩어지며 안도감을 준다. 이 모든 것들이 부활의 좋은 징조다. 전 세계가 이곳을 본받아 바보 같은 짓을 그만두기를 희망한다.[30]

영국에서는 귄 토머스가 묘사한 대로 누구에게나 열려 있는 펍에서 교류를 즐기는 문화가 중상계층까지 확장된 반면, 미국에서는 그런 즐거움의 대부분이 노동자 계급의 태번에 한정된다. 만일 미국의 부유층이 성공회 수용을 둘러싸고 드러낸 배타성의 반만이라도 영국 펍의 포용력을 받아들였다면 상황은 훨씬 나아졌을 것이다. 미국의 시인이자 전기작가인 로버트 프로스트Robert Frost는 말년에 가졌던 저널리스트 에드워드 R. 머로Edward R. Murrow와의 인터뷰 중 최악의 영어 단어가 무엇이냐는 질문을 받고 주저 없이 "exclusive"(배타적인, 전용의─옮긴이)라고 대답했다. 물

론 그가 끔찍하게 생각했던 것은 단어 자체가 아니라 너무나 많은 미국
인, 특히 돈 많은 사람들의 배타적인 성향이다.

8장
프랑스 카페

오스트리아 화가 파울 코엔포르트하임Paul Cohen-Portheim은 대륙에 있는 것과 같은 카페가 런던에 없음을 탄식했다. "카페와 클럽, 둘 중 하나는 가질 수 있지만 같은 하늘 아래 둘 다 풍족할 수는 없다"고 정해져 있는 것 같았다.[1] 코엔포르트하임은 영국 펍과 프랑스 비스트로(프랑스 사람들이 흔히 노천카페를 부르는 명칭으로, 이하 카페와 비스트로라는 두 용어를 혼용함-옮긴이)의 차이를 알아차렸다. 대륙의 카페가 '머무는 장소'인 데 반해, 펍은 '단지 잠깐 즐기는 곳'이었다. 여러 나라의 전형적인 제3의 장소에 관한 글을 남긴 요제프 벡스베르크도 프랑스 노천카페에서 비슷한 인상을 받았다. "노천카페에서의 길고 달콤한 하루The long, sweet day of the sidewalk café"라는 그의 글 제목도 프랑스 카페가 오래 머무르기 좋은 장소라는 데서 나왔다.[2] 프랑스계 미국 저술가 상슈 드 그라몽Sanche de Gramont은 프랑스 사람들에 관해 묘사한 책에서 비스트로를 훌륭한 사람들이 자연히 모여드는 장소이며 "하루 종일 머무를 수 있는 장소"라고 표현했다.[3]

프랑스와 영국이 수십 킬로미터밖에 떨어져 있지 않다는 사실은 그들 사이의 차이를 착각하게 만든다. 펍과 비스트로는 둘 다 제3의 장소이지만 전혀 다르다. 우열의 문제가 아니라, 이 주목할 만한 두 나라 보통 사람들의 삶에서 각각이 스스로의 역할을 어떻게 설정하고 있는가의 문제다.

영국 펍의 기원은 로마 제국과 노르망디 공국 시대 이후 세워진 여관과 태번으로 거슬러 올라가는 반면, 프랑스 비스트로 혹은 노천카페의 전신은 약 500년 전, 사우디아라비아에 세계 최초로 생긴 커피하우스와 함께 출현했다. 커피하우스는 사우디아라비아의 메카로부터 콘스탄티노플을 지나 빈까지 괄목할 만한 성공을 거두며 전파되었으며, 다른 어떤 곳과도 비할 수 없는 우아함을 지닌 장소로 발전했다. 벡스베르크가 "기분 좋은 장소"라고 말한 커피하우스는 빈에서 프랑스로 건너왔다. 서구의 문화적 중심에 뿌리내린 노천카페는 점차 확산되어 라틴 및 지중해 문화권 전역에서 비공식적 공공생활의 중추가 되었다. 카페는 프랑스의 도시와 농촌, 파리와 지방 어디서나 잘 자리 잡았고, 프랑스를 통해 카페 문화를 들여온 인접 국가들의 대도시나 시골에서도 성공적으로 안착했다.

비스트로는 펍보다 더 오래 머무는 장소였고, 접근성도 훨씬 좋았다. 런던에 펍이 수백 개 있다면, 파리에는 수천 개의 노천카페가 있다. 미국 저널리스트 존 건서^{John Gunther}에 의하면 1967년 기준으로 1만 3977개 있었다.[4] 1930년대 중반에 미국 여가 전문가 레버트 위어^{Lebert Weir}는 프랑스에 약 80만 개의 카페가 있으며, 이는 놀랍게도 "50명당 카페 하나"가 있음을 뜻한다고 기록했다.[5] 만일 이 추정이 정확하다면, 프랑스의 카페는 인구 대비로 볼 때 영국인들이 가는 펍과 프라이빗 클럽을 합한 수보다 열 배나 더 많았던 것이다. 펍도 약 2.5제곱킬로미터당 네 군데 있으므로 부족하다고 볼 수 없는데, 비스트로는 그보다 훨씬 많았으므로 비스트로가 더 폭넓은 역할을 수행했음을 알 수 있다. 프랑스 사회학자 폴 앙리 숑바르 드 로베^{Paul-Henry Chombart de Lauwe}는 자신의 도시사회학 저술에서 카페가 가난한 사람들을 위한 '클럽'이라는 감정적인 호소 때문이 아니라 "거주하는 동네에서 일어나는 일의 모든 차원, 모든 문제와 관

련되어 있기 때문"에 중요하다고 평가했다.[6]

　비스트로를 '가난한 사람들의 클럽'이라고 일컫는 것은 정확하지 않다. 이는 완곡하게 제3의 장소를 가리키는 흔한 표현이지만, 프랑스에는 적용되지 않는다. 비스트로는 누구나 환영받는 민주적이고 포용적인 장소로, 해협 저편의 펍처럼 인간을 여러 등급으로 분리하는 칸막이가 있지는 않았다. 카페에 남성적인 전통이 있었던 것은 사실이지만 남녀 간의 적대감을 야기할 정도는 아니었다. 전형적인 비스트로는 모두에게 열려 있는 제3의 장소다.

─────── **물리적인 특징**

　경이로울 만큼 많은 수가 있다는 점에서 유추할 수 있듯이, 노천카페는 대부분 작고 소박하다. 동네 카페는 손님이 인근에 사는 몇 가족뿐이어도 운영이 가능하다. 이런 장소는 작아서 오히려 더 좋은 서비스를 제공할 수 있다. 비스트로의 공간은 실내와 야외로 나뉘며, 야외 좌석이 있는 테라스terrasse가 더 중요하다. 테라스는 보도의 일부를 차지하며 옥외용 탁자와 의자가 놓여 있다. 보도가 충분히 넓으면 고객의 요구에 맞추어 테라스를 확장하거나 축소한다. 인기 있는 관광지의 카페는 테라스 좌석 영역을 입구부터 15미터까지 확장하기도 한다.

　보도를 점하고 있는 구역이 갖는 중요성은 몇 가지 면에서 분명하게 나타난다. 카페나 비스트로 자체를 테라스라고 부르는 경우도 많으며, 옥외 좌석 없이 성공하기는 힘들다. 카페를 자주 방문하다 보면 고객들이 고르게 흩어져 있지 않음을 금방 알아챌 수 있을 것이다. 대부분 테라스에 앉기를 좋아해서 추운 겨울 날씨도 개의치 않을 정도다. 카페 주인patron은 손님들이 추위를 피해 들어오기를 기대할 만큼 어리석지 않으므로, 옥외 탁자 가까이에 작은 난로나 화로를 두기도 하고 좌석 주위에 유리 외벽을 세우기도 한다.

가게 안으로 들어서면 바 카운터^{zinc}와 담배, 라이터, 우표, 복권을 살 수 있는 계산대가 있다. 계산대에는 보통 주인의 아내가 앉아 있다. 실내의 탁자는 바깥보다 넓고 벽 쪽으로는 칸막이 좌석도 있다. 카드 게임을 하거나 체스를 두는 사람들은 칸막이나 안쪽 좌석으로 간다. 계산원 책상이나 바 뒤에는 여러 칸으로 나누어진 우편함이 있어서, 거래처나 지인과의 연락 거점으로 비스트로를 이용하는 고객들에게 온 편지나 쪽지가 분류되어 있다. 고풍스러운 전화기는 집전화가 없는 인근 주민들이 이용할 수 있는데, 줄을 서서 기다려야 할 때도 있다.

양 벽 쪽으로 칸막이 좌석이 있는 경우도 있다. 칸막이는 보통 일어서면 들여다볼 수 있을 정도로 낮고, 칸막이 상단에 있는 얇은 황동 레일은 순전히 장식을 위한 것이어서 차단 효과는 없다. 이 구역은 군중으로부터 떨어져 있고 싶어 하는 연인들이 숨어 있기 좋았다. 다른 사람들은 바깥 경치와 사람들을 구경할 수 없는 구석 자리를 원하지 않았기 때문이다. 내가 좋아하는 한 카페에는 메인 홀보다 약간 낮은 구역이 있는데, 그 사이의 구분이란 바닥의 높낮이 차와 난간밖에 없지만 마치 벽이 있는 것처럼 연인들을 숨겨준다. 아무도 연인들의 친밀한 대화나 스킨십에 주목하지 않기 때문이다. 프랑스 사람들은 원래 대놓고 애정을 표현하는 데 거리낌이 없다. 스페인 저술가 페르난도 디아스 플라하$^{Fernando Diaz-Plaja}$가 말했듯이, 프랑스에서 연인들의 행동은 누구의 관심도 끌지 않는다. "외국인, 특히 스페인이나 이탈리아 사람들은 멈추어서 구경하는데, 이 반응은 프랑스인에게 매우 낯설어서 다른 프랑스 사람들이 오히려 그 외국인들을 구경한다."[7]

프랑스 비스트로보다 더 확실한 제3의 장소는 상상하기 힘들다. 전통적인 제3의 장소들은 제각기 독특한 물리적인 특징이 있다. 예를 들어 미국 서부의 술집(살룬)에는 항상 목재로 만든 회전 출입구와 놋쇠 타구唾具가 있고, 모든 영국 펍에는 맥주 펌프 손잡이와 다트판이 있는 식이다. 비스트로만의 특징은 옥외의 등나무 의자, 작은(지름이 45센티미터 정도인) 대리석 탁자, 햇빛의 각도나 강도에 따라 말아 올리거나 펼친 차양이다. 이 핵심적인 시각적 요소들은 도로 쪽으로 돌출되어 있어서 그 장소의 정체성을 분명하게 보여주며 지나가는 사람들을 유혹한다. 고객들은 대개 가게 안에 들어오지 않는다. 마음에 드는 야외 좌석이 있으면 바깥에 머무르기 때문이다.

비스트로 중에는 간판이 없는 곳이 많은데, 상호 자체가 없기 때문인 경우가 많다. 이름을 짓는 일은 광고의 첫 번째 단계지만 프랑스인은 항상 광고를 미심쩍어하여 최근에야(1960년대 말부터 텔레비전 광고를 허용했으며, 업종에 따라서는 1980년대 말에 허용되기도 했다. —옮긴이) 텔레비전 광고를 허용했을 정도다. 그러나 비스트로에 이름을 짓지 않는 더 큰 이유는 단순히 필요하지 않다는 데 있다. 주인들은 지역의 틈새를 채우며 사업을 키우지 않고 안정적으로 유지하는 데 만족하며, 외부인의 기항지로 만드는 데에는 관심이 없다. 비스트로는 동네 주민과 지나가는 사람 모두의 것이다. 단골손님들에게는 이미 자기 집처럼 익숙하기도 하거니와 보도 쪽으로 돌출된 확실한 외관 자체가 광고가 된다. 간판이 없다는 점은 단골손님의 강한 충성도를 증명하기도 한다. 영국이나 미국 사람들과는 달리 프랑스인들은 펍 크롤러pub crawler나 바 호퍼bar-hopper가 아니다. 프랑스 사람들은 저마다 주로 가는 가게가 정해져 있어서 거의 항상 그곳에만 간다. 따라서 남편이 카페에 간다고만 해도 아내는 그가 어디로 갈지 정확하게 알 수 있다.

요제프 벡스베르크는 비스트로를 다른 장소로 오해할 소지를 원천적으로 차단하는 핵심 요소를 정확하게 파악했다. 그는 비스트로가 물리적인 공간이라기보다 정서적인 구성물이며, "3분의 2는 분위기, 3분의 1은 물질"로 이루어진다고 말했다.[8] 전형적인 비스트로는 화장실이 변변치 않지만 그렇다고 해도 달라질 것은 없다. 화장실 문을 열자마자 1제곱미터밖에 안 되는 면적과 혼탁한 물, 3~5센티미터 높이의 콘크리트 발받침대 두 개를 보고 얼마나 많은 미국인이 충격을 받았던가? 그러나 충격은 금방 지나가며, 그 때문에 노천카페의 매력이 줄어들지 않는다.

주변의 거리 풍경, 사람들로부터 분리되지 않는다는 점은 비스트로의 큰 강점이다. 비스트로라는 말에서 일상으로부터의 어두침침한 도피처를 연상하는 사람도 있겠지만, 프랑스에서는 전혀 다르다. 비스트로의 개방성은 모든 것을 볼 수 있다는 점에서 비롯되는 떳떳함으로 이어진다. 다른 나라에서는 바나 라운지에 틀어박혀 무슨 불미스러운 행동을 하는 것일까 궁금해할 수 있는 데 반해, 프랑스의 비스트로는 아무것도 감추지 않는다. 눈에 보이는 것이 전부다. 어느 하이쿠 시인이 이웃집에서 낙엽을 태울 때 가을이 온다고 말한 것처럼, 프랑스에서는 동네 비스트로의 야외 좌석에 이웃이 앉아 있을 때 지역공동체가 만들어진다.

노천카페의 변치 않는 매력이 어디에서 오는지 탐구하는 사람들은 그 비밀이 공적인 것과 사적인 것의 독특한 혼합에 있다고 확신한다. 그 혼합은 테라스 구역에서 특히 촉진된다. 상슈 드 그라몽은 "테라스는 친밀함과 비인격적인 무심함을 적절하게 조합"하며, 그런 환경에서 사람들은 어중간한 상태를 즐긴다고 말한다.[9] 비스트로의 손님은 사생활을 보호받을 권리를 인정받으며, 프랑스 사람들은 특유의 태도로 그 권리를 존중한다. 미국인이면서 프랑스를 무척 좋아했던 미국 저널리스트이자 연극평론가 플로렌스 길리엄Florence Gilliam은 "카페에서 서로 모르는 손님들 사이의 시선만큼 무심한 눈길은, 지하철 탑승객들의 서로를 향한 초점 없는 응시 말고는 본 적이 없다"[10]라고 언급했다. 벡스베르크의 평가도 같았다. "노천카페의 단골손님들은 서로 무릎을 맞대고 앉을지언정, 다른 사람의 대화를 엿듣지는 않는다."[11] 미국에서는 다른 사람들을 보거나 다른 사람들의 이야기를 듣는 일을 재미있거나 유익하다고 생각하지만, 여기서는 그렇지 않다. 비스트로에서는 낯선 사람을 대화에 끌어들이고 싶다면 제안해볼 수 있다. 그렇게 긴 대화가 이어질 수도 있고, 몇 마디로 짧게 끝날 수도 있다. 비스트로에서는 대화를 쉽게 시작하고 쉽게 끝낼 수 있다. 비스트로에 가면 친구들이 있는 테이블에 합류해도 되고, 여러 테이블을 옮겨 다녀도 되며, 혼자서 편지를 쓰거나 신문을 읽어도 된다. 남들과 상호작용을 해야 한다는 그 어떠한 압력도 없다. 이와 같이 비스트로는 개인과 집단의 사생활을 보장하면서 교류의 기회도 동시에 제공한다. 이 동네 가게가 폭넓게 사랑받는 이유는 무엇을 하고 싶든, 몇 명이 오든 관계없이 모두를 수용할 수 있는 역량에 있다.

——— 최고의 환경

비스트로 자체만 분석해서는 설명이 충분하지 않을 수 있다. 주변 환경도 무척 중요하기 때문이다. 비스트로의 테라스가 가진 특징과 그 인기에서 유추해볼 때, 사람들은 바깥세상으로부터 고립되는 데 대하여 저항감을 느낀다. 그 세계는 즐겁고 카페의 건전한 분위기에 도움이 되며, 카페를 더 활기차게 만든다.

뉴욕만 생각해보아도 차이를 확연하게 알 수 있을 것이다. 1950년대 중반, 뉴욕에는 노천카페가 300만 명당 하나밖에 없었다. 더 정확하게 말하자면, 뉴욕 전체에 단 세 곳이 있었다. 1960년대 후반에는 길거리 범죄를 줄이는 데 도움이 될 것이라는 기대로 카페 출점이 장려되었지만, 그

때에도 100개 정도에 머물렀다. 뉴욕에서 노천카페를 연다는 것은 야자수를 피츠버그에 이식하는 것과 같다. 노천카페를 열기에 좋은 환경이 아니라는 뜻이다. 오스트리아 출신의 미국 건축가 버나드 루도프스키의 저서 중 도시에 사는 미국인이라면 누구나 읽어야 할 책이 하나 있다. 이 책은 풍부한 묘사를 담고 있는데, 뉴욕 거리의 카페 사진이 그중 하나다. 그는 이것을 "이른바 노천카페라고 불리는 곳"이라고 말했다.[12] 프랑스의 노천카페와는 전혀 다르다. 개방적인 형태가 아니고, 창문으로는 바로 앞밖에 보이지 않는다. 따라서 카페에 들어가 있으면 건물마다 있는 외부 비상계단(루도프스키에 따르면 미국 건축물의 전형적인 특징이다)이나 자동차로 가득 찬 공터 등 흉물스러운 도시 풍경을 보지 않을 수 있다. 뉴욕의 아버지라고 불리는 사람들이 수백 년 전에 철거해야 한다고 말했던 판잣집들이 프랑스 노천카페와 비슷하다고 생각하는 사람은 없을 것이다. 루도프스키는 뉴욕의 카페와 프랑스 노천카페의 차이도 그만큼이나 크다고 말한다. 프랑스 노천카페와 그것을 엉터리로 모방한 뉴욕 버전 카페를 시각적으로 비교하면 제3의 장소가 얼마나 환경에 따라 좌우되는지가 극적으로 드러난다.

얼마 전 프랑스에서 여름을 보내고 돌아온 딸 친구는 쾌적하고 활기찬 그곳 분위기를 전하며 적당한 표현을 가까스로 찾아냈다. 시골은 시골대로 도시는 도시대로 "어디를 가나 당장 이젤을 펴놓고 그림을 그릴 만한 풍경이었어요. 그래요, 그 말이 딱 알맞네요. 잡초도, 쌓여 있는 고물도 없고, 머리 위로 전깃줄이 지나가지도 않았죠. 쓰레기나 요란한 광고판도 없었고요. 정말 모든 게 아름다웠어요."

프랑스는 자연환경이 좋고 쾌적하여 살기 좋은 나라이며, 프랑스 사람들은 그런 환경을 잘 지켜왔다. 벡스베르크는 플로리다 날씨가 프랑스 남부와 비슷하여 노천카페에 어울린다고 말하지만, 이론의 여지가 있다.[13] 플로리다는 너무 습하고 벌레와도 끊임없이 싸워야 하기 때문이다. 이에 반해 프랑스 남부는 방충망도 필요 없을 정도다. 프랑스의 날씨를 맛본 미국인은 더 이상 캘리포니아의 햇살에 만족할 수 없다.

사람이 만든 풍경은 더 주목할 만하다. 프랑스 사람들은 의식적으로 든 무의식적으로든 심미적으로 쾌적하고 휴먼 스케일로 만들어진 인공환경을 잘 보존하고 있다. 그들은 현대화의 물결 속에서도 과거로부터 이어져온 거리의 모습을 버리지 않았다. 자동차의 위협이 가장 강력한 파리조차도 골목과 비스트로의 생명력이 살아 있다.

프랑스 사람들은 자동차가 상용화되자마자 자동차의 위협을 알아차리고 소형차 쪽으로 눈을 돌렸다. 프랑스에서 만든 왜건 차량은 보통 체구의 여자가 타도 꽉 찬다. 프랑스 사람들은 차량 내부가 좁다고 불평하는 법이 없다. 이미 좁은 집에 익숙하기 때문이다. 미국인이라면 프랑스 사람들이 돈을 절약하기 위해 작은 차를 탄다고, 즉 돈만 있으면 모두 큰 차를 탈 것이라고 넘겨짚을지도 모른다. 하지만 인류학자 에드워드 홀 Edward Hall의 설명은 조금 다르다. 프랑스 사람들은 차의 크기가 어떤 결과를 가져오는지 알고 있다는 것이다. "프랑스인들이 미국 차를 탄다면 그들이 소중하게 여기는 공간 사용 방식을 포기해야만 할 것이다."[14] 자동차의 크기가 문화 전반에 영향을 초래할 수 있다는 사실을 그들은 잘 알고 있다.

차가 작기 때문에 20미터 폭의 샹젤리제 거리를 보존할 수 있다. 커다란 미국 차가 밀고 들어온다면 그 거리는 아수라장이 될 것이다. 프랑스 사람들은 작은 차에 몸을 밀어 넣는 데 대한 보상을 충분히 받는다. 거리의 생명력을 보존함으로써 보행자와 비스트로, 우리의 눈과 귀 모두가 즐거워진다. 자동차만 진압하면 걸어 다니는 쇼핑객과 산책으로 소중한 여유를 얻는 사람들, 노천카페의 자유로운 분위기에서 교류하기를 즐기는 사람들 모두에게 우호적인 환경이 된다. 그리고 이 모든 이점을 차로 이동하지 않고 누릴 수 있으므로, 자동차 자체가 그리 필요하지 않다.

내 사무실 벽에는 프랑스 남부의 작은 비스트로 사진이 걸려 있다. 바깥에 테이블 두 개가 있고, 그중 한 테이블에서 단골손님이 고개를 떨구고 졸면서 지인을 기다리고 있다. 이런 외진 곳의 카페는 보통 간판이 없기 마련인데, 이 카페는 이례적으로 전면 차양에 '20세기 비Bar du XX Siecle'라는 이름을 크고 굵게 써놓았다. 사실 분위기는 17세기 같다. 차양에 쓰인 글귀만 빼면 카페의 외관이나 구조가 오랜 역사를 그대로 보여주고 있다. 어쩌면 오래전 카페 주인이 어슬렁거리는 미국인 병사들을 유인하려고 지은 이름인지도 모르겠다. 사실 이 카페뿐 아니라 주변의 건물 모두가 고색창연하며 동네 전체에서 현대적인 모습이라고는 찾아보기 힘들다. 작은 차도 프랑스답지만, 프랑스를 가장 프랑스답게 하는 것은 오래된 건물들이다. 낡고 구식이어서 도시의 현대화에 방해가 될지 모르지만 이러한 건축물들 덕분에 프랑스 도시들의 휴먼 스케일이 보존된다

프랑스에서 오래된 것, 전통적인 것을 보존하고 있는 데에는 몇 가지 요인이 결합되어 있다. 주거에 관해서도 마찬가지다. 프랑스인 대다수는 오랫동안 그렇게 살아왔고 그러한 삶을 편안하게 느낀다. 비공식적 공공부문이 풍부한 그들의 생활양식은 집이 모든 생활과 즐거움의 중심이자 가장 큰 부분이라야 한다는 생각에서 벗어나게 했다. 프랑스 사람들은 공공장소에서 즐거움을 얻는다. 프랑스 경제학자 장 푸라스티에Jean Fourastié는 프랑스 사람들에게 미국 방식을 채택할 것을 권하며, 프랑스의 "전통적인 주택은 근본적으로 요새와 같다. 능동적이기보다 수동적이며, 보호 기능은 있지만 그 이상의 도움은 되지 못한다"라며 폄하했다.[15] 그는 프랑스 사람들이 새로 집을 짓기보다 낡은 집을 고쳐 쓴다는 점에 주목하고, 1948년의 국가 간 비교 자료를 검토하면서 "미국에서 스무 채, 영국

에서 열세 채 새 집을 짓는 동안, 프랑스 건설 노동자들은 단 세 채밖에 짓지 않았다"라고 지적했다.[16] 그러나 시간은 푸라스티에 편이 아니었다. 미국인들은 빠른 속도로 레빗타운Levittown(1940~1960년대에 대량 건설한 조립식 주택단지–옮긴이)을 건설했으나 결국 20년 만에 실패로 돌아갔다. 반면 프랑스인들은 수십 세기 동안 풍파를 이겨낸 주거 형태를 유지했다.

푸라스티에는 미국의 도시개발이 그가 바람직하다고 여겼던 모델에 오점을 남기고, 나아가 대중에게서 역사적 유산을 보존하면서 도시를 복구해야 한다는 반향을 불러일으킬 만큼 실패하리라고는 예견하지 못했다. 돌이켜 생각해보면, 푸라스티에의 저서에 있는 다음 내용은 그가 의도했던 것처럼 비판적인 주장이 아니다.

> 경제 전반을 어떻게 조직할 것인가 하는 문제가 여기서 가장 관건이다. 그것은 이 간단한 한 문장으로 요약할 수 있을 것이다. 프랑스는 신축 대신 보수를 선택했다. 우리의 건설인력은 보수공사에 투입된다. 그들은 오래된 주택을 수리한다. 그리고 파리와 지방 도시에 있는 술집이나 카페 내부를 리모델링한다. 파고, 메우고, 바닥에 돌을 깔고, 있는 돌은 떼어낸다. 낡은 주택에 가능한 한 좋은 욕실을 새로 만든다. 담장이 허물어지면 떠받치고, 서까래가 부식되면 새 지붕으로 교체한다. 이것이 바로 우리의 70만 건설노동자들의 3분의 2 혹은 4분의 3이 하는 일이다. 건설노동자들 중 극소수만이 새로 집을 짓는 일을 한다. 따라서 신축주택 수가 실소를 자아낼 만큼 적은 것은 놀랄 일도 아니다.[17]

푸라스티에는 프랑스 사람들의 기술이 조악하다는 듯이 말했지만, 몇몇 아전인수 격인 레토릭만 제외하면 본의 아니게 현재 미국인들이 신축보다 훨씬 높게 평가하고 있는 주택에 대한 접근방식을 잘 보여주고 있다. 그다음 대목에서 푸라스티에는 자동차와 주택을 동일시하는 오류를 범했고, 전 세계의 개발업자들이 기뻐할 만한 결론으로 비약했다. "[주택을 포함하여] 오직 신제품을 위한 지출만이 생활양식을 실질적으로 향상시킨다."[18] 그러나 지금은 이와 반대로 공동체의식을 거부하는 환경에서 지어진 주택이란 생활양식의 향상이 아니라 퇴보를 표상한다는 생각이 부상하고 있다.

1964년까지 대체로 임대료 인상이 통제되어 있었다는 점도 프랑스 사람들이 산업화에 수반하는 변화에 맞서 전통적인 생활양식을 고수하는 데 일조했다. 일단 살 집을 구한 사람들은 싼 임대료로 장기간 거주를 보장받으므로 좀처럼 이사하지 않았다. 실업이 발생해도 살던 곳을 떠나지 않으니 일손이 부족한 지역은 계속 부족했다. 사람들이 직업을 구하거나 더 나은 일자리를 찾아서 다른 지역으로 이주하려고 하지 않았으므로, 인구 이동이 적었다. 상슈 드 그라몽은 이렇게 썼다. "프랑스의 노동자는 이사하려고 하지 않는다. … 그는 가족과 친구들, 생활습관으로 짜인 누에고치 안에 살며, 높은 봉급을 준다고 해도 그를 누에고치에서 끌어낼 수 없다."[19]

한 지역에 오래 살수록 보수적인 성향이 강해지며, 변화나 이동에 저항감을 갖게 된다. 참을 만한 근무 조건, 가족들과 함께 살기에 적당한 집, 친구들과 가기 좋은 비스트로만 찾으면 붙박이가 된다. 떠날 이유가 없지 않은가? 상슈 드 그라몽이 말한 누에고치는 내가 앞서 양질의 삶을 떠받치는 삼각대라고 말한 것과 동일한 개념이다. 제1의 장소, 제2의 장소, 제3의 장소를 확립한 프랑스인은 그것들을 누릴 줄 안다. 그들은 미래에 보상받을 것을 기대하며 고독하게 사는 대신 현재에 만족한다.

같은 상황에서 미국인은 만족하지 못한다. 데이비드 라이트David E.

Wright와 로버트 스노^{Robert E. Snow}가 지적했듯이, 미국은 연간 500억 달러를 광고에 지출하여 소비 이데올로기를 퍼뜨린다. 그것은 전체주의 국가의 선전만큼이나 강력하고 파급력이 있다. 아래는 그 결과다.

> [미국인들은] 진보와 개인적 성취―이 두 가지는 오래전부터 서구 문명의 목표였다―가 상품과 서비스 소비를 통해 달성된다고 믿는다. 많은 사람들은 그런 믿음을 가지고 있다는 사실을 부인하겠지만, 대개 그렇게 행동한다. 우리는 소비하기 위해 노동하고, 성공했다거나 권력이 있다거나 섹시해 보이기 위해, 혹은 심지어 단지 평범해 보이기 위해 필요 이상으로 소비한다. 우리의 문화는 이러한 방식으로 느끼고 행위하라고 종용한다.[20]

이동을 통해 발전하라고 압박하고 소비를 강권하는 문화 속에 살면서 그에 휘둘리지 않고 자족할 수 있는 개인은 드물다. 미국 문화에서 그런 사람들은 별종 취급을 받는다. 프랑스에서 텔레비전 광고는 최근에 와서야 허용되었고, 프랑스인들은 이 해금 조치를 유감스럽게 여긴다. 광고의 핵심은 '이 제품을 구매하기 전까지 당신은 불완전한 존재'라는 데 있다. 이 메시지가 제대로 전달되고 나면 직장도, 가족도, 비스트로도 예전처럼 프랑스 사람들을 만족시키지 못하게 될 것이다.

비스트로를 둘러싼 환경의 여러 다른 측면에 더하여, 길과 건물이 휴먼 스케일에 따라 지어졌다는 점도 그곳을 기분 좋은 장소로 만든다. 전형적인 비스트로 주변의 거리 풍경은 비슷한 패턴을 따르는 듯하면서도 결코 똑같지 않다. 건물들은 사람들을 왜소해 보이게 만들지 않으며, 거리는 끝 간 데 없이 단조롭게 뻗어 있지 않다. 건물의 파사드는 다양하지만 서로 조화를 이룬다. 시각적 인상 전체를 몇 마디 말로 옮기기란 불가능하나, 뉴올리언스의 프렌치 쿼터 구역을 방문해보면 어느 정도 유추할 수 있을 것이다. 단, 몇 가지 보정이 필요하다. 지루한 격자형 도로망이 아니라 도로들이 서로 다른 각도로 뻗어 있는 비외 카레Vieux Carre(구광장으로 프렌치 쿼터의 다른 명칭—옮긴이)를 상상해보자. 삼각주 대신 구릉이 있는 전원 풍경이 있다고 생각하자. 도로의 폭은 다양하며, 보도는 테라스 좌석을 마련할 수 있을 정도로 충분히 넓다. 간판들은 제거하자. 평일에는 아이들이 공놀이를 하고 주말이면 벼룩시장이 열리는 광장도 한두 개 그려 넣자. 관광객 무리와 자동차들도 지워버리자. 거의 다 됐다! 이곳은 휴먼 스케일에 맞게 지어져 다른 사람들과 교류하기에 이상적이면서, 동일한 면적에 삭막한 고층 건물을 세울 때와 동일한 인구를 수용할 수 있다.

─────── 술집 이상의 의미

미국인들은 자동차 문화에 압도당했다. 어디에 가든 차를 몰고 가고, 모든 것이 흩어져 있다. 집 가까이에서 꼭 필요한 상품을 사고 꼭 필요한 서비스를 누릴 수 있는 사람은 많지 않다. 우리는 이따금, 특히 휴가 때 시골 마을의 중심지를 경험할 수 있다. 교차로에 있는 작은 가게 한 군데에서 식료품도 사고, 커피를 마시거나 샌드위치도 먹고, 휘발유나 보트용 엔진오일도 사고, 화장실도 이용하고, 낚시 면허나 화기 사용 허가증도 받고, 메시지를 남기거나 다른 사람과 약속을 잡을 수도 있다. 프랑스의 동네 비스트로가 바로 이런 전초기지와 비슷하다. 물론 집 가까이에 있다는 점은 다르다.

와인은 프랑스의 국민 음료이며 일상 필수품이다. 직접 와인을 만들지 않는다면, 아이에게 빈 병을 들려 동네 비스트로에 보내기만 하면 된다. 인근에 담뱃가게가 없을 때 담배 판매 허가를 내주는 곳도 동네 비스트로다. 긴 베개나 비데만큼 프랑스 문화의 일부라고 할 수 있는 복권도 카페에서 살 수 있다. 브랜디 양조 허가를 얻으려면 카페에서 신고 양식을 받아서 작성하면 된다. 모든 법률 서류에 부착해야 하는 인지印紙도 카페에서 판다. 식료품이나 석탄을 파는 등 편의점 역할을 하는 카페도 많다. 그러나 미국인 방문객에게 가장 인상적인 점은 주인과 종업원이 고객에게 제공하는 서비스일 것이다. 비스트로의 웨이트리스나 주인은 전화 메시지를 전달하거나 고객의 짐을 맡아주거나 단골손님의 심부름을 해주는 일을 응당 해야 할 업무의 일부라고 여긴다. 비스트로 주인과 그 동네 가족의 가장들 사이에는 강력한 유대관계가 있다.

비스트로는 편리하게 이용할 수 있는 중립지대이므로 비즈니스에도 자주 활용된다. 이 점에서 영국의 클럽이나 그 전신이었던 커피하우스와 닮았다. 무엇인가를 부탁하거나 판매하려면 상대방이 부담을 느끼지 않는 장소가 유리하므로 집이나 사무실은 적절하지 않다. 더구나 미국인과 달리 프랑스 사람들은 집을 남에게 쉽게 개방하지도 않는다. 프랑스 사람들은 지역의 정치적인 문제를 논의할 때 집보다는 동네 비스트로를 이용한다. 모든 프랑스 시민들에게 비스트로는 언제든지 정치적인 토론을 펼칠 수 있는 장이다. 로런스 와일리는 페란느Peyrane(로런스 와일리가 연구한 마을의 가상 명칭-옮긴이) 마을 사람들에 대한 연구를 수행하면서 관례상 그들의 집을 방문할 수 없었다고 말했다. 그 대신 카페 안쪽 자리에서 로르샤흐 잉크반점 검사Rorschach test를 실시했고, 곧 그 자리는 와일리의 사무실로 알려지게 되었다.[21] 전형적인 프랑스 가족들은 오락을 즐기지만 집에서는 아니다. 저녁식사에 초대하는 경우에도 레스토랑으로 가며, 대부분의 편한 모임은 비스트로에서 갖는다.

비스트로는 편지를 쓰기에 가장 좋은 곳이며, 놀랄 만큼 많은 작가가 카페를 집필 장소로 이용하기도 했다. 작가와 예술가들에게 영감을 주는 이 환경의 능력은 전설이 되었다. 대학생들은 카페를 점령하여 공부도 하고, 글도 쓰고, 토론도 한다. 카페가 유난히 넓고 학생이 많은 툴루즈에서는 카페에 들러 대학생들과 자유롭게 대화를 나누는 것이 저녁 시간의 즐거움이다.

작은 마을에서는 카페가 지나가는 인파를 구경하는 테라스라기보다 지역사회의 레크리에이션 센터로서 더 확장된 역할을 수행하는 경우가 많다. 로런스 와일리는 보클뤼즈의 작은 마을을 묘사하면서 이 기능을 잘 기록했다. 그는 이 마을의 카페에서 일어나는 일들에 관해 한 장章을 할애했다.[22] 이 지역 일곱 개 마을의 동네 카페에서는 일주일에 한 번씩 돌아가면서 영화를 상영했다. 페란느도 그중 한 마을로, 화요일이 페란느 차례다. 영사기사는 1킬로미터 앞에서부터 자동차 경적을 울려 도착을 알리고, 이 소리는 차를 세울 때까지 계속된다. 카페 주인은 장비 운반과 설치를 돕고, 수십 명의 주민들이 모여든다. 성인은 15센트를 내고, 아이들은 무료다. 영화가 끝나면 대개 아무 말 없이 자리를 뜨고, 잠든 아이들은 부모에게 안겨 집으로 돌아간다. 와일리가 그 마을에 머무르던 1년 내내 화요일 밤의 영화 상영회는 거의 똑같은 모습으로 계속되었다.

페란느의 유일한 카페 바로 앞 공터place는 불boule 게임 경기장이었다. 불은 사냥 다음으로 남자들이 가장 좋아하는 취미활동이었다. 날씨만 좋으면 매일 저녁 불 게임이 열렸다. 카페 주인도 불 게임을 좋아하여 바깥에 조명도 설치하고 불 시즌에는 토요일 밤마다 대회를 열어 우승자에게 상도 주었다. 게임은 새벽까지 계속되고, 인근의 집값을 떨어뜨릴 만큼 활발한 설전도 벌어진다. 스페인 사람인 디아스 플라하는 신체의 근육보다 혀를 천 배는 더 움직이는 이 게임이 프랑스인에게 꼭 어울린다고 말하기도 했다.[23] 무거운 검은 공을 한 번 굴릴 때마다 전략과 작전을 짜느라 15분 동안 토론이 이어지는 일이 드물지 않고, 그때마다 시끄러워진다.

날이 추워지면 불 대신 블로트belote를 한다. 블로트는 피너클 비슷한 카드 게임으로, 마을 사람들 모두가 이 게임을 할 줄 안다. 블로트 대회도 토요일마다 여는데, 이 경우에는 불 게임보다 영업에 도움이 된다. 카드 게임을 하다 보면 술을 더 많이 마시게 되고, 그러다 보면 게임 시간도 길어지기 때문이다. 이 게임에는 여성도 참가하므로, 매주 토요일 밤마다 자그마치 50~60명이 토너먼트에 참가한다

프랑스 비스트로의 일과는 그것이 대도시에 있든 시골에 있든 페란느의 카페와 비슷하다. 우선 평일 식전주aperitif 시간은 오후 12시부터 1시까지, 그리고 저녁 6시부터 7시까지다. 점심 식전주 시간에는 베르무트vermouth 같은 식전주를 주로 마신다. 보통 함께 온 사람들이 모두 돌아가면서 한 잔씩 술을 사므로, 인원이 많으면 더 많이 마시게 된다. 저녁 식전주 시간에는 덜 친밀하지만 격식이 없고 더 활기찬 단체손님이 많다. 이 시간에 선호하는 술은 레드와인도, 베르무트도 아닌 파스티스pastis다. 이 유백색의 달콤한 아니스 향 혼합주는 남프랑스 전역에서 가장 인기 있는 식전주다. 집에서 늦은 저녁식사를 하기 전에 카페에 모인 사람들은 점심 때보다 더 많이 마신다. 정치 이야기를 하면서 언성을 높이거나 화를 내는 일도 있지만 취할 때까지 마시지는 않는다.

한편 카페는 남성들의 클럽이다. 와일리의 표현대로라면 "외로운 사람들"의 집이기도 했는데, 그들 역시 남성이고, 대여섯 명이 함께 오며, 결혼하지 않았거나 사별했거나 이혼해서 혼자 사는 사람들이다. 그들은 지역사회에서 가장 가난했다. 카페는 그들의 거점이며, 작은 잔으로 레드와인('가난한 사람들의 식전주')을 마시지만 많이 마실 여유는 없다. 그들은 카페 주인의 골칫거리다. 일하는 시간과 자는 시간을 제외하면 늘 카페에

와서 신문을 읽거나, 카드 게임을 하거나, 주인 아내를 대화에 끌어들이거나, 그도 아니면 아무것도 안 하고 앉아만 있기도 했다. 식사 시간에는 빵과 치즈를 가지고 와서 주인 가족을 방해하기도 했다.

카페가 여러 개 있는 더 큰 마을에서는 비스트로가 계급 구조—공식적으로는 사라진 것으로 인식되지만 실제로는 여전히 존재하는—를 반영하곤 한다. 예를 들어, 인구 2000명이 거주하는 파리 근교의 위수Wissous 지역에는 열다섯 개의 술집이 있는데 공식적으로는 모두 누구에게나 개방되어 있지만, 지역사회에서 어떤 위치에 있는가에 따라 가는 곳이 정해져 있다.[24] 그러나 사회적 삶의 새로운 차원들이 중요해지면서 기존의 계급 간 위계는 점차 희미해진다. 공무원과 성공한 농부는 같은 수준의 계층이지만 서로 섞이려고 하지 않는다. 다양한 카페들은 수직적인 계층이 아니라 관심사에 따른 집단으로 갈리는 경향이 있다. 비공식적인 공공모임 장소는 유동적이지만, 어디에서 모이든 기본적인 풀뿌리 정치 토론의 장이라는 점은 변함이 없다.

비스트로가 술집 이상의 역할을 한다는 사실은 확실하다. 그러나 술을 마시는 장소인 것도 분명 사실이다. 프랑스는 알코올 소비 영역에서 기록을 보유하고 있다. 간경변과 크레틴병 발병률에서 세계 최고 수준이다. 프랑스 문학평론가 프랑수아 누리시에Francois Nourissier는 1971년, "우리는 체계 최고의 술꾼이라는 칭호를 얻었고, 유지하고 있다. 1년에 1인당 27리터의 알코올을 마신다. 이것은 미국인의 세 배, 영국인의 네 배를 훨씬 상회하는 양이다. 제대로 된 경쟁 상대는 이탈리아인 정도밖에 없다."[25]

다음과 같이 주장하는 누리시에의 시각은 분명 전통적인 자유주의에 입각해 있다. 꼭 이렇게 보아야만 할까? "과음하게 되는 이유와 과음할 만한 기회를 제거해야 할 것이다. 카페, 비스트로, 태번, 바, 브라세리, 가장 호화로운 곳부터 가장 누추한 곳까지, 음주 장소가 엄청나게 많다는 것부터가 문제다."[26]

공공 음주시설을 탓하고 싶은 마음은 이해할 수 있지만, 그것은 사실과 다르다. 이미 영국의 여러 지역에서 지나친 음주와 펍의 개수 사이에 부정적 상관관계가 있음이 밝혀졌다. 공공장소에서의 음주는 보통 집이나 다른 곳에서보다 훨씬 더 통제되고 예의를 갖추게 되는 음주 방식이다. 공공 음주시설의 입장에서도 가게의 평판을 유지해야 한다. 프랑스 사람들의 과음은 비스트로와 관계가 없으며, 영국의 펍처럼 비스트로 역시 적당하고 사교적인 음주를 조장한다는 죄밖에 없다. 이것이 비스트로 증가를 막기 위한 드골의 조치가 긍정적인 결과를 낳지 못한 이유일 것이다. 1950년대 중반에 드골 정부가 공장, 학교, 운동 경기장 인근에 비스트로를 설치하지 못하도록 했지만 시간이 지나도 술 소비는 줄지 않았다.

날이 채 밝지 않은 어느 이른 아침 베스파에 레드와인 여섯 병을 담은 새들백을 싣고 버스정류장 앞을 급히 지나쳐 가던 프랑스 노동자가 생각난다. 그는 뒤로 손을 뻗어 병을 쥐더니 익숙한 동작으로 코르크 마개를 따서 와인을 마셨다. 매일 동네 어귀의 식료품점에서 리터당 8센트짜리 와인을 빈 병에 채워 가던 사람들도 기억한다. 물은 또 어떻게 잊겠는가? 때로는 잿빛, 때로는 누런빛이 돌던, 빛에 비추어 보면 오만 가지 침전물이 떠다니던. 어떤 사람들에게는 비스트로가 프랑스 알코올 소비의 상징일 수 있겠지만, 비스트로가 음주의 원인인지에 대해서는 의심할 만한 충분한 이유가 있다.

이러한 맥락에서 미국과 달리 유럽의 술집들은 상습적인 음주를 조장하지 않는다는 사실을 짚고 넘어가야 한다. 특히 프랑스에서는 더욱 그렇다. 관습이 조금씩 사라지고 있기는 하지만, 비스트로에서는 오랜 전통에 따라 받침접시saucer와 함께 술을 서빙하고 잔이 비면 잔만 치운다.

따라서 쌓여 있는 접시를 보면 누가 몇 잔이나 마셨는지 알 수 있다. 비스트로가 술꾼들을 위한 장소가 아님은 자명하다. 비스트로는 술꾼을 만천하에 노출시킨다. 헝가리 태생의 프랑스 사진가 쥘라 할라스 브라사이 Gyula Haláz Brassai가 카메라로 포착한 파리의 모습이 그 효과를 선명하게 보여준다.[27] 카페 사진은 전반적으로 어두운 색조인 데 반해 두툼한 흰색 받침접시가 두드러지게 눈에 띈다. 설핏 둘러보기만 해도 과음한 듯한 사람을 찾아낼 수 있을 것 같다. 다른 나라에서는 오히려 항상 첫 잔인 것처럼 보이게 주의를 기울인다.

유럽, 특히 프랑스의 술집들이 음주를 완화하는 방식은 또 있다. 그들은 맥주, 와인, 증류주뿐 아니라 무알코올 음료도 폭넓게 제공한다. 영국에서도 펍에서 진저비어, 비터 오렌지 또는 비터 레몬 슈웹스, 오렌지 스쿼시, 리베나(블랙커런트 주스)를 팔며, 여름과 가을에는 지역에서 생산한 품질 좋은 사과주도 잘 팔린다. 하지만 맥주를 포함하여 술의 종류만큼 다양한 무알코올 음료가 제공되는 프랑스에는 비할 바가 못 된다. 그곳에서는 배, 복숭아, 레몬 등 흔히 볼 수 있는 모든 과일을 주스로 마실 수 있다.[28] 병에 든 오렌지, 레몬, 라임 혼합 주스도 있고, 미국 시장에서는 거의 사라진, 홀쭉한 갈색 유리병에 담긴 오렌지 크러시도 볼 수 있다. 프랑스의 오렌지 크러시는 미국 것보다 더 진하고 톡 쏘는 맛이 강하다. 'Pschitt'라는 제품명(프랑스어에서는 물 등이 분출되는 소리를 나타내는 의성어인데, 영어의 'shit(똥, 제기랄)'과 발음이 같다.—옮긴이)만 보더라도 영어권 시장에서의 상업성을 얼마나 무시하고 있는지 알 수 있다.

카페가 커피라는 뜻의 프랑스어인 만큼, 그 검은 묘약은 당연히 비스트로에서 인기 있는 품목이다. 지중해 지역에서는 보통 에스프레소를 마신다. 에스프레소를 추출하는 기계는 거대하고 비싸서 모든 비스트로가 갖추고 있지는 않다. 사람들은 에스프레소 커피를 조금씩 아껴 마시기 때문에 적은 양으로도 충분하다. 일주일에 한 번 블렌딩하는 미국의 커피와는 전혀 다르다. 에스프레소는 섬세하게 만든 3온스(약 89밀리리터)짜리 작은 잔에 제공되며, 스푼도 잔에 어울리는 작은 크기다. 프랑스 사람들은 오래전부터 에스프레소를 애호했다. 가게마다 서로 다른 독특한 맛을 즐길 수 있고, 마시는 방법도 예절과 의례를 소중하게 생각하는 그들의 성향에 잘 맞았기 때문일 것이다. 프랑스 카페라고 하면 나는 매일같이 카페에 가던 한 남자가 떠오른다. 그는 점잖은 중년 사업가로, 어두운 색 정장에 어두운 색 넥타이를 맸으며, 항상 어두운 색 조끼나 스웨터를 받쳐 입었다. 그는 가게 중간쯤에 있는 칸막이 좌석을 좋아했다. 늘 블랙 에스프레소와 설탕을 주문했고, 의식을 치르듯이 조그마한 각설탕 두 개를 조심스럽게 녹였다. 절대로 구부정하게 앉는 법이 없고, 품위 있게 꼿꼿이 앉아 적은 양의 커피를 왕족같이 우아하게 조금씩 나누어 마셨다. 그가 좋아하던 것이 에스프레소였는지 아니면 에스프레소를 마시는 의식이었는지, 그리고 왜 그가 미국인들이 많은 그 장소를 단골로 삼았는지는 의문으로 남아 있다. 교양 없는 미국인들에게 가르침을 주는 역할을 스스로 맡기로 했는지도 모른다.

생활양식

자동판매기는 편리하다. 그러나 거기서는 유감스러운 음료라고밖에 말할 수 없는 뜨거운 커피 향 물이, 그것도 플라스틱 컵에 담겨 나오고, 고객의 손가락을 데게 만들기 일쑤다. 조금 전에 묘사한 신사라면 그따위 편리함에 절대로 굴복하지 않을 것이다. 산업화된 세계에서 전통을 충실하게 고수하고 휴식의 기술을 유지하는 그의 모습은 프랑스가 기술 혁신을 대하는 태도를 말해준다. 똑같이 산업화된 세계에 살고 있다고 하더라도, 생산성을 높이고 그 결과로서 삶의 질을 향상시키기 위하여 기술적 진보를 이용하는 정도는 나라마다 다르다. 프랑스는 예나 지금이나 선진 국이지만 국민총생산을 증대하고 이와 동시에 국민을 물질적으로 잘살게 할 수 있는 잠재력을 극대화하는 데 미흡했다. 이러한 사실에 관해 평가 하기란 이 사실의 원인을 설명하는 것만큼이나 쉽지 않다. 산업생산성에 대한 프랑스의 태도에는 한탄할 만한 점도 있지만 그만큼 존경할 만한 점 도 있다. 그리고 나의 목적은 이를 평가하는 것이 아니라 프랑스의 제3의 장소가 가지는 특성을 보여주는 것이다.

푸라스티에는 장장 책 한 권 분량으로 프랑스 사람들에게 미국인의 방식을 채택하자고 설득했다. 그는 생활수준과 생활양식을 구별했다.[29] 두 가지는 모두 소비하는 방식을 가리킨다. 생활수준은 "모든 상품과 서 비스를 구입하는 수단으로, 봉급이나 그 밖의 돈으로 획득하는, 즉 돈으 로 환산 가능한 구매력을 말한다."[30] 반면 생활양식은 "금전적으로 평가 하기 어렵고 그렇게 할 필요도 없는 소비 영역"으로, 기후, 이웃, 도시 기 반시설, 여가 선호, 근무 시간 등을 포함한다.[31] 생활을 위한 기본적인 요 건이 충족되고 나면—프랑스는 상대적으로 빈곤층이 적고 인구 대부분이 금전적으로 풍족하다—그 나라는 기술을 통한 생산성을 극대화하는 길과 가치 있는 생활양식을 보존하는 길 중 하나를 선택할 수 있다.

산업화로 인해 국면이 전환되기 한참 전, 프랑스는 두말할 나위 없 이 다른 나라들이 본보기로 삼고 따르려고 하는 국가였다. 토머스 제퍼슨 이 모든 사람은 진짜 조국과 프랑스라는 두 개의 조국을 가진다고 말했을 정도다. 따라서 프랑스의 입장에서는 생산을 통해 얻을 수 있는 불확실한 이익을 위하여 모든 것을 희생할 이유가 없었고, 그렇게 하지도 않았다. 생활수준을 높이기보다는 생활양식을 보존하겠다는 프랑스 사람들의 국 민적 결정에는 대가가 따랐다. 푸라스티에는 1920년부터 1939년까지 미국과 노동 시간을 동일하게 채택했다면 프랑스의 산업 권력이 나치의 침공을 막을 수 있었을 것이라고 확신했다.[32]

푸라스티에는 너무 일찍 생산성을 저하시킨 데서 프랑스의 문제가 야기되었다고 분석하고, 면밀하게 입증했다.[33] 그러나 그는 프랑스가 '왜' 그렇게 했는지는 설명하지 않았다. 그의 자료는 프랑스가 그렇게 하지 말았어야 한다고만 말한다. 당시 프랑스인의 거주 환경을 돌이켜 보면 생활수준 향상을 촉구해야 마땅했다. 욕조나 샤워시설을 갖추지 못한 집이 태반이었고, 가전제품이 보급되지 않아서 가사노동 시간이 미국의 세 배에 달했다. 제2차 세계대전 종전 무렵까지 많은 도시의 주거용 건물 대부분에 하수도가 연결되어 있지 않았다.[34] 수돗물 보급도 늦었고, 난방시설 설치 비율은 미국보다 5~10% 낮았다. 왜 수백만 명이 같은 경험을 하면서도 생활수준을 높이려는 동기가 촉발되지 않았을까? 분명 프랑스 사람들의 게으름 탓은 아니다. 프랑스 사람들이 욕심이 많기로는 상위에 속하지만 게으르지는 않다. 아침 일찍 일어나고, 일할 때에는 열심히 일하며, 일찍 잠자리에 든다. 과학의 전 분야에서 괄목할 만한 기여를 했다는 점에서 볼 때 기술적으로 뒤처져 있지도 않았다.

프랑스의 사회제도가 가진 무게가 프랑스와 미국의 산업생산성 차이를 부분적으로 설명해준다는 점에는 의심의 여지가 없다. 국민의 이동성이 고도로 높고 사회제도가 견고하게 확립되어 있지 않은 미국은 생활수준 향상에 더 몰두했다. 미국인들 사이에서는 생활양식이 대체로 돈으로 살 수 있는 문제가 되었다. 즉, 프랑스와 달리 미국에서는 생활수준이 곧 생활양식을 뜻하는 경우가 많다. 공공오락을 즐길 기회조차도 미국에서는 돈이 많은 사람들에게 더 넓게 열려 있다.

프랑스 사람들이 일상생활을 예전처럼 유지하는 것은 전통의 무게 때문이기도 하지만 사회제도들 사이의 균형 덕분이기도 하다. 프랑스인은 미국인보다 사회제도에 더 많은 것을 기대하며, 그러한 제도들은 양질의 삶을 떠받치는 삼각대를 제공한다. 모든 프랑스인에게 집과 일터에서의 만족은 충만한 비공식적 공공생활과 공존한다. 프랑스 주택에도 한계는 있지만, 그들이 비공식적 공공부문에서 생활의 상당 부분을 영위함으로써 보완된다. 미국의 집과 달리 프랑스의 집은 사들인 물건들의 전시장이 되지 않았다. 프랑스 사람들 중에는 밖에 설치하는 방송 수신 안테나가 허세로 느껴질 수 있다는 이유로 텔레비전 구입을 미루는 사람도 많았다. 프랑스인은 "현대의 노동"이 "기계적이고 강압적인 특징"을 가지고 있으며, 계절을 따라가는 농업의 리듬과 달리 산업화된 노동의 리듬은 인간의 본질에 맞지 않는다는 사실을 예리하게 인식하고 있었다.[35] 프랑스 사람들은 직장le bureau에서 보내는 시간이 힘들더라도 비스트로le bistro에서 보낼 시간을 사기 위해 일하는 것이라고 스스로를 위안한다. 벡스베르크에 따르면 노천카페는 "근면이 주는 보상보다 우정이 주는 즐거움을 더 높이 평가하는 사회에서 가장 번성한다."[36]

　미국인에게 우정이란 개인적인 성향과 여가 시간, 우연한 기회의 몫인 반면 프랑스인의 우정은 그렇지 않다. 프랑스 사람들은 자유, 평등, 우애에 대한 신념을 제도화했다. 우정이 쌓이려면 적절한 시공간이 필요하다. 프랑스 사람들은 점심식사에 두 시간을 할애하는데, 그중 한 시간은 우정을 쌓기 위한 시간이다. 저녁은 보통 늦게 먹는다. 저녁식사 전에 우정을 위한 시간이 필요하기 때문이다. 점심이든 저녁이든 우정을 쌓기 위해 가는 곳이 보통 비스트로다. 생활양식보다 생활수준을 중요하게 여기는 나라에서는 사람들이 각자 점심식사를 해결하며, 종이봉투에 싸 온 음식을 먹어치우는 데 15분도 채 안 걸린다. 프랑스에서는 이러한 생활양식의 훼손을 찾아볼 수 없다. 드골 이래로 카페 영업허가를 얻기가 더 어려워지기는 했지만, 여전히 프랑스 성인 32명당 하나의 카페가 있다.[37]

국민들의 내면적 특성으로 각국의 문화를 설명하는 사람들은 프랑스인의 우애에 대한 관심이 과하다고 말하기도 하지만, 그러한 심리적 해석은 프랑스 사회가 우애와 우정을 쌓을 기회를 풍부하게 제공하며 그런 시간과 장소가 놀랄 만한 생명력을 누리고 있다는 사실만큼 나에게 깊은 인상을 주지 못했다.

앞서 나는 테크놀로지 시대에 인간의 스트레스 증가가 피할 수 없는 현실이 아니며, 고질적인 스트레스를 발생시키는 시스템을 창출하는 일이 가능했듯이, 도시 생활 속에 스트레스를 완화하고 진정시키는 장치를 만들어 넣는 일도 가능하다고 주장했다. 프랑스 비스트로는 그 살아 있는 증거다.

9장
미국 태번

바와 칵테일 라운지 경영에 관한 최근의 한 보고서는 지금 바 사업에 진입하려는 사람은 수많은 어려움에 직면할 것이라는 경고로 시작한다.[1] 이 보고서는 오늘날의 고객을, 항상 새로운 환경과 자극을 갈구하며 다니던 술집을 뒤 한 번 안 돌아보고 후회 없이 폐기해버리는 변덕스러운 손님들로 묘사한다. 바 사업에서 성공하려면 정보에 밝아야 하고, 트렌드를 잘 읽어야 하며, 더 세련된 술집을 찾는 손님의 요구를 충족시켜야 하고, 융통성이 있어야 하며, 고객에게 끊임없이 색다른 즐거움을 제공할 준비가 되어 있어야 한다. 캘리포니아의 바 업계에 초점을 맞춘 보고서이기는 하지만, 이를 통해 음주시설과 고객들 간의 관계가 전반적으로 어떻게 달라지고 있는지 엿볼 수 있다.

제3의 장소에 관한 나의 생각을 듣고 "태번 같은 곳을 말하는 거군!"이라는 반응을 보이는 사람이 많은데, 그들이 알아야 할 것이 있다. 앞에서 언급한 보고서가 묘사하는 변덕스러운 고객과 그들을 유치하기 위한 영업 전략은 제3의 장소에 해당되지 않는다. 제3의 장소와 태번은 비교 자체가 안 되는 대상이다. 어느 나라에서든 공공 음주시설이 제3의 장소가 될 잠재력을 가지고 있다는 것은 분명하지만, 그 잠재력이 실현되는 경우는 예전보다 줄어들었다. 미국 사회에서 제3의 장소로서 태번은 쇠퇴하고 있다.

식민지 시대 미국에서는 태번이 지역사회의 중심이었다. 당시에 태번은 숙박시설과 결합되어 있었으며, "토론의 장, 커뮤니티 센터, 편한 자기표현 장소이자 여행자들에게는 또 하나의 집"이었다.[2] 변경지역에 새로 생긴 마을에서는 보통 태번이나 살룬부터 지었고, 마을이 사라질 때 마지막 불빛이 새어 나오는 곳 역시 살룬이었다. 미국의 도시들이 커지는 가운데, 살룬은 독일계, 아일랜드계를 비롯한 여러 민족이 섞일 수 있는 장을 제공했다. 태번은 노동자들에게 사교 클럽이자 공장에서의 차가운 삶을 따뜻하게 보상받는 곳이었다. 좋은 술과 좋은 친구들만 있다면 단골 손님들에게 사랑받고 안정적인 손님 수를 확보하기에 충분했다.

그러나 그 자석은 끌어당기는 힘을 거의 다 잃어버렸다. 미국인의 삶에서 공공 음주시설의 폐기는 다른 어떤 변화보다 확실한 경향으로 보인다. 훨씬 안락하게, 고급 벽지로 장식하고, 거대한 텔레비전 스크린, 토플리스 차림의 여종업원, 젖은 티셔츠, 한 잔 값으로 두 잔을 마실 수 있는 술, 더 낮아진 음주 연령, 남자들을 유혹하는 여자 손님들, 록 뮤지션, 그 밖의 여러 미끼를 활용해도 미국 사람들은 공공 음주시설 대신 사적인 공간으로 향하고 있다. 미국의 1인당 술 소비량은 제2차 세계대전 종전 이래로 크게 변하지 않았지만, 공공장소에서 소비하는 비율은 급격하게 감소하여 1940년대 후반 90%에서 1980년대 초 30%까지 떨어졌다.[3] 공공시설에서의 음주가 가장 많은 편인 동부 및 중서부에서는 술 소비의 9%만이 태번이나 음식점에서 이루어지고 있다는 보고도 있다.[4]

태번은 분명 하락세에 있으며, 멸종위기종이라고 해도 좋을 정도다. 미국에서 허가받은 음주시설의 수는 제2차 세계대전 종전 이래로 약 40% 감소했으며, 지금도 감소 추세에 있다. 어떤 사람들은 태번 감소가 진보, 즉 바람직한 변화라고 여긴다. 그러나 미국인의 음주량은 태번이 번창했던 시기보다 줄지 않았다는 점을 볼 때 공공장소에서의 음주량이 줄어든 것은 고무적이라기보다는 안타까운 현상이다. 미국은 음주를 둘러싼 문제는 거의 혹은 전혀 피하지 못한 채, 포용적이고 민주적인 환경에서 술을 마시는 가운데 이루어지는 사회적 통합 기회만 잃고 있다. 또한 미국이 현재 겪고 있는 마약 문제 대부분이 사적 공간에서의 음주가 주류를 차지하게 된 후에 발생했다는 점도 주목해야 한다. 미국 인구는 전 세계 인구의 8%에 불과하지만, 전 세계 마약의 70%가 미국에서 소비되고 있다. 음주의 사사화私事化, 공공영역의 빛이 닿지 않는 곳에서 '취하는getting high' 습관은 우리의 주된 사회 문제 중 하나를 키우는 요인이라고 생각한다.

허가받은 음주시설은 비공식적 공공생활의 질을 알 수 있는 유용한 지표다. 어떤 지역에서 음주시설의 개성이나 상대적인 인기를 살펴보면 그 지역 사람들이 지역공동체를 만들고 소중하게 여길 줄 알고 도시를 제대로 누리고 있는지, 생존 또는 성공을 위한 분투 중에도 동료들과 교류를 즐길 시간과 장소를 확보할 수 있는 역량을 가지고 있는지 알 수 있다. 다른 공공모임 장소도 이러한 지표가 될 수 있지만, 술을 마시는 장소만이 가지는 독특한 잠재력이 있다.

──────── **기본적인 상승효과**

공공 음주시설이 제3의 장소, 즉 비공식적 공공생활의 핵심 환경이 될 수 있는 독특한 잠재력은 술이 문화의 일부인(술 마시는 문화가 있는) 곳이라면 어디에서든 작동하기 시작하는 근본적인 상승효과로부터 나온다. '함께 일한다'는 뜻의 그리스어 'synergos'에서 유래한 상승효과synergism란 서로 다른 행위 주체들이 협력함으로써 각각 성취하는 효과의 합보다 더 큰 효과를 거둠을 뜻한다. 대화와 음주의 상승효과는 의문의 여지 없이 제3의 장소로서 태번의 기초를 형성하며, 역사적으로 태번의 생명력을 유지시킨 힘 역시 바로 그 상승효과였으리라고 추정된다.

분명히 공공 음주시설은 음주와 다른 활동을 결합할 수 있으며, 업계에서는 예나 지금이나 고객들을 끌어들이기 위해 어떤 활동을 결합할 수 있을지 끊임없이 궁리해왔다. 처음 경쟁업체가 길 건너편에 문을 연 이후, 도박, 성적인 요소, 공연, 벽화 등이 항상 시도되었다.

제3의 장소로서 태번은 이 모든 모험적인 마케팅 대신 음주와 대화를 결합한다. 그리고 이 두 가지는 서로를 상승시킨다. 제3의 장소 역할을 하는 음주시설이라면 펍, 태번, 타베르나taverna, 비스트로, 살룬, 에스타미네estaminet, 오스테리아osteria 등 어느 나라에 있든, 어떤 명칭으로 불리든 관계없이 대화와 음주의 상승효과가 기반이 되어 있다. 음주의 기술은 올드 미스터 보스턴Old Mr. Boston(1933년에 세워진 증류주 양조장으로, 1935년에 처음 발간한 바텐더 지침서로 유명해졌다.-옮긴이)의 지침서를 산다고 얻어지는 것이 아니라 재치 있는 대화와 적당한 음주를 결합한 모임에서 배워야 한다. 절제된 음주는 대화를 촉진하고, 재기 넘치는 대화는 술을 적당히 먹게 만들기 때문이다. 티보르 스키토프스키는 공공 음주시설의 이용 방법을 잘 알고 있는 사람들에 경의를 표하며 이렇게 언급했다. "이야기를 나누기 위한 맥주 반 파인트는 사랑을 나누기 위한 침대와 같아서, 맥주가 없어도 이야기를 나눌 수는 있지만 그래도 맥주가 있는 편이 낫다."[5]

절제된 음주는 호라티우스Horace가 말했듯이 "번뇌를 흩어지게 하며" 셰익스피어의 말처럼 "모든 불쾌한 일을" 잊게 한다. 음주는 편안하고 사교적인 환경에서 긴장을 완화하고, 어색함을 깨뜨리고, 사람들의 마음에 잠재해 있는 인류애적 감수성을 발휘하게 도와준다. 음주의 기술을 적절히 발휘해야 음주와 대화의 상승효과가 일어나 궁극적으로 더 좋은 대화를 나눌 수 있다. 혀가 꼬여 대화에 문제가 생기는 현상이 상승효과의 남용, 즉 과음의 첫 번째 신호라는 점은 틀림없는 사실이다.

제3의 장소로서 태번에서 음주와 대화가 균형을 잘 유지하고 있다는 사실은 여러 문헌을 통해 알 수 있다. 음주 패턴에 초점을 맞춘 연구들은 태번의 단골손님들이 그곳을 찾는 첫 번째 이유가 술을 마시는 데 있지 않다는 점을 명확하게 보여준다. 단지 술만 마시기 위해서라면 집에서 마시는 편이 훨씬 싸게 먹힌다. 1974년에 실시한 한 조사에 따르면 태번의 고객은 평균적으로 약 한 시간 동안 머무르면서 술을 2.41잔 마시며, 손님의 45%는 한 잔밖에 마시지 않고, 주종으로는 맥주가 월등하게 인기가 높았다. 연구자들은 "그렇게 많은 사람들이 그렇게 적게 마신다"라는 사실에 놀라움을 표했다.[6] 또 다른 연구에서는 뉴욕주에 있는 약 170개 태번을 조사하면서, 비음주자이면서도 태번을 자주 찾는 사람이 많다고 보고했다.[7] 이 글에서 인용한 "남자들이 친구를 만나러 달리 어디를 가겠어요?"라는 응답자의 말을 통해, 태번에 가는 가장 중요한 동기를 알 수 있다. 1978년의 한 연구는 '음주 스타일'에 초점을 맞추어 태번의 바 카운터를 관찰했다.[8] 보통은 맥주가 나오면 3분의 1, 반, 혹은 한 잔 마시고 나서 병이나 잔을 옆으로 밀어둔 채 10분에서 40분을 그냥 보낸다. 저자는 이렇게 논평했다. "이런 음주 스타일은 바에서 술이 상대적으로 덜 중요한 존재로 보이게 만든다. 손은 담배나 성냥만 만지작거릴 뿐, 늘어서 있는 술병이나 술잔은 무시하는 것 같다."

태번 안에서 술주정을 부리는 행위에 대해서도 여러 연구의 의견이 일치한다. 태번에서 그런 일은 드물게 일어나며, 단골손님들은 그런 행동을 일탈적이고 바람직하지 못하다고 생각한다. 내가 78개의 중서부 태번을 조사했을 때, 확실히 취했다고 판단되는 손님은 단 네 명밖에 보지 못했다. 그중 두 명은 평판이 좋지 않은 술집에서 보았는데, 법정 음주 가능 연령에 갓 도달한 젊은 여성이었다. 다른 두 명은 알코올 중독에 빠진 노숙자로 보였으며, 곧 쫓겨났다. 단골손님들 중에서는 만취한 사람을 한 명도 보지 못했다.

대화와 음주의 상승효과에서 대화가 우위에 있기는 하지만 그 환경을 확실하게 만들어주는 존재는 음주다. 이야기는 거의 언제나, 그리고 어디서나 할 수 있지만 음주는 무대 장치를 필요로 한다. 우선 술이 있어야 하고, 가니메데스Ganymedes(그리스 신화에서 제우스의 술 시중을 들었던 미소년—옮긴이)가 있어야 한다. 술을 준비하여 서빙하기 위한 설비도 있어야 하고, 좌석도 있어야 하며, 각 구역은 서로 분리되어 있어야 한다. 또한 정기적으로 모임을 갖기 좋은 곳이어야 한다. 규칙적인 패턴이 있을 때 상승작용이 제 기능을 발휘할 수 있기 때문이다. 다시 말해, 일종의 사교적인 의식이 될 필요가 있다.

음주 의식drinking ritual의 가장 중요한 측면은 그것이 친구들과 행하는 일이라는 점이다. 다른 나라 사람도 마찬가지겠지만, 평범한 미국인은 가족이나 이웃, 혹은 모르는 사람보다는 주로 친구와 술을 마신다.[9] 제3의 장소로서 태번은 이미 친구인 사람들이 자주 찾는 곳이거나 거기서 처음 본 사람들이 친구가 될 수 있는 곳이 되어야 한다. 많은 술집이 그 어느 쪽도 되지 못한다.

얼마나 좋은 태번인가를 미각이 아니라 청각적인 요소로 평가하면 지루한 태번, B.Y.O.F.Bring Your Own Friends 태번, 제3의 장소 태번이라는 세 가지 유형으로 나눌 수 있을 텐데, 사람들 사이의 교류가 그 차이를 만든다.

쇼핑몰, 도심, 상업적인 번화가 등 유동인구가 많은 곳에 있는 태번은 지루한 유형인 경우가 많다. 상승효과가 없는 이런 곳에 들어가면 안에 있는 사람들 모두가 열린 문 쪽으로 일제히 고개를 돌리는 모습을 볼 수 있다. 마치 연예인이라도 들어오기를 기대했다는 듯이, 사람들은 곧 실망하고 눈을 돌린다. 긴장감 섞인 침묵이 공기를 무겁게 만들고, 그로부터 빠져나올 기분전환거리가 없다. 이런 장소에서는 사람들이 불행해 보인다. "친근한 태번"이어야 할 곳에서 마치 모르는 사람들끼리 엘리베이터를 탄 것 같은 표정을 하고 있다. 새로 들어온 사람에게 그곳은 살아 있는 생명체들의 밀랍 박물관같이 느껴진다. 이런 술집과 이렇게 뚱한 사람들은 사교적인 욕구를 충족시키기는커녕 좌절하게 한다. 무기력함으로 가득한 공기는 점차 절망으로 치닫는다.

그런 장소는 슬픈 역설을 일으킨다. 외로움이나 무료함을 벗어나기 위해 그곳에 갔는데 오히려 서로에게 그런 안쓰러운 상태를 다시 생각나게 할 뿐인 것이다. 사람이 많다고 해도 달라지지 않는다. 침묵은 더욱 깊어지고 침묵이 길어질수록 더 깨기 힘들다.

미국인들이 낯선 사람들과 공간을 공유하는 곳에서는 이 안타까운 상황이 흔하게 벌어진다. 미국인들은 사교성이 좋다고 알려져 있지만, 서먹한 분위기를 깨는 법을 잘 모르는 것 같을 때가 많다. 예를 들어, 모르는 사람들과 공공장소에서 함께 있을 때 간단히 자기소개를 하거나 악수를 하는 일이 없다. 이제는 각자의 공간과 사생활을 지켜주는 것이 태번에서 모르는 사람을 만났을 때의 규범이 되었다.

얼마 전, 분위기도 좋고 가격도 매력적이라고 평가받는 한 태번 이야기를 듣고 호기심으로 방문한 적이 있다. 밝고 윤이 나는 오크색 바 카운터에 열네 개의 스툴이 나란히 놓여 있었다. 첫 번째, 세 번째, 다섯 번째, 일곱 번째, 아홉 번째, 열한 번째, 열네 번째 자리가 차 있었는데 대화를 나누는 사람은 아무도 없었다. 순간 광각렌즈가 있었으면 좋았겠다는 생각이 들었다. 여럿이 있으면서도 외로운 미국인들의 모습을 보여주는 전형적인 자료가 됐을 것이다. 나는 이 지루한 사람들에게 뻔뻔하게 도전했다. "누가 재미있는 이야기 좀 해줄래요?" 다행히 5번 남자가 몇 마디 말을 걸어주었다. 불행히도 그의 이야기는 재미가 없었다. 보답으로 술을 사기는 했다. 어쨌든 적어도 우리 둘은 다른 사람들을 손아귀에 넣은 소외라는 악마를 물리쳤다.

그곳의 바텐더는 요즘 바텐더들이 흔히 그렇듯이 사교적인 성향이 거의 없는 청년이었고, 별다른 이야깃거리도 가지고 있지 않았다. 나에게 바텐더는 지역의 정보통, 권위의 상징, 분쟁 중재자, 혹은 '괴짜'일 것이라는 이미지가 있는데 그는 전혀 그렇지 않았다. 여성 고객들은 그의 장점을 더 많이 알고 있었을지도 모른다. 그러나 적어도 그는 소심한 손님들이 서로 대화를 나눌 수 있도록 윤활유 역할을 해주지는 못했다. 지루한 태번에는 대개 대화의 촉매 역할을 하는 바텐더가 없다. 훌륭한 바텐더라면 손님들이 함께 어울리게 하고, 한 번 이상 방문한 사람에게는 그가 들를 때마다 개인적인 친근함을 담아 인사해주어야 한다.

많은 술집이 있기는 하지만 태번의 전통은 미약했던 어느 지역에서, 두 모험적인 사업가가 태번에 대한 무지를 역으로 이용하기로 했다. 그들은 앞에서 묘사한 바와 같은 지루한 술집을 하나 매입했다. 영업이 부진했으므로 가격도 쌌다. 그들은 인수 후 장기를 발휘했다. '장기'란 좋은 호스트가 되는 것이었다. 그들은 손님들의 이름을 빨리 외우고, 진심을 담아 인사했으며, 자주 오는 손님들을 서로에게 소개했다. 그러자 곧 손님이 늘어났다. 심지어 다른 가게들이 텅 비는 시간대에도 사람들이 있었고 활기도 여전했다. 그렇게 좋은 위치가 아니었음에도 그 가게는 '금광'이 되었다. 그들은 그 가게를 팔고 다른 망해가는 술집을 찾아가서 또 마법을 반복했다. 제3의 장소가 만들어지는 데 여러 요인이 작용하지만, 가장 중요한 요인은 대개 주인의 역할이다. 태번은 언제나 바 뒤에 있는 사람의 성격을 반영한다.

B.Y.O.F. 태번에 가면 처음에는 확실히 제3의 장소 같다는 인상을 받을 것이다. 특히 사람이 많을 때 가면 더욱 그렇다. 그곳에서 가장 중요한 활동은 대화이며, 모두가 이야기를 나누고 있다. 그러나 모두가 하나가 되어 즐기는 듯한 첫인상은 환상일 뿐이다. 조금 더 가까이에서 들여다보면 전혀 하나가 아님을 알 수 있다. 사람들은 두셋, 혹은 더 큰 무리를 지어 들어오고, 테이블과 바에서 자기들만의 영토를 만들어 그 안에만 머무르고, 자기들끼리만 들리는 목소리로 이야기한다. 혹여 누군가 큰 소리로 말하거나 크게 웃기라도 하면 다른 사람들이 찡그린 표정으로 눈총을 줄 것이다. 사실 소리 내어 웃는 일도 별로 없다. 혼자 오는 사람은 끝까지 혼자 있다 나갈 확률이 높다. 손님들의 좌석 선택, 자세, 나지막한 목소리, 눈의 움직임을 보면 다른 사람이 자기 그룹에 침입해 들어오는 것을 예상하지도, 환영하지도 않음을 알 수 있다. 어느 누구도 여러 그룹 사이를 넘나들거나 다른 테이블에 앉아 저편에 있는 친구를 소리쳐 부르지 않는다.

B.Y.O.F. 태번은 응접실 같은 분위기와 카펫, 안락한 의자가 있는 편안한 장소인 경우가 많다. 해피 아워happy hour에는 공짜 스낵과 여성들을 위한 이국적인 칵테일도 제공한다. 가장 붐비는 때는 목요일 또는 금요일 오후 4시 무렵부터다. 이 시간이 되면 교사, 사무직 노동자, 간호사, 비서들이 머리를 풀어 내리고 주말이 다가오는 것을 기뻐하며 태번을 찾는다. 그 외의 요일, 시간에는 한산해서 손님이 전혀 없을 때도 있다.

B.Y.O.F. 태번은 대개 차분하고 느긋한 분위기다. 이러한 분위기는 대화에 도움이 된다. 사람이 많으면 대화도 풍성하다. 단, 함께 온 사람들하고만 이야기한다. 대화를 원하는 사람들은 대화 상대와 함께 와야 하므로, 태번이라는 환경은 부수적인 존재다. 따라서 태번 자체가 고객의

충성도를 발생시키지는 않는다. 그 동네에 더 편안한 다른 가게가 생기거나 기존에 있던 다른 가게가 해피 아워의 가격을 인하하면 고객들은 금방 떠날 것이다.

제3의 장소 태번에서는 같은 시간, 같은 방을 공유한다는 것을 훨씬 넘어서는 손님들 간의 일체감이 존재한다. 그 일체감은 여러 가지 가시적인 방식으로 나타난다. 우선 손님들이 들어오는 태도에서 드러나고 자리를 잡는 과정에서는 더욱 분명해진다. 대부분의 손님은 혼자 들어와서 이미 자리 잡고 있던 손님들에게 따뜻한 환대를 받는다. 동행이 있든 없든 B.Y.O.F. 태번에 들어오는 손님들과는 다르게 행동한다. B.Y.O.F. 태번에 새로 온 손님은 말없이 서서 어디에 앉을지 고민하거나 다른 사람보다 먼저 자리를 차지하려고 하듯 마음에 드는 자리로 직진한다. 그러나 제3의 장소 태번에서는 급히 자리를 맡을 필요가 없다. 마치 앉아 있는 사람들을 점검하듯 천천히 둘러보며, 그렇게 하지 않으면 누군가 "어이, 조! 언제 나 모르게 몰래 들어왔어?"라고 책망이라도 할 것처럼 모두가 자신을 알아볼 시간을 준다. 인사는 마지막 사람이 자리에 앉을 때까지 계속되고 그제야 자리에 앉거나 바에 가서 술을 주문한다.

제3의 장소 태번의 서식자들은 B.Y.O.F. 태번의 손님들처럼 한 자리에 정착하지 않는다. 그들은 자리 이동이 자유로운 미국 태번의 특징을 십분 이용한다. 잠깐 서서, 혹은 잠깐 앉아서, 그도 아니면 돌아다니면서 여러 무리와 그들의 대화를 두루 경험할 수 있다. 혼자 온 사람한테 말을 걸어도 된다. 장소에 대한 충성도와 그로부터 비롯된 친숙함 때문에 제3의 장소의 단골손님들은 태번을 집처럼 편안하게 여기며 구석구석 돌아다닌다.

대화하는 태도에서도 제3의 장소 단골손님은 다른 손님들과 다르다. 나는 어느 오후에 우연히 술집 두 군데에 간 적이 있다. 먼저 간 곳은 집

근처의 편안한 태번이었고, 그다음 중서부 소도시의 젊고 '잘나가는 사람들'이 '핫 플레이스'로 손꼽던 곳이었다. 두 장소는 확연히 달랐다. 후자는 젊은 전문직 종사자와 중간관리자급 직장인, 지역 유지의 자제들이 즐겨 찾는 곳이었다. 손님들의 복장은 마치 신임 변호사나 데이트를 하러 가는 커리어 우먼 같았고, 하나같이 외모가 멋있었으며, 당구대에서 약간의 예외는 있었지만 대체로 교양 있게 행동했다. 그러나 분위기는 우호적이지 않았고, 음모를 꾸미기라도 하는 느낌이었다.

그 느낌이 어디에서 오는지 궁금해서 단서를 찾아보았다. 손님이 열일곱 명 있었는데, 당구대에 네 명, 혼자 온 사람이 한 명, 그리고 중앙의 사각 바에 앉아 대화를 나누고 있던 사람이 여섯 쌍이었다. 여섯 쌍은 각각 동행인과 마주보고 있었다. 그들은 머리를 가까이 하고 약간 고개를 숙이고 낮은 목소리로 이야기했다. 가끔 둘 중 한 사람이 다른 쪽을 바라보기도 했지만 다른 사람의 시선이나 주목을 끌기 위해서가 아니라 대화가 재미없다는 뜻이었다. 당구대의 네 명(술집에서 당구를 치는 사람들치고는 조용하고 얌전했다)도 대화를 나누고 있던 사람들도, 동행한 사람하고만 이야기했다. 대화는 남자끼리일 때조차 남녀 간의 밀담처럼 친밀하고 비밀스러웠다. 그 장면이 그 장소, 그 사람들의 전형적인 모습이었을 수도 있고 그렇지 않을 수도 있다. 그러나 어떻든 간에 제3의 장소에서 이루어지는 대화와의 차이를 조명하는 데 도움이 되었다.

제3의 장소 태번에서 흔히 들을 수 있는 말소리에는 수다와 연설이 뒤섞여 있다. 손님들은 가까이 앉아 있는 사람들과만 이야기할 때보다 더 크게 말하곤 한다. 이것이 얼마나 의식적이거나 의도적인지는 모르지만, 효과만큼은 분명하다. 큰 목소리는 말하는 사람의 자신감을 반영하기도 하고 자신감을 높이기도 한다. 목소리를 크게 내는 것은 자신에게 친밀함과 프라이버시가 그렇게 중요하지 않고, 더 큰 집단에 개방적임을 드러낸다. 3~5데시벨을 더 높이면 내 집단에 속하지 않은 사람도 듣게 하여 응답과 참여를 구한다는 뜻이 된다. 큰 목소리는 제3의 장소 태번에서 포용, 폭넓은 참여, 일체감을 촉진하는 메커니즘을 작동시킨다.

신중해야 할 때는 목소리를 줄이지만 흥분해서 즉석 연설을 할 때처럼 목소리가 높아지는 경우도 분명 있을 것이다. 방을 가로질러 멀리 있는 누군가에게 질문을 하거나 의견을 제시하느라고 목소리가 커지기도 한다. 한 사람을 놀려 사람들을 웃기려고 할 때에도 목소리가 커지는 일이 빈번한데, 청중이 많을수록 효과가 더 커지기 때문이다. 다른 사람들은 당사자들의 성격을 익히 알고 있으므로, 그들이 옥신각신하는 모습을 즐겁게 감상한다. 야유하거나 고함치거나 비명을 지르거나 탄식하는 소리가 공기를 가를 때도 있다. 태번을 관찰할 때 그런 큰 소리가 나면, 나는 당사자들이 아니라 그 일과 직접적으로 관련되어 있지 않은 사람들의 얼굴을 살폈다. 제3의 장소에서는 대개 그런 큰 목소리의 폭격을 재미있어하거나, 너무 잦아지면 그저 무시할 뿐이었다. 눈살을 찌푸리거나 짜증 내는 사람은 거의 없었다. B.Y.O.F. 태번에서라면 주의를 산만하게 하고 사생활을 방해한다는 이유로 손님들이 화를 냈을 것이다.

대화 주제는 제3의 장소 태번이나 다른 술집이나 크게 다르지 않다. 스포츠, 여가 활동, 시사 문제, 정치 등이다. 제3의 장소 태번에서 특히 인상적이었던 것은 지역 현안이 자주 논의된다는 점이다. 모두의 관심사이기 때문일 것이다. 가장 놀라운 차이는 제3의 장소 태번에서는 다른 술집에서와 달리 같이 이야기를 나누는 당사자들의 성격에 관한 언급이 끊임없이 불쑥불쑥 나타난다는 데 있다. 제3의 장소에서 토론이 시작될 때에는 특정 주제에 모두가 주목하지만, 인신공격적인 발언이 번번이 튀어나온다. 때로는 대화 주제가 완전히 바뀌어서 서로 놀리는 재미에 빠지고 만다. 모두를 진지하게 만들었던 주제는 각자의 재치와 성격을 드러내기 위한 장치에 불과해진다. 제3의 장소 태번에서는 그런 일이 자주 있는데, 아마도 그것이 그곳에서의 대화가 즐거운 이유일 것이다.

──────── **단골손님의 중핵 역할**

제3의 장소 태번에 반드시 필요한 단 하나의 요소를 꼽자면 단골손님이라는 중핵hard core이며, 다른 모든 특징은 이로부터 파생된다. 충성도 높은 단골손님이 있는 태번이 진정한 모임 장소이며, 그렇지 않은 태번은 기항지에 불과하다. 전체 손님 중 단골손님 비율이 적은 곳도 있고, 단골손님이 대다수인 곳도 있으며, 손님 모두가 단골손님인 곳도 있다.

태번의 단골손님들에게는 어떤 특징이 있을까? 그들은 다른 사람들과 어떻게 다를까? 인류학자 카라 리처즈Cara Richards는 그들에 관한 많은, 그리고 단순한 정보를 넘어서 그들의 내면적인 성격을 알 수 있는 흥미로운 단서를 제공한다. 리처즈의 조사에 따르면 태번 중 90% 이상이 단골손님들의 "또 하나의 집"이었다.[10] 다음은 리처즈의 보고서 내용이다.

태번 단골손님 중 다수는 기혼 남성이다. 직업은 블루칼라와 화이트칼라를 막론하고 다양하지만 교사, 의사, 변호사, 성직자는 없다. 리처즈의 연구에서도 태번의 단골손님들은 로터리 클럽이나 옵티미스트 같은 공식적인 자발적 결사체formal voluntary association 참여율이 상대적으로 낮다는 점을 밝혔다. 다른 사람들이 그런 단체 활동을 통해 얻고자 하는 것을 태번의 단골손님은 태번에서 충족한다. 태번이 차선책이라거나 다른 곳에서 환영받지 못하는 사람들을 위한 피난처라는 뜻이 아니다. 오히려 공식적인 자발적 결사체보다 태번을 더 좋아하는 사람들이 많다. 종종 폄하하는 의미로 "가난한 사람들의 사교클럽"이라고 부르는 사람들도 있지만, 태번은 만인에게 완벽한 클럽일 때가 많다. 회비도 없고 반드시 수행해야 하는 일이 있는 것도 아닌 데다가 공식적인 의무나 책임에 따른 중압감도 없고, 잘난 척하는 사람들을 보지 않아도 된다. 태번에서 형성되는 집단은 로터리, 키와니스 같은 봉사단체나 교회 생활, 혹은 다른 자발적 결사체보다 구성원의 속성이나 규칙에 있어서 직장을 떠올리게 하는 면이 훨씬 적고, 사회적 위계도 덜하다. 관료화된 일터와 구조적으로 완전히 다르다는 점은, 전부는 아니더라도 많은 태번 단골손님들에게 태번을 더욱 매력적이게 한다. 태번은 다른 어떤 시설보다 사회구조와 체면으로부터 확실하게 해방되는 시간을 제공한다. 태번에서 이루어지는 모임에서는 격식을 차리지 않아도 되고, 편안하며, 궁극적으로 민주적이다.

태번에서의 관계가 다른 관계들과 분리되어 있다는 점은 전형적인 태번 단골손님들이 어떤 장소를 발견하고 정착하는 방식과도 부합한다. 리처즈의 연구에서 가장 흥미로운 발견 중 하나는 태번의 단골손님 중 친구를 따라온 경우를 전혀 볼 수 없었다는 점이었다. 그들은 스스로 태번을 찾아내고 혼자 힘으로 그곳의 무리에 합류했으며, 공식적이건 비공식적이건 기존 네트워크에 의지하지 않았다. 리처즈에 따르면 태번의 단골손님들에게도 친구는 중요하지만, 좋은 술집을 찾아낼 때 도움이 되어서가 아니라 그곳을 재방문하게 하는 요인이기 때문에 중요하다. 즉, 우정은 이미 형성되어 있는 것이 아니라 태번을 반복적으로 방문하면서 다른 단골손님들을 만나 형성하는 것이다.

전형적인 프랑스인이나 런던 사람들이 자기만의 카페와 펍을 찾아내듯이, 미국인들도 그렇게 할 것이라고 생각할 수 있다. 더구나 미국은 다른 어느 나라보다 개인주의가 강한 나라가 아니던가? 그러나 많은 미국인들은 안심할 수 있는 인원수가 모여야 태번에 간다. 많은 사람들이 친구와 동반하지 않고서는 태번에 가려고 하지 않고, 친구들도 마찬가지다. 계급의식 때문이라기보다는 직업군별로 뭉치려고 하는 성향 때문이라고 추측된다. 나는 성공한 사업가들이 화이트칼라든 블루칼라든 가리지 않고 임금 노예들과 어울려 술을 마시는 모습을 자주 본다. 그러나 전문직 동료 중에서는 자주 가는 단골 술집이 있는 경우가 손으로 꼽을 만큼 적다. 교사는 그런 성향이 더 분명하다. 그들은 동료들과 함께 태번에 갈 뿐만 아니라 그 인원이 태번 전체를 점령할 정도다. 교사들이 가는 술집은 여러 조사에서 아예 독립적인 범주로 다룰 정도다.[11] 이와 유사하게 변호사들도 그들만의 장소가 있으며, 그들도 술집에 단체로 간다. 리처즈는 다양한 태번 단골손님들 사이에 교사와 변호사가 끼어 있는 경우가 없음을 알게 되었는데, 이에 관해서는 나중에 다시 다루기로 한다.

전문직 종사자들의 문화는 대학에서 형성된다. 따라서 학창 시절의 경험이 사회에 나온 후 제3의 장소를 찾아내고 그들의 라이프스타일에 결합하는 데 있어서 각자의 개성을 발휘하지 못하게 하는 요인이 아닌지 살펴볼 필요가 있다. 대학생 때의 경험이 음주를 촉진한다는 데에는 의문의 여지가 없으며, 음주의 상당 부분은 태번에서 이루어진다. 미국 대학생들은 다른 어떤 집단보다 술을 많이 마신다. 하지만 그렇다고 해서 그들이 한 장소의 충성도 높은 고객이 된다는 법은 없다.

친구들과 태번에 자주 가는 사람들에는 두 부류가 있다. 첫 번째 부류는 한 장소에 충성도를 보이는 사람들이고, 두 번째 부류는 자주 가는 장소 없이 함께 술을 마시는 집단에만 충성도를 보이는 사람들이다. 대학생들의 하위문화subculture는 후자를 조장하는 것으로 보인다. 대학생 사이에서는 남의 파티에 난입하기, 슬럼가 탐방, 바 호핑, 밤거리 배회하기 등을 즐기는 전통이 강하다. 또한 그런 식으로 방랑하는 무리의 일원으로 태번에 자주 가는 기간은 생애 전체에서 비교적 짧은 기간에 그친다. 졸업과 함께 음주 집단이 해체되기 때문이다. 그리고 나면 많은 사람들이 직장에서 마음 맞는 사람들을 찾는데, 그들도 어디선가 비슷한 음주 문화를 훈련하며 대학에 다닌 사람들이다. 이런 음주 문화에서는 특별하고 친근한 태번이 필요하지 않다. 함께 유랑하는 무리가 충분히 특별하고 친근하기 때문이다. 이 술친구들과 함께라면 어느 태번에 가든 상관없다.

그러나 이런 패턴을 평생 지속할 수는 없다. 술친구들이 나이가 들고, 결혼하여 아이를 갖게 되고, 무한할 듯한 에너지가 한계를 드러내고 숙취가 심해지면서 바 호핑 빈도가 줄어들고 모이기도 힘들어진다. 간혹 머리가 벗어지고 배가 나온 친구가 다시 대학생 때처럼 놀아보려고도 하지만, 중년이라는 나이는 공공 음주 장소에서 그렇게 놀 수 없게 만든다. 술친구들의 숫자와 활기가 사그라들고 흥청거리며 노는 습관도 버리게 되는 그때, 한 장소의 충성도 높은 단골이 되는 것이 대안이 될 수 있다. 물론 그 성격은 다르다. 한 장소에 정착하면 더 다양한 사람들을 사귈 수 있다. 끼리끼리만 술을 마시는 사람들은 할 수 없는 경험이다.

제3의 장소 태번의 단골손님들은 태번에 얼마나 자주 갈까? 리처즈는 그들이 태번에 가는 빈도가 매우 높다는 사실을 밝혔다. 대부분은 적어도 하루에 한 번 태번에 가며 일주일에 두 번 미만으로 가는 사람은 한 명도 없었다. 직장이 단골 태번에서 가까운 사람들은 하루에 몇 번씩 가기도 한다. 평균 체류 시간은 한 시간에서 세 시간 정도다. 방문 빈도는 근접성에 달려 있어서, 태번이 거주지나 직장에서 가까울수록 더 자주 방문한다.

사전 설문조사를 바탕으로 하여 도시계획과 도시재생을 시행하는 사회에서, 리처즈가 태번 단골손님의 본질을 연구하여 밝힌 이 마지막 결론은 특히 주목할 만하며 가장 중요하다. 여러 설문조사와 사회과학자들의 연구에서 태번 단골손님들은 정확한 결과 도출에 방해가 되는 최악의 적으로 간주되곤 했다. 얼마나 자주 "친구들과 놀러 나갑니까?", 혹은 얼마나 자주 "친구들과 어울립니까?"라고 질문하면 태번 단골손님들은 보통 "드물게", "거의 안 한다", "특별한 일이 있을 때만"이라고 대답한다. 사실 그들은 거의 매일 놀러 나가며 그만큼 자주 친구들과 어울린다. 그러나 위에서 언급한 질문에 대답할 때에는 그 횟수를 헤아리지 않는다. 리처즈에 따르면 그들은 태번에서 보내는 조용한 저녁 시간을 집에서 보내는 조용한 저녁 시간과 똑같다고 간주한다. 이 때문에 조사 결과가 부정확해지는 것이다.

전형적인 태번 단골손님들은 충족감의 바탕이 되는 삼각대를 구축한다. 그들은 가정, 일, 사교를 일상적인 활동 패턴으로 통합한다. 그러나 공식적인 소속의 관점에서만 인간관계를 측정하는 사회과학자에게 그들은 사회적 교류가 빈곤하고 대인관계가 너무 적어서 정상적으로 성숙한 인성을 발달시키기 어려운 사람처럼 보인다. 또한 이런 설문조사는 태번 단골손님들을 어느 동네에 어떤 이웃과 살더라도 달라질 것이 없는 사람처럼 묘사하는 오류를 범한다.

─────── **제3의 장소 태번의 쇠퇴**

앞에서 지적했듯이, 전체 술 소비량 중 공공 음주시설에서의 술 소비 비율은 급격하게 감소했다. 그러나 미국의 음주 행태를 더 자세히 살펴보면 이 전체적인 경향이 모든 유형의 술집에 영향을 끼치지는 않음을 알 수 있다. 최근 실행한 바 업계에 대한 한 심층 분석은 미국에 현존하는 공공 음주시설을 동네 바, 펍·태번, 나이트클럽·카바레, 디스코라는 네 유형으로 구분한다. 그중 싱글을 위한 펍이나 태번은 그 성공 여부가 남녀 손님 수의 균형과 그들이 어울리기 좋은 분위기에 달려 있다. 나이트클럽 또는 카바레는 정기적으로 공연이 열리는 술집이다. 디스코는 춤을 출 수 있는 술집을 말한다. 그리고 동네 바가 있다.[12] 네 유형 중 동네 바는 확실히 급격한 쇠퇴를 겪고 있다. 그런데 문제는 동네 바가 네 유형 중 제3의 장소가 될 수 있는 유일한 유형이라는 데 있다.

최근 일리노이 주류취급업협회Illinois Licensed Beverage Association는 제2차 세계대전 종전 후 시카고 지역의 태번 수가 1만 개에서 4000개로 감소했다고 추정했다.[13] 같은 기간 동안 밀워키에서는 약 900개의 태번이 사라졌고, 볼티모어와 신시내티에서는 도시재개발 사업으로 수많은 동네 바를 몰아냈다.[14] 뉴욕의 주류취급업협회에 따르면 고가철도가 철거될 당시 서드 애비뉴Third Avenue에 있던 술집 중 3분의 1만 지금까지 남아 있다.[15] 로스앤젤레스에서는 고속도로 건설 때문에 많은 동네가 피해를 입었고, 그에 따라 지역 태번들도 급속하게 사라지고 있다.[16]

오래된 동네에서는 태번이 철거되고 있고, 새로 조성되는 동네에서는 태번 영업허가가 나지 않는다. 종전 후 광범위하게 개발한 교외 주거단지들은 멸균·정제된 구역으로, 비공식적인 모임 장소로 활용할 수 있는 모든 시설에 사실상 적대적이고, 그중에서도 태번에는 더욱 부정적이다. 미국 저술가 폴 클루지Paul Kluge가 관찰한 바에 의하면, 오래된 동네에 살다가 새로 조성된 교외 주거단지로 이사한 사람들은 때때로 컨트리클럽이나 골프 코스에서 다른 사람들과 교류한다지만, 도시에 남은 "가난한 사람들은 술을 사 가지고 집으로 갈 수밖에 없다."[17] 제3의 장소 태번은 단골손님들이라는 중핵에 의존하며, 단골손님들은 제3의 장소로서 일상생활에 결합하기 편한 태번을 찾을 수 있어야 한다. 그런데 현재 미국 사회에서는 태번이 주거지역과 단절되는 경향이 지속되고 있으며, 이러한 경향은 태번의 성격, 인기, 손님 구성에 영향을 미친다.

제2차 세계대전 종전 후 공공장소에서 소비하는 술의 비율이 90%에서 30%로 급락하는 동안, 두 개의 새로운 음주자 범주가 두각을 나타냈다. 법적 음주 허용 연령을 하향 조정함으로써 이전에는 배제되었던 수많은 사람들이 음주자의 범주에 들어오게 되었고, 독신 여성들에게 주어진 새로운 자유는 많은 여성 음주자들을 낳았다. 이와 같이 술집의 고객이 대량으로 신규 투입되는 동안에도, 술집 외의 장소에서 술을 마시는 쪽으로 변화해가는 경향은 계속되었다. 전통적인 주요 고객층인 중년, 혹은 중년에 가까운 기혼 남성들이 태번을 떠나는 현상은 대부분의 통계치가 보여주는 것보다 훨씬 더 심했다.

평범한 동네 술집들을 보면 더없이 소박한 곳이 훌륭한 제3의 장소인 경우가 많고 달라질 필요도 없음을 알 수 있다. 클루지는 그런 장소를 "평범하고 꾸밈없는 음주 장소로, 술 마시는 행태나 술 마시는 사람들, 그들의 표정과 대화가 주크박스의 음악이나 남자화장실의 시원찮은 소변기만큼이나 좀처럼 변화하지 않는 곳"이라는 말로 잘 요약한다.[18] 그러나 평범함만으로는 충분하지 않게 되었다. 요즘 소기업 경영 컨설턴트들은 분위기를 활기차게 유지하고, 기발한 테마로 실내를 장식하며, 풍부한 오락거리를 제공하고, 서로 어울리기 좋은 아일랜드 바를 설치하며, 각종 색상과 부대용품까지도 신중하게 선택해야 한다고 강조한다. 그러나 제3의 장소의 인테리어에 꼭 필요한 한 가지 기본 요소가 따로 있다. 그것은 다른 모든 것들을 저 멀리 배경으로 밀어내버린다. 그것은 바로, 그곳에 가면 틀림없이 만날 수 있는 '사람'이다. 이 요건을 충족하지 못한 태번은 인테리어 경쟁에 뛰어들거나 다른 전략을 짜야 할 것이다. 그리고 많은 가게들이 실제로 그렇게 하고 있다.

나는 주류회사, 관련 협회에서 발표한 자료나 일반적인 경영 전문 정기간행물 등 태번 경영에 관한 많은 최신 문헌을 비교 검토했다. 그중 다수는 광고와 판촉으로 가득했고, 통계치에 근거하고 있다고 강조한다. 그러나 그 통계치는 수익, 그리고 수익을 극대화할 방법에만 초점이 맞추어져 있으며, 태번 친구를 가진 사람들이 얼마나 감소하고 있는지, 어떻게 하면 그러한 감소를 막을 수 있는지에는 관심이 없다. 이와 같은 이미지가 태번 경영자들에게 제시될 때 궁극적으로 어떤 영향을 가져올까? 결국 그 조언들의 요지는 고객을 희생시켜 수익을 극대화하라는 것이다.

술을 마시는 사람들도 술집들의 이런 관행과 가격 상승을 모르지 않는다. 나는 여러 중년 남성들에게 왜 태번에 안 가게 되었는지 물어보았다. 보통 이렇게 대답했다. "집에서 마시는 편이 낫다. 훨씬 싸고 더 조용하게 마실 수 있다." 단골손님들을 붙잡기 위해 분투하는 동네 태번 주인들은 이런 비관적인 업계 동향을 훨씬 더 잘 알고 있다. 1981년에 중서부 술집들을 대상으로 실시한 조사에서, 나는 많은 동네 태번 주인들이 네 번이나 큰 물가 상승을 겪은 후에야 늘어난 비용의 일부를 가격에 반영했다는 사실을 알게 되었다. 한 태번 주인은 가게 벽에 쓸쓸한 안내문을 붙여놓기도 했다. "물가 상승으로 인해 모든 품목의 가격을 5센트씩 올립니다." 또 어떤 태번 주인은 하이볼 가격이 매력적이라는 나의 칭찬을 듣고 이렇게 말했다. "제길, 가격을 올리면 단골손님들이 나를 십자가에 못 박을걸!"

전문가들은 술집 주인이나 술집을 열고자 하는 사람들에게 고객의 욕구에 맞춘 광고를 하라고 충고한다. 고객들은 외롭다. 그래서 좋은 시간을 보내고 싶어 하고, 누군가 만날 것을 기대하며, 재미있고 흥미진진한 무엇인가를 찾고 있고, 무한경쟁으로부터 달아나고 싶어 하고, 피곤하고, 욕구불만 상태에 있다. "고객들은 즐거움과 교제를 위해 바에 온다. 따라서 모든 광고에서 바로 그 점을 공략해야 한다."[19] 태번 산업은 현대 사회구조가 키운 소외감을 그 어느 때보다 또렷이 인지하고 있으며, 정교한 현대 마케팅 기법으로 그 소외감을 이용하고 있다. 그러나 매수자 위험 부담 원칙caveat emptor을 남용한다고 해서 판매자의 위험 부담caveat venditor이 사라지는 것이 아니므로 결국 판매자도 주의해야 한다.

다음의 예는 이 업계가 여성 고객을 끌어들이기 위해 하는 일이 결국 다른 무엇인가를 희생시키게 됨을 보여준다. 1980년대 초, 잡지의 상담란에는 이런 내용이 많았다. "미국의 여성이여, 현명해져라! 술집에서 만날 수 있는 부류는 당신이 원하는 남자가 아니다." 수많은 술집들이 젊은 여성들을 질이 안 좋은 남자들과 만나게 하는 불건전한 영업으로 상당한 수익을 올렸지만, 장기적으로 보면 이러한 행태가 실제로 태번에서 만날 수 있는 남성들이 어떤지와 관계없이 결국 미국 태번의 평판을 악화시켰다.

　　태번의 질과 평판은 태번이 음주와 결합하는 여러 활동, 즉 상승작용에 달려 있다. 도박을 조장하는 태번은 위신을 잃는다. 비공식적인 커뮤니티 센터 역할을 하는 태번은 위신이 올라간다. 법의 허용 범위를 넘어서는 행동을 방조하면 위신을 잃는다. 온 가족이 함께 갈 수 있는 곳이 되면 위신이 올라간다. 데이트 상대를 찾으러 가는 곳으로 인식되면 위신을 잃는다. 양질의 점심을 먹을 수 있는 태번은 위신이 올라간다. 매춘의 근거지가 되면 위신을 잃는다. 스포츠 팀을 후원하면 위신이 올라간다. 미성년자에게 술을 팔면 위신을 잃는다. 교양 있는 시민들의 비공식적 사교 클럽 역할을 하면 위신이 올라간다.

　　상기한 예시들은 태번의 평판에 도움이 되거나 해가 되는 요인들이다. 그리 특별한 것은 없다. 그렇다면 왜 태번의 평판이 개선되지 않은 것일까? 태번 업계는 왜 전통적인 고객군을 상실했을까? 좋은 태번을 만드는 비밀이 따로 있지 않다면, 왜 술 마시는 사람들은 태번을 외면하게 되었을까?

　　문제는 **근접성**proximity이다. 근접성은 그 자체로도 중요하지만 다른 많은 요인에도 영향을 미친다. 태번이 단골손님들의 집에서 가까우면 가깝다는 이유만으로도 사람들이 자주 올 것이고, 그러면 자연스럽게 그곳에 가면 친구들이 있으리라고 기대할 수 있게 되므로 태번에서 달리 특별한 재밋거리를 제공할 필요가 없다. 이것이 바로 영국인들이 '로컬'이라고 부르는 동네 술집이다. 로컬이 있다고 해서 그 동네가 확 변하는 것은 아니다. 단, 한 가지 달라지는 점이 있다. 우연히 가까이에 살게 된, 낯모르는 사람이나 다를 바 없는 이웃 가운데서 진짜 이웃을 사귀게 된다. 그런 곳이 바로 로컬이다. 컨트리클럽 주변에 늘어선 고급 주택가는 그런 장소를 가지고 있는 셈이다. 저소득층 동네에는 (아직 재개발의 공격을 받지 않았다면) 길모퉁이마다 술집이 있다. 그러나 중산층 거주 지역에서는 그런 장소가 사라졌다.

많은 중산층 미국인들은 무료한 동네에서 탈출하여, 차를 타야 갈 수 있는 술집을 찾아간다. 용도별 토지구획화 관련 법규를 꼼꼼히 검토하면서 나는 모든 태번이 반드시 직원 두 명당 차 한 대, 좌석 세 개당 한 대를 세울 수 있는 주차장을 설치해야 한다는 사실을 알게 되었다. 이 공식은 큰 비극을 낳았다. 1950년대까지는 태번에서 나와 비틀거리며 집으로 돌아가거나 가로등을 붙잡고 간신히 서 있는 취객의 모습이 만화나 싸구려 잡화점에서 파는 기념품 소재로 자주 등장했다. 이제 그들은 자동차 바퀴 위에서 비틀거리며, 우리는 그 모습을 보고 더 이상 웃을 수 없다. 집으로 향하는 술주정뱅이를 그린 만화의 자리는 음주운전을 경고하는 공익광고가 대신 채우게 되었고, 그것을 보는 사람들은 음주 관련 사고가 얼마나 많이 일어나는지 알게 된다. 그러나 나에게는 맨 정신의 운전자가 일으키는 엄청난 사고 건수가 더 인상적이다. 운전은 위험하고 복잡하며 주의집중을 요하는 행위다. 대부분의 음주 행위가 일어나는 밤에는 훨씬 더 위험천만하다. 그런데 음주자들의 나라인 미국의 지방자치단체들은 대체 왜 음주와 운전이 빈번하게, 거의 필연적으로 엮이게 만드는 것일까?

음주운전을 경고하는 미국의 공익광고는 "휘발유와 알코올은 섞일 수 없다"라고 말한다. 물론 맞는 말이다. 그러나 도시계획가들은 언제나 이 두 가지를, 그것도 대량으로 섞는다. 믿어지지 않는다면 용도별 토지 구획 법규를 보라.

아마도 미국인들은 언젠가 주택의 시장가치를 떨어뜨리지 않고도, 집에서 걸어갈 수 있는 거리에 편안하게 다른 사람들과 교류할 수 있는 음주시설을 마련하게 될 것이다. 규격화된 주거단지가 쇠락에 임박하여 위험을 감수하게 되는 상황이 오면 그런 일이 일어날 수 있을 것 같다. 기존 주택 중 하나를 개조하여 주차장도 없고, 외부인을 유혹하기 위한 네온사인도 없는, 오직 주민들만을 위한 장소로 만들 수 있다. 아마도 거부할 수 없는 편리함 덕분에, 터무니없이 비싼 비용을 들여 독주를 팔기 위한 면허를 얻지 않아도 작은 규모로 안정적인 영업이 가능할 것이다. 주인은 위층에 살고, 가족이 함께 운영하며, 아침이면 커피를 마시러 가기에도 좋은 장소가 될 것이다. 아, 그러나 이 모두는 환상일 뿐, 주민의, 주민에 의한, 주민을 위한 동네는 다음 세대에나 나타날 것 같다.

10장
클래식 커피하우스

오래된 문헌을 보면 불량배들이 오래된 시골 잡화점에 쳐들어가서 쌓여 있는 물건들을 마음대로 가져가곤 했던 시절이 있었던 것 같다. 목 캔디를 제조하던 스미스 브라더스사社가 자사 제품을 보호하기 위해 (가게 주인들이 스미스 브라더스의 항아리에 더 싼 제품을 넣고 속여 파는 일이 흔했다) 개별 포장을 도입하기 전에는, 상점에서 어슬렁거리다가 통이나 상자, 항아리에 손을 쑥 집어넣어 허키머 치즈며, 건자두, 감초, 말린 청어, 청어 절임, 크래커, 담배를 가져가는 사람들이 있었다고 한다.[1] 하지만 음료수 종류는 별로 없었다. 사람들이 난롯가에 모여 사과주나 홍차, 커피, 사르사파릴라 같은 음료를 마시기는커녕, 물 한잔 마셨다는 언급도 찾아볼 수 없다. 리버파크의 특송회사 사무실에 모인 사람들도 담배는 엄청나게 피우고 씹어댔지만 그곳에 커피는 없었다.[2]

미국인들이 마실거리 없이 모임을 가졌던 데에는 커피 브레이크가 상례화되어 있지 않고, 음료수 자동판매기가 지금처럼 어디에나 있지 않으며, 방대한 음료 제품 판촉도 없었던 당시의 사회적 환경, 그리고 사람들이 모이는 장소에 화장실이 없었다는 사실이 영향을 미쳤으리라는 점에 의심의 여지가 없다. 그러나 술도 음료수도 없는 제3의 장소는 물이 없는 오아시스와 같아서, 전 세계적으로도 이례적이다. 일반적으로 음료는 제3의 장소에서 가장 중요한 요소로서, 사교를 위한 성체聖體다. 커피 전문가 케네스 데이비즈Kenneth Davids는 이렇게 말했다. 사교를 위한 윤활유에는 저마다 '또 하나의 집'이자 일종의 성전이 있다. 사람들은 그곳에서 공개적인 의식을 치르고 연회를 열어 윤활유의 효과를 찬양한다.[3] 사실 전 세계 어디에서나 제3의 장소의 정체성은 그곳에서 마시는 음료에서 나온다. 에일 하우스, 비어 가든, 티 하우스, 진 팰리스, 3.2 조인트, 소다수 판매대, 와인 바, 밀크 바 등 명칭에서도 드러난다. 커피숍이라는 뜻의 체코어 카바르나Kavarna, 다과회라는 뜻의 독일어 카페클라치Kaffeeklatsch, 커피·커피숍·식후 커피 타임을 뜻하는 프랑스어 카페café도 모두 커피를 뜻하는 단어에서 파생한 말이다. 즉, 제3의 장소는 대개 무엇인가를 마시러 가는 곳이다.

거의 모든 사교의 성찬 혹은 윤활유에는 흥분제(카페인)나 마취제(알코올)가 들어 있다. 밀크 바가 인기 있는 경우는 드물다. 금주령이 내려진 동안 사람들이 맥주나 위스키를 마시며 교류하던 장소를 알코올 음료 없는 살룬으로 대체하려는 여러 시도가 있었지만 모두 실패했다.[4] 사회 시스템과 신경 시스템은 밀접하게 관련되어 있다. 제3의 장소와 그곳에서 마시는 윤활유는 일상에 지친 정신과 감정을 치유한다.

어떤 행동을 북돋우느냐는 점에서 카페인 음료는 알코올 음료와 다르다. 어느 정도의 차이가 화학 물질 자체에 기인하는지는 확인하기 어렵다. 또한 어느 경우든 행동은 대체로 그 사회의 문화를 학습한 결과로 나타나는 산물이므로 사회마다 크게 다를 수 있다. 그러나 전 세계 어디서나 나타나는 확실한 패턴이 있다. 세계 최초로 커피를 마시기 시작한 이슬람 문화에서 커피는 "아폴로의 와인, 사고와 꿈과 변증법의 음료"다.[5] 기독교 문화에서도 비슷한 효과가 언급된다. 커피는 지성을 자극하는 반면 알코올은 감정과 육체를 자극한다. 술을 마시는 사람들은 자기만의 음악을 만들고자 하는 반면, 커피를 마시는 사람들은 음악을 진지하게 감상하는 데서 만족감을 느낀다. 춤은 보통 음주와 연관되며, 커피와는 전혀 연결되지 않는다. 전 세계에서 수많은 글이 커피숍에서 읽히지만 술집은 글을 읽는 장소가 아니다. 다트 게임을 하는 사람은 에일 맥주를 마신다. 게임에 깊은 사고가 필요하지 않기 때문일 것이다. 체스 게임을 하는 사람은 커피를 마신다. 하지만 지금의 관심사는 알코올이나 카페인이 나타내는 일반적인 생리적 효과 자체가 아니라 그 음료를 마시는 환경이 사람들의 교류에 미치는 영향이다. 앞서 몇 장에 걸쳐 음주 장소에서 출현한 제3의 장소들을 묘사했다. 이제 커피콩에서 정체성을 싹틔운 교양의 중심지로 눈을 돌려보자.

─────── **1페니 대학교**

빈은 유럽 최초의 커피하우스가 자기네 것이라고 뽐내지만, 영국은 기독교계 최초의 커피하우스가 자국에서 생겼으며 빈보다 33년이나 먼저였다고 주장한다. 1650년, 제이컵^Jacob이라고만 알려진 어느 유대인 기업가가 옥스퍼드에 최초의 커피하우스를 열었다. 그 후 오래지 않아 케임브리지와 런던에도 커피하우스가 생겼다. 처음에는 커피하우스와 그곳에서 파는 '검고 쓴 음료'가 그저 신기하게만 여겨졌지만 곧 달라졌다. 커피하우스는 민주적인 분위기, 그만큼 서민적인 가격, 당시 여관이나 태번이 가진 술에 찌든 인상과 대조되는 쾌적한 이미지로 급속하게 인기를 얻었다. 17세기 말 런던에는 커피 향을 쫓아 거리로 나가기만 하면 커피하우스를 쉽게 찾을 수 있을 정도로 그 수가 많았다.

커피하우스가 도입된 지 25년도 채 안 되어 그 인기는 국가의 통화 정책에 작은 위기를 초래하기까지 했다. 나라에서 발행한 동전이 부족해지자 커피하우스들이 자체적으로 동전을 대신할 토큰을 만들었고, 인근의 모든 상점이 이를 받아들인 것이었다. 토큰의 재료는 놋쇠, 구리, 주석 합금 등 다양했다. 심지어 금박을 입힌 가죽으로 만든 것도 있었다. 여러 화폐 컬렉션에 남아 있는 토큰들은 오랫동안 잊혔던 특정 커피하우스의 존재를 밝히는 유일한 증거가 되기도 한다.

커피하우스의 시대라고 할 수 있는 1650년부터 1850년까지[6] 약 200년 동안, 커피하우스는 1페니 대학교라는 별명으로 불리곤 했다. 1페니는 문학과 지성의 장에 들어가는 입장료였다. 커피 한 잔은 2펜스, 담배한 개비는 1페니, 신문은 무료였다. 17세기의 커피하우스는 일간신문과 우편배달의 모태이자 클럽의 전신으로, 많은 영국인이 커피하우스에서 사업상의 만남을 가졌다. 실제로 많은 손님들은 일정한 시간에 커피하우스를 방문했는데, 자신을 찾는 친구들이나 고객들의 편의를 위해서였다. 시간을 정해두고 오건 그렇지 않건, 많은 런던 사람들은 새로운 뉴스에 뒤처지지 않기 위해서라도 하루에도 서너 번씩 커피하우스에 들렀다. 통상 누군가가 먼저 신문이나 소책자, 전단을 큰 소리로 읽는다. 따라서 글을 읽을 줄 모르는 사람도 내용을 이해하고 그날의 쟁점에 관해 함께 토론할 수 있다. 1677년의 한 전단에는 다음과 같은 시구가 쓰여 있었다.[7]

이렇게 위대한 대학이
또 어디에 있겠는가
단돈 1페니만 내면
당신도 학자가 될 수 있으니

초기 커피하우스는 폭넓은 호소력, 모든 계급에 대한 개방성, 무조건적인 수용으로 사람들을 흥분시켰다. 그곳에는 전통적으로 각자의 장소에만 머물렀던 사람들이 서로를 발견하는 기쁨이 있었고, 그 기쁨은 이후에 생긴 모든 커피하우스에도 퍼져나갔다. 커피하우스는 태생부터 민주주의의 상징이자 평등의 화신이었다. 한 관찰자는 활기차고 다정한 분위기의 커피하우스를 "모든 종류의 생명체"를 볼 수 있는 노아의 방주에 비유했다.[8] 또 어떤 사람은 커피하우스에서 전체가 한눈에 들어오는 자리에 서면 세인트 폴 성당의 첨탑 꼭대기에 오른 것처럼 "런던 전체를 내려다볼 수 있다"라고 단언하기도 했다.[9] 많은 사람들은 커피하우스에서의 자유로운 교류가 일으키는 "마찰"이 낡은 사회 질서의 녹을 벗겨내는 데 반드시 필요한 요소라고 보았다.

런던의 커피하우스에 가면 어디에서든 공통된 행동 규범을 따라야 했고, 이 규율과 규정이 가게마다 게시되어 있었다. 30개 조항 중 앞의 여섯 개는 커피하우스 방문객의 수평화에 관련되어 있었다. 모두가 환영받으며, 누구나 함께 앉을 수 있고, 특별석도 없고, 그 누구도 "신분이 높은 사람Finer Persons"이 왔다고 해서 자리를 양보하지 않아도 된다. 배경과 관계없이 모든 사람이 기꺼이 이 규칙과 정신을 받아들이고 따랐다는 점은 주목할 만하다. 다 해진 외투를 입은 사람도 잘 갖추어 입은 백작과 주교 사이에 앉을 수 있을 뿐만 아니라, 높은 신분의 사람들이 자신에게 예의 바르게 대답할 것이라고 확신할 수 있었다.[10]

그다음에는 '이 커피하우스의 지붕 아래에서는 모두가 평등하다'는 일차적 원칙을 지키도록 독려하기 위한 규칙들이 뒤따랐다. 주사위나 카드로 하는 각종 게임은 금지되었는데, 이는 커피하우스를 조용하게, 그리고 '비난으로부터 자유롭게' 만들었을 뿐만 아니라 자신의 부를 과시하지 못하게 하는 효과도 있었다. 같은 맥락에서, 내기를 하더라도 판돈은 5실링으로 제한했고, 이긴 사람은 다른 사람들에게 한턱을 내도록 권고했다. 욕설을 한 자는 12펜스를 벌금으로 내야 했고, 다툼을 일으킨 자는 상대방의 커피값을 내주어야 했다. 유머에 악의가 있어서는 안 되고, 정치적인 문제는 서로를 존중하는 가운데 다루어야 하며, 성서를 모독해서는 안 된다. 요약하자면, 규칙과 규정은 사람들이 적절하게 신사적으로 행동하도록 했고, 이는 의심의 여지 없이 서로 다른 삶을 살아온 사람들이 전에 없던 교류를 더 용이하게 할 수 있도록 만들어주었다.

그런데 커피하우스의 가장 중요한 규칙 한 가지는 게시하지 않았다. 여성은 들어올 수 없다는 것이었다. 따라서 노아의 방주라는 비유에는 한계가 있다. 그 누구도 짝을 이루어 올 수 없었기 때문이다. 여성이 없었기 때문에 남성들은 지금까지 자신들을 가르던 신분 구별을 더 쉽게 넘어설 수 있었다. 하지만 이 새로운 관계는 예전의 관계를 더 긴장시켰다. 남편들은 다양한 사람들과의 다채로운 모임에서 함께 커피를 마시며 즐거운 시간을 보냈지만, 아내들은 전혀 즐겁지 않았다. 애이튼 엘리스 Aytoun Ellis는 "역사상 처음으로 남녀가 갈라졌다"라고 선언했다.[11] 남성들만의 배타적인 커피하우스가 등장한 후 20년이 지나서야 커피하우스가 "커피에 반대하는 여성들의 청원Women's Petition Against Coffee"(1674)의 공격 대상이 되었다. 이 청원서는 주목할 만했고, 실제로 주목받았다.[12]

그러나 이 문서는 최근까지도 내용이 너무 외설적이고 저속하여 출판할 수 없는 글로 간주되었다. 영국 커피하우스의 역사는 1956년에 처음으로 제대로 정리되었는데, 간결하지만 화려한 이 열 단락의 선언문을 생략해야만 한다는 사실이 저자를 고통스럽게 했을 것이다. 열 단락 중 다섯 단락(첫 네 단락 포함)은 "천하고, 시커멓고, 걸쭉하고, 지독하게 쓴 냄새가 나고, 구역질 나는 구정물"이 남성에게 발기부전을 일으킨다고 주장한다. 이 문서는 영국 남자들이 한때 기독교 국가 가운데 "가장 강한 남자"로 추앙받았다고 주장하면서, 커피가 일으킨 비참한 상태를 선포한다.

그러나 형언하지 못할 만큼 비통하게도, 최근 우리는 진정한 영국 남자라면 갖고 있던 정력이 눈에 띄게 쇠약해졌음을 알게 되었다. 우리의 용사는 모든 면에서 프랑스화되었다. 그들은 한낱 참새로 전락하여, 격렬한 욕망으로 가득한 우리에게 퍼덕이며 다가오지만 단 한 방에 우리 앞에 나가떨어진다. 남자가 지금보다 더 벙벙한 바지를 입은 적이 없었고, 그 안에 지금만큼 약골이 들어 있던 적이 없었다.[13]

청원자들은 커피하우스에 간 남자들이 "콧물 외에는 젖은 것이 없고, 관절 외에는 딱딱한 것이 없으며, 귀 외에는 서 있는 것이 없는 상태로" 귀가한다고 비난했다. 또한 청원자들은 커피가 남자들을 가십과 고자질에 빠지게 만들고, 남자들은 아이들의 입에 들어갈 빵을 살 돈으로 커피를 마시는 데다가 힘은 빠지고 말만 늘었으며, 남자들이 커피하우스와 태번 사이를 자주 왔다 갔다 하는 것으로 보아 커피하우스는 "태번으로 가게 하는 포주에 불과"하다고 주장했다.

공개청원은 감정적이고 터무니없었지만 커피하우스가 분열을 일으킨 것은 사실이었다. 여성들도 그 점을 잘 알고 있었다. 청원에는 여관과 태번에 관한 흥미로운 언급이 있었는데, 많은 비난을 받을 수도 있는 내용이다. 그러나 여기에는 '예전에 에일 맥주를 마시던 방식이 원시적이지만 좋았다'라는 뜻이 담겨 있다. 여관이나 태번에는 여성도 갈 수 있기 때문이었을 것이다. 맥주를 마셨다고 해서 영국 남자들이 "가장 강한 남자"가 되지는 못했지만, 적어도 남자들의 생각을 "올바른 방향"으로 이끄는 경향이 있었다. 결과적으로 여성들의 비난이 옳았다. 결국 커피하우스에 남성들의 클럽이 생겼고, 이 클럽들은 여성에게 훨씬 더 배타적이었기 때문이다. 아예 클럽의 위층에 눌러앉는 남자들도 있었는데, 집보다 더 살기 좋고, 돈도 덜 들고, 책임 부담이 덜했기 때문이다. 클럽에서 남자들은 여성으로부터 완전히 벗어날 수 있다. 영국 남성 중 다수가 클럽에서 결혼이나 가족에 대한 영구적인 대안을 발견하고, 가정생활을 일과 클럽 생활, 동료들로 대체한다. 커피가 아닌 홍차가 영국 가정의 의례적 음료가 된 데에는 커피하우스의 분열적 전통이 원인이었을지도 모른다.

커피하우스를 비판하는 집단은 집에 남겨진 아내들 말고도 또 있었다. 여성들이 청원서를 내고 1년 뒤, 국왕 찰스 2세는 "커피하우스 금지 선포A Proclamation for the Suppression of Coffeehouses"라는 제목의 선동적인 문서를 발표했다. 찰스 2세는 "여성들의 청원"에서 동력을 얻은 듯하다. 그는 게으름을 조장하고 상인들의 마땅한 직분과 의무를 방해한다는 이유로 커피하우스에 공식적으로 책임을 물었다. 그러나 이러한 혐의는 연막이었다. 진짜 이유는 커피하우스에서 "거짓되고 악의적이며 중상모략적인 이야기"가 널리 유포되어 "폐하의 정부에 대한 명예훼손"이 일어난다는 데 있었다. 이로써 찰스 2세는 커피하우스에 대해 두려움을 가졌던 폭군들의 대열에 합류했다.

커피하우스는 사람들로 하여금 명료하게 생각하게 하고, 대담하게 발언할 수 있게 북돋우는 공개 토론장이었다. 이를 제거하려는 찰스 2세의 의도에는 크롬웰에 대한 노골적인 비아냥이 섞여 있었다. 크롬웰은 커피하우스의 존재를 묵인했고, 결국 그 대가를 치러야 했기 때문이다. 찰스 2세의 지지자들이 그의 복권을 위해 이용한 것이 바로 커피하우스의 자유로운 분위기였다. 커피하우스를 탄압하려는 찰스 2세의 시도는 대중의 강력한 저항에 부딪혔고, 모든 정당의 정치적 반대도 잇따랐다. 사람들은 그의 칙령에 복종하지 않을 태세였고, 서투르게 폭정을 은폐했다가는 왕권을 잃게 될 우려가 있었다. 결국 왕은 열흘 만에 금지령을 철회하는 성명서를 다시 발표했다.

찰스 2세와 그의 조정은 정치적 쟁점에 관한 의제 설정이나 그들이 선호하는 처리 방식에 관해 아무에게도 대답하고 싶어 하지 않았다. 이런 상황에서 커피하우스 보존은 자유로운 언론과 스스로 운명을 결정하고자 하는 사람들의 의지를 수호하는 것이나 마찬가지였다.

17세기 영국의 커피하우스가 개인의 자유를 확립하는 주된 역할을 수행하게 된 데에는 여러 상황이 절묘하게 맞물려 있었다. 커피하우스는 과거의 껍질을 벗은 새로운 토론의 장이었다. 커피하우스에서는 모든 정당과 신분의 남자들이 낡은 전통을 버리고 함께 어울릴 수 있었다. 언론이 확립되지 않았던 당시, 이 2층짜리 홀의 관대한 분위기 속에서 얼굴을 맞대고 벌이는 토론은 유일하고도 필수적인 민주적 정치 참여 방식이었다. 이전에는 만날 일이 없던 사람들이 어울리면서 서로의 상황에 주의를 기울이게 되고, 공통된 관심사와 지지자를 찾을 수 있었다. 그들은 개인이 자유를 누리는 데에는 다수가 모이고 공동의 이해관계를 갖는 것이 큰 힘을 발휘한다는 점도 곧 알게 되었다. 그러나 이러한 최적의 조건은 바뀌었고, 그 후로는 서구 세계 그 어느 곳에서도 커피하우스가 17세기 영국에서만큼 중요했던 적이 없다.

그 전성기 동안 커피하우스는 정치 토론의 장이었을 뿐만 아니라 경제활동과 문화생활의 중심이기도 했다. 영국 최대의 무역회사 중 다수가 커피하우스를 본부로 삼았고, 런던의 증권중개인들도 100년 이상 커피하우스에서 업무를 보았다. 그들은 커피하우스가 쇠퇴하고 나서야 거처를 찾아 증권거래소를 설립했다. 런던 로이즈Lloyd's of London(세계에서 가장 오래된 보험업자조합—옮긴이)는 수십 년 동안 커피하우스에서 운영되었다. 커피하우스는 런던의 조직화되지 않은 해양 보험업자들이 지식이 많은 항해사들과 사귀고 그들의 가십에서 유익한 정보를 얻을 수 있는 장소였다. 오래지 않아 선박 경매도 로이즈에서 이루어졌다.[14]

커피하우스의 시대는 전무후무한 성취를 이루었던 영국 문학의 시대와 일치했다. 작가들은 커피하우스에서 영감을 얻고, 주제를 발굴하고, 독자를 찾았다. 영국 시인이자 극작가 존 드라이든John Dryden은 수년 동안 러셀 스트리트에 있는 윌리엄 어윈의 커피하우스(윌스 커피하우스)에서 연설을 하고 최신 시와 연극을 논평했다. 드라이든은 커피하우스에서 이루어지는 토론을 통해 독자층을 넓혔으며, 이곳에서 그가 확립한 기준은 이후 100년 동안 영문학의 수준을 높였다.

윌스 커피하우스에서 러셀 스트리트를 건너면 드라이든이 사망하고 10여 년이 지난 후 조지프 애디슨이 세운 대니얼 버튼의 커피하우스(버튼스 커피하우스)가 있다. 애디슨은 이곳을 기반으로 문해교육을 장려하고, 영국 예절을 개혁했으며, 일반인에게 예술과 삶, 사상에 관심을 갖게 하고, 근대적 신문의 원형을 수립하는 일을 주도했다. 그는 오전에는 연구에 몰두하고, 오후가 되면 버튼스 커피하우스로 갔다. 최소한 대여섯 시간, 밤까지 머무를 때도 많았다. 그는 이곳에서 《스펙테이터The Spectator》, 《가디언The Guardian》을 창간했고, 친구 리처드 스틸Richard Steele이 만든 《태틀러Tatler》에 기고했다.

애디슨은 목적의식이 분명하고 확고했으며, 자신이 세운 가치 있는 목표를 달성하기 위해 커피하우스의 특징을 어떻게 활용하면 좋을지 잘 알고 있었다. 왕당파의 냉소적인 비도덕성만큼이나 청교도의 도덕적 폭압도 똑같이 경멸했던 그는 영국 국민들의 사고와 이상이 양쪽 모두를 넘어서는 수준으로 올라서게 하고자 했다.[15] 이전에는 출판물의 대부분이 정치적 내용에 국한되어 있었지만, 애디슨은 예술이나 예의범절에 관한 에세이를 실었다. 그는 커피하우스가 사람들의 동향을 살피고 아이디어를 구상하는 데 그치지 않고 사상을 유통하는 장소가 될 수 있다고 생각했다. 그가 만든 간행물의 내용은 상당 부분 여성을 겨냥한 것이었다. 남성들이 집에 가져가 아내에게 보여줄 것이라는 영리한 추정에서였다.

그가 원고를 청탁하는 방식에서도 커피하우스를 얼마나 잘 활용했는지를 알 수 있다. 그가 고용한 일꾼들은 나무를 깎아 '최대한 굶주려' 보이는 사자 머리를 만드느라 몹시 고생했다. 사자의 벌린 입안에는 넓은 '목구멍'이 있었고, 바로 밑에 상자를 두었다. 애디슨은 그의 간행물에 에세이나 그 밖의 글을 투고하고 싶은 사람은 버튼스의 서쪽 외벽에 있는 사자상의 입에 원고를 넣어달라고 요란하게 광고했다. 기고한 글들을 소화하는 사자의 '위'는 당연히 애디슨이었다. 그는 자신이 상자를 열 유일한 열쇠를 가지고 있음을 모두가 알도록 했다. 사자의 입과 발은 사상과 행동을 상징했다. 애디슨이 죽고 버튼스가 문을 닫자, 사자상은 인근의 다른 커피하우스로 옮겨졌고, 나중에는 셰익스피어 태번으로 옮겨졌다. 이후 베드포드 공작에게 팔려 지금은 워번 애비(베드포드 가문의 저택―옮긴이)의 벽감壁龕에 전시되어 있다.

애디슨의 저널리즘이 성공적이었음은 그가 만든 간행물을 모방한 많은 사례에서 쉽게 알 수 있다. 《태틀러》가 창간된 1709년과 새뮤얼 존슨Dr. Samuel Johnson의 《램블러Rambler》가 창간된 1750년 사이에 100종이 넘는 '에세이 잡지essay paper'가 발행되었다. 애디슨 이전에는 지역신문이 존재하지 않았으나 《스펙테이터》가 발행된 후 10여 년 사이에 열일곱 개나 생겼다. 그가 사망한 후 8년 동안 영국에 머물렀던 한 스위스인이 다음과 같이 논평한 것을 애디슨이 알았다면 더욱 뿌듯해했을 것이다. "영국인은 모두 뉴스광이다. 노동자들은 습관적으로 일간지를 읽으러 커피하우스에 가는 것으로 하루를 시작한다."[16] 문맹의 삶에 만족하던 영국인을 자극하는 데에 애디슨만큼 많은 일을 한 사람은 없다.

사실 더 주목할 만한 애디슨의 공적은 그가 독자들을 꾸짖고 런던 시민들에게 가감 없이 스스로를 비춰 볼 수 있는 거울 역할을 했다는 점에 있다. 그는 도덕을 비웃는 풍자가들을 일거에 잠재웠다. 그는 겉치레만 중요하게 여기는 사람들을 질타했고 독자들을 설득하기 위해 너저분한 미사여구를 쓰고 싶은 유혹에 확고부동하게 저항했다. 물론 시대적 상황과 영국인의 기질이 스스로를 발전시키고자 하는 바탕이 되었을 것이다. 그러나 조지프 애디슨, 리처드 스틸, 새뮤얼 가스Samuel Garth, 대니얼 디포Daniel Defoe, 조지 버클리George Berkeley, 프랜시스 애터버리Francis Atterbury 등 당대의 주요 저널리스트들이 커피하우스가 없었더라도 그렇게 성공을 거둘 수 있었을지는 의문이다. 오늘날의 저널리스트와 사회학자의 언어로 말하자면 그들은 '오피니언 리더'였는데, 그런 사람들과 정기적으로 아주 가까이에서 직접 만날 수 있었다는 점은 다른 무엇으로도 대체할 수 없었을 것이다.

영국의 커피하우스는 약 200년 동안 정치와 사교, 문화생활의 중심으로서 눈부시게 활약하다가 사라졌다. 19세기 중엽이 되자 커피하우스는 더 이상 영국 사람들의 삶에 아무런 영향도 미치지 않게 되었다. 많은 사람들이 가정 우편배달과 일간신문, 영국의 신흥 제4계급(언론계─옮긴이)을 독점하고 싶어 했던 커피하우스 주인들의 탐욕, 그 밖의 상황 변화 때문에 커피하우스가 종말에 이르렀다고 분석한다. 하지만 커피하우스에서 맺는 인간관계는 근본적으로 사람들을 기분 좋게 하는 형태로, 그런 모임의 필요성이 사라졌다고 보기는 힘들다. 그보다는 내부적인 요인으로 무너졌다는 설명이 훨씬 타당하다. 커피하우스는 일찍이 가장자리부터 마모되어가고 있었으며, 이를 지키기 위한 노력이 불충분했다는 증거가 차고 넘친다. 모든 신성한 제도나 신앙에 관한 무분별한 풍자가 만연했고, 술의 판매가 용인되었다. 초기의 개방성과 평등은 칸막이로 막힌 좌석에 밀려났고, 하나의 큰 탁자 대신 작은 탁자들이 전략적으로 배치되었다. 드라이든이 사망하기 전에도 이미 암묵적인 차별이 있어서, 주인에게 코

담배 한 줌을 얻을 수 있는 손님과 그렇지 않은 손님이 나뉘었다. 문학을 논하던 커피하우스에서 손님들은 에세이를 치우고 대신 카드를 손에 쥐었다. 커피하우스의 손님들은 서로를 직업과 업종에 따라 분류하기 시작했고, 초기의 민주적인 기풍에 관한 관심을 잃어버렸다.

요컨대 커피하우스의 성공을 뒷받침했던 처음의 원칙들이 너무 자주 무시되었다. 그 결과 바람직하지 않은 커피하우스가 늘었다. 술주정뱅이, 수준 낮은 풍자꾼, 약장수, 도박꾼, 도둑, 예의 없는 사람 등이 들어오지 못하도록 배타적인 클럽이 등장하고 회원 자격을 제한하기 시작했다. 그러나 기대했던 바와 달리 클럽은 해결책이 되지 못했다. 가장 유명한 화이츠White's(런던의 신사 클럽으로 1693년에 설립되었다.─옮긴이)의 경우 도박사, 댄디, 정치 이데올로그에 좌지우지되었다. 결국 가장 명망이 높았던 클럽이 나중에는 대화하기에 부적절한 환경으로 인해 가장 악명 높은 클럽이 되어버렸다. 한때 유례없는 제3의 장소였던 영국의 커피하우스가 살아 있는 시체들을 위한 우아한 밀랍인형 박물관으로 변해버렸다는 사실은 부조화스럽다. 대화가 없으면 생명도 없는 것이나 다름없다.

──────── 빈의 커피하우스

세계 최초의 커피하우스가 빈에 있다는 것은 전설 같은 이야기다. 이 신화는 2차 빈 포위전에서 오스트리아가 승리했던 빈의 황금기와 관련되어 있으며, 이 때문에 빈 사람들이 더 소중하게 지키고 싶어 한다. 그런데 나는 커피하우스의 기원에 관한 또 다른 신화가 있음을 발견했다. 최근 국제적으로 활동하는 한 유능한 저술가는 자신이 빈에 관한 저 전설을 그냥 믿어버리고 널리 퍼뜨렸음을 시인했다. 그리고 기록을 바로잡고자 했다. 그는 세계 최초의 커피하우스가 1684년이 아니라 1540년, 빈이 아닌 콘스탄티노플에 생겼다고 설명했다. 그리고 커피하우스가 콘스탄티노플로부터 유럽 대륙으로, 그다음에 영국으로 전파되었다고 썼다.

그런데 콘스탄티노플에 '최초의' 커피하우스가 등장한 것은 사우디아라비아 총독이 메카에 있던 커피하우스를 벌써 여럿 폐쇄시킨 후였다! 또한 커피하우스가 유럽 대륙에서 영국으로 전파되었다는 말도 틀렸다. 유럽 대륙에서 커피하우스가 처음 나타날 무렵, 찰스 2세는 이미 20년 동안 런던에서 폭넓은 인기를 얻었던 커피하우스의 수를 줄이려고 선언문을 발표했다. 좀 더 면밀하게 조사했다면 아라비아에서 최초의 커피하우스가 생겼고, 약 500년 전부터 커피와 커피를 마시는 대중적인 시설이 있었다는 사실을 알 수 있었을 것이다.

그러나 빈의 커피하우스에는 최초라는 타이틀보다 더 명예로운 몇 가지 차별점이 있다. 기독교 국가의 커피하우스 가운데 가장 변화가 적었고, 가장 오래 생존했으며, 다른 나라에서 가장 많이 모방했다. 제2차 세계대전이 일어나기 훨씬 전에 여러 국가에서 '비엔나 카페'라는 시설들이 나타났다. 이 가게들은 억양이 강한 웨이터를 고용하고, 큰 유리잔에 커피를 냈으며, 우유를 섞은 커피를 멜랑제melange라고 불렀다.[17]

빈에 있는 많은 커피하우스들은 예전과 같은 반짝거리는 모습을 잃었지만, 빈은 여전히 금빛 찬란한 카페의 도시라고 주장할 만하다. 다른 나라의 제3의 장소에서는 빈의 커피하우스가 지닌 우아함을 찾아보기 힘들다. 어느 관광안내서에 쓰여 있는 것처럼, 빈은 "스무 세기 동안 삶의 예술을 완성했다." 어떤 유럽 국가는 훌륭한 옛 국회의사당 건축물을 헐어버리고 볼품없는 현대식 직육면체 유리 건물을 세웠지만, 빈은 프란츠 요제프Franz Joseph 시대의 모습을 대부분 유지하고 있다. 바로크 양식의 장려한 건축물들과 드넓은 공원 사이에 금박을 두른 카페들은 유럽의 면모를 변화시키고 있는 진보의 물결이 휩쓸어도 거의 위협을 받지 않는 것처럼 보인다. 빈은 눈부신 역사를 가졌으며, 도시 생활의 본보기로 남아 있다. 빈의 커피하우스는 이 도시의 영광을 상기시키는 살아 있는 상징이기에 소중하며, 여전히 빈 사람들의 사교 중심지다.

런던의 커피하우스는 지저분한 거리 위에 솟은 2층 건물에 있지만, 빈의 커피하우스는 1층에 있는 편이 가장 매력적이다. 보통 프랑스의 비스트로처럼 보도 쪽으로 확장되어 있는데 프랑스의 비스트로에 테라스가 있다면, 빈의 커피하우스에는 정원이 있다. 가장 큰 차이는 물리적 경계다. 비스트로에서는 테라스가 어디까지고 보도가 어디부터인지를 구분하기가 대개 불가능하다. 그러나 오스트리아 사람들은 사생활을 더 중요하게 여기므로, 야외 좌석이 있는 구역을 화분이나 철제 울타리로 막아놓는다. 또한 프랑스와 달리 빈에서는 실내 공간이 야외보다 더 매력적이고, 따라서 손님도 더 많다. 커피하우스는 런던보다 빈에서 더 물리적 존재감이 크다. 빈의 커피하우스는 도시 경관의 일부이며, 도시 생활을 상징하는 가장 우아한 시설이다. 물론 우아함만으로는 그 우월성을 설명할 수 없다. 우아함이란 오스트리아 사람들이 커피에 얹어 먹는 휘핑크림과 같아서, 있으면 좋기는 하지만 반드시 있어야 하는 것은 아니다. 빈의 커피하우스가 가진 부동의 매력을 설명하는 더 중요한 요인들이 있다.

우선 사람들의 삶의 질이 빈의 커피하우스를 발전시켰다. 빈에는 주택을 소유한 사람이 거의 없으며, 대부분 아파트에 산다. 이러한 주거 형태 때문에 집안일과 주택의 유지·관리에 많은 시간이 필요하지 않으므로 노동 인구가 쉬는 시간을 더 여유롭게 보낼 수 있다. 또한 아파트는 공간이 좁고 시설도 불충분하므로 사람들은 편안하게 휴식을 취하고 서로 교류할 수 있는 공공장소를 더 많이 찾게 된다. 빈 사람들은 공공장소에서 많은 시간을 보내고, 그곳에서 일상적인 만족을 찾고 싶어 한다.

영국의 커피하우스와 달리 오스트리아의 커피하우스는 여성의 출입을 금지한 적이 없다. 오히려 커피하우스에서 보내는 시간은 오스트리아 주부들의 일과에서 필수적이며, 가장 좋아하는 시간이다. 매일 오후 4시 경―영국 사람들이 집에서 홍차를 마시는 시간―이면 빈의 커피하우스가 여자 손님들로 가득 찬다. 이것이 바로 야우제Jause라고 하는 휴식 시간으로, 이 시간에 빈 사람들은 잡담을 즐기며 초콜릿케이크나 스펀지케이크와 슐라그Schlag(휘핑크림)를 먹고, 다크 로스트 커피를 마신다. 이 오스트리아식 티타임을 누리기 위해 점심식사를 포기하는 사람도 있다. 남자들은 점심식사 후에 바로 잡담 시간을 갖기 때문에 다른 요소가 섞이지 않는다. 야우제 시간에 커피하우스에 오는 남자 손님도 많지만 자리를 차지하기 위한 경쟁은 없다. 신의 섭리라도 있는지, 여성들은 중앙에 있는 큰 테이블을 선호하는데, 남자들은 결코 그 자리에 앉고 싶어 하지 않기 때문이다.

빈의 커피하우스가 높은 수준을 유지하는 데에는 웨이터들, 그리고 그들의 모범적인 서비스 전통이 하는 역할도 빼놓을 수 없다. 검정색 옷을 입은 남자 직원들은 손님들이 각자 개별적인 서비스를 받는다고 느끼게 하면서, 가게 전체의 상태를 세심하게 관리한다. 일단 고객이 들어서면 둘 또는 세 명의 웨이터가 맞이한다. 두세 번 방문하면 이름은 물론, 어떤 읽을거리를 좋아하고, 커피는 어떻게 마시는지까지 기억해준다. 손님에게 (옛 친구와 다시 만나기라도 한 것 같은) 인사를 건네는[18] 웨이터들 가운데 가장 앞에 있는 사람은 수석 웨이터로 보통 턱시도를 입고 있으며, 어느 가게에서든지 '헤어 오버Herr Ober'(웨이터를 가리키는 경칭―옮긴이)라고 부르면 된다. 그의 옆에는 손님의 주문을 주방에 전달하고 음식을 내는 또다른 웨이터가 있다. 한 명이 더 있다면 수습 웨이터일 것이다. 그의 임무는 환대의 상징인 신선한 물 한 잔을 손님에게 가져다주는 것이다.

노련한 헤어 오버는 새로운 손님이 오면 그 사람의 지위와 직업을 정확하게 파악해내고, 그에 맞는 호칭을 붙여 인사한다. 또한 손님의 독서 취향과 상황을 추정하여, 따끈따끈한 신문들 가운데서 그에게 맞는 신문 대여섯 종을 고른다. 고객은 수석 웨이터가 적절하다고 판단하는 자리로 안내받는다. 얼마나 충성도 높은 고객인지, 직원들에게 팁을 얼마나 후하게 주는지는 헤어 오버의 판단에 영향을 미치지 않는다. 고객은 자신이 '속한' 자리에 앉게 된다. 빈의 커피하우스에 오는 손님 중에는 자신이 '속한' 자리에 대한 소속감이 특히 강한 사람들이 있다.

독일과 마찬가지로 여기에서도 단골손님들은 항상 앉던 자리를 고수하려고 한다. 그런 자리는 '영구적인 예약석'이지만 보통은 아무런 표시가 없다. 충성도 높은 단골손님은 슈탐가스트Stammgast, 그 사람이 항상 앉는 테이블과 거기에서 모이는 친구들은 슈탐티슈Stammtisch라고 불린다. 모르는 사람에게도 편하게 말을 건넬 수 있는 영국의 커피하우스와 달리, 빈의 커피하우스는 소규모의 사적인 모임들로 구성된다. 슈탐티슈의 구성원들은 외부인이 끼어들기를 바라지 않는다는 의사를 거침없이 드러낸다. 헤어 오버가 특정 자리로 안내하는 것이 독재적이거나 자의적이라고 느낄지 모르지만, 그는 단골손님들의 영역을 보호하고자 할 뿐이다.

외국인 방문객은 이 전설적이고 낭만적인 카페의 성격을 나타내는 예절의 함의를 이해하기 힘들지도 모른다. 무엇을 주문할지 혼란(커피 종류가 못해도 20가지는 된다. 무식한 사람만이 그냥 "커피 주세요"라고 말할 것이다.) 이 올 것이고, 격식을 갖춘 직원들의 복장, 자리 배치에 대한 통제, 호칭에 대한 집착이 어떤 사람들에게는 거만하거나 고루하게 느껴질 것이다. 하지만 커피하우스를 일상적으로 찾다 보면 곧 생각이 바뀐다. 단 몇 번 만에 특별한 느낌을 받을 수 있기 때문이다. 빈의 커피하우스를 유명하게 만든 개인화 서비스가 효력을 나타내는 것이다. 그곳에서는 고객이 어떤 커피를 마시고 무엇을 읽으며, 어떤 사람들과 어떤 만남을 갖는지 기억하여 맞춤 서비스를 제공한다. 고객들은 런던이나 파리, 로마에서라면 훨씬 비싼 요금을 치러야만 접할 수 있는 고품격 서비스와 환경을 이곳에서 발견한다.

호칭에 대한 집착에 유머러스한 면이 있다는 것도 곧 알 수 있다. 이는 헤어 오버가 가게에 들어오는 거의 모든 손님들을 즉석에서 승격시켜주는 모습에서 여실히 드러난다. 군 장교가 가게에 들어섰고, 수석 웨이터는 그가 민간인 복장을 하고 있지만 소령임을 알아차렸다고 하자. 그때의 호칭은 '대령님'이 된다. 부장이라면 '이사님', 감독이라면 '총감독님'이라고 부르는 식이다. 이런 장난은 고객의 자존심을 겨냥한 것으로, 스스로를 대단치 않은 사람이라고 생각하는 손님에게 '박사님'이라며 인사할 때 가장 절묘해진다. 웨이터가 손님을 놀릴 것이라고는 상상하기 힘들기 때문에, 많은 사람들은 스스로의 태도와 외모에 자부심을 느낀다.[19]

체코슬로바키아나 다른 중유럽 국가와 마찬가지로 오스트리아에서도 근대적인 일간신문은 많은 사람들이 커피하우스를 찾게 하는 요인이었다. 일간지의 등장이 영국 커피하우스의 쇠퇴에 크게 기여했다는 점을 생각해보면, 빈의 커피하우스에 신문이 미친 영향은 더욱 흥미롭다. 런던 사람들은 동향을 파악할 필요가 없어지자 더 이상 커피하우스에 갈 이유가 없음을 깨달았다. 그러나 빈 사람들에게는 신문을 읽기에 커피하우스만큼 이상적인 장소가 있을 수 없었다. 가장 아늑한 분위기에서, 심지어는 아무것도 주문하지 않아도 공짜 신문을 마음껏 읽을 수 있다. 이러한 공공 서비스의 전통이 어떤 사람에게는 일종의 강박증을 안겨주었다. 이른바 '전문 독자professional reader'라고 불리는 그들은 매일 모든 신문을 훑어보지 않으면 중요한 정보를 놓칠 수 있다는 공포에 사로잡혀 있다.

일간지의 등장은 빈의 커피하우스를 신문 열람실로 변모시켰고, 많은 관찰자들은 그곳의 분위기와 좌석 배치를 도서관 같다고 묘사했다. 적절한 단어였다. 원래 커피하우스에는 커피밖에 없었지만 한 세기가 채 안 되어 여러 가지 다른 요소를 도입하게 되었는데, 그중에서도 신문이 가장 잘 어울렸다. 흡연에 대해서는 처음에는 반대가 있었지만 커피하우스 안쪽에 당구와 카드 게임을 하는 방을 차린 즈음에 함께 허용되었다. 음식을 조리하고 서빙하는 데 대한 반발은 훨씬 더 컸다. 그러나 결국 음식을 팔기 시작했고, 빈에 관해 잘 아는 사람들은 오래전부터 최고의 아침식사 장소가 커피하우스라고 생각한다. 점심과 저녁도 먹을 수 있지만, 순수주의자들은 갓 내린 커피 향이 음식 냄새로 오염되는 것을 경멸한다. 그들은 혐오스러운 흰 테이블보를 걷어내야만 커피하우스가 제대로 복원된 것으로 본다. 영국 클럽처럼 빈의 커피하우스에도 고객들이 사용할 수 있는 책상과 전화가 비치되어 있으며, 매일 일정한 시간에 커피하우스에 와서 다양한 업무를 처리하는 사람도 많다. 이러한 요소들은 커피하우스가 가진 다채로운 면모에 기여한다. 빈의 커피하우스가 잦은 방문과 긴 체류 시간을 특징으로 하는 제3의 장소에 속한다는 점은 분명하다.

수십 년 동안 출판된 여러 문헌에서 빈의 커피하우스 단골손님들에 관한 묘사는 시간대에 따라 뚜렷하게 서로 다른 집단이 서로 다른 방식으로 커피하우스를 이용한다는 점을 일관되게 지적한다. 최근에는 예전보다 아침식사가 더 일찍부터 제공되고, 게임을 하는 사람들은 더 늦게 온다. 예전보다 삶에 여유가 없어졌다는 뜻일 것 같다. 아침식사 시간이 끝난 후 오전 시간에는 연락 거점, 개인 사무실, 도서관으로 이용된다. 정오 직전에 흰 테이블보가 깔리고 곧 점심을 먹으러 사람들이 몰려든다. 오후 2시 30분(예전에는 더 일렀다)이 되면 테이블이 다시 깨끗하게 치워지고, 단골손님들이 블랙커피를 마시며 친구들과 우정을 쌓는다. 오후 4시에는 여성들의 야우제가 시작된다. 야우제는 6시까지만 이어지는데 6시가 되면 집에 가서 가족들을 위해 저녁을 준비해야 하기 때문이다. 그다음에는 체스, 카드, 당구를 즐기는 손님들이 들어온다. 극장에서 나온 관객들이 도착할 때까지는 그들이 주류를 이룬다.

그러나 위에서 묘사한 단골손님들의 밀물과 썰물은 빈의 커피하우스가 활용되는 다양한 용도 중 단 몇 가지를 시사할 뿐이다. 열여덟 시간 남짓한 영업시간 동안 빈의 커피하우스는 많은 사람들에게 훨씬 더 다양한 기능을 제공한다. 그 수용의 폭에 관해 1920년대에 T. W. 맥캘럼T. W. MacCallum은 이렇게 썼다.

> 아침 8시부터 새벽 2시 사이에 카페는 빈 사람들의 생활상 중 상당히 많은 부분을 목격한다. 기분이 어느 때보다 좋은 사람, 우울한 사람, 그저 돈이 있어서 시간을 보내러 오는 사람, 최소한의 비용으로 가능한 한 긴 시간을 보내고 싶은 사람, 배가 고픈 사람, 자기 삶에 충분히 만족하는 사람 등등, 기분이 제각각인 사람들이 갖가지 이유로 이곳에 온다. 빈의 커피하우스는 모두를 위한 장소다. 연인에게는 데이트 장소, 공통된 취향과 관심을 가진 사람들에게는 클럽, 부업으로 사업을 하는 사람들에게는 사무실, 몽상가에게는 휴식처, 그리고 많은 외로운 영혼에게는 집이다.[20]

빈 사람들은 다양한 이유로 다양한 시간에 커피하우스에 간다. 이유서 깊은 시설은 그 모든 손님들을 있는 그대로 받아들인다. 어떤 기분이든, 어떤 상황이든, 어떤 사회적 지위를 가졌든, 커피하우스는 저마다에게 적합한 장소가 되어준다. 비공식적인 모임 장소가 사실상 하나의 삶의 방식이 될 수 있다는 것을 보여주는 예로 이보다 더 좋은 장소는 거의 없을 것이다.

제3의 장소에서의 경험보다 '좋았던 시절'이라는 신화로 왜곡된 사례가 또 있을지 의문이다. 사실 제3의 장소의 전통이 지닌 가치는 사회 변화의 부정적인 영향으로 인해 유실된 요인이 얼마나 많은지에 달려 있는 것처럼 보일 때가 많다. 그러나 이 점에서도 빈의 커피하우스는 우월함을 보여준다. 나치 치하의 암흑기(그들은 비어 홀을 좋아한 반면 커피하우스는 두려워했다)가 예외적이기는 했지만 그 후 완전히 복구되었고, 그 외에는 활기나 대중성이 시들해진 적이 한 번도 없었다.

그러나 순수주의자들은 커피하우스가 음식점의 기능을 도입하면서 망가졌고, 미국화로 인해 원래의 분위기를 잃어버렸다고 주장한다. 보수주의자들은 밝은 색조, 금속제 집기, 연기로 그은 목재 패널 대신 벽면에 설치한 거울, 시끄러운 손님들을 보며 한탄했다. 또한 젊은 세대는 사교성이 떨어진다는 비난을 받는다. 1920년대 후반에 한 관찰자는 "시기와 사리사욕이 혁명적 열정과 연대를 몰아내고 그 자리를 차지했다"라고 불평했다.[21] 출세 제일주의와 물질주의가 만연하고 가정에서 더 책임감 있는 남편을 요구하게 되면서, 친구들과 보내는 시간을 "허비"로 폄하하는 경향이 생겼고, 다른 모든 근대국가에서 그러했듯이 이러한 경향은 빈마저도 변화시켰다. 커피하우스가 예전과 달리 "독립적인 남편들"의 클럽으로 보이지 않게 되었다면, 그것은 요즘 그런 생명체 자체가 줄어들었기 때문일 것이다.[22]

그러나 어떤 시설의 건강성과 활기를 좋았던 시절의 색 바랜 기준으로 판단해서는 안 된다. 커피하우스의 생존을 좌우하는 것은 과거의 낭만이 아니라 현재 사람들의 필요를 충족시킬 수 있는 역량이다. 빈의 커피하우스는 시대에 발맞추어왔고, 그러면서도 여전히 본질을 유지하고 있다. 일단 그 안에 들어가면 방문객들은 시간을 거꾸로 돌린 것 같은 환상에 빠진다. 마치 프란츠 요제프가 통치하던 시절과 같이 느껴지고, 이보다 더 나은 장소는 없을 것만 같다. 그러나 그 이상을 기대하기는 힘들다.

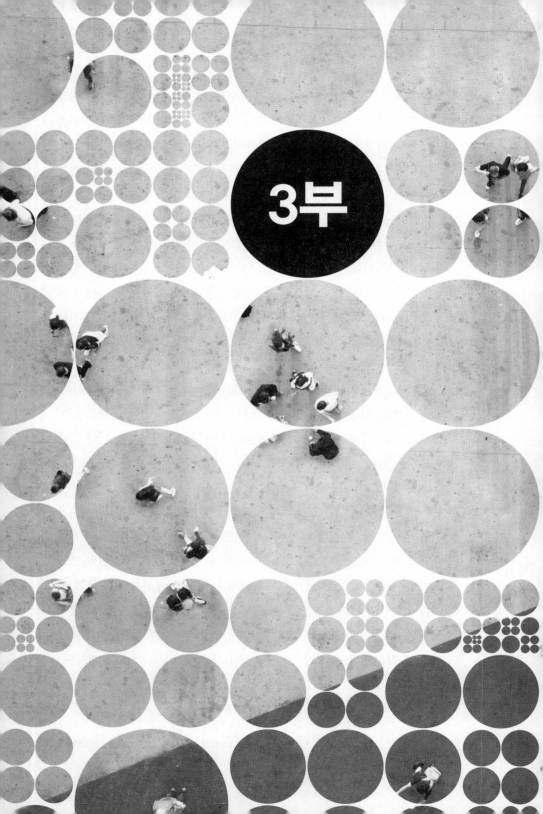

3부

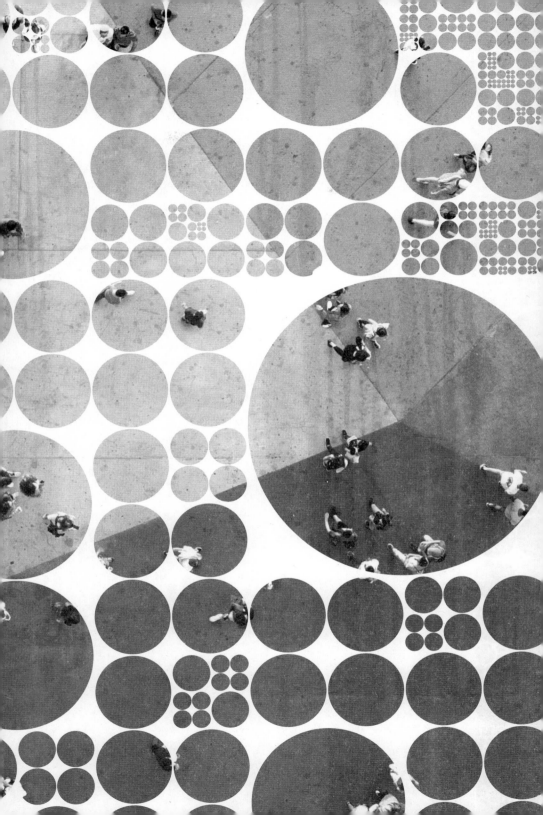

11장
적대적 서식지

모든 살아 있는 것들이 그렇듯이 제3의 장소 역시 환경에 민감하다. 건축물이나 그 안의 설비보다 훨씬 더 중요한 것은 그 장소가 서식하는 환경이다. 환경은 제3의 장소를 꽃피우거나 번성하게 만들 수도 있고, 시들게 할 수도 있다. 제3의 장소는 여러 면에서 유리하다. 병원이나 도서관은 필수적인 요건들이 엄격하고 복잡하며 비용도 많이 드는 데 반해, 제3의 장소는 비교적 수수하고 규모가 작으며 비용도 덜 든다. 게다가 다른 목적으로 지어진 공간도 지역사회에 인계되어 비공식적 교류의 중심지로 활용될 수 있다. 갖추어야 할 조건이 단순한 덕분에 제3의 장소는 많은 도시에서 다양한 형태로 싹틀 수 있는 내한성 다년생식물이 되었다.

그러나 항상 번성만 하는 것은 아니다. 미국의 신생도시 환경, 즉 구도시를 재개발했거나 도시 스프롤urban sprawl(도시가 팽창함에 따라 교외지역이 무분별하게 증식하는 현상—옮긴이) 현상이 있는 지역에서는 제3의 장소를 찾아보기 힘들다. 새로운 '건조환경built environment'(인간이 자연환경을 물리적으로 변형시킴으로써 만들어진 환경—옮긴이)에서 제3의 장소가 그렇게 드물고 미약하다는 사실은 이러한 환경이 인간의 건강한 거주에 적합한지 의문을 품게 한다. 무엇보다도, 우리는 사회적 동물이다. 인간은 서로 관계를 맺으며 살아가는 종으로, 서로 경험을 공유하는 만큼 공간도 공유한다. 어느 나라에서나 사회와 괴리된 채 살아가는 사람은 드물다. 교류를 막는 서식지에서 사람들은 껍데기 안으로 숨어드는 거북처럼 은둔한다. 그런 서식지는 공동체를 부정하고, 그곳에 사는 사람들은 많은 사람들 가운데 있어도 외로워진다.

———— **구질서의 잔해 속에서**

제3의 장소는 오래된 건물에 있는 경우가 많고, 미국의 도시에서도 아직 재개발이 습격하지 않은 동네의 낡은 도로변에 많다. 오래된 구역에서는 도시 자체가 색바랜 이미지를 띠고 있고, 그곳에서는 타인과 쉽게, 그리고 흥미롭게 섞일 수 있다는 상호작용의 특징을 가지고 있어서 과거의 도시 모습을 볼 수 있다. 새로운 '건조환경'은 그런 상호작용을 거의 제공하지 않으므로 도시라고 불릴 가치가 없다.[1] 또한 더 넓은 차원에서 기업이 지배하는 테크놀로지 기반의 질서가 등장하여 시민들이 원자화되었다는 점을 생각하면 '사회'라는 용어도 적절하지 않을 수 있다.[2]

과거에 미국인들은 계획도 목적의식도 없이 교류를 위한 수많은 전초기지를 세움으로써 어울리기 좋아하는 성향을 표출했다. 사람들은 원래 다른 목적으로 지어진 다양한 시설들을 점령하여 사교의 중심지로 만들었다. 시골의 오래된 가게에서 크래커 통을 둘러싸고 잡담을 나누던 무리가 공공 휴게시설을 만들 책임을 느꼈을 리는 없다. 그들은 다른 목적으로 만들어진 시설에 무례하게 쳐들어와서 슬쩍 자리를 차지했을 뿐이다. 소도시의 드러그스토어 주인도 동네 청소년들에게 놀 장소를 제공할 의무가 있다고 생각하지 않았지만 결국 그런 역할을 했다. 이발소의 대기석은 손님을 위한 것이었지만 손님이 아닌 사람들이 더 많이 이용하곤 했다. 주민들이 수다를 떨거나 서로 안부를 나누라고 지역 우체국을 24시간 개방하는 것은 아니었지만, 우체국은 그런 목적에 딱 적당한 장소가 되어주었다. 호텔 커피숍은 방문객을 위한 장소다. 그러나 그곳을 (가장 좋아했다고까지는 말할 수 없어도) 가장 자주 이용하고, 가장 필요로 했던 사람은 주민들이었다.

예전에는 사교적인 미국인들이 이런저런 장소에서 이루어지는 모임에 거리낌 없이 슬쩍 끼어들 수 있었다. 그러나 지금은 그렇지 않다! 도시계획가나 건축가, 점주 등이 시설을 사교 목적으로 이용하지 못하게 하는 방법을 찾아냈기 때문이다. 어슬렁거리거나 빈둥거리거나 죽치고 앉아 있는 행위는 비공식적 공공생활의 핵심인데, 현대적인 가게와 공공기관 건물은 이제 그런 행위에 적대적이다. 신축시설의 통로, 카운터, 선반 배치는 둘러앉거나 심지어 서서도 대화를 나누지 못하게 만든다.

문제는 도시를 집단생활로 엮기에 충분하도록 비어 가든이나 비스트로 등을 갖추는 다른 나라들과 달리, 미국인들은 다른 사람들과 관계를 맺고 모이기 위한 장소를 애쓰지 않아도 처음부터 당연히 있는 것으로 생각한다는 점에 있다. 현대의 미국 도시에는 적절한 모임 장소가 드물다. 어쩌면 빨래방에서 친구를 사귀는 도시 거주자들도 있을지 모른다. 어느 작가가 그런 장소를 우연히 마주친다면, 차가운 잿더미가 된 우리의 공공 영역에서 작지만 빛을 발하고 있는 이 휴머니티의 불씨를 소재로, 마치 그것이 미국의 승리를 상징하는 양 작품을 쓸 수도 있을 것이다. 미국인들은 비공식적 공공생활을 위해 확보한 장소만큼이나 기대하는 바도 작아 보인다.

이제는 장소 자체가 사라지고 그 자리에 **비장소**nonplace(관계와 역사성, 정체성이 없는 장소를 뜻하는 마르크 오제Marc Augé의 개념—옮긴이)만 남았다. 진정한 장소라면 그곳에서 개개인이 개별적이고 고유하고 개성이 있는 전인격적 인간일 수 있어야 한다. 비장소에서는 개별적인 인격체가 사라진다. 비장소에서 개성은 아무런 상관이 없으며, 사람들은 고객, 쇼핑객, 환자, 자리에 앉을 몸뚱이, 비용을 청구할 대상, 주차할 차량에 불과하다. 비장소에서 각자의 인격은 의미가 없을 뿐만 아니라 방해가 되기도 한다. 토비스 다이너라는 식당은 장소였지만, 지금 그 자리에 있는 원더 와퍼는 비장소다.

기업들은 주거단지 개발에서부터 그 주민들을 겨냥한 쇼핑몰, 입지가 좋은 곳마다 들어서는 패스트푸드점 등 새로운 영역을 재빨리 장악했다. 더 오래 걸리기는 하지만, 개발된 지 오래된 지역의 환경도 기업들에 의해 감염된다. 지역 주민이 운영하는 간이식당은 새로 지어진 패스트푸드점과 경쟁해야 한다는 사실을 금방 깨닫는다. 기울어가는 가운데서도 충성도 높은 단골손님들은 계속 찾아올 것이다. 단골손님들에게 이 식당은 단순히 점심을 먹는 장소 이상의 의미를 지닌다. 그러나 그 외의 사람들을 끌어들이지는 못한다. 이 지역에 일시적으로 머무르게 되었거나 지나가다 들른 사람이라면 낯익은 로고 쪽으로 향할 것이다. 이 가짜 장소에서는 직원도 손님만큼이나 금방 바뀐다. 패스트푸드점은 고등학생들이 시스템의 톱니바퀴가 되는 법을 배우고, 엄연히 쇼트닝을 쓰면서도 쇼트닝이라는 단어를 입 밖에 내면 해고를 당할 수도 있는 곳이다. 머지않아 제3의 장소가 또 하나 사라진다. 그 자리를 차지한 비장소는 그 지역에 처음 온 사람들의 삶을 조금 덜 혼란스럽고 조금 더 쉽게 만들어준다. 익숙한 로고가 손짓한다. 그것은 유목민처럼 사는 사람에게는 예측 가능하고 친숙한 것을 제공하지만, 누구에게도 진정한 장소를 제공하지 않는다.

비장소의 정체를 알아보고 저항하는 사람도 가끔 (너무 가끔이지만!) 있다. 어느 두 아이의 엄마는 아이들을 햄버거 체인으로부터 떼어놓기 위해 제리스라는 장소를 이용했다. 그녀는 제리스에 관해 이렇게 말했다. "사람들은 이곳에 소속감을 느끼는 것 같다. 편안하고 친밀한 분위기 속에서 서로 이야기를 나누기도 하고, 친구를 만나기도 한다. 모든 것은 전적으로 각자의 성격에 달려 있다. 오래되고 낡았지만 기분을 풀고 싶거나 소속감을 느끼고 싶거나 여유롭게 쉬고 싶을 때 가기에는 무척 좋은 곳이다. 아직 가보지 않았다면 꼭 가보라."

제리스에 관한 이 여성의 묘사를 듣자니 미국 북부의 어느 도시에 있던 한 가게가 생각났다. 터무니없을 정도로 큰 로스트비프 샌드위치를 파는 음식점이었다. 분명 그런 곳은 또 없을 것이다. 가게는 오래된 거리에 있었는데, 건물도 그만큼 오래된 것 같았다. 효율적인 프랜차이즈 경영 원칙은 하나도 지켜지지 않았다. 기다리는 줄은 길었고, 몹시 천천히 움직였다. 그러나 이곳에서는 집단생활의 저주가 기분 좋은 경험으로 전환되었다. 기다리는 동안 사람들은 맥주를 홀짝거리며 느긋하게 이 사람 저 사람과 이야기를 나눈다. 맥주도 가져다 마시고 수다도 떨면서 천천히 발걸음을 옮긴다. 이윽고 카운터에 다다르면 거인 같은 남자가 있다. 그는 은퇴한 전직 레슬러로, 작은 접시에 샌드위치 속을 흘러넘치도록 쌓아 올리면서 균형을 잡는 모습을 손님에게 뽐내는데, 로스트비프가 넘치다 못해 바닥에 떨어질 때까지 멈추지 않는다. 그는 모든 손님에게 농담이나 아니면 재치 있는 말을 한마디씩 건넨다.

요리를 따뜻하게 보관하는 용기를 서너 개 두면 분명 더 빨리 음식을 낼 수 있을 것이다. 근처에 분점을 하나 내면 수익성이 높아질지도 모른다. 고기를 떨어뜨리지 않도록 조심하기만 해도 틀림없이 이윤을 늘릴 수 있을 것이다. 지금 우리는 마치 프랜차이즈 업체처럼 이야기하고 있다! 우리의 친구는 특별한 경험을 선사해주고 있는데, 다른 가게들처럼 만들어버리면 특별함이 사라질 것이다. 그와 그의 손님들도 이 사실을 알고 있다. 그 가게의 인테리어는 수수하다. 프랜차이즈 점포처럼 산뜻하지 않다. 그러나 장사는 잘된다. 하늘을 찌를 듯이 황금 아치를 높이 세웠기 때문이 아니라 그곳에서 양질의 로스트비프 샌드위치 이상의 특별한 경험을 한 단골손님들이 입소문을 냈기 때문이다.

영업을 하고 있는 동안에는 사람들이 그 장소의 진가를 제대로 알아보지 못하는 경우가 많다. 그러나 불타 사라지고 나면 사랑하는 명예시민이 죽은 것처럼 느껴진다. 지역공동체는 예전만 못해진다. 지역공동체의 특징과 매력의 많은 부분이 그 장소에 달려 있기 때문일 것이다. 나는 수년 전에 어느 강연에서 이 점을 지적한 적이 있다. 얼마 후 한 가게가 화재 때문에 영업을 중단했는데, 강연을 들었던 한 여성이 나에게 연락해왔다. "정말 누가 죽은 것 같아요. 그곳에 가고 그곳에 머무르는 일이 우리에게 얼마나 중요한지 미처 몰랐죠."

사라진 동네 모임 장소의 예가 또 하나 있다. 생긴 지 얼마 안 되는 햇병아리 제3의 장소로, 그렇게 매력적이지도 주민들의 습관에 깊게 뿌리를 내리지도 못했던 곳이다. 한 슈퍼마켓 체인이 조리식품 판매대 앞에 전체 공간의 6~7%를 할애해서 탁자와 의자를 구비했다. 이곳은 곧바로 일요일 아침의 단골손님들이나 오후 교대근무자들에게 인기 있는 장소가 되었다. 그들은 장을 본 후 계산하러 나가기 전에 잠시 쉬면서 커피와 잡담을 즐겼다. 그런데 얼마 후 이 시설이 철거되었다. 직원에게 물어보니, 많은 고객들이 실망하여 화를 낼 정도였다고 했다. 그러면서 수백 킬로미터 떨어져 있는 본사의 결정이라고 했다. 계산기만 두드리는 사람들이 면적당 수익률을 내보고는 그곳이 점포 내의 다른 구역보다 수익이 적게 발생한다는 사실을 알고 없앨 것을 권고했을 것이다. 그리하여 옛 도시의 흔적이 지워지고, 현대적인 도시 환경에 더 잘 어울리는 가게가 되었다.

현대적인 도시 환경은 사람을 단일 기능 수행자로 만든다. 사람들은 고객, 노동자, 통근자로 환원되며, 전인격적 존재가 될 기회는 쉽게 허락되지 않는다. 현대적인 도시 환경은 사람들을 제약하고 강제한다. 한 장소에서는 한 가지 활동만 허용되고, 효율성이라는 이름 아래 (누구를 위한 효율성인가?) 다른 활동을 막는다. 종합해볼 때, 도시 환경은 과거에 비해 인간의 요구를 받아들이지 못하고 있다. 건축평론가 볼프 폰 에카르트는 이를 누구보다 잘 이해하고 있다.

> 우리는 정신과의사들보다 도시계획가들[의 자문]로부터 더 많은 것을 얻어야 한다. 우리는 집단 치료가 아니라 지역사회의 계획에 참여함으로써 다른 사람들과의 관계를 더 크게 개선할 수 있다. 우리—적어도 대부분—를 괴롭히는 것은 우리에게 다른 사람들과 조화를 이루어 만족스럽고 창의적인 삶을 살아갈 능력이 결여되어 있다는 점이 아니라 우리가 살아가는 환경이 그렇게 할 만한 충분한 기회를 제공하지 않는다는 점이다. 우리의 서식지는 우리를 포위하고, 고립시키며, 초조하게 하고, 분열시킨다.[3]

건조환경은 놀라운 속도로 변화한다. 이는 매우 빠른 속도로 새로운, 그러나 결함이 있는 질서가 창출된다는 뜻이다. 하룻밤 사이에 환경이 변화하는 데에는 두 가지 요인이 작용하는 듯하다. 첫째, 모든 과정이 시설을 사용할 사람들의 참여 없이 이루어진다. 사회경제학자 로버트 시어벌드Robert Theobald가 지적했듯이, 도시계획가들은 사람들의 참여를 싫어한다. "사람들은 시스템을 망치거나 방해가 되"기 때문이다. "사람들은 일을 흐트러뜨린다. 사람들은 변덕스럽고, 생각과 감정, 사랑과 증오를 가지고 있는데, 마스터플랜에는 사람들의 자유를 위한 여지가 없다."[4] 두 번째는 기술적인 요인이다. 건축가이자 도시계획가인 라이어널 브렛Lionel Brett은 이 요인을 다음과 같이 설명한다.

원인은 단순히 사람들이 서로 배운다는 점에 있다. 그 과정은 수 세기 동안 지연되었다. 통신 기술이 미비하고 원시적인 테크놀로지밖에 없었으며, 지역의 자원밖에 활용할 수 없었기 때문이다. 그러나 꾸준히 이루어졌다. 이제 모든 장애물이 제거되었고 장소 사이의 차별점이 불분명해졌기 때문에 그 차이가 더 소중해졌다. 디자이너가 그런 장소들의 생존을 위해 할 수 있는 일이 있다면 그게 무엇이든 간에, 단지 외양만 바꾸는 데 그치더라도, 세계를 더 살기 재미있는 곳으로 만들게 될 것이다.[5]

적합한 인간 서식지를 창출할 수 있는 능력이 사라진 탓에 미국 도시에서는 부적합한 환경이 무서운 속도로 건설되고 있다. 기업들은 종사자들의 의견을 수용하지 않은 채 그들에게 새로운 시스템을 사용하게 강요하면 장기적으로 기업의 미래가 위태로워진다는 사실을 깨달은 듯하다. 그러나 여전히 실제로 도시계획의 결과물을 사용할 당사자인 주민들을 계획 과정에 참여시키지 않고, 결함이 있는 도시계획을 그들에게 강요하고만 있다.

도시계획과 건축 분야의 전문가와 저술가들이라면 더 넓은 시야를 가지고 나은 전망을 제시할 것이라고 기대할 수도 있겠지만, 나는 그들에게서 별다른 대안을 보지 못했다. 나는 이 주제에 관한 수십 권의 관련 도서와 설계 지침서 등을 훑어보았다. 그러나 라운지, 태번, 바, 살룬에 관해서는 어떠한 언급도 찾을 수 없었다. 도넛 가게, 커피숍, 당구장, 빙고 게임장, 클럽, 집회장, 청소년 레크리에이션 센터도 마찬가지다. 분명 이 장소들은 도시계획가들의 머릿속에서 그 어디에도 속하지 않는 것 같다.

잠재적인 제3의 장소 후보라고 할 만한 장소로 유일하게, 관련 업계의 바이블이라고 할 수 있는 《지역사회 건설회사 핸드북Community Builders

Handbook》에서 볼링장에 관한 언급을 발견했다. 그러나 이 책의 저자들은 볼링장이 "돈이 안 되는 업종"이며, 쇼핑센터에서 멀리 떨어져 있어야 한다고 말한다. 독립형 단일 임대 구조로 지어야 한다는 말은 있지만, 어디에 있어야 하는지에 대해서는 아무런 언급도 없다.[6]

더 흥미로운 점은 이 지침서의 제목이다. 그 제목은 틀렸다. 지역사회를 건설하는 데 대한 책이 아니라 **쇼핑센터** 건설에 대한 책이기 때문이다. 소비주의가 모든 다른 관점을 압도하는 사회가 아니라면 그 두 가지를 혼동할 리 없다. 오랫동안 퍼듀카(켄터키주의 소도시—옮긴이)에 산 사람이라면 헷갈리지 않을 것이다. 최근까지 퍼듀카는 활기차고 쾌적한 지역이었다. 퍼듀카 사람들의 생활과 사회적 교류는 다운타운을 중심으로 이루어졌다. 그런데 개발업자들이 (아마도 지역 주민들과 이 지역을 경유하는 많은 사람들을 모두 끌어들이고자) 고속도로 바로 옆에 켄터키 오크스라는 멋진 쇼핑몰을 세웠다. 이 쇼핑몰은 《지역사회 건설회사 핸드북》의 원칙과 공식에 따라 건설되었지만 결과는 지역사회 건설이 아니었다. 많은 지역주민은 이 쇼핑몰이 그들의 지역사회를 **죽였다**고 주장한다. 쇼핑몰이 쾌적한 기분전환 장소가 될 수 있을지는 몰라도, 지역사회가 될 수는 없다.

그것은 또한 미국 SF 작가 레이 브래드버리^Ray Bradbury의 소설에서 진정한 장소들을 그들의 방식으로 질식시키고 짓뭉개는 '크리슈나 쇼핑몰 Juggernaut Shopping Mall'(크리슈나는 힌두교 신화에 나오는 영웅신 이름으로 불가항력적인 거대한 힘을 뜻함—옮긴이)의 완벽한 예다. 브래드버리는 "지금 우리는 이 패턴에 익숙하다"라고 말한다. "우리는 너무 많이 생각하는 쇼핑몰 건설업자들과 너무 생각이 없는 시의회가 이 패턴을 되풀이하는 것을 보아왔다."[7] 브래드버리는 소비주의의 제단을 세우느니 차라리 "인간 기계"를 발명하라고 일갈한다.

우리는 무엇에 관해 이야기하고 있는가? 사람들이 침대 시트 한 장, 셔츠 한 장, 구두 한 켤레를 사러 들어오는 쇼핑센터뿐 아니라 죽치고 앉아서 빈둥거리고 사람들을 사귀는 장소. 대도시로부터─더 나쁘게는 집으로부터─의 도피처. 군중들이 "여기가 바로 성역!"이라고 외치며 몰려들 만하며, 영원히 머물러도 좋은 곳. 요컨대, 사람이 사람다울 수 있는 장소. 이런 발상은 정오의 아테네, 저녁식사 후의 로마, 새벽의 파리, 해 질 녘의 알렉산드리아만큼이나 오래되었다.[8]

다른 사람이 제3의 장소를 과거의 유물로 치부할 때면 짜증이 난다. 그들은 말한다. "아, 옛날 동네 선술집이나 드러그스토어에 있던 소다수 판매대 같은 것 말이지?" 물론 그 말은 틀리지 않았다. 제3의 장소 대부분이 구질서의 '잔해 속에서' 발견된다는 점에서 과거의 것이 맞다. 그러나 그런 반응이 나올 때 나는 이렇게 대답하기로 했다. "우리는 과거를 원하지 않는다. 우리는 과거를 가질 수 없다. 우리는 과거를 필요로 하지 않는다. 우리에게 필요한 것은 장소다!"

───────── **닭장 사회**

제3의 장소는 동네에서 점잔 뺄 일이 없고, 자동차보다는 도보로 이동하는 사람이 많고, 동네에 여러 가지 재미있는 일이 있어서 텔레비전에 덜 의존하게 되는 지역에서 가장 번성한다. 이런 곳에서는 거리가 집의 연장이다. 지역에 대한 애착과 장소에 대한 느낌은 자연스럽게 걸어 다닐 때 확장된다. 그런 동네에서는 부모나 자녀 모두 자유롭게 돌아다닌다. 거리는 안전할 뿐만 아니라 인간관계를 형성하게 해준다.

현대의 미국인들은 할아버지 세대가 그랬던 것처럼 동네를 안심하고 자유롭게 돌아다닐 수 없다. 사실 집 앞에 보도가 없는 경우도 많다. 사람들은 자동차라는 사적인 영역을 유지한 채 집에 드나든다. 이런 방식으로 이동하면 주변 환경을 건너뛰게 된다. 즉, 환경의 일부가 되어보지 못한다. 그러지 않았다면 이웃과 가장 친한 친구까지는 아니더라도 가장 가깝게 지내는 친구가 될 수 있었겠지만, 현재의 상황은 사람들 사이의 그 어떤 접촉도 일어나지 못하게 한다. "한마을에 사는 친구 한 명은 왕실에 있는 친구 100명만 한 가치가 있다"라는 고대 중국의 격언은 도시계획에서 통하지 않는다. 나는 한 도시계획가 사무실에 전화하여 그 지역의 주택 중 몇 %가 보도를 끼고 있지 않은지 문의한 적이 있다. 그들은 모른다고 했다. 중요한 고려 사항이 아니었던 것이다. 예전처럼 아이들을 마음대로 돌아다니게 할 수 없음은 물론이고, 이제는 더 '전략적으로' 이동해야 한다. 그리고 아무도 걸어서 이동하지 않는다.

《닭장 사회The Broilerhouse Society》라는 흥미로운 책에서 패트릭 골드링 Patrick Goldring은 양계 방식의 역사적 변화를 추적한다. 예전에는 닭들이 농장 안을 마음대로 돌아다니면서 원할 때 원하는 곳에서 모이를 쪼아 먹고 털을 고를 수 있었고 낮과 밤, 계절, 날씨 등 자연과 접하며 살았다. 말하자면 '닭답게 살 권리'를 누렸던 것이다. 그중에서도 주변을 자유롭게 돌아다닐 권리가 가장 중요했다. 이제 그런 권리는 없다. 병아리들은 대개 고도로 통제된 환경 속에서 부화하고 그 후에도 계속 갇혀 산다. 밤낮의 변화는 조명 색을 이용하여 인위적으로 제어하는데, 실제보다 빠르게 바뀐다. 움직임은 최소한만 허용되며, 맛도 향도 없는 사료만 먹고 산다.[9]

골드링은 영국 사회에서 이러한 변화가 인간에게도 일어나고 있다고 지적한다. "맛도 향도 없는 음식을 먹고 사는 '닭장 인간'의 삶은 점점 더 잘 정돈되고 있지만, 먹는 음식만큼이나 삶의 맛이나 향도 없어지고 있다."[10] 그러나 가장 중요한 점은 자유롭게 방사되는 시간이 줄어들고 있다는 것이다. 골드링의 주장에 따르면, 우리의 라이프스타일은 하나의 작은 칸에서 살다가 연결되어 있는 다른 칸을 타고 이동해서 또 다른 칸에 가서 일하고 돌아오는 식으로 변하고 있다. 집이라는 칸에 관해 골드링은 다음과 같이 설명한다.

> 오늘날 영국인의 집은 요새가 아니다. 밝은 조명과 중앙난방이 설치되어 있고, 운동을 위한 쳇바퀴가 있는 휴식처다. 사람 많은 영화관은 텔레비전으로, 펍은 주류판매점에서 산 병맥주로, 펍에서의 논쟁은 텔레비전 토론으로 대체되었다. 집을 꾸미는 일이 국민적 관심사가 된 반면, 공공시설의 건축은 특색 없이 지루해졌다.[11]

골드링은 텔레비전이 닭장 사회에 상당한 기여를 한다고 강조한다. 텔레비전은 거의 모든 사람을 집에 틀어박히게 만든다. 그것은 집이라는 칸에 갇혀 있는 생활을 참을 만하게 만들어준다. 물론 그렇게 하려면 단순한 오락 이상을 제공해야 한다. 텔레비전은 예술이자 상담사이자 선생님이다. 텔레비전은 여생을 집으로 불러들인다. 텔레비전 편성 책임자들은 이렇게 말한다. "밖에 나가지 말고, 편안하고 사생활이 보장되는 집에 머물러라. 밖에서의 삶은 우리가 대신 살아주겠다."[12]

인간은 닭이 아니다. 실험복을 입은 그 누구도 사람을 집이라는 칸에 넣고 자물쇠를 채워 가둘 수 없다. 하지만 인간의 닭장 사회는 자물쇠 대신 **관리**management에 의존한다. 관리자의 역할은 사람들이 제한된 삶을 자신이 진정으로 원하고 가장 유익한 삶이라고 믿게 만드는 것이다. 영국뿐 아니라 미국에서도 이미 많은 사람들이 그렇게 믿는다.

이토록 근거가 충분한 골드링의 말을 진지하게 받아들인다면 미국 도시들에서 나타나는 높은 범죄율과 부패, 분열이 그림에 맞아떨어지기 시작한다. 이러한 상황은 사람들로 하여금 집이 가장 긴 시간을 보내야 할 장소이며, '정글'에 나갈 필요도 없고, 그러고 싶지도 않다고 믿게 만든다. 그리고 경찰이 자유롭게 풀어놓은 사람들이 공원 관리인에게 협조하지 않는다는 이유로 야간에 공원을 폐쇄한다고 해도 그것을 정당하다고 여기게 된다. 사람들이 집과 직장에서 모든 시간을 보내게 된다면 당연히 제3의 장소가 필요하지 않을 것이고, 제3의 장소가 없다는 점이 닭장 사회의 또 한 가지 특징이 될 것이다.

─────── **우리가 얻은 것과 잃은 것**

빅터 그루엔은 고향 나폴리를 떠나 미국에 온 한 지인에 관해 이렇게 썼다. "고향에 있는 그의 거처는 소박했고, 샤워기 물은 졸졸 흘러나왔다. 그래도 샤워를 하고 옷을 차려입을 때에는 그럴 만한 이유가 있었다. 갈 곳이 있고 만날 친구가 있기 때문이었다. 미국의 집은 더 안락하고 샤워기도 좋았다. 하지만 어디에 갈 것인가?"[13] 이 짧은 이야기는 두 환경 사이에 중요한 차이가 있음을 보여준다. 그루엔은 다음과 같이 이어간다. 환경에는 개인을 둘러싼 "직접환경immediate environment"과 모두가 공유하는 더 넓은 범위의 공공환경이 있다. 평균적인 미국인은 대부분의 다른 나라 사람들보다 더 나은 직접환경, 즉 개인적인 환경을 누리지만 공공환경의 "질"은 "심각하게 낮다."[14]

미국인들은 180도 변했다. 민주주의의 공간적 구현이 되리라는 지방자치단체의 전망을 꿈꾸던 사람들은 관심을 각자의 집으로 돌렸다. 건축가이자 도시계획가인 돌로레스 헤이든은 "과거에는 이상적인 도시가 미국인의 좋은 삶에 대한 희망을 보여주는 공간적인 표상이었는데, 이제는 집에 대한 꿈이 그 자리를 대신 차지하게 되었다"라고 지적한다.[15] 함께 "좋은 삶"을 이루려던 희망이 각자 감당해야 할 고군분투로 바뀐 것이다. 과거에 모범적인 도시란 사회적 질병을 치유하는 곳이었지만, 현재의 이상적인 집은 사회적 질병으로부터 도피하는 곳이다.

헤이든은 이 변화를 다음과 같이 기록한다. 1950년 이래 수십 년 동안 우리는 점점 더 큰 집을 꿈꾸었고, 그 결과 미국인들은 "도시문명의 역사상 가장 넓은 1인당 주거공간을 누리게 되었다."[16] 미국인의 집 중 90% 이상은 방의 개수가 사람 수와 같거나 더 많다. 사실 사람 수를 넘는 경우가 더 많아서, 다음과 같이 묘사하기도 한다.

> 전형적인 미국 가정에는 1인당 방이 두 개 있다. 미국인은 세계에서 가장 넓은 주거공간을 쓴다. 평균적인 이스라엘 가정은 1인당 방 개수가 미국의 3분의 1로, 1.5명이 방 하나를 사용한다.[17]

가정마다 부부 침실, 고급 주방, 대형 욕조, 바비큐 시설이 딸린 파티오를 갖추게 되면서, 예전에 공공환경이 모두에게 제공하던 편의시설, 오락시설 대부분이 사라졌다. 이제는 몇몇 노인들만이 무료 공연이 열리던 야외 음악당이나 강변의 대형 천막이 어디에 있었고, 사람들이 모여 멋진 크리스마스 트리를 둘러싸고 캐럴을 부르던 곳이 어디였는지 기억한다. 우리는 공공공간에 대한 관심을 자기 집과 정원에 국한된 사적인 관심과 맞바꾸었다.

그리하여 공공환경이 무시된 것은 빤한 결과다. 독일 출신의 미국 건축가 피터 블레이크Peter Blake가 미국 도시의 공공공간에 관한 포토 에세이에 붙인 "신의 쓰레기장God's Own Junkyard"이라는 제목은 매우 적절했다.[18] 이언 맥하그ian McHarg(영국 출신으로 미국에서 활동한 조경학자이자 도시계획가―옮긴이)는 미국의 실험이 지금까지 걸어온 경로를 반추하며 "매디슨, 제퍼슨, 해밀턴, 워싱턴은 우리의 여러 제도에 자부심을 느끼겠지만, 그 자유의 땅을 보면 무서워서 뒷걸음질할 것"이라고 말한다.[19] 우리가 가장 좋아하는 미국 도시의 사진은 수천 킬로미터 떨어진 곳에서 찍은 풍경 사진으로, 대개 야경이다. 우리는 스모그 없는 날의 스카이라인과 밤에 빛나는 불빛들을 좋아한다. 렌즈를 더 가까이 들이대면 도시의 사회 문제들에 관한, 교과서에 나올 법한 사진을 찍게 될 것이다.

불쾌한 시각적 이미지는 깊이 뿌리박힌 부정적인 도시 이미지의 일부일 뿐이다. **거리**street는 공공장소 중에서도 가장 공공성이 큰 장소다. 그런데 '거리'가 들어가는 비관적인 어구가 계속해서 늘어나고 있다. 미국에서 '길거리the street'는 불건전하고 비도덕적이고, 부실하게 관리되는 공공공간에서 광범위하고 불법적으로 일어나는 활동과 그런 곳에서 형성되는 인적 네트워크를 일컫는다. "길거리 생활에 통달했다streetwise"라는 말은 도심 빈민가의 적대적이고 추잡한 환경에서 생존할 수 있는 능력을 갖추었음을 뜻한다. 생명을 파괴하는 약물의 '길거리 가격street value'은 비싸지만 목숨값은 싸다. 세속적인 사회가 되면서 사탄의 손아귀에서 불안한 영혼을 구해낼 필요는 없어졌을지 모르지만, 대신 거리로부터 그들을 구해야 할 필요가 생겼다. 미국의 아이들을 위한 텔레비전 프로그램이나 다른 오락거리가 "아이들을 거리로부터 보호하겠다"라고 나선다면 누가 반박하겠는가?

공공영역을 버리고 사적인 영역으로 도피하는 현상은 미국의 국가 경제가 취한 경로에 의해 가속화되었다. 20세기 초부터 전시가 아닐 때면 소비에 비해 더 많은 물자가 생산되었다. 정부와 기업은 미국인의 소비 수준을 향상시키고자 했다. 미국의 31대 대통령 후버 행정부와 만개

한 광고산업은 가능한 한 많은 젊은 부부가 단독주택을 소유하고 그 주택에 미국 제품들을 채우도록 독려하는 것이 장기적으로 유익하다고 보았다.

20세기 중반에 미국인들은 보도와 교류 거점, 길모퉁이 상점이 없는 동네로 이주했다. 공공 편의시설이 부족한 동네에 편의시설을 과하게 갖춘 집들이 대량으로 지어졌다. 예전에는 공공공간에서 이웃과 함께 이용해야만 했던 시설이나 오락거리가 이제는 사적으로 구입하고 이용하는 대상이 되었다. 수영장, 당구대, 야외 그릴, 홈 바, 영화 스크린, 고품질 오디오 시스템을 갖춘 집들이 늘어났다. 테니스 코트가 있는 집도 있었다. 예전에는 오락을 함께 즐기기 위해 사람들이 모였다. 지역사회에는 좋은 일이었지만 산업에는 도움이 안 되는 방식이었다. 예전에 지역사회가 제공하던 것을 각 가정이 소유하려고 할 때 더 많은 돈을 쓰게 되리라는 점은 아무리 수학을 못하는 학생이라도 이해할 수 있을 것이다.

현재 미국인은 여가 시간의 약 90%를 집에서 보낸다.[20] 집에서 보내는 시간이 그렇게 매력적인 것일까? 아니면 예전에는 집 밖의 세계에서 길을 따라 걷기만 해도 얻을 수 있었던 우정을, 이제는 더 이상 편안하고 저렴하게 얻을 수 없게 되었기 때문일까? 공공생활과 개인생활을 맞바꾼 이러한 거래는, 지불 능력이 있는 사람들이 지나치게 많은 것을 집에 갖추어놓고도 여전히 남아 있는 불만을 더 크고 좋은 집을 구매하여 해소하려고 함으로써 되풀이된다. 그러나 각자의 가정이 지역사회를 대신할 수 없으므로 그러한 투자의 수익에는 한계가 있다.

─────── **단일 기능 기반 도시계획의 폐해**
도시계획가들이 우리 시대의 지루함과 편협함에 가장 크게 기여한

점을 꼽자면, 각 공간이 하나의 기능만을 수행하도록 한 것이다. 사람들과 그들의 활동은 구획화되고, 상이한 기능을 가진 영역이나 그곳 사람들의 침범으로부터 보호받는다. 각 주거단지는 특정한 소득 수준이나 사회적 지위를 가진 사람들만을 위해 설계된다. 도시에서 이루어져야 하는 주요 활동들은 각각 중심이나 구역이 따로 있다. 교육을 받고, 쇼핑을 하고, 의료 서비스를 받고, 일하고, 노는 장소는 모두 떨어져 있으며, 그 어느 곳도 집에서 걸어갈 수 있는 거리에 있지 않다. 빅터 그루엔은 이와 같은 도시계획에 그가 어떤 기여를 할 수 있을지 의문을 제기하며, "그것은 순응적이고 편협한 분위기를 만들고, 또한 각각의 단일 기능 중심에 다른 기능이 전혀 섞여 있지 않으므로 척박하고 지루한 환경을 만들게 된다"라고 결론지었다.[21]

공간의 용도를 단일 기능에 한정하는 것은 여러 생산적인 활동에 유용한 방법이다. 그러나 이 원칙은 다른 영역에까지 확장되어, 결국 사회 구조를 훼손하게 되었다. 특히 주거지역으로의 확장이 가장 큰 문제다. 삶의 사유화는 더 이상 선택 사항이 아니며 공간적으로 강요된다. 이제 사람들은 집 밖에서 일어나는 일에 거의 관심이 없다. 이상적인 집이 과거에 사람들이 꿈꾸던 모범적인 도시를 대체하는 현상은 법으로 보호받는다. 구역별 용도 지정 제도가 대표적이다. 이 제도는 지역사회에 필수적인 물리적 공간, 시설, 시설들 간의 인접성 따위가 주거지를 침범하지 못하게 한다. "OO지역 거주자의 건강, 안전, 도덕, 일반적 복지를 촉진하기 위하여"라고 시작되는 규정은 사회의 고독감, 소외감, 원자화를 촉진한다.

저녁식사 자리에서 이런 내용을 설명하고 싶을 때, 나는 자리에 있는 사람들에게 동전 하나를 찻잔 받침 중앙에 놓으라고 말한다. 이것은 미국의 근린관계가 처한 운명을 설명하는 모형이 된다. 동전은 각자의 집이다. 찻잔 받침의 나머지 넓은 부분에는 집에서 걸어갈 수 있는 곳들이 있다. 받침 바깥에는 차를 운전하거나 다른 교통수단을 이용해야 갈 수 있는 장소들이 있다. 동전과 찻잔 받침 가장자리 사이의 공간, 즉 집에서 걸어갈 수 있는 거리 안에는 한때 지역공동체를 이루던 여러 요소가 있었다. 그곳의 재화와 서비스, 오락거리, 모임 장소는 보행자들을 끌어들였고, 사람들은 동네에 있는 시설을 함께 사용하면서 관계를 형성했다. 그러나 지금은 그런 요소들이 제거되었다. 어떤 것은 영원히 사라졌고, 예전에 함께 공유하고, 그럼으로써 공동체를 이룰 수 있게 했던 많은 것들은 사적인 버전으로 변형되어 집 안으로 이동했다. 나머지는 먼 곳으로 치워졌다. 운전을 해서 가야만 하는데, 그렇게 가더라도 아는 사람이 별로 없다.

　　시카고의 도시계획가들이 주거지역을 멸균하면서 삶의 터전으로서 도시가 가졌던 바람직한 점까지 없애버리느라 바쁠 때, 미국 저널리스트 마이크 로이코Mike Royko는 그들에게 '새로운' 계획을 제안했다. 그는 사람들이 걸어서 가게에 가고, 식료품을 사고, 다시 걸어서 집으로 돌아올 수 있는 도시를 구상했다. 그곳에서는 산책을 나갔다가 옷이나 맥아 분유, 기타 줄, 우표를 살 수 있고, 치과에 들르거나 유언장을 쓸 수도 있다. 버스를 타면 자가용보다 신속하고 저렴하게 시내에 갈 수 있으므로 각 가정에 차가 한 대씩만 있어도, 혹은 아예 없어도 잘 살아갈 수 있다.[22] 그러나 이 저널리스트의 지혜는 무시되었다. 아마도 다음 세대의 도시계획가들은 현 세대가 살기 좋은 마을을 만드는 데 부정적인 영향을 끼쳤다는 점을 더 쉽게 깨닫게 될 것이다.

　　주거단지의 무균실화는 사무실에서 나타나는 폐해를 곧바로 집 안의 난롯가로 가져다놓았다. 가족들과 일정을 조정하느라 골머리를 앓는 일이 비일비재해졌고, 특히 교외에서 자녀를 키워보면 집이 직장보다 더 빡빡할 수도 있다는 사실을 알게 된다. 자녀에게 집과 학교 외의 경험을 하게 하려면 먼 곳에서 열리는 프로그램에 등록하고 차로 데려다주어야 한다. 동네 공터에서 수시로 하던 공놀이는 조직화된 유소년 야구단으로 대체되었다. 예전에는 아이들이 뒤뜰에 본부를 차려놓고 놀았지만, 이제는 만들기 수업을 들으러 가야 한다. 여전히 초등학생들은 여름방학을 고대하지만, 동네에 아이들이 좋아하는 놀거리가 거의 없으므로 부모들은 다양한 여름 프로그램에 등록할 수밖에 없다. 물론 새로운 동네의 외관은 멋지다. 그러나 포리스트 론Forest Lawn(네브래스카주에 있는 공원형 묘지—옮긴이)처럼, 공동묘지도 외관은 멋질 수 있다.

자동차가 단일 기능 기반 설계의 원인이라고 할 수는 없지만, 자동차가 있었기에 그러한 설계가 가능했던 것은 사실이다. 원리는 간단하다. ①자동차는 각 시설이 어디에 있든 간에 모든 지점을 연결할 수 있다. ②모두가 차를 가지고 있다. 한동안은 도시계획이 더 쉬워진 것처럼 보였다. 예전처럼 한 공간에 여러 용도가 뒤섞이는 혼란을 피할 수 있었고, 마치 장기판처럼 깔끔하고 단정해 보였다. 그러나 단일 기능의 꿈은 곧 교통대란이라는 악몽으로 둔갑했다. 멸균된 동네에는 아무것도 없었다. 어떤 제품이 필요하든, 어떤 서비스를 받아야 하든, 어떤 오락을 즐기고 싶든, 예전과 달리 이제는 차를 타고 나가야 했다.

각각의 거점은 하나의 기능만을 제공하므로, 주차장이 급속하게 늘어나기 시작했다. 공연장 주차장은 관람객만 이용할 수 있고, 대부분의 시간에는 사용되지 않는다. 저녁 9시가 지나면 쇼핑몰 주차장은 거의 텅 빈다. 경기장, 학교, 병원 등의 주차장은 다른 어떤 용도로도 사용하지 않지만 반드시 각각 거기에 있어야 한다. 게다가 전형적인 도시 지역에 4인 가구 하나가 늘어나면 그들의 집에 주차장이 있어야 할 뿐만 아니라 그들이 이용하는 다양한 장소에도 차를 세워야 하므로 1000제곱미터에 가까운 주차 공간이 추가로 필요하다. 그리고 마지막으로 교통체증으로 부터 떨어진 곳에 집과 주차장을 배치하기 위해 넓은 땅이 필요하다.

미국 사회의 단일 기능 기반 도시계획unifunctional urban design의 가장 큰 피해자는 전형적인 제3의 장소들이었다. 구획화된 도시는 시설과 사용자 사이의 근접성을 거부하므로, 근접성을 반드시 필요로 하는 제3의 장소에 적대적이다. 중산층 가족들이 교외로 이사할 때 태번, 식당, 길모퉁이의 가게는 함께 가지 않았다. 도심 빈민가 재개발은 저소득층 가정을 멸균화된 주거단지로 몰아넣고 태번, 식당, 길모퉁이 가게를 그들의 삶에서 제거한다. 상업 중심가에 오래된 시설 대신 최신식 시설이 세워지지만, 이식된 환경에서는 제3의 장소로서의 특성이 살아남지 못한다. 제3의 장소는 기껏해야 한 줌밖에 남지 않았다. 하지만 소수의 통근자들은 끈질기게 드나든다. 그들은 교류를 열망하기에 개인주의와 사생활이라는 미국인의 진부한 덕목을 극복하고 매일 일정한 시간에 퇴근길에 있는 제3의 장소로 향한다.

의사가 동네를 떠나 6킬로미터 떨어진 의료단지에 다시 자리를 잡아도 꼭 필요한 치료는 받을 수 있다. 부부가 운영하는 동네 식료품점이 문을 닫아도 큰길을 따라 2.5킬로미터 내려가면 슈퍼마켓이 있으므로 꼭 필요한 식재료는 살 수 있다. 그러나 길모퉁이에 있던 태번이 상업지구로 옮겨 가면 제3의 장소로서 꼭 필요한 특징을 잃게 된다. 모임 장소가 집에서 너무 멀어지면, 손님들은 거기에서 아는 사람을 만나기 어려워진다. 생동감 있는 모임이 있어야 할 곳에 살아 있는 시체들만 남는다. 이제 병에 든 묘약은 활기찬 대화를 위한 윤활유가 아닌 시체의 부패를 막는 방부제 역할을 할 뿐이다.

공간에 대한 단일 기능적 접근은 언제나 시간에 대한 비슷한 접근을 수반한다. 업무 장소가 있으면 업무 시간이 있고, 가족과 함께 보내는 장소가 있으면 가족과 함께 보내는 시간이 있으며, 쇼핑 장소가 있으면 쇼핑 시간이 있을 것이다. 이것이 도시계획가들이 우리의 삶을 이해하는 방식이다. 미국보다 도시의 삶을 더 잘 향유하는 나라라면 사교 시간과 지역사회의 시간도 빼놓을 수 없을 것이다. 그런 나라 사람들의 생활에는 하루의 한가운데에 크고 단단한 시간의 블록이 놓여 있다. 그 시간에는 가게와 사무실이 문을 닫고 사람들은 업무에서보다 훨씬 더 세심하게 무엇인가를 키우는 데 전념한다. 그 시간은 나라에 따라 두 시간 또는 세 시간인데, 수년 전에 본 바로는 마드리드에서는 가게 문을 닫는 시간이 네 시간이나 되었다. 그들은 패스트푸드나 도시락으로 점심을 때우지 않으며, 다른 사람들과 어울릴 수 있는 곳에서 점심식사를 할 만한 시간적 여유가 있다. 집에 다녀오는 경우도 있지만 그 경우에도 남는 시간은 친구나 지인, 업무 파트너와 관계를 쌓는다. 미국의 도시들도 사람들이 긴장을 풀고 즐기기 위한 한낮의 휴식 시간을 도입한다면 더 좋은 도시, 더 안락한 도시로 보이지 않을까? 근면성실만을 미덕으로 아는 사람들은 아름답고 느긋한 바르셀로나의 인구 대비 백만장자 수가 압력솥 같은 스트레스 속에서 사는 미국 도시 못지않다는 사실을 되새겨야 한다.

시간과 장소는 밀접하게 연관되어 있다. 미국의 문화는 '노는' 데 보내는 시간을 무시하며, 놀기 위한 장소를 그만큼 체계적으로 제거하고 있다. 우리는 해변에 누워 뒹굴뒹굴하면서 굳이 "선탠을 하고 있다"라고 말하거나, 공원에 앉아 빈둥거릴 때는 "사람들을 구경한다"라고 말한다. 우리 사회가 그런 식으로 스스로를 정당화하도록 압박하기 때문이다. 따라서 사교 욕구를 충족하려면 다양한 모임과 단체를 창안하고, 그들에게 고귀한 목적을 불어넣어주어야 한다.

그러나 지역공동체에 꼭 필요한 '목적 없는' 접촉과 폭넓은 대인관계는 현실적인 위협에 처해 있고, 그 위협은 점점 더 심해지고 있다. 도시계획가의 칠판이나 관리 일정표에 그 목적을 위해 지정된 장소가 없다면 그와 관련된 활동은 멸종위기에 처하게 된다. 현재의 도시계획은 인간의 삶과 인간에게 필요한 것을 편협하게 상상하고 있으며, 이는 도시 자체를 사라지게 할 수도 있다. 바르샤바 재건 총괄 건축가였던 아돌프 치보로프스키Adolf Ciborowski는 그 사실을 누구보다 확실하게 알고 있었다. 그는 우리 시대의 도시성과 문명에 대한 주요 위협을 다음과 같이 지적했다.

> 오늘날 인간은 역설적인 존재가 되었다. 도시는 자연에 의해 파괴되거나 전쟁처럼 인간에 의해 파괴될 수 있다. 그런데 지금은 세 번째 요인이 추가되었다. 도시를 건설하는 사람들은 곧 도시를 파괴하는 사람들이다. 인간은 이제 전쟁 없이도 동족의 정착지를 파괴할 수 있다. 인간은 사실상 건설 과정에서 이미 도시의 방향성을 파괴한다. 그 과정은 아무리 원리상 창의적이고 진보적이라고 할지라도 사람들의 복지와 도시가 마땅히 해야 할 기능에 치명적인 악영향을 미친다.[23]

──────── **제인 애덤스의 불만**

미국 사회운동가이자 작가 제인 애덤스Jane Addams만큼 공공환경의 사적 착취가 미친 영향을 잘 관찰하고 기록할 수 있었던 사람도 드물다. 그녀는 불운한 처지에 있던 농촌의 수많은 젊은 여성들이 시카고로 이주했다는 사실을 알게 되었고, 두 세계가 얼마나 대조적인지를 가까이에서 목격했다. 시카고의 댄스 홀은 진 밀gin mill이라고도 불렸는데 시골의 건전한 춤 문화와 전혀 달랐다. 그리고 시카고에는 그런 불건전한 술집 외에는 갈 곳이 없었다. 애덤스는 이 도시로 흘러들어와 밤마다 놀거리를 찾아 배회하는 그 많은 젊은 여성들을 묘사하며 이렇게 설명한다. "현대 도시는 이 소녀들에게서 단 두 가지 가능성만을 보고 있음이 틀림없다. 두 가지 모두 돈벌이를 위한 것이다. 하나는 낮에 공장이나 상점에서 싱싱하고 젊은 노동력을 활용할 수 있는 기회고, 다른 하나는 밤에 그 또래의 놀고 싶어 하는 마음을 이용하여 얼마 안 되는 임금을 털어 갈 기회다."[24]

사람들이 삶에 만족하려면 노동 후에 놀이와 여가를 적절하게 즐길 수 있어야 하지만, 시카고라는 도시는 건전한 놀이와 여가에 대한 어떠한 책임도 부인하고 거부했다. 누군가 공적 자원을 투입해서 시설이나 프로그램을 마련하여 청년과 노동자 계급의 여가와 레크리에이션 욕구를 충족할 수 있도록 하자고 제안할 때마다 보수적인 재정운용론자들이 가로막았다. 그들의 논리는 이랬다. 사람들을 놀게 할 목적으로 세금을 쓰는 것은 "옳지 않다". 민간부문이 제공하는 여가 활동과 경쟁하는 것은 "옳지 않으며" 지방자치단체가 영리 목적으로 오락을 제공하는 사업체들과 경쟁해서는 안 된다. 미국인의 개인주의에 부담을 주는 일은 "옳지 않다". 여가는 개인 영역에 남겨두어야 한다. 그리고 마지막에는 도움이 필요한 빈곤층을 위해서라면 종교단체나 자선단체가 존재한다는 점을 언급했다.

옛 독일 바이에른 지방에서는 시민들이 일을 마친 후 지역사회에서 친구나 이웃들과 즐길 수 있어야 하며 이때 집에서 머무르는 것보다 비용이 많이 들어서는 안 된다는 정책이 오랫동안 유지되었다. 이 정책은 마을과 주민들을 행복하게 만드는 데 기여했다. 이는 정치 지도자들에게 부여된 시민적 책임civic responsibility이 가장 크게 발휘된 극단적 예로, 연속체의 한쪽 끝을 보여준다. 다른 쪽 끝에는 미국의 공업도시가 있다.

애덤스의 불만은 두 가지였다. 시 당국은 여가 활동을 위한 공간과 시설을 제공하라는 시민의 요구를 거부했을 뿐만 아니라, 건전한 공공시설이 부족하다는 점을 이용해 수익을 올리는 이들을 적절하게 통제하지도 못했다. 그녀는 여기서 17세기 잉글랜드로 거슬러 올라가는 앵글로색슨 전통의 잔재를 보았다. "크롬웰의 병사들이 극장을 폐쇄하고 시민들의 놀이 공간들을 파괴한 후, 도시는 공공 여가 활동을 그 사회에서 가장 사악하고 가장 비양심적인 구성원들에게 맡겼다."[25]

이 전통은 지금까지 유지되고 있다. 미국의 도시에서는 이윤을 얻기 위한 갖가지 실험이 끊임없이 이루어진다. 얼마 전 나는 2층으로 이루어진 바 겸 카바레 하나를 눈여겨보았다. 현대적인 쇼핑몰이 근처에 있어서 목이 좋은 곳이었다. 이른 저녁에는 여성들만 위층의 바 룸에 입장할 수 있었다. 거기에서는 두 시간 동안 공짜 술을 제공했다. 이윽고 "가게 문 열었습니다"라는 소리가 들리면 남성들이 위층으로 올라가 합류한다. 예전에는 충성도 높고 예의 바르게 행동하는 고객들에게 무료로 술을 제공하기도 했지만 이제는 그런 일이 드물어졌다. 지금은 여성 고객을 유인하기 위한 미끼로 공짜 술을 이용하는 경우가 대부분이다. 이 전략에는 두 가지 목적이 있으며, 두 가지 모두 궁극적으로 수익을 높이기 위한 것이다. 첫째, 여성들의 음주와 칵테일 라운지 방문이 습관이 되게 한다. 둘째, 여자가 있으면 남자가 오기 마련이라는 믿을 만한 가설에 근거하여, 경쟁업소로부터 남성 고객들을 유인한다. 가게 밖에서나 안에서나 '유인'의 본질을 대놓고 밝히지는 않는다. 남성 고객이 파티 분위기에 취한 여성을 성적으로 정복할 가능성까지 구체적으로 말해줄 필요는 없다.

이러한 역사와 연결되는 사례로, 선벨트에 속하는 미국 남부의 한 도시는 1년 중 혹서 기간이 5개월이나 되는데도 아이들을 위한 공공 수영장을 오랫동안 짓지 못했다. 결정권이 있는 사람들은 수영장이 있는 집에 살거나 언제든지 해변에 갈 수 있었기 때문이다.

1967년 뉴욕 39번가와 브로드웨이가 교차하는 곳에 있던 메트로폴리탄 오페라 극장이 철거되었다. 해당 구역에 이런 시설을 유지할 필요가 있음은 확연했다. 그러나 어떠한 경쟁도 원치 않았던 메트로폴리탄 오페라 협회는 건물 철거를 매각 계약서의 의무 조항으로 넣었다. 미국 건축가이자 평론가 네이선 실버Nathan Silver가 말했듯이, "메트의 오페라는 항상 만석이었지만 경쟁공모를 '감당할 수 없'었고, 뉴욕은 상업적인 오페라 외의 공연을 '감당할 수 없'었다."[26]

미국의 어떤 도시들에서는 부도덕한 사업가들이 외곽의 대형 쇼핑몰에 밀려난 소매점을 싼값에 인수하여 포르노 숍으로 만든다. 보통 이런 일은 도심이나 명소 부근에서 일어난다. 그런 가게에서 벌어들이는 이윤은 그게 얼마가 되었든 간에, 그 지역이 재개발 대상이 될 때-소유주는 재개발 시점을 예상할 수 있다-의 진짜 '먹잇감'에 비하면 부스러기 수준이다. 재개발이 시행되면 그 건물이 있는 부지에 프리미엄이 붙기 때문이다. 포르노 숍의 존재가 도시 재개발 요구에 박차를 가함은 물론이다. 상황은 우리의 사회체계가 가진 결함을 잘 알고 그것을 이용하는 데 거리낌이 없는 기업가들에게 유리하게 돌아간다. 헌법은 기업가를 보호하며, 그들이 지역공동체를 약화시킴으로써 이익을 얻을 권리를 보장한다. 그러나 그들의 진정한 후원자는 제인 애덤스가 말했던 앵글로색슨의 전통이다. 시내의 유명한 포르노 숍은 지방자치단체가 건전한 놀이와 교류 활동을 위한 장소와 분위기를 제공할 책임을 적극적으로 다하지 않는 곳에서 출현한다.

미국 시 당국들이 시민의 사교와 오락에 대한 요구를 제대로 인식하지 못하고 적절하게 시설을 마련해주지 못함으로써 장기적으로 어떤 결과가 야기될지를 예측해보는 일은 흥미롭다. 이러한 현실은 미국 사회라는 용광로가 진정으로 모두를 녹여낼 수 없었던 주된 이유일지도 모른다. 만일 우리의 지방자치단체들이 '모두의 땅'을 여가 시간에 할애하는 데 관대했더라면, 그래서 사람들이 돈을 들이지 않고도 즐겁고 자유롭게 서로 어울릴 수 있는 건전하고 개방적인 환경을 시내에 조성했더라면, 우리 사회는 더 건강하고 더 긴밀하게 통합되었을 것이다.

조금 다른 관점에서, 인종차별을 없애고자 하는 최근 미국의 노력은 실제로 얼마나 성과를 거두었는가? 공공생활, 집단생활이 거의 남아 있지 않은 상황에서 통합은 어떤 가치를 갖는가? 사람들이 각자 집으로 도피하고 흑백의 주거지역 분리가 여전히 공고한 나라에서 결사의 권리가 무슨 의미를 갖는가?

부유한 미국인이 사적 영역에서 향유하는 편의시설이나 여가시설과 비교하면, 공공시설의 여건은 제인 애덤스가 살던 시대보다 훨씬 더 나빠졌다. 미국 작가이자 평론가 폴 그레이Paul Gray는 토크빌이 다시 미국을 방문했다고 상상하면서 쓴 글을 통해, 토크빌이 보았다면 '공공'이라는 단어의 쇠퇴를 애석해했을 것이라고 말한다. 진짜 토크빌은 당시에 "부자가 없는" 나라에 그렇게 공공사업이 많다는 점에 깊은 인상을 받았던 반면에, 그레이는 "부자의 증가"가 곧 공공시설의 악화를 뜻한다는 사실을 발견했다. 미국의 부자들은 "일반 대중에게 제공되는 서비스를 이용하고 싶어 하지 않는다." 그들은 공립학교에 부정적인 시각을 가지고 있어서 자녀를 공립학교에 보내지 않으며, 대중교통을 좋게 생각하지 않으므로 버스나 지하철을 타지 않는다. 더욱 안타까운 사실은 부자가 되고 싶어 하는 수백만 미국 중산층도 부자들처럼 생각하며, 언젠가 그들처럼 "영광스러운 고립splendid isolation"을 누리게 되기를 꿈꾼다는 점이다. 평균적인 사람들의 편의, "보통 사람들"이 살아가는 환경에 신경 쓰는 사람은 점점 줄고 있다.[27]

폴 그레이가 묘사한 경향은 스스로 동력을 공급하는 것 같다. 지역사회의 지도자였던 사람들이 지역사회를 외면할수록 '공공'영역은 악화되고, 사람들은 능력만 된다면 가능한 한 공공영역으로부터 도피할 이유를 더 많이 발견하게 된다. 공공시설에 대한 책임을 거부하게 되고, 더 나아가 평범한 미국인으로부터 탈출하는 것을 '좋은 삶'으로 여기게 된다는 것은 시스템의 결함일 수 있고, 이 결함 때문에 미국의 실험이 붕괴에 이를 수도 있다. 링컨이 "분열된 집은 스스로 서 있을 수 없다"라고 하지 않았던가?

───────── **집 밖으로 나가기 위한 비용**

과거에 어떤 사람들은 현재의 테크놀로지와 경제 수준 정도면 수많은 공공장소가 출현하여, 비용을 들이지 않고 공공장소에서 시간을 보내며 발전된 도시가 주는 즐거움과 만족감을 누릴 수 있으리라고 예견했을지도 모른다. 사실 그런 모습이 문명화된 사회의 진정한 징표가 아닐까? 그러나 그런 일은 일어나지 않았다. 미국의 도시 환경을 잠깐만 들여다보아도 공공장소가 턱없이 부족하다는 사실에 놀랄 것이다.

최근 몇 년 동안 홈 엔터테인먼트 상품 제조와 판매가 호황이었다. 전문가들은 공공영역에서의 오락 비용이 지나치게 높기 때문에 일어난 현상이라고 말한다. 사람들은 나가서 놀고 싶어 하는데 나가는 데 드는 비용이 높고, 그마저 점점 더 오르기 때문에 엄두를 못 내게 된다.

돈이 들지 않는 여가 활동이 사라지고 있다. 사람들이 살아가면서 원하고, 필요로 하고, 기대하는 것들 중 점점 더 많은 부분이 상업화되어 이제는 그 비율이 무서울 정도다. 경쟁과 시장의 상업주의로부터 탈출하려고 해도 그 탈출 방법 대부분이 이미 시장의 통제하에 있다. 모든 것이 상호연결된 이 시스템의 핵심은 진정으로 만족하지 못하게 하고, 항상 갈구하고 바라게 만들며, 상업적인 여가시설과 상업화된 여가 활동이 결핍

된 부분을 채워줄 것이라고 영원히 확신하게 만드는 데 있는 듯하다.

애덤 스미스Adam Smith는 기업인들의 의도와 무관하게 "시장의 보이지 않는 손"이 더 큰 사회적 조화로 우리를 인도할 것이라고 주장했지만 실제로 그런 일은 일어나지 않았다. "숨어 있는 손"은 이제 가면도 벗어버리고 쉼 없이 작동한다. 그것은 새로운 상업적 성공 가능성을 기대하며 끊임없이 안달하고, 새로운 불만과 갈증이 나타나면 재빠르게 상업화된 해결책을 내놓는다.

이와 같은 공동체적 삶에 대한 배신은 사회 전반에 만연해 있다. 그리고 개인은 이러한 배신을 일찍부터 준비한다. 슈퍼마켓이나 잡화점 출구에는 어린이들이 25센트짜리 동전을 넣으면 작은 플라스틱 공을 뱉어내는 기계가 있다. 공 안에는 원가가 2, 3센트밖에 안 되는 아이템이 들어 있다. 아이들이 좀 더 자라면 영화관에서 얼음이 들어 있는 종이컵을 사게 된다. 1달러가 넘는 돈을 주고 값싼 콜라를 마시는 것이다. 학교에서도 자동판매기에서 과한 가격이 매겨진 정크푸드를 먹는다. 그러는 동안 경찰서, 교통 당국, 공원 관리소는 점점 더 많은 공간을 아이들이 모여서 놀지 못하는 곳으로 만든다. 이는 아이들이 돈을 들이지 않고 놀 수 있는 곳이 점점 줄어든다는 것을 뜻한다. 어른들의 세계는 마치 아이들이 상업적으로 이용당하게 토끼몰이를 하고 있는 것 같다. 우리는 아이들이 장비를 사지 않고서는 놀이를 할 수 없다고 믿게 되었다. 상업화를 내면화하면 그 효과는 매우 크다. 어릴 때부터 두 가지를 깨닫게 되기 때문이다. ①오락과 휴식에는 돈이 든다. ②1달러로 살 수 있는 것은 거의 없다.

영화를 보러 가서 탄산음료와 팝콘을 사 먹는 젊은 커플은 그 즐거움을 위해 1분에 약 15센트씩을 지불하는 셈이다. 영화관이 대공황 Depression 때 가난한 대중을 위해 위로와 탈출구를 제공하는 낙원이었다고? 지금으로서는 믿기 힘든 이야기다.

현대인은 일상생활이 주지 못하는 흥분과 즐거움, 기분 좋은 휴식을 갈구하며, 기꺼이 돈을 지불할 의지도 있다. 기업가들은 이를 정확하게 감지한다. 굶주린 대중을 상대로 바가지를 씌우기란 거저먹기여서, 기업들은 정신을 못 차리고 달려든다. 코미디언 놈 크로스비 Norm Crosby는 라스베이거스를 장악하고 있는 근시안적이고 자기파괴적인 탐욕에서 이 현상을 보았다.[28] 크로스비는 초창기에 라스베이거스를 만든 사람들과 최근에 이를 이어받은 기업, 그리고 그들의 컴퓨터와 제어장치를 대조한다. 그는 개척자들이 "로즈 장학금(국제적인 권위의 장학금으로, 옥스퍼드 대학교에서 공부할 기회가 주어진다.—옮긴이)을 받지는 못했지만 매우 똑똑했다"라고 말했다. "그들은 자신이 하고 있는, 혹은 과거에 한 일의 의미를 잘 알고 있었다. 비밀은 고객에게 가능한 한 저렴하게 많은 것을 제공하는 데 있었다. 그래야 남은 돈을 모두 카지노에서 쓸 것이기 때문이었다. 오늘날 기업들은 스테이크 샌드위치의 원가가 7달러라면 15달러를 받는다. 옛날 기업이었다면 5달러를 받는 데 만족했을 것이다. 새로운 경영자들이 더 탐욕스러운지 덜 탐욕스러운지는 알 수 없지만, 덜 현명한 것만큼은 확실하다." 크로스비는 초창기의 관대해 보였던 기업가들에 대해 다음과 같이 말했다.

그들은 미치지 않았다. 자선사업가도 아니었다. 당신에게 최상의 대접을 하면 반드시 다시 온다는 사실을 알고 있었을 뿐이다. 당신은 10만 달러를 잃었어도 또 가고 싶었을 것이다. 지금은 여기에 와서 10만 달러를 잃은 사람이 콜라 한 잔에 또 75센트를 내야 한다는 사실을 알고 광분한다. 그것이 바로 사람들을 떠나게 하는 이유다.[29]

새로운 경영자들이 라스베이거스를 세운 사람들만큼 똑똑한지 아닌지는 두고보아야 알 일이다. 어쨌든 할인을 없애고 아무것도 무료로 주지 않는 것이 요즘의 추세다. 아마도 한두 세대 안에 도박꾼들은 콜라와 샌드위치의 비싼 가격을 보고도 당황하지 않게 될 것이다.

스누커snooker(22개의 공을 사용하는 당구 경기의 일종―옮긴이) 게임의 운명은 대중적인 오락을 괴롭혀온 여러 질병을 보여준다. 스누커에 익숙한 사람들은 대개 그것을 당구의 여왕이라고 생각한다. 스누커와 포켓 당구의 관계는 체스와 체커의 관계와 같다. 어떤 사람은 "스누커를 해보고 나니 일반 포켓 당구는 하품이 날 정도로 지겨웠다"라고 말하기도 했다.[30] 당구가 지금보다 더 인기 있었던 때에, 당구장에 갔는데 한 당구대에만 사람들이 있다면 그것은 틀림없이 스누커 당구대였을 것이다. 그렇다면 왜 더 재미있는 게임이 덜 재미있는 게임에 자리를 내주게 된 것일까?

여러 이유가 있었지만 가장 핵심적인 것은 수익성, 그리고 수익을 극대화해야 한다는 압박에 있었다. 우선, 스누커 당구대는 공간을 더 많이 차지한다. 미국에서 통상적으로 쓰는 스누커 당구대는 가로세로가 1.5미터, 3미터인데 대부분의 당구장에는 일반 포켓 당구에 사용하는 2.7미터 당구대를 더 축소한 2.1미터 당구대밖에 없다. 당구대가 작을수록 더 많이 들여놓을 수 있고, 당구대 수를 늘릴수록 수입도 늘어난다. 아마도 더 중요한 요인은 모든 사람이 스누커를 좋아하지는 않는다는 점일 것이다. 어느 게임 장비 판매상은 나에게 이렇게 말했다. "아내와 아이들은 좋아하지 않아요. 집에 설치해도 치기 힘들 겁니다." 스누커는 아마추어나 할 줄 아는 척하는 사람들을 위한 게임이 아니다. 큰 포켓이 있는 작은 당구대에서는 모여 있는 공을 대충 맞춰 우연히 점수를 딸 수 있지만, 스누커에서 그런 일은 있을 수 없다.

또한 일반 당구대는 '동전 투입' 방식으로 전환하여 이용 시간을 확인할 수 있고 장비를 반출하는 일에서 자유로워질 수 있지만, 스누커는 그런 전환이 불가능하다. 당구장 주인은 동전함에서 돈을 빼내는 일만 하고 싶어 하지만 스누커 당구대는 세심하게 관리해야 한다. 요즘의 평범한 당구장이나 태번처럼 당구대를 허술하게 방치하는 곳에서는 스누커 게임을 할 수 없다.

더 재미있는 게임을 제공하려는 의도보다는 더 높은 이윤을 향한 동기가 당구대의 크기와 상태, 포켓에 넣은 공을 도로 꺼낼 수 있는지 등에 더 크게 반영됨에 따라 당구는 전반적으로 쇠퇴하고 있다. 최근에는 에이트 볼(흔히 포켓볼로 알려져 있다. ─옮긴이)용 당구대 외에는 찾아보기 힘든데, 동전 투입식 당구대는 공이 되돌아 나오지 않게 되어 있기 때문이다. 물론 이 당구대에서도 큐볼은 다시 꺼낼 수 있는데, 이 때문에 최근 당구장이 겪는 문제를 들으면 복합적인 감정을 느끼게 된다. 아마도 손님들은 큐볼을 기념품으로 가지고 가는 것 같다.

인기 있는 오락일수록 대중은 바가지를 쓸 가능성이 높다. 시장 규모가 커질수록 오락을 즐기려는 고객으로부터 수익을 극대화하기 위한 기법도 더 축적되고 널리 보급되기 때문이다. 외식을 생각해보자. 저녁에 외식을 하면서 마시는 와인 가격은 주류판매점에서 판매하는 가격의 약 265%이다.[31] 그 차이가 가져오는 수익은 어마어마하며, 음식점도 이를 확실히 알고 있다. 업계 종사자들을 위한 최근의 한 간행물에서는 다음과 같이 조언한다.

최고급 레스토랑에서는 테이블에서 물컵을 없애고 와인 잔만 비치한다. 물을 마시고 싶은 고객은 따로 요청해야 한다. 와인은 서비스에 다만 얼마라도 요금이 붙지만, 물과 그 서비스를 위한 비용은 레스토랑이 감당해야 한다. 오직 와인만 제값을 받을 수 있

다!³²

예전에는 물을 간접비처럼 식사에 따른 서비스의 일부라고 생각했고, 직접 요리를 하는 것보다 돈을 더 내는 만큼 그 안에 물 가격도 포함된다고 여겼다. 그러나 이제는 서비스의 모든 면면에 개별적으로 원가를 계산하는 것이 추세가 되었다. 음식점에서 물 서비스를 없애고 와인 판매를 촉진하게 되었듯이, 커피 대신 디저트 와인을 권하는 경향도 생겼다. 그 이유는 쉽게 짐작할 수 있다.

식사를 마친 후 커피를 낼 때와 디저트 와인을 낼 때의 수익성을 비교하는 레스토랑 경영자가 많아지고 있다. 커피를 한 잔 팔기 위해서는 적어도 아홉 가지 품목, 즉 커피, 설탕, 크림, 컵, 스푼, 가열기기, 연료, 노동력 등에 돈을 써야 한다. 와인은 병에서 바로 잔에 따르기만 하면 되므로 상대적으로 간단하면서도 이윤이 더 많이 남는다.³³

이 간행물의 다른 기사에서는 태번 운영자들에게 서비스 시스템 전산화를 권장한다.

주문이 들어오면 바텐더는 키보드 콘솔에 있는 버튼을 눌러 사이즈와 가격을 선택한다. 바텐더가 액티베이터 링이 달린 병을 들어 정확한 양의 술을 따르면 가격이 기록된다. 고객은 어떤 브랜드의 술을 따르는지 볼 수 있고 바 매니저는 술 한 잔 한 잔을 온전히 책임지고 관리할 수 있다는 이점이 있다. 단점으로, 서빙하는 모든 술이 보고되기 때문에 일부 바텐더가 고객의 호감도를

높이기 위해 제공하던 공짜 술이 없어질 가능성도 있기는 하다.[34]

고객의 호감도를 높이기 위해 이따금 주던 공짜 술이 없어질 "가능성"을 "단점"으로 지적하고 있다는 대목을 주의 깊게 읽어보자. 이것은 심각하거나 당혹스러운 점이 아니며, 사실 확실한 단점도 아니다. 단지 "가능성"일 뿐이다. 이미 판단은 끝났다. 충성도 높은 손님에게 공짜 술을 주던 문화는 벌써 기력이 다해, 손가락만 툭 갖다 대도 쓰러질 것이다.

공공부문에서 즐거움을 찾으려 하는 미국인을 향한 태도 변화는 훨씬 더 분명해지고 있다. 공짜로는 아무것도 주지 말고(물 제공은 중단하자), 이윤이 별로 안 남는 품목(커피) 대신 이윤이 많이 남는 품목(식전 와인, 식사 중 와인, 식후 와인!)을 밀어라. 늦은 밤 축제 분위기가 되면 와인 가격을 세 배로 받아라! 요즘은 고객의 일거수일투족을 샅샅이 추적하여, 어느 부분에서 비용 청구가 가능하며, 얼마나 받아낼 수 있는지를 파악하는 것이 일상화되었다. 큰 행사나 스포츠 경기장에 가면 주차비를 받는 것은 물론이고 금액도 엄청나다. 예전에는 3달러로 야구경기 입장권을 사고도 핫도그 하나를 사 먹을 수 있었는데, 얼마 전 야구장에 가보니 주차요금으로만 3달러를 내야 했다. 경기장에서는 맥주값도 태번의 두 배나 받는다.

행사를 둘러싼 연회나 축제가 벌어질 때면 탐욕이 끝 간 데 없이 깊어진다. 몇 해 전 중북부 작은 도시에서 "미국 사상 최대의 동창회"가 열린 적이 있다. 그 도시에 있는 오래된 고등학교의 모든 졸업생이 초대되었다. 축제 첫날 밤 10시 무렵, 지역의 술집 주인들은 종업원들을 거리로 내보내 (불법으로) 정상가의 두세 배를 받고 술을 팔기 시작했다. 이것이 이 상인들이 오랫동안 그들을 먹여 살려 준 지역민들에게 '경의'를 표하는 방식이었다. 개중에는 이것이 "마치 OPEC처럼, 수요 공급의 문제"라고 말하며 스스로의 통찰력을 뿌듯해하는 점주도 있었다. 그 후 대규모

동창회는 이 작은 도시의 큰 행사가 되었는데, 그 배후에는 상인들이 있다.

청년들은 여러 형태로 장삿속에 이용당하기 쉽다. 그들을 시내로 향하게 하는 넘치는 활기는 시간이 흘러 나이가 들어야만 사그라들 것이다. 한 지인이 1970년대 초 대학생 시절에 좋아하는 여학생을 데리고 새로 생긴 디스코장에 갔던 경험을 이야기해주었다. 그는 입장료와 "정말 맛없는 술"에 50달러 넘게 썼다고 했다. 나는 이 비싼 오락의 정체가 궁금했다. 가게에서 제공한 것은 공간과 녹음된 음악, 그리고 끔찍하고 비싸기만 한 술뿐이라고 했다. 진짜 오락은 몸에 딱 붙는 옷을 입고 춤을 추거나 근사하게 차려입고 남들이 춤추는 것을 구경하는 젊은 손님들 자체였다. 젊은이들이 그렇게 큰돈을 주고 얻으려고 했던 즐거움을, 사실은 대부분 스스로 제공하고 있었던 것이다.

미국은 현대화를 이루고 수출하는 데 있어서 세계 챔피언이다. 어쩌면 이 때문에, 미국 사람들은 현대화의 주요 결과 중 한 가지를 간과하고 있다. 바로 전통적으로 누구나 돈을 내지 않고 이용할 수 있었던 공공오락이―적어도 정기적으로 이용하려면―엄청난 비용이 드는 형태로 변화했다는 사실이다. 옛 로마 시민을 달랬던 '빵과 서커스'(음식과 오락거리로 대중을 회유하려는 우민정책을 풍자한, 고대 로마 시인 유베날리스의 표현―옮긴이)에는 적어도 무료 서커스가 포함되어 있었다. 미국 중산층 대중을 달래는 방식도 거의 같지만, 미국의 아레나는 무료는커녕 비싼 입장료를 내야 들어갈 수 있다. 스포츠 스타들이 수십만, 수백만 달러를 벌어 간다는 사실은 우리에게 집단적인 오락이 필요하며, 그 사회가 다른 방법으로 이를 충족시켜줄 수 없을 때 탐욕스럽게 이익을 챙기는 사람들이 생길 수 있음을 증명한다.

이란의 커뮤니케이션학 교수이자 작가 모타메드 네자드Motamed-Nejad

의 글을 읽어보면, 이란에서는 근대화가 가져온 이 폐해가 과거의 방식과 더 심하게 비교되었고, 그래서 상실감도 더 컸음을 알 수 있다.

> 이란에 현대화 열풍이 불고 정교한 송신 수단이 출현하기 전에는 … 현대적인 영화관이나 레스토랑, 카페테리아에서 느끼는 것보다 더 진정한 즐거움을 제공하는 다양한 오락의 장이 있었다. 모스크, 테키에Tekyeh(종교적인 극장—옮긴이), 광장, 시장, 커피하우스는 시민들이 모여서 즐기는 중심지 역할을 했다. 사람들은 거의 언제나, 그리고 항상 무료로 이런 장소에 들어가서 이야기꾼이나 낭송가, 가수의 공연, 설교자의 강론 등을 즐길 수 있었다. 현대적인 음식점이 들어오기 전, 테헤란은 물론이고 모든 지방 소도시에도 곳곳에 넓은 티하우스가 있었다.[35]

대중은 집단적인 재미와 가벼운 오락을 갈망하는데, 지역사회의 환경은 예전처럼 쉽고 자연스럽게 그러한 욕구를 충족시켜주지 못한다. 그리고 이러한 상황을 상업적으로 이용하는 일이 점점 더 늘어나고 있다. 하지만 이 현상이 보편적이라고까지는 말할 수 없다. 상술 차원이 아니라 진정으로 고객 지향적인 장소, 가게 주인이 손님의 관심사를 진심으로 자기 일처럼 이해하고, 미국 연극평론가이자 저술가 월터 커Walter Kerr가 말하는 "근질거림"을 잘 참고 있는 장소가 아직 남아 있다. 고객의 장기적인 만족을 원한다면 가게에서 제공할 수 있는 모든 것을 수익으로 전환시키고 싶다는 "근질거림"을 억눌러야 한다. 물론 대부분의 제3의 장소는 민간이 운영하므로 수익을 내야 한다. 따라서 이 문제는 설명이 필요하다. 나는 그것을 경제학 이론으로 풀어내기보다는 평범한 태번을 상정하여 설명하고자 한다.

가게나 가게 주인은 자선활동을 하는 것도 사회사업을 하는 것도 아니는데 왜 그런 선행을 하는 것일까? 우선, 술 한 잔에 얼마가 되었든 돈을 받는다는 점에서부터 시작하자. 손님은 자신이 마시는 술에 값을 지불하므로 당당하지 않을 이유가 없고 주인에게 고마워할 필요도 없다. 이 거래는 자발적으로 이루어지고 양쪽 모두에게 잉여 가치를 남긴다. 돈과 술 한 잔을 교환하고 나면 양쪽 다 그전보다 행복해진다. 손님은 '그 시간, 그 장소에서의 음주'를 돈 몇 푼보다 더 가치 있게 여기고, 술집 주인은 자신이 내준 술보다 벌어들인 돈이 더 가치 있다고 생각한다. 물론 이 거래는 대개 주인과 손님 모두 술값을 인지하고 있는 상황에서 이루어진다. 제3의 장소에 오는 단골손님들은 주인이 최선을 다해 그들을 대접하고 있다는 사실을 잘 안다.

손님의 관심사를 (그리고 오래 가게를 유지하고 싶다는 스스로의 바람을) 잘 인식하고 있는 주인들이 할 수 있는 일은 위에서 말한 기본적인 교환 외에 몇 가지가 더 있다. 때때로 태번 주인은 선택을 해야 할 상황에 놓인다. 단골손님들을 위해 25센트로 한 게임을 칠 수 있는 낡은 당구대 몇 대를 남겨둘 것인가, 아니면 돈을 더 벌기 위해 게임당 50센트를 받을 수 있는 새 당구대를 설치할 것인가? 무료로 팝콘이나 프레즐을 제공할 것인가, 아니면 모든 서비스에 과금할 것인가? 술을 시키라고 다그칠 것인가, 아니면 단골손님들이 더 마시고 싶을 때 알아서 주문을 하도록 놔둘 것인가? 돈을 많이 쓰는 손님만 신경 쓰고 다른 손님들은 무시할 것인가, 아니면 모두가 똑같이 환대받는 느낌을 받도록 할 것인가? 이런 결정을 할 때 근질거리는 충동을 잘 억제하는 가게가 장기적으로 성공할 것이고, 손님이 뜸한 시간에 다른 가게보다 더 많은 손님을 확보할 수 있을 것이며, 고객 전체를 더 만족시킬 수 있을 것이다.

제3의 장소는 저마다 커피, 도넛, 샌드위치, 맥주, 와인, 증류주, 탄산음료, 다양한 간식거리 판매로 이윤을 남긴다. 이 상품들의 원가가 오르면 적어도 인상분의 일부는 판매가에 반영되어야 한다. 위스콘신의 한 중년 남성은 젊은 시절부터 다니던 태번에 더 이상 가지 않는다며 이렇게 말했다. "집에서 술을 마시면 그 어느 술집에 가는 것보다 싸니까요." 맞는 말이다. 누구든 그렇게 하면 돈은 덜 들 것이다. 그러나 오로지 술을 마시기 위해서만 태번에 가는 사람이 몇이나 될까? 제3의 장소에 가는 이유가 있다면, 그곳에서 커피 한잔이나 맥주 한잔 이상의 무엇인가를 얻을 수 있기 때문일 것이다. 이와 관련하여, 좋은 태번이 고객의 투자에 대해 보증하는 방식을 설명하지 않고서는 태번에 관해 제대로 다루었다고 말하기 힘들 것이다.

태번에 들어갔는데 텅 비어 있거나 마음에 들지 않으면, 한 푼도 쓰지 않고 돌아 나오거나 예의상 한 잔만 얼른 마시고 자리를 뜨면 된다. 그러나 그 자리가 즐거우면 더 오래 머무르고 두 번째, 세 번째 잔을 시킬 것이다. 여름에는 시원하고, 겨울에는 따뜻하다. 그곳에 가면 친구들이 있고 즐거운 대화가 있다. 화장실도 쓸 수 있다. 전체적으로 집처럼 아늑하고 편하게 쉴 수 있는 장소다. 그 장소가 제공하는 경험의 질과 개인이 그곳에서 지출하는 금액 사이에는 직접적인 상관관계가 있다. 투자 금액은 크지 않지만, 그마저도 보상이 줄어들거나 뭔가 의무가 발생하는 바로 그 순간에 중단할 수 있다. 좋은 제3의 장소인 태번—그런 곳을 찾을 수만 있다면—에 가는 일은 공공영역에서 할 수 있는 최고의 거래다.

12장
제3의 장소와 성별

이 책의 1부에서 제3의 장소의 특징을 기술할 때 성별에 대해 중립적인 입장을 취했다. 남성과 여성이 비공식적 공공생활의 핵심 환경에 참여함으로써 얻을 수 있는 혜택은 동등하다. 그러나 제3의 장소가 중성적인 공간인 것처럼 묘사하면 현실을 상당 부분 간과하게 되고, 제3의 장소 대부분, 그리고 가장 훌륭한 제3의 장소들이 전형적인 남성, 혹은 여성들의 장소라는 중요한 사실이 가려진다. 제3의 장소가 주는 즐거움은 대개 동성끼리의 유대관계에서 오며, 남녀 구별이 없는 세계를 만들기보다는 남성들의 세계와 여성들의 세계를 분리하여 유지하는 데 기여했다.

성별에 따른 분리는 제3의 장소의 기원을 설명하며, 제3의 장소가 이용자를 끌어들이는 매력과 이용자에게 주는 혜택의 상당 부분이 성별 분리에 기초한다. 중세 유럽에서 결혼한 여성들은 세탁장에서, 남편들은 카바레에서 주로 모였다.[1] 한 세기 전 뉴욕에서 남성 노동자들은 동네 태번에서 뭉쳤고, 부인들은 현관 계단에 모여 앉아 잡담을 나누었다. 분명 이발소와 미용실도 예전부터 각각 남성과 여성의 사교 장소였다. 필리프 아리에스에 따르면, 오늘날 제3의 장소를 갖는 문화와 지역공동체의 유대감은 '고집 센 남성'의 나라에서 가장 강하다. 아리에스는 그 예로 지중해 지역을 든다. 이 지역의 성인 남성들은 다른 어느 나라 남자들보다 '가

정의 인력引力'을 잘 뿌리치고, 매일같이 남자들끼리 어울린다.[2]

─────── **여성들의 제3의 장소**

"제3의 장소라고요? 맙소사! 나는 제2의 장소도 없는걸요!" 주부들에게 제3의 장소에 관해 이야기하면 바로 이런 반응이 되돌아오기도 한다. 남편에게 또 다른 장소가 필요하다니, 종일 한곳에 묶여 있는 주부 입장에서는 화가 날 만도 하다. 아내에게나 남편에게나 다른 사람들과 어울려 교류하고 싶은 욕구를 충족하는 데에는 가정과 가족이면 충분하다는 이유로 제3의 장소의 필요성을 부정하는 아내도 있을 수 있다. 어떤 사람들은 가정의 한계와 제3의 장소에서의 모임이 가지는 이점을 인정하지만, 남자들만 그런 장소를 가진 것 같다는 사실에 분개한다. 다음은 한 젊은 기혼 여성이 바로 그런 심정에서 쓴 시를 나에게 보내준 것으로, 유감스럽게도 이름은 밝히지 않았다.

> 3이라는 숫자에는 뭔가가 있다
> 신비하고 마법적인 뭔가가
> 유머러스할 때도 있지만
> 비극적일 때도 있다
> 야구선수에게 "삼진 아웃!"이나
> 죽음의 전령사는 셋이 함께 온다는 속담처럼
>
> 분수대에는 세 개의 동전(영화 〈애천Three Coins in the Fountain〉(1954)을 암시한다. ─옮긴이)
> 삼위일체에는 세 개의 인격

1달러짜리 복권에서 세 번의 기회
예를 들자면 끝도 없다
제3의 선로(전기 공급을 위한 선로—옮긴이)는 지하철을
더 빨리 달리게 하니
남자가 '제3의 장소'를 필요로 한다고 해도
놀랄 일이 아니다

가득 채운 맥주잔을 손에 들고
친구들에게 허풍을 떨고 싶어 안달이고
그가 무슨 말을 하든 비판을 하지도 놀리지도 않는
정다운 얼굴을 보고 싶어 하는
남자를 위한 장소
모든 가식을 벗어던지고
서까래가 흔들리도록 떠들썩하게 놀 수 있는 곳
누가 담뱃재를 떨어뜨려도
아무도 나무라지 않고
다툼마저도
즐길 수 있는 곳

여기에 잘못된 것은 없다
사실 나는 진심으로 미심쩍은 것이 있으니
도저히 이 점을 그냥 지나칠 수 없다
남자가 제3의 장소를 가져야만 한다면
이것도 맞는 이야기가 아닐까?
"아담의 갈비뼈로 만든"

여자도 제3의 장소가 필요하다!

분명 이 여성을 필요로 하는 제3의 장소도 있을 것이다! 여자 로버트 서비스Robert Service(영국 출신 캐나다 시인-옮긴이)라고 할 만한 이 시인은 제3의 장소의 전통을 남성들이 지배하고 있다는 사실을 너무나 잘 이해하고 있다. 시골 잡화점이든 서부의 살룬이든, 호텔 커피숍이든 당구장이나 비밀결사단체의 집회소든, 미국에서 제3의 장소는 주로 남성들의 세상에서 일어나는 현상으로 보인다.

제3의 장소의 전통을 남성이 지배하고 있다는 사실을 이해하기란 어렵지 않다. 가장 중요하고도 명백한 이유는 여성의 어머니 역할에 있다. 여성뿐 아니라 가족 전체와 분리되어 있는 남성의 제3의 장소와 달리, 여성은 제3의 장소에 갈 때 거의 항상 자녀를 동반한다. 소설가 C. S. 루이스C. S. Lewis는 이 점에서 여성들의 세계는 "남성 모임의 남성성만큼 여성성이 두드러지지 않는다"라고 느꼈다.[3] 여성들은 모임을 갖는 동안에도 아이들에게서 눈을 떼지 못하므로 남자들처럼 본분을 잊고 놀 수 없다. 항상 "업무 중"인 여성들은 술을 마시거나 떠들썩하게 놀거나 집안의 상황과 집에서의 책임을 잊고 놀 가능성이 훨씬 낮다.

많은 문화권에서 남성들 위주로 교류가 이루어지는 현상에는 아내의 사교활동에 대한 남성들의 편견이 동반된다. 알렉산더 리스먼Alexander Rysman이 밝혔듯이, "가부장적 사회는 여성의 연대를 불쾌하게 여긴다."[4] 리스먼은 영어권 국가에서 가십이라는 단어의 함의가 어떻게 진화해왔는지를 추적한 후 이 같은 결론에 다다랐다. 명사로 '가십gossip'은 원래 대부모代父母, godparent를 의미했으며, 고대 영어 'God sib신의 친척'의 축약형으로 출현했다. 이후에 이 단어는 가족의 친구 중 여성을 지칭하는 말로 의미가 좁혀졌고, 마침내 지금과 같이 경멸하는 뜻이 담기게 되었다.

19세기에 가십이라는 단어는 쓸데없는 대화와 그런 대화를 하는 사람들을 모두 가리켰는데 단, 여성을 지칭할 때만 쓰였다. "남성들을 가리키는 '술친구tippling companion'는 따뜻하고 선량한 우애의 느낌을 주는 반면에 여성에게 쓰는 말은 '싸돌아다닌다run about'거나 '재잘거린다tattle'는 표현처럼 어감이 부정적이다." 멕시코계 미국인 사회에는 여성이 가족이 아닌 사람들과 교류하지 못하게 하는 문화가 있다고 한다. 여성들이 모이기 시작하면 남성들에게 "말썽을 일으킬" 수 있다는 정서가 있기 때문이다. 이 커뮤니티에서 "가십을 즐기는 여자들이 남성 우위의 제도 바깥에서 사회적 유대를 발전시키는 것은 중대한 죄악이 된다."[5]

일탈에 관한 여러 연구에 따르면 아내가 '외부인'과 이야기한다는 생각만으로도 격분하는 남편이 있는데, 이들은 대개 자아존중감이 낮다고 한다. 이것은 아내나 자녀를 때리거나 성폭행하는 남편, 혹은 아버지에게서 공통적으로 나타나는 특징이다. 그러나 미국의 남편들 사이에서 더 평범하고 훨씬 더 공통적으로 나타나는 태도는 둔감한 무관심, 즉 주부의 불행한 소외감에 대한 몰이해인 듯하다.

여성의 제3의 장소 참여가 적은 또 다른 이유는 제3의 장소 모임을 가질 때 발생하는 (큰 금액은 아니지만) 비용과 관련이 있다. 런던 클럽의 최근 역사를 살펴보면 여성 클럽도 몇몇 있었지만 번창하지 못했음을 알 수 있다. 남성들의 클럽에 비해 덜 활발했고, 매력적인 장소와는 거리가 멀었다. 사교계에 갓 들어온 상류층 아가씨들의 모임보다 여성참정권론자의 모임이 많기는 했지만 어떠한 경우에나 모이는 사람은 적었다. "여성들은 자신이 먹고 마시는 음식에 돈 쓰기를 아까워했다."[6] 여성은 보통 남성이 돈을 내는 데 익숙했고, 남자보다 가진 돈도 적었다. 더구나 여성은 가계 사정과 가족에게 무엇이 필요한지를, 그리고 그에 맞게 제한된 돈을 활용해야 한다는 점을 잘 알고 있다.

남녀가 자기들만의 세계를 위해 따로 도피처를 가져야 한다는 뜻은 아니다. 한쪽이 다른 쪽으로부터 '도망칠' 장소만 있으면 된다. 그리고 자연스럽게 남성들이 별도의 장소를 갖는 쪽이 되었다. 대부분의 (아마도 모든) 사회는 남성이 지배해왔다. 사회 전체의 생존은 여성보다는 남성의 협력과 우정에 달려 있었고, 육아는 남성보다는 여성의 몫이었다.

주목할 만한 사실은 비교적 소수의 예외가 있기는 하지만 여성들이 이러한 상황에 대체로 불만을 표시하지 않았다는 점이다. 여성들은 영국의 커피하우스가 에일 하우스와 달리 그들을 배제할 때 항의했다.[7] 미국의 살룬에 반대하는 강력한 캠페인을 벌이기도 했다. 하지만 특정한 역사적 국면에서만 그렇게 했을 뿐이다. 산업노동의 고단함이 남성들을 술집으로 내몰 때, 가족 전체의 평판과 생존이 (사회복지 제도의 안전망 없이) 오로지 남자 한 명의 변변찮은 수입에 달려 있을 때, 여성들은 살룬에 맞서 싸울 필요를 느꼈다. 그것은 다른 동물의 어미들에게서도 볼 수 있는, 스스로와 자식을 보호하기 위한 단호한 결의였다.

요즘 많은 페미니스트들은 비즈니스 세계에서 형성된 배타적인 남성 클럽을 표적으로 삼는데, 그럴 만도 하다. 그런 모임 안에서 거래나 중요한 접촉이 이루어지고 경력이 쌓일 때 여성들은 이 모든 기회로부터 배제된다. 남성들은 자기들끼리 편하게 쉬고 싶을 뿐이라고 주장할지 모르지만, 클럽에서 결코 쉬기만 하지 않는다. 그러나 역사적으로 볼 때 남성의 제3의 장소에 대한 여성들의 반응은 (크게 환영하지는 않았다고 해도) 대체로 온건했다. 여성들이라고 전혀 모이지 못했던 것은 아니기 때문이다. 그러나 안타깝게도 여성들이 어떤 형태로 어디에서 모이는지에 대해서는 거의 아무도 크게 주목하지 않았다.

프랑스 사학자 루시엔느 루뱅Lucienne Roubin은 예외적으로 여성의 모임에 관심을 가졌다. 그녀는 프랑스 남부의 프로방스 지역 마을들에서 거의 모든 '여성' 공간과 '남성' 공간을 분석했다.[8] 루뱅은 마을과 마을 주변의 모든 공간이 남성 혹은 여성의 공간이며, 그 어떠한 공간도 중립적이지 않다는 점을 확인했다. 두 개의 세계가 존재하고 실제로 모든 공간이 그에 따라 나뉘어 있었다는 사실을 이렇게 분명하게 보여준 문헌은 아마 없을 것이다.

프랑스 시골 마을에서 광장은 남성 공간의 중심이었다. 장이 서는 날이면 여성들이 마을 광장을 가로지르거나 광장 가장자리를 둘러서 지나가기도 했지만, 광장에서 남자, 혹은 다른 여자들과 이야기를 나누는 일은 없었다. 외곽의 들판도 경작하는 남성들의 영역이었다. 와인 창고에서 이루어지는 남자들의 저녁 모임은 지역사회 전체가 돌아가게 하고 다양한 직업 집단을 통합하는 데 중요했다. 남자들이 일을 마친 후에 시간을 보내는 이 지하 창고는 가장 명백하고 배타적인 남성의 장소였다. 이곳은 온도도 적당해서 여름에는 시원하고 겨울에는 아늑했다.

남자들이 밤에 와인 창고에 들이닥치는 경우만 제외하면 집은 여성의 영역이었다. 남편 혹은 다른 어떤 남성도 집에서 자기 영역을 주장하지 않았다. 루뱅에 따르면 여성의 세계가 좁은 범위로 제한되어 있기는 했어도 여성들은 그 경계를 철저하게 지켰고 완전히 지배했다. 남성은 여성 영역의 경계 바로 바깥까지 밀고 들어왔지만, 경계 안에서 여성들은 군주로서 행동하고 군주의 역할을 수행했다. 여성들은 그곳에서 자신의 기여가 결정적인 비중을 차지한다는 사실을 인식하고 있었고, 그로부터 힘을 얻었다.[9]

남성들이 외곽의 들판을 지배하듯이 여성들은 텃밭을 관장했고, 저녁이면 남자들처럼 모임을 가졌다. 남자들이 와인 창고에 모일 때 여자들은 마구간에 모였다. 여성들의 모임도 남성들의 모임만큼 자주 있었으나, 방식에는 흥미로운 차이가 있었다. 여성 집단은 남성 집단보다 분화되어 있었고, 해마다 겨울이 오면 모임과 구성원을 재편했다. 반면 남성들의 집단은 연속성이 강했고, 여성들의 모임에서처럼 잦은 불화에 시달리지 않았다. 한 해 동안 함께 어울리던 가족이 이듬해에는 서먹서먹해지는 일도 많았다. 그러나 일단 집단이 형성되고 나면 남성들의 집단만큼 활발하고 배타적이며 출석률도 좋고, 구성원을 받아들이는 데는 엄격했다.

루뱅은 마을 축제의 의미에 대해서도 독특하게 분석했다. 축제의 가장 중요한 의미는 남녀가 함께 어울릴 수 있는 기회라는 데 있었다. 거기에는 현재의 그 어떤 명절이나 축제에서도 찾아볼 수 없는 기운과 집단적 흥겨움이 있었다. 지금보다 더 남녀의 세계가 분리되어 있던 시절의 이러한 양상은 지금까지도 다음과 같은 몇 가지 흔적을 남기고 있다. 남성 지배적인 태번에 여성들이 가장 많을 때는 (한 주를 마치는 축제와 같은) 토요일 밤이다. 또한 축제 기간에는 부부가 아닌 남녀가 포옹이나 키스를 하거나 함께 춤을 추는 일이 잦다.

미국에서는 여성 전용, 혹은 여성이 다수인 제3의 장소가 눈에 많이 띄지 않는다. 예나 지금이나 여성이 남성보다 여가 시간을 쓰는 데 있어서 더 유리하지만, 여성은 다른 형태의 관계를 형성하는 데 이 시간을 사용했다. 여성은 남성보다 절친한 친구를 가질 확률이 훨씬 더 높은 것으로 보고되며, 그 친구는 대개 동성 친구다.[10] 또한 오늘날의 여성들은 남성들보다 더 많은 모임에 소속된다. 예를 들면, 공식적인 자원봉사단체에 더 많이 가입하고,[11] 골프장이나 테니스장을 더 많이 이용한다.[12] 낮에 테니스장에 가면 코트에도 휴게 공간에도 여성이 훨씬 많다.

또한 여성들은 전화가 제공하는 제한된 형식의 상호작용에 훨씬 더 잘 적응한 것으로 보인다. 많은 남성들은 여전히 전화로 이야기하는 것, 특히 장시간의 통화를 불편해하지만 여성들은 대개 이를 즐긴다. 그러나 전화가 아무리 편리해도, 오늘날의 여성들이 과거에 집에 모여 어울리던 시간만큼 전화 통화를 즐겁게 여기는지는 의심스럽다.

티타임, 테니스, 전화는 현대의 아내들에게 공동체로부터의 추방에 대한 보상이 되어주지만 만족할 만큼은 아니다. 남성들이 업무와 통근, 사업상의 점심식사, 동종업계 종사자들로 구성된 협회를 둘러싸고 공동체적 삶을 구축하는 동안, 여성들은 예전에 누렸던 지역공동체나 편한 비공식적 인간관계를 박탈당했음을 느낀다. 사회학자 필립 슬레이터가 어느 잡지에 기고했듯이 결혼은 "오늘날 젊은 여성들을 속이고 있다." 결혼이 공동체적 삶을 빼앗기 때문이라는 것이 슬레이터의 설명이다. 전형적인 미국 교외 주거단지에 살게 되면 학생 시절에 매일 자연스럽게 모이던 친구나 동료들과 연락이 끊긴다. 슬레이터는 산업화 이전에는 사람들이 공동체적 삶을 살았다는 사실을 상기시키며, 그러한 삶을 빼앗긴다는 것은 형벌이자 추방이라고 말한다. 오늘날 학교를 졸업하고 결혼을 한다는 것은 사회생활을 하지 않는 여성들에게 추방을 의미한다.[13]

얼마 전 미국의 한 정신과의사가 '수동적인 남성, 억센 여성Passive Men, Wild Women'이라는 주제의 강연과 저서로 큰 주목을 받았다.[14] 그는 많은 사람들이 안고 있는 질병을 진단함으로써 폭넓은 공감을 얻었다. 남편은 시간과 에너지를 업무에 쏟아부으며 다른 사람들과 그들의 문제를 다루는 데 스스로를 소비한다. 집으로 돌아올 때면 녹초가 되어 모두로부터, 심지어 아내와 아내의 문제로부터도 숨고 싶어 한다. 그는 텔레비전, 술, 잡지, 신문 속으로 도피한다. 일을 할 때는 능동적이지만 집에서는 수동적이다. 이것이 여성을 '억세게' 만든다. 낮 동안 성인과 거의 혹은 전혀 대화할 일이 없는 주부는 남편의 귀가만 기다린다. 불만스러운 사회적 환경이 아내로 하여금 남편에게 너무 많은 것을 기대하게 만들고 남편에게는 실망을 안겨주는 것이다.

수잰 고든Suzanne Gordon은 고독의 구조를 깊이 탐구했으며, 교외에 사는 주부들 사이에서보다 고독감이 더 만연한 곳이 없음을 밝혔다.[15] 고든은 "자연발생적인 만남"(이는 이 책에서 말하는 '비공식적 모임'과 일맥상통한다)이 고독감을 떨쳐내게 할 수 있다는 사실을 감지했다. 그러나 스스로 그런 만남을 시도하거나 다른 사람들이 그런 교류를 원할 때 받아들이는 여성은 거의 없다. 고든은 미국의 주부들이 비공식적인 접촉을 거부하는 두 가지 이유를 제시했다. 첫째, 그들은 자신이 교류를 원하듯이 다른 사람들도 그럴 것이므로 모임이 점점 늘어나 숨이 막히는 지경에 이를까 봐 두려워한다. 둘째, 그들은 이런 모임에 일정한 선을 긋거나 적절하게 통제하는 방법을 알지 못한다. 이는 매우 현실적인 걱정이다. 만일 초대하지 않은 이웃이 연락도 없이 집에 들르게 내버려둔다면, 그들과 어울릴 시간도 의향도 없을 때 어떻게 도망칠 수 있겠는가? 교외 여성의 "중립 지대"(2장 참조)에 대한 요구는 어디에서도 충족되지 않는다.

　최근 한 여성학 학술지에 실린 논문에서 저자는 어느 지역사회 '자조 네트워크'의 출현과 그것이 운영되는 물리적 기반에 관해 다음과 같이 설명했다.[16] 동네 놀이터 근처에 사는 한 여성이 집을 개방하여 누구나 들어올 수 있도록 했다. 엄마들은 그 집에서 아이들이 놀이터에서 노는 모습을 지켜볼 수 있었고 아이들은 집 안에서 놀 수도 있었다. 곧 엄마들끼리 커피를 마시는 모임이 만들어졌다. 이 집은 말 그대로 점령당했다. "엄마를 찾아 들락거리는 아이들 때문에 시끄럽고 부산스럽고 때로는 혼란스럽기도 했지만, 비공식적인 상호지지와 함께 즐기는 분위기였다는 점이 가장 중요하다."

　그러나 이 여성과 그녀의 집이 거기에 있었던 것은 완전히 우연이었고, 그런 우연은 쉽게 찾아오지 않는다! 이런 식으로 집을 개방할 여건과 의지가 있는 여성은 흔하지 않을 뿐만 아니라 특이한 경우다. 위의 예에서 동네 사람들 중 그 여성 외에는 어느 누구도 그런 일을 하지 않았다.

그들은 비공식적인 모임에 대한 통제권을 놓지 않았다. 마음대로 이 여성의 집에 드나들었지만, 자신의 집을 비공식적인 교류의 장으로 개방한 사람은 없었다.

주부는 신생 주거단지의 희생양이다. 이곳은 과도하게 용도가 획일화되어 있어서 다른 가족의 사적인 주거공간 외에 다른 것이라곤 없고 사회의 다른 시설들로부터 멀리 떨어져 있다. 그러나 수잰 고든이 지적했듯이, 적대적인 물리적 환경만이 유일한 문제는 아니다. 고든은 교제와 배우자 선택, 결혼 과정이 커플 외에는 어느 누구도 고려하지 않고 이루어진다는 점을 깨달았다. 현대의 커플은 더 이상 "종교·경제·지역사회·가족에 좌우되지" 않는다.[17] 예전에는 사생활을 덜 보호받는 대신에 도움이 필요할 때 친척이나 지역사회의 지원을 받을 수 있었다. 하지만 배우자를 선택할 때 외부인의 모든 압력을 거부하고 타인과의 교류에 관심을 갖지 않는 현대의 부부는 그런 도움을 받을 수 없다. 지역공동체는 통제할 수 없는 것에 관심을 두지 않는다. 많은 사람들은 오늘날의 사회에서 고독을 느끼며, 아무도 자신에게 신경 쓰지 않는다고 느낀다. 그것은 사실이다.

현대적 결혼은 외부로부터 부부를 고립시키며, 동시에 면책한다. 이는 집의 위치와 주변 환경을 매우 중요한 문제로 만든다. 교제와 결혼을 둘러쌌던 인간관계와 영향으로부터 자유로운 오늘날의 커플은 그들이 통제할 수 있고 상황에 맞게 조절 가능하되 원할 때에는 언제든 이용할 수 있는 비공식적인 모임을 선호하며, 그런 모임을 촉진하는 거주 환경을 필요로 한다. 그러나 현실은 반대다.

현재의 여성운동(1963년 베티 프리던Betty Friedan의 《여성의 신비The Feminine Mystique》 출간을 계기로 백인 중산층 여성의 문제에 주목하게 된, 20세기 중후반의 미국 여성운동을 말한다.―옮긴이)은 몇 세대 전, 수백만 명의 아내가 지역사회에서 부당하게, 그리고 예기치 않게 쫓겨나 교외 주택단지에 버려진 자신을 발견했을 때 시작되었으며, 부모가 집에 갇혀 불행하게 사는 모습을 보고 성장한 딸들이 유사한 덫을 피하기로 결심하면서 탄력을 받았다. 이 운동은 결의에 차 있으며, 잃어버린 인간관계를 되찾고자 하는 의지와 새로운 야망을 담고 있다.

─────── **사라진 남성들의 장소**

제3의 장소는 산업사회에 어울리는 명칭이다. 산업사회에서는 일터와 사는 곳이 분리되어 있고, 그 두 장소가 우선권을 갖기 때문이다. 그러나 지금은 제3의 장소로 밀려난 곳이 가장 중요하게 여겨지던 때도 있었다.

원시사회에서는 '남자들의 집'이 널리 퍼져 있었고, 아시아, 아프리카, 아메리카, 태평양의 섬에서도 남자들의 집이 있었다는 기록이 있다. 프랑스에는 20세기 초까지도 이런 곳이 있었다.[18] 네덜란드령 뉴기니에서는 룸슬람Rumslam, 토러스 해협 사람들은 크워드Kwod, 원시 보르네오섬에서는 팡가Pangah, 우두머리의 집, 루손섬 북부 이고로트섬에서는 파바푸난Pabafunan, 사모아섬에서는 마라에스Maraes, 베추아나국國에서는 코틀라Khotla, 독일령 동아프리카 본데이족은 브웨니Bweni, 브라질 보로로족은 바이토Baito, 푸에블로 인디언은 키바스Kivas라고 불렀다. 대개 남자들의 집은 마을에서 가장 넓고 화려하며 제일 눈에 띄는 건물이었다. 그곳은 관청이자 마을회관, 미혼 남성들의 숙소, 남성 방문객을 위한 게스트하우스, 전리품 전시실, 클럽의 기능을 했다. 여성과 아이들은 그곳에 거의 가지 않았다.

부족의 소년들에게 남자들의 집은 특별한 의미가 있었다. 그곳에 들어갈 수 있다는 것은 진정한 남자가 되었음을 뜻했기 때문이다. 무섭고 고통스러운 경험을 통해 남성성을 시험하는 통과의례를 거쳐 소년은 남자가 되었고, 동시에 남자들의 집 일원이 되었다. 성인이 된다는 것은 또한 어머니의 세계에서 아버지 혹은 삼촌의 세계로의 이동을 뜻했다. 통과의례를 거친 소년은 어머니의 보살핌으로부터 영원히 벗어난다. 이제 여성의 세계를 떠나 남성의 세계로 들어가는 것이다.

이와 같이 원시부족에게서 볼 수 있는 남자들의 집에서부터 오늘날의 남성 클럽에 이르기까지 남성들의 유대가 어떻게 진화해왔는지 추적해볼 수 있다.[19] 도시의 클럽이나 서클은 늘어나는 인구와 새롭게 나타난 계층에 맞춰 나타난 현상이었다. 남성들의 클럽이나 결사체 대부분이 회원의 아내들이 지지하고 도와줌으로써 존속할 수 있었던 것은 사실이지만, 기본적으로 남성 전용 클럽 구성원들은 "여성의 침범을 단호하게 막았다."[20] 반면 '가난한 사람들의 클럽' 또는 '노동자들의 클럽' 역할을 했던 여관, 펍, 태번, 살룬 등에서는 부인들의 지지가 중요하지도 않았고, 오히려 남성들의 결사체보다 더 확실한 남성들의 영역으로 유지되었다.

미국 사회에서 남성들의 유대와 영역은 쇠퇴하고 있다. 사적 부문에서나 공적 부문에서나 남성성이 분명하게 드러나는 장소를 보기 힘들어졌다. 집에서든 외부 세계에서든, 한때 여성들의 손이 닿지 않는 곳에서 남자들끼리 만나던 장소가 급속히 사라지고 있다. 이제는 집 안에 남자를 위한 피난처가 없다. 지금은 주거지가 당연히 단일 장소로 여겨지지만, 예전에는 그렇지 않았다. 과거에는 집의 일부가 집 밖에 있었다. 인구 대다수가 농촌이나 소도시에 살던 때에는 도시화가 진전된 후보다 훨씬 더 넓은 생활공간과 일터를 가질 수 있었다. 노동자가 몸을 써서 일해야 하고 농기구와 장비를 보유하는 직업이 주류였다는 점은 공간이 여유로운 상황과 맞물려 집 밖에 헛간이나 별채를 만들 수 있는 배경이 되었고, 남자들은 가정사로부터 벗어나 그곳에 가서 아들이나 이웃 남자들과 어울렸다. 집 안의 거실 소파에 앉아서 쉬려면 우선 목욕을 하고 옷을 갈아입어야 했지만 헛간에서는 흙 묻은 작업복을 입고서도 편안히 있을 수 있었다. 남자들의 일과 후 휴식은 대개 주방이나 거실에서 여성들과 함께 보내는 시간이 아니라 동료 남성들과 일터 한편에 마련된 공간에서 쉬는 것을 뜻했다.

그런데 농촌과 소도시의 삶이 도시 생활로 대체되면서 별채가 드물어졌다. 그러자 집 지하실에 은둔처를 마련하기 시작했다. 그들은 전선과 파이프가 볼품없이 노출되어 있는 대들보 아래에 자기만의 공간을 확보했다. 지하실은 보통 외부와 바로 통해서, 가족을 방해하거나 손님 맞을 준비를 하지 않고도 친구들이 편하게 들를 수 있다. 차고의 여유 공간에 작업대와 의자를 몇 개 두고 모임 장소로 이용하는 사람들도 있었다.

그러나 이 작은 공간마저 폐쇄될 운명을 맞았다. 기술의 발전으로 보일러가 개량되어, 예전보다 훨씬 작고 깔끔하며 보기에도 흉하지 않게 되었다. 이러한 기술혁신은 지하실에 새로운 가능성을 주었다. 사람들은 손수 바닥 타일 작업을 하고 저렴하게 벽면에 패널을 설치하여, 지하실을 부부 혹은 가족의 여가 공간으로 꾸몄다. 이는 집을 외부의 오락시설에 대적할 만한 장소로 만들어야 한다는 압박에 대한 대중적 반응이었다.

지하실을 잃어버린 남성들은 결국 이성애화된 환경인 집으로 들어가서 깨끗한 옷을 입고 바람직한 어휘만 구사하며 새로운 예절을 익혀야 했다. 숨 돌릴 구석도, 탈출할 희망도 없었다.

집 밖으로 나온 남자들이 새로 찾은 공간은 지역, 사회적 지위, 인구 규모에 따라 달라졌다. 남자들이 모이는 환경에는 공통점이 있으면서도 상황마다 다양한 모습을 띠었다. 초라한 싸구려 술집에서 오크 목재로 장식한 벽과 말쑥한 제복을 입은 바텐더가 있는 고급 술집에 이르기까지 태번의 모습은 다양했지만, 어느 태번이건 신분이 같은 사람들끼리 모였다. 도시에 사는 남자는 당구장이나 골프 클럽을 피난처로 삼았고, 지방 소도시에 사는 남자는 수렵장이나 낚시터의 오두막—한때는 미국의 모든 숲에 이런 오두막이 있었다—으로 도망쳤다.

오두막에 가면 직업이나 아내, 지역사회가 강요하는 가면을 벗어던 질 수 있었다. 여기서 남자들은 원초적으로 돌아가서, 아침은 간단하게 먹고 온종일 낚시나 사냥을 했다. 질 좋은 담배와 최고의 술 한 병이 있고 남자들끼리 즐거운 시간을 보낼 수 있으면 그것으로 족했다.

오두막에는 누가 버린 의자나 낡은 자동차 좌석을 가져다 놓았다. 커버를 씌우지 않은 매트리스가 있었고, 벽에는 오렌지 상자를 선반처럼 매달아 금이 가거나 짝이 맞지 않는 접시를 올려두었다. 창문에 커튼 따위는 없었다. 아니면 커튼 대신 밀가루 포대 같은 것을 걸었다. 난방은 값싼 밀폐형 난로가 담당했다. 청소는 거의 하지 않아서, 이따금 비질을 할 때면 바닥에 뜨거운 물을 뿌려서 쓸어내는 먼지보다 날리는 먼지가 더 많아지지 않게 해야 할 정도였다. 남자들은 반복적으로 자신을 이런 환경에 둠으로써, 문명화된 환경이 부과하는 걸치레나 다른 사람의 보살핌 없이 지낼 수 있는 능력을 지켰다. 협동의 습관—도시에서의 삶과 관료화된 노동 환경은 협동의 습관을 뿌리 뽑는 경향이 있다—을 유지하게 해주는 곳도 바로 이런 장소였다.

이제 그런 공간은 거의 없다. 일부는 잔디밭이 있는 호숫가 별장으로 대체되었고, 대개는 남성과 여성 공히 거의 집과 다를 바 없이 편의를 누릴 수 있는 레저용 차량이 그 자리를 대신하고 있다. 바다에서도 마찬가지다. 지역 요트 클럽 원로들은 아버지의 보트에 있던 딱딱한 벤치 좌석과 화장실 대신 사용하던 양동이를 기억할 것이다. 접이식 탁자는 고정이 잘 안 되어 객실을 엉망으로 만들기 일쑤였다. 이와 대조적으로 오늘날의 보트 내부는 화사하고 편안하며 설비가 훌륭하게 갖추어져 있다. 새로운 요트 애호가층으로 등장한 여성 세일러뿐 아니라 섬세함에 눈뜬 오늘날의 남성들도 이런 현대적인 요트를 좋아한다.

대공황과 그 긴 여파는 도시 여성들이 남성들의 공간이었던 골프 클럽이나 술집에 침범하는 계기가 되었다. 클럽들이 재정 붕괴 위기에 직면하자 여성에게 문호를 개방했기 때문이다. 골프 클럽은 컨트리클럽이 되었고, 결국 남성들만의 영역이었던 이곳에서 여성들이 더 많은 시간을 보내게 되었다. 음주 클럽도 하나둘씩 새로운 고객을 맞이하기 위해 리모델링을 감행했다. 새로운 고객은 물론 여성이다. 타구와 바닥에 깔아놓던 톱밥은 퇴출되었다. 누드화와 남자들의 거친 말투가 사라지기 시작했고 낡은 마호가니 바와 자연채광도 없어졌다. 그 대신 간접조명등과 포마이카 바를 설치하고 테이블을 더 두었으며, 카펫을 깔고, 주력 주종도 버번이나 호밀 위스키에서 순한 블렌디드 위스키로 바꾸었다. 뉴욕의 바우어리 거리는 비록 특색은 덜하지만 조용하고 안락한 술집들에 굴복했다. 남자들만 가던 술집들은 '갈색의 향연'이었는데, 살룬과 태번이 라운지로 개조되면서 선명한 금색과 녹색, 빨간색으로 장식되었다.

공제조합이나 사업가들의 클럽은 미국 남성들 사이에 이어져 내려온 합창의 전통을 보여준다. 과거와 비교하면 전통은 희미하게만 남아 있다. 대개는 이발소 사중창이나 대학교 남학생 중창단을 떠올리겠지만, 피크닉이나 술자리 등 남자들이 모인 곳에서는 함께 노래하는 모습을 자주 볼 수 있었다. 저녁나절에 숲이나 동네 공원에 모여 노래하던 독일계 미국인들이 기억난다. 그들은 더 이상 목소리가 안 나오고 맥주 통이 빌 때까지 노래하곤 했다.

함께 노래하고 춤을 추면 친밀감을 느끼게 된다. 오늘날 이와 같이 즐겁게 일체감을 표현할 일이 없다는 것은 연대를 촉진하는 장소나 기회가 소멸했음을 가장 확실하게 드러내는 예다.

당구장이 맞게 된 운명은 특히 시사하는 바가 크다. 사람들은 술을 집에서 마시게 된 것처럼 당구장도 집에 들여놓기 시작했다. 찰스 후퍼 Charles Hooper는 20세기 초 주택 건축 동향에 관한 책에서 집 안에 당구대를 설치하는 풍조가 남편을 집에 붙잡아두고 싶어 하는 여성들의 발상이라고 말했다.[21] 그러나 분명히 남자들도 이 발상을 환영했다. 왜냐하면 사람들은 대개 당구실이 있는 집을 성공한 사람이 이를 수 있는 '도달점'이자 성공한 사람의 라이프스타일을 나타내는 상징으로 여겼기 때문이다. 또한 남자들은 저녁에 동료들을 초대했을 때 자기 집 지붕 아래에서 당구장이 주는 남성적인 아우라나 태번 같은 친밀한 분위기를 풍기고 싶어 했다.

그러나 남자들은 당구대를 사듯이 당구장의 분위기까지도 돈으로 살 수는 없음을 이내 깨달았다. 파티를 열면 너무 많은 사람들이 게임을 하고 싶어 해서 누구도 흡족할 만큼 당구를 칠 수 없었다. 게다가 여성 손님들도 끼워주어야 했다. 실력 차가 크게 나는 경우, 잘 치는 사람은 짜증을 내고 못 치는 사람은 창피해한다. 게다가 파티가 없으면 당구대를 쓸 일이 없다. 친구들은 (특히 부부 동반이 아닌 한) 생각보다 자주 오지 않고 사실 집에 그렇게 자주 손님이 오더라도 문제다. 가족 한두 명과 치는 당구는 곧 지겨워지고, 결국 난감한 상황이 된다. 집의 상당한 면적을 당구대에 할애했고 들인 돈도 만만치 않기 때문이다. 남자들은 양심상 사설 당구장에 가지 않게 된다. 당구대를 집에 들여놓았고 남편도 당구대와 함께 집으로 들어왔지만, 남편들은 남자들만의 장소가 가진 문화와 그곳의 친구들로부터 격리되었다.

포커 게임도 집으로 옮겨졌다. 예전에는 남자들이 주로 살룬의 구석 방에서 포커를 쳤는데, 그 분위기는 지금 집에서 모방한 카드 게임 공간과 현격히 다르다. 담뱃불 자국이 있는 탁자, 어두침침한 녹색 조명, 여자 사진이 실린 맥주회사 달력, 배경음악처럼 들리는 손님들의 대화, 살룬 의자, 훈수꾼, 높은 천장까지 올라가는 푸른 담배연기, 이 모든 것은 사라졌다. 요컨대, 남자들만의 분위기가 사라진 것이다. 이제는 대개 흉내만 낸, 낯선 장소에서 포커를 친다. 그 장소는 가족에게 속해 있다. 포커를 치는 사람들은 더러운 연기 혹은 더러운 말을 내뱉으면 그 집을 욕되게 할까 봐 저녁 내내 신경을 곤두세운다.

시가 연기를 내뿜거나 욕설을 하는 것은 남자들의 전형적인 행동이었고, 그런 행동은 쟁취한 영토를 지키는 기능을 했다. 남자들의 네트워크는 한 세대에서 다음 세대로 행동양식과 습관을 전승하여 그 장소에 남자들만 있다는 표시가 되었다. 그 행동양식과 습관을 관통하는 공통점은 '남자답게 거칠고' 여성들과 함께 있을 때에는 부적절하다는 점이었으며, 문명의 겉치레에 대한 거부반응과 인간이 가진 동물적 속성을 나타냈다.

오늘날 미국 사회에서 남성들만의 장소는 숫자상으로도 감소했고 접근성도 떨어졌다. 이에 따라 남성들 사이에서 전에 없던 섬세함이 나타났다. 이제 중산층 남성들은 의식적으로든 무의식적으로든 예전 남자들처럼 행동해야 하는 영역을 피해서 살아갈 수 있다. 이런 현상은 특히 직업상의 필요에 따라 인간관계를 조율하고 재단하는 출세 제일주의자들 사이에서 두드러지게 나타난다. 새로운 섬세함이 반드시 여성을 향한 더 큰 배려를 의미한다고 볼 수는 없지만, 전통적인 남성 집단의 거리낌 없는 행태를 덜 누리게 된 것은 분명하다.

남자들의 모임은 전통적으로 거칠고 저속한 속성을 보여왔는데, 이는 여성의 접근을 막는 기능과 더불어 남자들 간의 연대의식을 강화하는 기능도 수행했다. 남자들이 서로를 존중하면 저속한 말을 덜 하게 될까? 그렇지 않다. 사실 그 반대에 가깝다. 서로를 잘 알게 될수록 오히려 더 막말을 한다. 편한 자리에서도 정제된 언어로만 대화하는 남자들은 친한 사이가 아니거나 서로를 편하게 생각하지 않는 관계일 가능성이 높다.

    남자들 특유의 화법과 행동양식은 서로에게서 과거로부터 축적된 남성으로서의 경험을 끌어내고, 공통의 유산을 가지고 있다는 사실을 수면 위로 드러낸다. 그러면 거의 즉각적으로 친밀감이 형성된다. 전 세계 남성들은 고유의 남자다운 처신을 통해 스스로가 '보통 남자'임을 드러내고, 그렇게 함으로써 동료 남자들의 신뢰를 얻어왔다. 제아무리 교수나 의사라고 해도 노동자들 사이에 가면 신랄하고 가차 없는 심사 대상이 된다. 두 번째 술병을 비울 때쯤 그들이 "선생, 당신 괜찮은 사람이군!"이라고 했다면 이 말은 비로소 남자다움이 제대로 드러났다는 뜻이며, 사회적·직업적인 겉치레 아래에 남성의 기질이 온전히 남아 있다는 뜻이다. 남자들의 행동양식은 계층과 관계없이 금방 일체감을 갖게 만드는 공통분모다. 이 때문에 대규모 집단행동이 필요한 지역, 혹은 국가 위기 상황에서 그 사회의 생존을 가능하게 하는 열쇠 역할을 했다.

    그렇다면 남자들의 제3의 장소는 왜 쇠퇴하고 있는 것일까? 남자들만의 영토가 그렇게 급속하게 오그라든 까닭은 무엇일까? 원인이 결과보다 늦게 발생할 수는 없으므로, 현재의 여성운동 때문은 아니다. 여성들의 호전성이 급격하게 높아진 것은 최근의 일이고, 남자들만의 영토와 남자들만의 결사는 여성들의 의식 혁명 훨씬 전에 대부분 없어졌다.

    가족사회학자 게일 풀러턴^{Gail Fullerton}은 그 상황을 간결하게 분석했다. "우리 조상들은 상보적 관계에 있는 두 개의 세계에 살았다. 그것은 남성의 세계와 여성의 세계다. 우리 역시 두 개의 세계를 살고 있다. 우리는 대중사회^{mass society}에서 돈을 벌고 세금을 내지만, 다른 한편으로는 부부 중심 가족^{conjugal family}이라는 사적인 세계에서 사랑하고 미워하며 살아간다."[22] 풀러턴은 "신중산층^{new middle class}"이 구중산층을 대체한 1890년에서 1920년 사이에 전환점이 있었다고 설명한다. 구중산층은 한 지역에 안정적으로 정착하여 가족 소유의 소규모 업체를 경영하는 자영업자를 뜻했다. 풀러턴에 의하면 "구중산층 남성들은 친구, 친척들로 이루어진 폭넓은 교우관계를 지속적으로 친밀하게 유지했고 결사단체나 사적인 클럽에서 이루어지는 남자들만의 배타적인 모임에 깊은 소속감을 가지고 있었다. 아내에게 애정을 가진 사람도 많았지만 아내와 동등한 입장에서 대화하는 경우는 드물었다."[23] 1890년에 거의 없었던 신중산층은 1920년 무렵까지 급격히 팽창했고, 그 후에도 계속 증가했다. 신중산층은 전문직 종사자나 관리자급 봉급생활자로, 자신이 가진 기술을 가지고 승부하는 까닭에 높은 지위로 이동도 빠르고 지역 이동도 활발하다. 이 사람들은 "결혼에서도 최고의 결실을 얻고자 했다. 이는 '신'중산층이 성장하면서 아내와 정서적으로나 성적으로나 더 친밀한 관계이기를 바라는 남성들이 많아졌음을 뜻한다."[24]

남성들은 이제 더 이상 그들끼리의 유대관계나 모임 장소, 즉 남자들의 제3의 장소에 관심을 갖지 않는다. 그 대신 배우자와 결혼에 대해 새롭게 인식하게 되었다. 거주지를 여러 번 옮김에 따라 고정적인 인간관계가 사라지다 보니, 남편은 아내를 여성 조력자로 의지하게 되었고, 남자들 간의 관계의 연속성이 사라진 빈자리는 삶에서 예전보다 큰 비중을 차지하게 된 아내의 존재감으로 채워졌다. 배우자와의 관계가 일생 동안 유지될 수 있는 유일한 관계라는 사실을 바탕으로 부부 사이에 전에 없던 친밀감이 형성되었다.

청교도적 도덕관이 현격히 느슨해진 것도 같은 시기였다. 성적인 미개척지가 새로 열렸고, 부부는 함께 그 땅을 탐험했다. 또한 남녀공학인 대학교에 다니는 사람이 늘어나면서 남녀평등이 빠르게 진전되었다. 대학 교육을 받은 남성은 여성들과 함께 있는 것을 편하게 여기고 적극적으로 어울렸다. 그들은 사냥, 낚시, 보트 여행에 여성을 대동했고, 당구장이나 태번처럼 예전에는 여자를 피하러 가는 곳이라고 여기던 장소에도 여성과 함께 갔다. 계몽된 청년들은 다른 사람들도 모두 자신이 데리고 온 여성의 존재에 매혹되리라고 확신했다. 그는 자랑스러운 여행 가이드가 되어, 자기 여자를 남자들만의 영토였던 곳으로 데려갔다. 나이 든 사람들은 당황하며 고개를 저을지도 모르지만("사냥 여행에 여자를 데려갈 만큼 멍청한 사람은 대학생밖에 없을걸!") 시대는 청년 편이었다.

중산층 남편이 아내에게 새롭게 관심을 갖게 되었다는 점은 그 자신이 가정생활에 익숙해지는 데에도 도움이 되었다. 산업화는 일터를 거주지로부터 분리했고 아버지를 집에서 데려갔지만, 그렇다고 해서 많은 페미니스트와 아동발달 전문가들의 주장처럼 가정사로부터 완전히 면책된 것은 아니다. 육아는 대체로 어머니의 몫이었지만, "모든 문명사를 통틀어서 오늘날의 미국에서만큼 아버지가 아이를 많이 돌보고, 주방과 아기방에 자주 들어온 적도 없었다"라는 인류학자 마거릿 미드^{Margaret Mead}의 관찰 또한 사실이다.[25] 문제는 남편이나 아버지의 의무 태만이 아니라 '다른' 어른들의 부재다. 예전에는 이웃이 육아를 돕고 지속적인 사회적 지원을 제공했으므로, 핵가족이더라도 고립되어 있지 않았기 때문이다.

아마도 미국인들이 동성 간의 관계 상실을 긍정적으로 보고, 우애결혼을 이전 세대의 혼인 관계보다 우월한 것으로 미화한 것은 필연적이었을 것이다. 상황을 긍정적으로 해석하는 편이 언제나 실질적인 개선보다 쉬운 법이다.

고립된 부부

정부가 제2차 세계대전 후 1350만 명의 퇴역 군인에게 계약금 없이 교외주택을 제공하면서, 우애결혼이라는 이상을 실현하기에 가장 적합한 물리적 환경이 마련되었다. 연인들은 배우자의 부모나 어린 시절에 알던 사람들로부터 멀리 떨어져 있는 교외의 조용한 집에서 꿈꾸던 결혼생활을 이룰 수 있었다. 그들은 외부인의 침범이 이전 시대의 결혼생활을 망친 원흉이라고 생각했는데, 이제는 그런 침범을 두려워할 필요가 없어졌다.

과연 꿈 같은 생활이 이루어졌을까? 여러 징후들은 다른 사람들과 편한 만남을 갖는 일이 좀처럼 없고 배우자와만 붙어 지내는 사람들의 부부생활이 안정적이지 못함을 보여준다. 그들은 결핍을 견디기 위한 힘겨운 투쟁을 하고 있다. 그러한 불안정성의 증거가 많으며 계속해서 늘어나고 있다는 점은 그들의 이상에 근본적인 결함이 있었다는 것을 암시한다.

1950년대부터 미국의 고립된 부부들은 스트레스와 압박감 때문에 대안을 찾아 나섰다. 1981년에는 결혼하지 않고 동거하는 커플이 200만 쌍에 육박했다.[26] 또한 1960년대 중반에 이미 결혼한 사람의 2~5%, 수백만 명이 주기적으로 스와핑을 즐기고 있었다.[27] 현재 미국의 1인 가구 증가율은 전체 가구 수 증가율의 두 배로 추정된다.[28] 결혼하지 않은 20대 초반 인구 비율도 급격히 증가하고 있는데, 그들이 결혼을 미루고 있는 것인지 아니면 아예 결혼할 생각이 없는지는 분명하지 않다. 대학 교육을 받은 여성들은 결혼에 대한 선택을 가장 자유롭게 할 수 있을 것이고, 따라서 미국 여성들 중 결혼하지 않을 가능성이 가장 높은 집단이다.[29]

미국은 전 세계 산업국가 중에서도 이혼율이 가장 높으며, 1960년대 이래로 두 배가 되었다. (미국의 이혼율은 1970년대 말부터 1980년대 초 사이에 가장 높았고 이후 약간 낮아져, 현재는 이혼율이 세계에서 가장 높지는 않다.―옮긴이) 이혼이 너무나 흔해져서 누군가는 "결혼제도에 미국이 기여한 바는 이혼"이라고 비꼬기도 했다. 사실 미국 사회에서 이혼은 비정상적인 일로 간주되지 않을 만큼 흔하다. 따라서 많은 전문가들은 이제 이혼을 문제가 아닌 해결책으로 보고, 관계 해체가 아닌 가족의 재구성으로 보려고 한다. 아마도 이 새로운 관점은 오래된 고통을 완화시켜줄 것이다.

여러 전문가들은 이혼 위기의 부부에게 함께하는 시간을 늘리라고 조언한다. 어떤 의미에서는 그들 말이 옳다. 예를 들어, 미국의 부부는 일주일에 평균 20분밖에 직접적인 대화를 하지 않는다고 한다. (지그스가 요즘 사람이라면 단골 술집인 딘티 무어 살룬에서의 유쾌한 수다를 단념해야 할 것이다.)[30] 또한 30대 부부가 성관계에 보내는 시간이 1년에 30~40시간에 불과하다는 조사도 있다. 우애결혼은 다른 사람들과 접촉하고 싶은 욕구를 억제하고 더 많은 시간을 배우자와 함께 보내기를 요구하지만, 현실적으로는 그만큼 시간을 할애하거나 즐길 수 없다. 많은 부부가 이를 견디지 못하며, 집 안에 '함께 있음'으로부터 탈출할 수 있는 대중적인 수단, 즉 텔레비전에 의존하여 간신히 버틴다.

많은 사람들이 결혼제도에 반대한다. 결혼이 여성을 남성에게 예속시키는 제도라고 간주하는 급진적 페미니스트만이 아니다. 수십 년 전이었다면 기괴하고 부도덕하다고 간주되었을 라이프스타일을 선교사처럼 열정적으로 주장하면서 우리 사회에서 진화해온 일부일처제의 대안을 찾아 나서는 사람들도 있다. 많은 이들은 이러한 실험을 주장하는 사람들이 개성과 개인적인 만족을 위해 전통을 무시하고 있으며, 그 논리와 언어가 조악하고 제멋대로라고 말한다. 그러나 사회제도가 제대로 작동하지 않으면 논리와 언어가 어떻든 간에 개인주의가 득세하는 법이다. 어쨌든 결혼은 그것이 현재 요구하는 '함께 있음'을 감당할 수 없다. 오히려 아내와 남편 모두에게 다른 사람, 특히 동성과의 잦은 교류가 필요하다.

───── 이성과의 만남에서 제3의 장소의 역할

정도의 차이는 있지만 대부분의 제3의 장소가 성별에 따라 분리되어 있으며, 일부는 완전히 배타적이다. 제3의 장소에는 남녀 사이에 벽이 세워져 있고, 예전처럼 남자들의 세계와 여자들의 세계로 나뉘어 즐겁고 활기찬 휴식을 취한다. 그러나 결과적으로 분열을 일으키지는 않는다. 남녀가 분리되어 있는 제3의 장소는 오히려 몇 가지 점에서 이성애적 관계를 촉진한다.

제3의 장소에서의 모임은 현대적 결혼이 야기할 수 있는 고립을 막는다. 그 고립의 위험성에 관해서 마거릿 미드는 자신의 후기 저작에서 다음과 같이 설명했다.

> 부부는 서로에게 만능이라야 한다. 그들은 상대방이 침대에서나 침대 밖에서나 훌륭한 남편, 훌륭한 아내이기를 기대한다. 여성은 훌륭한 요리사, 훌륭한 엄마, 훌륭한 아내이며, 스키도 잘 타고, 말도 잘하고, 돈 계산도 잘해야 한다. 도와줄 사람은 없다.[31]

마음이 맞는 사람들과 편안한 자리에서 자주 모일 수 있다면 미드가 묘사한 압박감이 줄어들 것이다. 제3의 장소는 개인이 삶에 더 만족하는 데 큰 도움이 된다. 자신의 삶에 만족하는 사람은 기본적인 인간관계를 깨뜨리거나 파괴하지 않을 것이다. 다시 말해 충만한 삶을 사는 사람들은 결혼에서 모든 것을 얻으려 하지 않을 것이고, 따라서 결혼생활을 더 잘 즐길 수 있다.

제3의 장소에서의 모임은 삶의 만족도를 높일 뿐 아니라 결혼이나 가족으로부터 얻을 수 없는 많은 것을 제공해준다. 동성 친구들 속에서 아무런 부담도, 긴장도 없이 떠들썩하게 노는 데서 오는 기쁨이 있다. 남녀가 함께 있으면 약간이라도 긴장을 하기 마련이므로, 그런 낮은 수준의 스트레스조차 없는 편이 더 좋은 휴식이 된다. 대부분의 사람들은 이성이 같은 자리에 있으면 절대로 동성 집단에서만큼 편안함을 느낄 수 없다.

특히 남편과 아이들에게 헌신적인 여성들이야말로 동성 집단에서의 편안함을 가장 크게 느낄 것이다.

쉬는 방법을 잘 알고 있는 많은 영국인들이 여성 전용 술집을 금지하는 영국의 성차별금지법Sex Discrimination Act에 반대했던 것이 바로 이런 이유 때문이었다. 벤 데이비스는 이렇게 주장했다. "엄연히 수요가 있는데, 왜 펍이 이성으로부터 잠시라도 탈출할 기회를 제공하면 안 된단 말인가? 적어도 삶의 스트레스 중 하나에서 잠깐이라도 빠져나올 수 있다는 것은 누구에게도 피해를 주지 않고 모두가 이익을 얻을 수 있는 일이다."³²

또한 남편과 아내 모두 제3의 장소에서 사회적 지지와 유대감을 얻을 수 있다. 친구들의 네트워크에 견고하게 연결되어 있는 여성은 그렇지 않은 여성보다 남편에게 덜 휘둘린다. 남성도 마찬가지다. 누군가의 배우자로서가 아닌 결혼생활 바깥의 삶을 유지하고, 부부 관계로부터 일정 정도 자율성을 가지며, 당연하게 여기면 안 되는 존재가 되는 것, 이 모두는 결혼생활을 평생 이어가는 데 도움이 된다. 활력 넘치는 결혼생활과 친구들과 보내는 시간, 이 두 가지 모두 충만하고 만족스러운 삶을 만들기 위한 레시피에서 빼놓을 수 없는 재료다. 케이크를 가질 것인가 먹을 것인가 하는 문제가 아니다. 그보다는 케이크가 상하지 않게 하는 문제다.

동성끼리의 모임은 이성에 대한 관심을 북돋운다. 여자들끼리 이야기할 때만큼 남자를 성적 대상으로 보는 때가 없으며, 그 반대도 마찬가지다. 특히 여성은 대부분의 남성에게 성적 대상이며, 성적인 매력 유지가 중요하게 여겨진다. 그러나 정상적인 남자라면 여성을 성적인 대상으로만 생각할 리 없다. 남자들끼리 있으면 여성을 성적인 대상으로 보게 되는 것은 사실이지만 그 때문에 실제로 여성을 그렇게 대하지는 않는다. 여성들의 모임도 더 품위 있는 말투를 사용할 뿐 내용은 마찬가지다. 이와 같이 동성 집단과 그 모임은 이성에 대한 관심을 높이는 동시에, 이성애적 관계로부터 빠져나와 한숨 돌리며 이성과 함께 있을 때와는 사뭇 다른 시간을 보낼 수 있게 해준다.

친밀한 남녀관계에 제3의 장소가 주로 기여하는 바가 바로 이 점에 있다. 많은 성 과학자들에 따르면, 성적인 접촉은 파트너 사이의 간극을 좁히는 강렬한 성적 관심의 불꽃을 나타낸다. 이때 둘 사이의 간극은 잠재적 파트너를 서로 떨어뜨려 놓는 갈등, 긴장, 적대감, 장벽으로부터 비롯된다.[33] 원리는 단순하다. 간극이 없으면 불꽃도 일어나지 않는다. 둘 사이의 긴장은 성행위에 감정과 극적인 요소, 의미를 부여하며 그래야 성적인 호감이 형성된다.

남자들만 있는 집단에서는 에로티시즘을 찾아보기 힘들다. 성적인 관심에는 긴장이 필요하지만, 그들의 모임에는 아무런 긴장도 없다. 잠들었을 때를 제외하면, 우정으로 똘똘 뭉쳐 빈둥거리거나 이야기를 나누는 시간만큼 남자들을 모든 긴장으로부터 해방시키는 때도 없다. 지나치게 편안하고 의견도 잘 맞아서 긴장이 발생할 수 없다.

이성애적 관심은 항상 남성끼리의 유대와 공존한다. 남자들이 서로 편안하고 거침이 없는 곳에서는 동성애적 관계가 극히 드물다. 남성들 사이의 경쟁이 심하고 제도화된 남성들의 유대가 약하거나 존재하지 않는 곳에서는 동성애가 훨씬 흔하다.

어린 나이에 성적 접촉이 허용되는 사회에서는 간극과 긴장의 원리가 적용되지 않는 것처럼 보일지 모른다. 소년과 소녀 사이의 장벽이 완전히 제거된 것처럼 보이기 때문이다. 하지만 그런 경우에 오히려 원칙이 가장 확실하게 입증된다.

예를 들어 아프리카 음부티족 사이에서는 상당히 어린 나이부터 성관계가 장려된다. 각자 원하는 상대를 택할 수 있고, 어른들의 어떠한 제지도 없다. 여자아이(주도권을 여성이 잡을 것으로 추정된다)는 결코 평범한 남자를 선택하지 않고 처음부터 불확실성을 도입하여 긴장감을 조성한다. 여자아이는 자신이 선택한 남자아이를 구타하는데, 이는 심각한 상처나 평생 가는 흉터를 남길 때도 많다.

우리 사회에서는 보통 남자가 주도권을 가지고 있으며 결과는 비슷하다. '쉬운' 여자는 매력이 없다. 그런 여자는 기껏해야 마지막 보루일 뿐이다. 격정적인 사랑을 다룬 소설이나 영화에는 반드시 주인공들 사이의 갈등이나 장벽, 오해, 격렬한 반감에 이르는 마찰이 있다. 열정이 타오르려면 감정에 불을 지피고 정점에 이르게 하는 장애물이 필요하다. 연인들은 거의 마지막 장면이나 마지막 페이지에 이르기 직전까지 맺어지지 않는다. 그러다 절정에 다다르면 격정은 사그라든다.

로맨스 영화의 중심은 긴 결혼생활이 아니라 교제 과정이다. 그러나 현실에서는 결혼한 이후 엄청나게 긴 기간을 감당해야 한다. 교제 과정에 내재되어 있던 에로티시즘은 점차 무디어지고 시간이 흐르면서 성관계는 습관처럼 지루하게 반복될 뿐이다. 얼마 전까지는 남자들끼리 모이는 일이 흔하고 다른 친밀한 관계들이 존재했기 때문에 부부가 함께 보내는 시간과 서로에 대한 의존도를 최소화할 수 있었다. 예전의 결혼에서는 배우자를 향한 몰입이 지금보다 덜 중요했고, 결혼으로 인해 생긴 지역사회와의 연결이 더 중요했다. 가족사회학자 게일 풀러턴은 "현재의 연인은 결혼할 기회를 잡은 것보다 로맨스의 시기가 끝나가는 것을 슬퍼할 것"이라고 말한다. "그리고 어느 한쪽, 혹은 양쪽 다 은밀하게 새로운 로맨스를 찾기 시작할지도 모른다. 아니면 기쁨 없는 삶에 안주할 수도 있다."³⁴

신혼 기간을 늘리고 싶어 하는 요즘 젊은 세대의 심정이 이해가 된다. 열정을 갖고 싶은 욕망은 여전히 있지만 열정의 불꽃이 타오르게 하는 장벽이 사라졌다. 아무것도 예전처럼 불꽃을 일으키지 않으며 앞으로도 마찬가지겠지만, 부부는 여전히 시도한다. 그래서 열정을 되찾고자 하는 바람을 이용하는 산업이 생겼다. 물침대와 거울, 화려한 카펫, 플레이보이 채널, 에로티시즘을 다룬 고딕 소설, 거품목욕을 할 수 있는 자쿠지 욕조가 모두 그런 산업의 산물이다. 물론 끝없이 시리즈가 이어지는 섹스 매뉴얼도 빼놓을 수 없다.

미국의 심리학자 스튜어트 밀러Stuart Miller는 동성 간의 친밀함이 "죽었다"라고 말했다. 그는 "대부분의 미국인이 부인이나 남편을 가리켜 가장 친한 친구"라고 한다고 해도 놀라운 일이 아니며 "그렇게 생각하는 경향은 여성보다 남성에게서 더 강하게 나타난다"라고 설명한다.[35] 부부 사이가 이렇게 독점적이었던 적은 지금껏 없었으며, 이 현상은 부부 외에 잠재적 인간관계를 죄악시하거나 우려하게 만든다. 그 결과 "동성 친구들을 만나러 나가고 싶을 때에도 그냥 가지 못하고 아내에게 다른 일이 없는지 물어보아야 한다. 아내와 협의하여 허락받은 시간 외에 암묵적으로 자유롭게 사교를 위해 쓸 수 있는 시간은 존재하지 않는다."[36] 사실 많은 남성들이 일정상 가능할 때조차도 외출 허가를 얻어내지 못한다. 얼마 전 한 사람이 나에게 자신의 결혼생활에 관해 다음과 같이 자랑했다.

> 주위 유부남 중에서 아내가 동네에 있는데도 술을 마시거나 당구를 치러 나갈 수 있는 사람은 제가 유일하다는 생각이 들었어요. 다른 사람들이 저한테 맥주 한잔하자거나 당구 한 게임 치자고 전화를 할 때도 있지만, 그럴 때는 뻔해요. 부인이 어딜 나간 거죠. 그 사람들은 부인이 멀리 나갔을 때만 하고 싶은 일을 마음대로 할 수 있거든요. 쯧쯧, 그렇게 살다니….

구질서가 눈에 띄게 흔들리면서 이제는 중산층 부부 중 여성이 남성보다 자유롭게 친구들과 우정을 쌓을 수 있게 되었다. 여성의 지위와 소득 향상은 그들의 자립도도 높였다. 현대 여성은 쉽게 남편을 떠날 수 있고, 그렇게 되면 남편은 배우자뿐 아니라 유일한 친구도 잃게 되는 셈이다.

서로에게만 몰두하는 부부 관계가 처음에는 풍요롭게 느껴질지 모르지만, 결국 폐소공포증이 되기 쉽다. 남편은 따분하고 지나치게 익숙하며 더 이상 흥미롭지 않은 존재가 된다. 관계의 배타성은 부부의 성생활에 독이 된다. 성적인 매력이 생기려면 둘 사이에 성적 접촉으로 메워야 할 간극이 있어야 하기 때문이다. 차이가 희석되면 성적으로 무뎌지고 관계는 지루해진다. 한 저명한 성 과학자는 이를 다음과 같이 설명했다.

> 남성들의 네트워크는 이성애를 향한 큰 동력을 제공한다. 남자들 무리에 있는 동성애적 요소는 에로틱한 것과는 너무나도 거리가 멀어서, 성적인 면에서 이성애와 견줄 수 없다. 그러나 남성들은 동성 집단의 유대를 통해 자동차 연료를 채웠을 때와 같은 안도감을 얻음으로써 이성애적 접촉으로 복귀하고 싶다는 강한 욕구를 다시 느낀다. 즉, 남성들의 모임은 '연료 보충 작업'이다. 많은 여성들은 … 직감적으로 이 사실을 느낀다. 궁극적인 수혜자는 자신이 되리라는 것을 알기에 "친구들을 찾아 떠나버리는" 남자에게 회복 시간을 허용한다. 그 직감은 정확하다. 여성들은 가까운 동성 친구가 없는 남자에게서 심한 불안을 느끼는데, 이것도 정확한 직감이다.[37]

다른 학자도 남성들끼리 긴밀한 관계를 맺고 있는 남자일수록 부부 간의 성생활이 더 원만하다고 주장했다.[38]

남성성과 여성성이란 자신의 성별이 이성에게 흥미롭고 매력적으로 보이게 하는 외모 스타일, 행동, 관점, 태도를 가리킨다. 남성성과 여성성은 동성 모임에서 길러지고 보충된다. 동성끼리 뭉칠 수 있는 기회를 충분히 가질 수 없게 가로막는 결혼은 수많은 가정을 지역사회와 유리된 섬으로 만들고, 결혼의 기쁨을 권태로움으로 뒤덮을 것이다.

──────── **남녀 통합**

남자는 여자들의 모임에 제대로 낄 수 없고, 여자는 남자들의 모임에 제대로 낄 수 없다. 이따금 자신이 남자들의 모임에 들어가도 달라질 것이 없다고 믿는 듯한 여성을 볼 수 있다. 그러나 그녀의 눈에는 보이지 않는 경고등이 번쩍 켜진다. 분위기 변화는 미묘하고, 부지불식간에 대화에 제한이 생긴다. 남자들은 그녀가 편안하도록 최선을 다하겠지만, 그녀는 '정원에 돋아난 밀'처럼 두드러진다. 사람들은 자신의 성 정체성을 버리는 것을 극도로 꺼리며, 다른 사람이 그러는 것도 허락하지 않는다. 남자가 여자 집단에, 혹은 여자가 남자 집단에 침입하는 순간, 그가 들어가고 싶어 했던 집단은 사실상 파괴되어버린다.

따라서 제3의 장소에서 남녀가 통합되는 데에는 한계가 있다. 남녀 모두 들어갈 수 있고 환영받는다고 해도, 성별 간의 통합과는 거리가 멀다. 전형적인 남자들의 장소는 사회적인 요구에 따라 어쩔 수 없이 여성의 입장을 허용한 후에도 여전히 남자들의 장소로 남아 있을 때가 많다.

이와 같이 다른 성별에 의해 장악되는 데 대해 제3의 장소가 발휘하는 면역력을 남자들은 잘 모른다. 남자들의 요새가 처음 여성에 의해 뚫릴 때면 무척 심한 반발이 일어난다. 그곳의 남자들은 여자가 한 명이라도 들어오면 모든 것을 잃었다고 느낀다. 이 비관주의의 원인 중 하나는 보수적인 태도다. 대부분의 남자들은 자신의 제3의 장소에 보수적인 태도를 가지고 있다. 자주 실내장식이 바뀌는 집에서 사는 사람이건, 정치적으로 극단적인 진보주의자 혹은 성 문제에 있어 극단적인 자유주의자건, 분위기를 바꾸려고 직장을 옮기는 사람이건, 모두가 제3의 장소는 변함없이 그대로이기를 바란다. 미미한 변화마저도 타락의 징후로 읽는다. 만일 어떤 회원이 식사할 때 넥타이를 매야 한다는 규칙을 어겨도 봐준다면 그 클럽은 망할 것이다! 새로 들여놓은 바 카운터는 개성도 매력도 없다. 빌어먹을 포마이카와 가짜 가죽이라니, 플라스틱 천지인 이 세상에 딱 어울리는군! 위스키 한 잔에 입가심으로 맥주 한 잔을 마시려면 따로 주문을 해야 한다고? 좋았던 시절은 다 어디로 갔단 말인가!

이러하니 남자들이 독점하던 피난처에 여성이 침입했다는 사실이 '종말'을 의미하는 것처럼 보인다고 해도 놀랄 일은 아니다. 그러나 이 침입이 우려하는 만큼 파괴적인 경우는 드물다. 양성 모두에게 출입을 허용하는 쪽으로 정책이 바뀐 후에도 남녀가 전면적으로 통합되는 일은 드물었기 때문이다.

1960년대 후반, 내가 잘 아는 한 클럽은 회원 부인들의 압력을 받아들여 그들의 입회를 허용하고 여성들이 더 편안하게 이용할 수 있도록 리모델링을 감행하기까지 했다. 오래된 태번 같던 그곳은 현대적인 공항 칵테일 라운지처럼 변했다. 여성 출입을 제한한 곳은 카드 게임방뿐이었다. 당구실은 없어졌다. 많은 회원들이 우려했듯이 여자들이 몰려들어왔다. 그러나 오래가지는 않았다. 클럽이 충분히 넓어서 남자들은 언제든지 여자들이 없는 공간을 찾아낼 수 있었다. 대화 주제도 남자들의 취향을 벗어나지 않았다. 여성들 스스로도 남자들이 가진 것을 빼앗을 만큼 자주 오지 않았다. 남성 회원은 언제든지 거기에 갈 수 있고, 거기에 가면 친구들이 있으리라는 것을 알았지만(이것은 좋은 제3의 장소를 구분하는 유일한 기준이며, 단골손님들이 여유가 생길 때마다 자석처럼 그곳에 이끌리게 하는 특징이다) 여성들은 그렇지 못했다.

더 이상 새로울 것이 없고 남편들이 클럽에서 어떤 시간을 보내는지 충분히 알게 되자, 여성들은 자주 오지 않았다. 많은 클럽 회원들이 두려워했던 성별 통합은 일어나지 않았다. '통합integration'이라기보다는 '타협accommodation'이라는 용어가 더 적절할 것이다. 대개 남자들의 비공식적 모임 장소에서는 상호작용이나 활동을 완전히 통합하려고 하다가 치명적인 결과를 낳는 일을 피하고, 모두가 그저 타협한다.

완전한 통합에 가장 가까운 예는 미국 중산층 사이의 디너파티에서 볼 수 있을 것이다. 초대받은 사람만 올 수 있는 디너파티에서는 보통 남자와 여자가 번갈아 앉도록 자리를 배치한다. C. S. 루이스C. S. Lewis의 지인은 이렇게 말했다고 한다. "절대로 남자 둘이 나란히 앉게 하지 마세요. 지루해질 테니까요."[39] 선택의 여지가 있다면 적어도 한쪽은 '통합'을 선호하지 않는 것으로 보인다. 그래서 강제로 그렇게 앉히는 것이다.

오늘날의 강제 통합이 빅토리아 시대보다 성공적이라는 점에는 의심의 여지가 없다. 19세기 중반에 한 젊은 미국 여성이 영국인 삼촌 집 저녁식사 자리에서 경험한 영국인들의 자리 배치 방식에 관해 다음과 같이 썼다.[40] "오른쪽에 랜던 씨가 앉았는데 그는 왼쪽 귀가 어두웠고, 왼쪽에 앉은 찰턴 씨는 오른쪽 귀가 어둡다고 했다." 무례한 사람은 없었다. 모두 즐겁고 유쾌했다. 그러나 대화 주제는 최근에 사냥한 일, 밀렵꾼 문제 같은 이야기뿐이었다. 얼마 후 남자들은 카드 게임을 하러 자리를 떴고, 여자들도 원한다면 구경을 하라고 했다.

오늘날의 미국 남자라면 여성도 관심을 가질 만한 공통의 관심사를―하다못해 텔레비전 프로그램 이야기라도―찾으려고 했을 것이다. 그러나 영국 사람들은 남자들끼리의 취향을 포기하지 않고 적당히 타협하는 데 능하다. 얼마 전 한 친구가 영국 남자들의 이런 태도에 거세게 반발했다. 그녀는 예전부터 치유 불가능한 '자동차광狂'이어서 항상 자동차에 관한 이야기를 나누고 싶어 했지만, 영국인들의 사교 모임에서는 바람을 이룰 수 없었다. 영국인 남자들에게 자동차 이야기를 꺼내려고 할 때마다 그들은 그녀를 여자들만 모여 있는 곳으로 안내했기 때문이다.

한 북부 도시에서 펍을 관찰할 때에도 영국인들의 이러한 타협 방식이 눈에 띄었다.[41] 그 도시에서는 볼트가 법적으로는 아니지만 사실상 여성의 출입이 금지된 장소였다. 펍에서 가장 좋은 방은 여성들에게 인기가 있어서, 거기에 가면 대개 여자들끼리 이야기하는 모습을 볼 수 있었다. 노동자들은 토요일 밤에 아내와 펍에 가서 아내를 '가장 좋은 방'에 들여보내고 자신은 볼트로 간다. 그는 웨이터에게 틈틈이 아내에게 필요한 것이 없는지 살피도록 하고, 지역 관습에 따라 펍이 문을 닫기 한 시간 전에 가장 좋은 방에서 아내와 합류한다. 이와 같이 남자들은 토요일 밤 대부분을 동성 친구들과 보내다가 마지막 한 시간만 가장 좋은 방에서 여성들과 보낸다. 남성과 여성은 마지막 순간에야 비로소 섞이는 것이다.

같은 유럽이라도 대륙의 남성은 사교의 장에 여성을 받아들이는 데 영국인보다 훨씬 능숙했던 것 같다. 독일의 비어 가든이나 가스트하우스 Gasthaus(식당이 딸린 여관—옮긴이)는 확실히 남녀가 공존하는 제3의 장소의 좋은 본보기다. 여행작가 해리 프랑크Harry Franck는 바이에른 사람들의 성숙하고 세련된 방식에 매료되어 이렇게 썼다.

미국의 살룬이 가진 비난받아 마땅한 특징을 바이에른의 가스트하우스에서는 거의 찾아볼 수 없다. 우선, 가스트하우스에는 성별이나 계층과 상관없이 누구나 올 수 있는데, 이 점이 그곳을 더 좋은 장소로 만든다. 일요일 저녁, 마을 신부나 목사는 설교를 마치고 응당 누릴 자격이 있는 휴식을 취하러 잠자리에 들기 전에

(목사라면 아내와 함께) 맥주 한잔을 마시러 가스트하우스에 간다. 소란스러운 행위, 욕설, 외설스러운 말은 가족과 함께 있을 때만큼 드물다. 바이에른의 맥줏집은 사회적인 골칫덩어리로 낙인찍혀본 적이 없으며, 다른 어느 가게 못지않게 주민들에게 존중받는, 지역사회의 자랑스러운 일원이다. 남성과 여성 모두가 그곳을 마을의 클럽처럼 이용하며, 바느질 모임만큼은 아니더라도 상당히 여성적인 분위기다.[42]

바이올렛 헌트Violet Hunt라는 영국 여성 작가도 대륙에서 여성에 대한 장벽이 없고 여성에게 공격적이지도 않다는 점에 감명받았다고 썼다. 그러나 독일의 제3의 장소에 대한 그녀의 묘사를 읽으면 장벽이 아예 없지는 않았던 것 같다. 남자들은 해가 떨어질 때까지 모여 앉아 술을 마시고 담배를 피우고 이야기를 나눈 반면, 여성들은 멀지는 않아도 남자들과는 떨어진 곳에서 뜨개질이나 바느질을 하고, 아이들을 돌보고, 점심을 나르고, 시간을 확인하곤 했다.[43]

바이에른의 소규모 식당 겸 술집들도 계급, 남녀를 구분하지 않고 환영한다는 점에서 민주적이다. 그러나 가장 좋은 자리에 무엇이 있는가? 바로 슈탐티슈라는 특별석이다. 슈탐티슈는 보통 원탁으로 '이 가게의 친구들', 즉 단골손님들을 위한 지정석이다. 그렇다면 누가 이 자리에 앉을까? 오로지 남성들만 앉는다. 그들은 아내와 아이들을 집에 남겨두고 저녁마다 여기에 모인다.

남녀가 물리적으로 한 자리에 있을 수밖에 없는데 관심사가 서로 다르면 '적응' 현상이 나타난다. 여자들과 함께 있으면 남자들은 여자처럼 말하기 시작한다. 그럴 때 남자들은 자신이 연기하고 있다는 것을 점차 의식하게 된다. 그러면 긴장을 풀기 어렵다. 남녀 사이에 관심사의 차이가 있고 동성끼리 있을 때만 나타나는 거리낌 없는 모습이 있다는 점은, 남녀가 모두 이용하는 제3의 장소에서 '작은 양극화' 현상이 일어나는 이유이자 그러한 현상이 정당화될 수 있는 근거다.

남녀가 함께 이용한다는 점이 제3의 장소에서의 동성 모임에 항상 위협이 되는 것은 아니다. 제3의 장소의 특징인 느슨한 구조는 강한 밀착이나 긴밀한 상호작용이 불가능한 정도로만 통합이 일어나게 만든다.

─────── **부부와 제3의 장소**

제3의 장소에서의 모임은 부부 사이에서 가장 자주 문제가 된다. 기혼자들은 자기만의 제3의 장소가 없는 경우가 많다. 외출하지 않기를 바라는 배우자 때문이거나 스스로 결혼의 책무를 다하려면 제3의 장소는 포기하는 것이 마땅하다고 생각하기 때문이다. 미국 중산층 사이에 남편이나 아내에게 가족 외의 사람들과의 교제를 어떤 방식으로, 혹은 어느 정도로 '허용'해야 하는지에 관해 뚜렷한 규범이 있는 것은 아니지만, 남편들은 친구들과의 밤 외출에 죄책감을 느끼는 경향이 있다.

부부 사이는 부모-자녀 관계와 다르다. 미국 어머니의 절반이 경제활동을 하게 되면서, 자녀와 '양질의 시간quality time'을 보낸다는 개념이 출현했다. 장시간 자녀와 떨어져 있어야 하는 어머니들은 자녀와 함께 있을 때 '양질의' 시간을 가짐으로써 보상하는 것이다. 양질의 시간이 '긴 시간'의 장점을 모두 대신할 수는 없겠지만 일리가 있는 생각이다.

양질의 시간은 연애를 할 때에도 바탕이 된다. 그러나 부부 관계에서만큼은 양질의 시간이라는 개념이 더 이상 적용되지 않는다. 자녀 양육은 파트타임 활동이 되고 있지만, 부부 사이에 '파트타임'은 없다. 부모에게 의지해야 하는 어린아이들이 어른인 부부보다 오히려 더 자유롭다. 성인이라거나, 성인이므로 당연히 독립적인 인간이라는 점도 배우자에 대한 영원한 의무 앞에서는 소용이 없어서, 그 의무로부터의 자유는 거의 허용이 안 된다. 미국에서는 서로 떨어져 있는 시간이 성공적인 부부 관계의 열쇠라거나 타인과의 교제를 통해 부부가 함께 있음을 더 소중하게 여기게 된다는 말을 거의 들어본 적이 없다. 추측건대 결혼 대신 동거를 선택하는 사람들 중 상당수는 미국 사회에서 결혼한 부부에게 허용되지 않는 독립성을 유지하고자 하는 것 같다.

부부 관계와 관련하여, 과도하게 남편이나 아내의 외부 접촉을 제한하는 것 외에 또 한 가지 문제가 있다. 부부 동반 참석이 제3의 장소에서의 모임에 적합할까? 사적인 상황을 떠나 다른 사람들 사이에 있으면 부부 사이가 어떻게 보일까? 가족끼리 있을 때, 혹은 성적으로 얼마나 서로 잘 맞는지를 떠나 다른 사람들과 있을 때에도 잘 맞아 보일까? 남편과 아내는 타인들 가운데에서 좋은 한 팀을 이룰 수 있을까? 다른 사람들은 그 부부를 재미있고 유쾌하며 함께 어울리기 좋다고 생각할까?

통찰력이 있는 사람들은 친구나 지인이 배우자와 함께 있을 때와 그렇지 않을 때 어떻게 달라지는지를 알아채곤 한다. 배우자가 없을 때 전혀 다른 사람이 되는 것을 보고 놀라기도 한다. 자기 아내가 '우둔하다'거나 '유치하다'고 생각하는 남자는 아내와 함께 있을 때 지나치게 과민해져서 아내가 말하는 족족 호전적으로 응수하기도 하고, 자기 자존감을 지키려고 끊임없이 아내를 비난하기도 한다. 여성들은 자기 남편이 다른 사람들에게 주는 인상에 관해 과도하게 걱정하는 것처럼 보일 때가 많다. 그들은 남편의 행동을 교정하거나 대신 변명하고 사과하며, 남편이 하는 말을 하나하나 감시한다. 대개 중년 남성들은 이런 억압에 수동적이어서, 아내가 있을 때는 재미있는 이야기를 하지도 않고 적극적으로 그 자리를 즐기려 하지도 않는다. 끄덕이면서 때를 기다릴 뿐이다. 그런 사람들에게는 아내가 없고 아내의 만성적인 불만도 없는 제3의 장소가 두 배로 소중할 것이다. 더 이상 술집에서 시간을 보낼 수 없게 된 오늘날의 지그스라면 아마도 아내 매기를 피해 다시 친구들이 있는 딘티 무어 살룬에 가기 위해 수단과 방법을 가리지 않을 것이다. 이런 사람들에게는 제3의 장소가 자신의 존엄성을 회복할 수 있는 기회를 준다.

억압적인 말투가 주는 폐해는 다른 어떤 곳에서보다 제3의 장소에서 가장 심하다. 2장에서 살펴보았듯이 제3의 장소에서는 대화가 주된 활동이고, 가장 질 높은 대화가 이루어지는 곳이 바로 제3의 장소이기 때문이다. 제3의 장소에서 대화가 가진 핵심적인 매력을 알아보는 사람들은 그와 동시에 바깥에서의 의무나 생산적인 역할을 넘어서는 개인의 가치도 발견한다. 그 대화가 어떠한 형태를 취할지는 아무런 제약이 없는 개성의 표출에 달려 있다. 그런데 남들 앞에서 배우자의 말과 행동을 교정하고, 나무라고, 그럼으로써 망신을 줄 수 있는 특별한 면허라도 있다는 듯이 행동하는 남편이나 아내가 옆에 있으면 거리낌 없이 개성을 표출할 수 없다. 예전에는 예의를 지키기 위해서라도 남들 앞에서 부부싸움을 하지 않았지만 요즘은 그렇지도 않아서, 다른 사람들과 편하게 어울리는 자리에서 연인들이 서슴지 않고 과한 애정표현을 하듯이 부부싸움을 하는 모습도 흔하게 볼 수 있다. 아마도 그런 부부는 다른 사람들과의 비공식적 접촉이 드물 것이다. 제3의 장소에서 부부 관계나 그들 사이에서 있었던 일에 관해 이야기하는 것이 금기는 아니다. 그러나 그런 주제로 이야기하려면 재치 있고 절묘하게, 품위를 지켜서 다루어야 한다.

제3의 장소는 부부 사이가 어떻든 모두를 포용하는 장소라는 느낌을 준다. 결혼에 너무 매여 있어서 자주 숨통을 틔워줄 필요가 있는 사람에게 제3의 장소는 친구들과 어울리며 긴장을 풀 수 있는 곳이다. 친구들은 배우자가 모르는 자신의 진가를 알아준다. 제3의 장소는 재미있고 유쾌한 부부도 수용할 수 있겠지만, 그런 부부가 자주 오지는 않을 것이다.

이제 이 절의 중심 주제로 돌아가자. 제3의 장소는 남성과 여성을 동등하고 구분 없는 하나의 모임으로 흡수하기보다는 그들을 분리한다. 이 특징을 더 깊이 살펴볼수록 그럴 수밖에 없음을 이해하게 된다. 성 정체성은 언제 어디에서도 잊히지 않는다. 정기적으로 사교 모임이 열리는 모든 곳은 동성 모임 위주거나 혼성 모임 위주거나 둘 중 하나다. 남녀 수가 비슷하고 섞여 앉아 이성에게 주로 관심을 갖는 곳에서는 성적 관심이 모임을 지배한다. 그런 장소들도 나름대로 매력이 있지만 제3의 장소와는 다르다.

이 원칙을 가장 잘 드러내는 최근의 사례를 남녀가 모두 가는 바 또는 칵테일 라운지에서 발견할 수 있다. 과거의 아내들은 악마 같은 술이 몹쓸 짓을 할까 봐 남편이 술집에 가지 않기를 바랐다. 요즘 아내들도 남편이 술집에 가는 것을 싫어하지만 이유는 다르다. 남자들만 가는 바는 줄어들고 대신 남녀가 함께 '오붓한' 시간을 보내는 술집이 늘어났다는 점이 오늘날 기혼 여성이 남편 혼자 술집에 가지 않기를 바라는 주된 이유다.

제3의 장소가 주로 동성끼리의 정기적인 교류의 장이라면, 부부가 다른 사람들과 교류하는 방법은 무엇이며, 그런 자리는 제3의 장소와 어떻게 다를까? 나이트클럽, 친구들과의 외식, 영화나 연극 관람, 다른 커플들과 함께 하는 펍 크롤링, 집으로의 초대 등 흔히 볼 수 있는 전통적인 부부 동반 외출 패턴에서 그 해답을 찾을 수 있다. 위에 열거한 사례들을 살펴보면 부부가 함께하는 사교활동과 제3의 장소의 모임 사이에 적어도 두 가지 차이점이 있음을 알 수 있을 것이다.

첫째, 부부가 함께하는 활동이 훨씬 더 **구조화**되어 있다. 외식을 하거나 극장에 가거나 나이트클럽에 가는 것은 모두 고도로 구조화된 활동이다. 어떤 행위를 할지에 의문의 여지가 없고, 따라서 무엇을 해야 할지, 어디에 가야 할지 고민할 필요가 없다. 한편 동성 모임에서와 달리 문제가 발생하면(가려고 했던 식당이 문을 닫았다거나 방문한 극장에서 보려고 했던 영화를 상영하지 않는다면) 매우 곤란해진다. 대안이 별로 없고 합의하기도 쉽지 않기 때문이다. 부부는 구조화된 활동에 더 많이 의존하는 것으로 보이는데, 제3의 장소는 이런 활동을 제공하지 않는다. 청소년기는 유일하게 남녀가 잘 어울려 노는 시기이다. 그 시기에 아이들은 구조화되지 않은 시간을 통해 이성의 세계와 이성의 행동방식에 익숙해지는 듯하다.

둘째로, 부부가 함께 집 밖에서 다른 사람들을 만날 때에는 옷을 차려입는 경향이 있다. 부부의 외출은 적어도 이런 면에서 제3의 장소에 가는 일보다 특별하다. 보통 옷을 차려입으면 스스로 행동을 더 의식하게되어 남자는 신사답게, 여자는 숙녀답게 행동하게 된다. 남편과 아내 모두 배우자에 대한 존중으로서, 평소보다 더 좋은 모습을 보이기 위해 수고를 아끼지 않는다. 다시 말해, 부부가 함께 외출할 때 사람들은 스스로를 '업그레이드'하는 경향이 있다.

제3의 장소에서 동성 친구들을 만날 때만큼 긴장을 풀고 타인을 만나고 싶다면 집처럼 사생활과 안전이 확보된 곳에서 만나야 할 것이다. 집에 친한 친구들을 초대했을 때, 그리고 밤이 깊어 즐거운 피로감이 몰려들 때쯤 되어야 비로소 제3의 장소에서만큼 편안함을 느낄 수 있다.

현대의 미국인들은 배우자에게만 집중하는 것을 중요하게 여기지만, 대부분의 사람들에게는 여전히 배우자의 감시도 없고 이성을 존중하기 위하여 말을 가려서 할 필요도 없는 동성 집단 속에서의 시간이 최고의 '사회적 긴장 완화'다.

동거

요즘은 혼외 동거가 흔하고 사회적으로도 용납되고 있다. 이는 도덕적으로 타락했다거나 사회가 계몽되었음을 보여주는 증거라기보다는 결혼에 대한 불안을 보여준다. 젊은 사람들은 친한 친구의 경험이나 부모의 불행한 결혼생활, 결혼의 예측불가능성 때문에 결혼이라는 제단에 가는 데에 합리적인 두려움을 안고 있다.

동거는 사회적 이상과 거리가 멀다. 결혼제도가 가진 여러 문제에도 불구하고 이 사회는 여전히 결혼을 가치 있게 여긴다. 동거도 결혼과 마찬가지로 사람들을 지역사회와 연결하지 않는다. 게다가 미래가 불확실성으로 가득 차 있는 경우가 많다. 우리는 동거가 여성에게 불리한 점도 잘 알고 있다. 집세를 똑같이 내면서도 집안일을 떠맡을 가능성이 높다.

남자가 동거를 할 때 져야 하는 부담은 더 세밀한 계산을 요구한다. 남자들의 시각은 여자들만큼 바뀌지 않았다. 대부분의 남자들은 언제나 결혼 전에 애인과 잠자리를 갖는 데 대해 (갈망까지는 아니더라도) 긍정적인 태도를 가지고 있었다. 그러나 대부분의 여성들은 최근까지도 동의하지 않았다. 결혼 전까지 남자들은 남자들의 세계에 살았고, 그 결과 젊은 남자들의 연대의식이 생겼다. 그중 누군가가 애인과 잠자리를 허락받고 계속 잠자리를 같이하면 그 사람은 더 이상 함께 어울리던 무리의 일원이 아니게 된다. 예전에 결혼식의 타종 소리가 성인 남성 집단을 깨뜨렸듯이, 이제는 동거가 동일한 결과를 낳는다.

경험이 많은 군인들은 동거의 확산이 가져올 영향을 다른 사람들보다 잘 알 것이다. 그들은 향수에 젖어 '좋았던 시절'을 회고한다. 그때의 병영생활은 활기차고 돈독했다. "트렁크 위에 시계나 지갑을 두고 가도 다시 돌아오면 그대로 있었으며" 기지 안팎에서 서로를 챙겼다. 밤이나 주말에는 함께 시내로 갔다. 그들은 그 시절의 동지애가 "남자를 만들고 군대를 만들었다"라는 확신에 차 있다. 그러면서 요즘 출현한 새로운 유형의 군인들을 "식스팩족six-packer"이라고 부르며 얕본다. 식스팩족은 기지를 떠나 식스팩을 위해 운동을 한 다음 서둘러 애인이 있는 집으로 향하는 군인을 말한다. 식스팩족에게는 남자들끼리의 유대가 그다지 매력적이지 않다.

그들은 동거를 통해 결혼을 할 때와 같은 책임은 떠안지 않고 안정적인 성생활을 보장받는다. 그러나 그 대가로 여성에 대한 의존도가 증가하고 넓은 대인관계를 갖지 못하게 된다. 그는 제3의 장소와 그로부터 받았던 지지를 희생하여 연약하고 유동적인 모래 위에 제1의 장소를 짓는다. 한편, 그들과 동거하는 여성들은 아기에게 매여 있지 않으므로 그 관계가 결혼으로 이어지지 않을 수 있음을 경고한다. 동거하는 여성은 결혼한 여성보다 자신과 비슷한 처지의 여성들과 만날 수 있는 모임을 찾거나 만드는 경우가 많다. 남성 연대는 줄어드는 반면 여성의 연대는 강화되는 것이다.

남성들끼리의 유대라는 전통은 아마도 인간이 사회적인 삶을 살기 시작했을 때부터 시작되었을 것이고 널리 알려져 있기도 하다. 이 전통이 가져온 결과 중 하나는 동성 간의 강한 인간관계를 형성하는 데 있어서 남성이 유리해졌다는 점이다. 제3의 장소가 남성들 간의 강한 유대를 형성하고 유지하는 데 중요한 역할을 했음은 물론이다. 미국 사회에서 남자들의 동지의식과 제3의 장소가 함께 쇠퇴하고 있는 것은 우연이 아니다. 대부분의 중산층 남성들 사이에서는 이미 이 경향이 확연하고, 노동자 계급의 남성들도 같은 곤란을 겪고 있다고 확신한다.

과거에 남성은 여성보다 더 빠르고 쉽게, 그리고 더 다양한 사람들과 동성 간의 인간관계를 형성할 수 있었다. 그러나 이 강점은 완전히 소실되었다. 여성들 간의 '자매애'가 더 좋은 예가 되는 날이 온다고 해도 놀랄 일이 아니다.

13장
아이들을 추방하라

우리는 풀장 언저리에 앉아서 아이스박스 밑바닥의 살얼음이 된 술을 긁어냈다. 축제가 시작될 때에는 거기에 프로즌 칵테일이 가득 들어 있었다. 연례 루아우(하와이식 축제−옮긴이)가 끝나가고 있었다. 새끼돼지 바비큐는 마지막 한 조각까지 모두 사라졌고, 남자들은 또 한 번의 축제를 성공적으로 마쳤다며 자축했다. 단순한 즐거움 이상이었다. 루아우는 때로는 떠들썩하지만 대체로 편안한 분위기의 야외 행사로, 매달 열리는 디너파티 중에서 1년에 한 번 가장 크게 여는 축제였다. 나는 나의 부모와 이웃들이 열었던 파티를 떠올렸다. 그리고 말했다. "문제가 하나 있네요." 한 동료가 물었다. "무슨 문제요?" 나는 대답했다. "아이들도 이 축제를 즐겼다면 좋았을 텐데요." 동료는 의아한 표정을 지었다.

　　부스터스 클럽(특정 단체를 위한 기금 마련 조직−옮긴이)과 자원봉사 소방대의 가을 야유회 모습이 마치 어제 일처럼 떠올랐다. 200리터들이 냄비에서 닭고기와 쇠고기 스튜가 끓고 있었다. 농장에서 가축에게 물을 줄때 쓰는 기다란 아연 통에는 얼음과 맥주병이 가득했는데, 그 사이에는 아이들을 위한 오렌지맛 탄산음료와 크림소다, 루트 비어도 있었다.

　　모두 친절하고 너그러웠다. 상상하기 힘들지 모르지만, 얌전한 마을 사람들도 즐기는 법은 알았다. 날이 어스름해지면 콧잔등에 맥주병 세우기, 도끼로 목표물 맞히기, 공중에서 사다리 타기 같은 게임을 했다. 아이들이 엄마나 아빠 품에서 잠들면 차에 눕히고 담요를 덮어주었다. 우리는 지쳐 잠들기 전까지 어른들과 모든 것을 함께했다. 어른들과 어울려 행복한 시간을 보냈던 어린 시절의 이런 장면은 어른들이 '좋은 시간을 보낸다'는 말을 '아이들로부터 벗어난다'는 뜻으로 여기지 않던 시대의 이야기다. 그 시절에는 20킬로그램이 훌쩍 넘는 '아기'를 돌볼 필요가 없었다. 요즘은 부모가 아이들과 적당한 거리를 둘 수 있는 기간이 예전보다 짧다.

우리는 "세상이 달라졌다"라고 말하곤 한다. 실제로 그렇다. 미국 사회는 아이들과 어른들 사이에 여러 개의 벽을 설치했다. 학교를 동네 바깥으로 몰아냈고, 아동 노동의 법적 규제가 아동을 보호한다는 목적을 넘어 과도하게 작동하며, 다른 나라에서는 문제없이 작동하는 견습생 제도를 거부했다. 더 최근에는 1000가구 중 999가구가 텔레비전을 갖게 되어, 부모와 자녀가 함께 보내던 시간이 텔레비전 수상기 속으로 빨려 들어갔다.[1] 노동 환경은 아버지를 자녀 양육에서 사실상 제외시켰으며, 요즘은 어머니도 예외가 아니다. 또한 예전에는 마을 안에 어른들과 아이들이 자주, 편하게, 비공식적으로 만나는 장소가 있었지만, 일반화된 용도별 토지구획화 제도와 형편없는 도시계획은 새로 조성된 마을에서 그런 장소를 제거해버렸다. 아이들은 어른들의 세계로부터 빠르게, 마치 그 행보를 되돌릴 방법이 없는 것처럼 추방되고 있다.

물론, 어쩌면 곧, 뭔가 조치가 취해질 것이다. 아이들을 어른들로부터 분리함으로써 치러야 하는 대가가 커지고 있으니 결정권자들의 의식을 압박하면 결국 해법을 찾게 되지 않겠는가? 그러나 많은 결정권자들은 징후를 잘못 해석하고 있다. 예를 들어, 자녀에게 지나치게 관대하여 일어난 문제는 보통 쉽게 설명할 수 있다. 전후 세대 중에 어릴 때 엇나

간 경우가 많은데, 부모도 자녀에게 충분히 시간과 관심을 쏟지 못했고, 부모 대신 기강을 바로잡을 사람도 없었기 때문이다. 이는 새로운 현상이 아니라 예전부터 있었던 '방임'의 문제다. 하지만 요즘 부모는 그 어느 때보다 아이들에게 관심을 기울이고 있고, 더 많이 걱정한다. 그러나 정신적으로 고통스럽다고 해서 그만큼 성과가 나오는 것은 아니다. 부모는 점점 더 집에서 멀어지고, 집과 동네에는 아이들을 지켜보거나 함께 시간을 보낼 사람이 없다. '게으름이 악행의 근원'이라는 말이 있지만, 생기가 없는 동네도 악행을 부른다.

─────── **아이들이 없는 마을**

주거지역은 가족들이 고립되는 배경이 되었고, 이런 환경에서는 사람들이 집에서 나와 거리를 걸을 이유가 없어졌다. 이럴 때 사람들은 다른 어딘가에서 공동체나 모임을 찾기 시작한다. 직장이 가장 편한 대체물인 경우가 많다. 직장에서는 최소한 관심사나 라이프스타일이 비슷한 사람들과 교류할 수 있다. 그중에는 친구가 될 만한 사람도 있을 수 있고, 이웃보다 연락을 취하기도 훨씬 쉽다. 교류 욕구는 해소할 기회를 찾게 되고, 곧 직장의 관례가 된다. 예를 들어, 생일이면 케이크와 커피, 카드, 선물이 마련되고, 누군가 새로 생긴 식당에 가보자고 한다거나 업무 중에 하기 곤란한 이야기를 나누고 싶을 때 점심식사를 함께한다. 커피 브레이크, 사무실 파티, 회사가 주최하는 볼링 대회 등이 직장의 일상이 되고, 이는 거주지역에서의 공동체 상실을 보상하는 데 큰 도움이 된다.

많은 직장인들은 사무실을 집보다 즐거운 곳으로 여긴다. 사무실 환경은 편안하고, 남들이 청소도 해준다. 업무상 부딪히는 대개의 문제는 가족 문제만큼 부담스럽거나 우울하지 않다. 하루 중 가장 재미있었던 대화를 떠올려보면 직장에서의 대화일 때가 많다. 주변에 사람들도 많고, 사건도 많다. 대부분의 미국인에게 직장은 지역사회를 대신한다. 그러나 과거의 지역사회와 달리 직장에는 아이들을 위한 장소가 없다. 많은 부모는 일터에서의 사교 형태에 만족함으로써 세대 간의 거리를 사실상 더 벌린다.

가족은 오랫동안 어린 구성원을 친구, 친척, 이웃과 연결하는 기능을 수행했다. 과거에 그들은 아이의 세계에 포함되어 있었고, 아이의 성장에 상당한 기여를 했다. 그런데 이제는 가족이 이 연결 기능을 더 이상 수행하지 못하고 있다. 오늘날 아이들에게 남은 것은 고립뿐이다. 미국의 아이들은 사람들과 보내는 시간보다 텔레비전을 보거나 음악을 듣거나 전화로 이야기하는 시간이 훨씬 길다.

사람들이 갈수록 만족하고 많은 사회과학자들이 공공연하게 지지하는 또 하나의 공동체가 있다. 이를 부르는 명칭은 '개인적 공동체personal community', '해방된 공동체liberated community', '네트워크' 등 여러 가지다. 이러한 공동체는 위치가 아닌 개인이 축적한 관계에 의해 규정된다. 흩어져 있는 친구와 지인들은 그 사람의 네트워크를 구성하는 요소가 된다.

우리 모두는 저마다 '개인적 공동체'를 가지고 있다. 이를 옹호하는 이야기를 듣다 보면 개인적인 네트워크가 원자화의 산물이 아니라 더 진전된 사회 형태처럼 여겨진다. 그들은 네트워크를 통해 더 넓은 시야를 가질 수 있다고 말한다. 네트워크를 가진 사람들의 관심사와 인간관계는 지역을 초월한다. 그들은 지역의 가십이나 편견으로부터 '해방되어' 있으며, 단순히 지리적으로 가깝다는 이유보다 더 합리적이고 개인적인 기준으로 친구를 선택할 '자유'를 누린다. 가난한 노동자 계층에 속한 불행한 사람들과 달리, '네트워커'는 우연히 옆집 혹은 앞집에 살게 된 사람과 관계를 형성할 필요가 없다. (옆집에 이상한 사람이 사는 것보다야 옆 사무실에 이상한 사람이 있는 편이 훨씬 낫다.)

공동체란 '집단적 실재collective reality'로, 어느 한 개인을 포함하거나 배제하는 데에 좌우되지 않는다. 따라서 공동체를 개인적인 현상으로 규정하면 개념이 왜곡된다. 그럼에도 불구하고 개인적 공동체라는 개념이 많이 쓰이는 데에는 두 가지 이유가 있다. 첫째, 이 개념은 우리의 무질서한 도시 스프롤 현상 속의 원자화된 삶에도 실현 가능한 공동체가 있다는 신화를 간직하게 해준다. 둘째, 네트워킹은 출세를 도모하는 데 유용하다. 개인은 각자 공동체의 중심이자 지배자로서 직업적인 성공에 도움이 되는 방향으로 네트워크를 자르거나 붙일 수 있다. 다시 말해, 개인적인 관점에서 볼 때 매력이 있다. 그러나 현재 상상할 수 있거나 추구하는 네트워크는 아동친화적이지 못하다. 이 개념이 왜 인기가 있는지 못지않게 이 문제도 검토되어야 한다.

공동체에 대한 이런 구상이 극도로 엘리트주의적이라는 것을 이미 알아챈 독자도 있을 것이다. 청년에서 중년까지의 성인으로 교육 수준이 높고 경제적으로 여유가 있으며, 새 차를 가지고 있고 가족에 대한 책임에서 자유로운 사람일수록 개인적인 네트워크를 풍부하게 가질 수 있다. 네트워크를 찬미하는 사람들은 쉽게 이용할 수 있는 교통수단이 있어야 한다는 점을 인정하는데, 그렇다면 아이들이나 노인, 고급 자동차를 살 돈이 없는 사람은 배제된다. 더구나 꽉 막힌 도시의 도로를 운전하여 돌아다니기가 어디 쉬운가?

비록 진정한 공동체는 아니더라도, 네트워크가 전형적인 미국 도시의 처참한 구조에 가장 잘 맞는 형태라는 점은 인정해야 한다. 도시계획과 해방된 공동체라는 개념은 공히 사람들 사이의 완전한 이동성을 전제로 한다. 만일 제너럴 모터스나 엑손이 매출을 극대화할 수 있게 계획한 도시가 있다면 바로 현재의 미국 도시와 같은 모습일 것이다.

그러나 아이들은 또 다른 문제다. 부모의 네트워크는 자녀가 그 속에서 클 수 있는 공동체를 제공해주지 못한다. 네트워크에서는 아이들이 공식적으로 금지되는 직장보다도 끼어들 틈이 없다. 이것은 근본적인 문제점이다. 그러나 네트워크 전문가들의 이야기를 들어볼 필요도 있을 것이다. 나는 네트워크에 관한 연구 중 철저하고 명성이 높은 문헌 하나를 골라 아이들에 관한 내용을 찾아서 다시 검토했다.[2] 네트워크에 관한 다른 연구들과 마찬가지로 이 책에도 아이들에 관해서만 집중적으로 논의한 부분은 없었고, 여기저기에 아이들에 관한 언급이 흩어져 있었다. 종합해보자면 주요 연구 결과는 다음과 같다. 아이들은 부모의 활동, 특히 아버지보다는 어머니의 활동을 제한한다. 자녀를 둘 이상 둔 직장 여성은 새로운 친구를 사귀거나 친구 관계를 유지하는 데 어려움을 겪는다. 친구들에게 쏟을 에너지는 자녀가 생기면서 고갈된다. 아이가 없는 부부는 도시의 엔터테인먼트 중심지와 더 가까운 동네, 더 좋은 집에 살 수 있다. 집에 있을 때 여성의 기분은 배우자가 있으면 좋아지지만 자녀가 있으면 나빠진다. 자녀가 없는 사람이 자녀가 있는 사람보다 더 좋은 기분과 의욕을 누린다. 여성이자 부모로 산다는 것은 그 두 가지 역할에 대한 사람들의 기대를 생각할 때 특히 치명적인 조합이다. 자녀 수가 많을수록 부모는 동료들과 인간관계를 즐길 수 없게 된다.

메시지는 명확하다. 아이들은 개인적, 혹은 해방적 공동체의 완전한 실현과 양립할 수 없다. 그리고 많은 사람들이 이 메시지를 수용했다. 요즘 미국인들은 자녀가 없는 삶을 이상적으로 생각하며, 자발적 혹은 의도적으로 아이를 갖지 않는 비율이 이미 기혼 인구의 10%를 훨씬 상회한다.[3] 결혼과 가족을 다룬 교과서들은 이제 "자녀가 없는childless"이라는 말 대신 "자녀로부터 자유로운childfree"이라는 용어를 사용한다. 후자가 자녀를 바라지 않는 요즘 문화에 더 적합하기 때문이다.

페미니즘 운동에 적극적인 한 '자유로운' 여성은 우리가 해외의 가난한 사람들로부터 아이들을 사 올 수도 있을 것이라고 말하기도 했다. 그러다가는 서부의 넓은 목장에서 아이들을 '적당한 크기'가 될 때까지 길러서 동부로 이송하자고 할지도 모를 일이다. 연례행사로 대규모 바르 미츠바bar mitzvah(유대인의 성인식—옮긴이)나 견진성사confirmation(기독교의 신앙고백식—옮긴이)를 열 수도 있겠다.

거주지가 멸균 지대가 되면서 두 가지 대안적 커뮤니티 형태가 출현했다. 하나는 직장 커뮤니티, 다른 하나는 네트워크다. 그런데 둘 다 아이들에게는 적대적이고, 아이들을 위한 장소를 마련해주지 못한다. 여러 세대를 하나로 묶을 수 없는 사회의 장기적 생존이 가능할 것인가?

———— "갈 데도 없고, 할 일도 없다"

윌리엄 레빗William Levitt(1947년부터 1960년대 초까지 대규모 조립식 주택단지인 '레빗타운'을 개발하여 보급한 부동산업자—옮긴이)의 괄목할 만한 프로젝트는 오늘날의 지역사회에서 아이들이 추방되는 방식을 분명하게 보여준다. 미국 도시사회학자 허버트 갠스Herbert Gans의 집요한 관찰 덕분에 레빗타운 이야기는 그야말로 생생한 교과서가 되었다.[4] 갠스는 초기 레빗타운에 입주한 3000가구를 중점적으로 관찰했다. 그들의 삶은 서민의 교외생활에 관한 하나의 실험이었고, 거의 곧바로 널리 확산되었다. 갠스가 레빗타운을 관찰하고 연구했던 1950년대 후반, 그곳의 성인 거주자들은 "희망에 차bullish" 있었다. 그들에게 레빗타운은 활기차고 매력적인 거주지였다.

그러나 6학년 학생 세 명 중 두 명은 이곳을 좋아한다고 말했지만, 십대 전체를 보면 압도적 다수가 레빗타운을 "최악endsville"이라고 여겼다. 미국 교외 주거단지의 대다수가 그렇듯이, 레빗타운도 어린 자녀가 있는 젊은 부모를 위해 설계되었다. 청소년들은 간과되었고, 그곳의 무미건조함과 답답함은 곧 어른들에 대한 적대감과 기물 파손 행위로 나타났다. 많은 부모들은 아이들이 수업을 듣거나 일하는 시간 외에는 집에 있어야 한다는 입장을 고수했다. 이는 부모에게 도덕적 보호자 역할을 강요하는 한편, 더 넓은 세상을 향한 청소년의 에너지를 무시하는 관점이었다.

어디에서나 그렇듯이 레빗타운에 사는 청소년들도 방과 후에 또래 친구들과 놀고 싶어 했다. 그러나 레빗타운에서는 무리 본능이 가장 강하고 모험을 향한 열망이 크며 지루한 집에서 빠져나가고 싶은 바람으로 가득한 시기의 이 아이들이 집에 있어야만 했다. 텔레비전을 보거나 낮잠을 자거나 숙제를 하거나, 그게 다였다. 공용 수영장, 쇼핑센터, 볼링장 등 청소년들이 모일 만한 장소가 몇 군데 있기는 했지만, 대부분의 아이들에게는 너무 멀었다. 레빗타운에서 거리 문제는 심각했다. 청소년 중 차를 가진 경우는 거의 없었고, 다른 교통수단도 없었다. 직선 거리 1킬로미터 앞에 가려면 길고 구불구불한 도로를 따라 2킬로미터를 걸어야 했다.

레빗타운에 긍정적이었던 소수의 고등학교 졸업반 학생들마저도 모여서 놀 만한 장소에 관해서는 모두 부정적이었다. 영화관과 볼링장은 너무 비쌌고, 아이들끼리 갈 수 있는 유일한 장소는 수영장이었는데 그나마 어른들이 사용하지 않을 때만 놀 수 있었다. 그리고 수영장에서는 떠들 수도, 담배를 피울 수도 없었다. 공공시설이 없으니 집에서 파티를 자주 열었는데, 이는 곧 지루해졌다. 아이들은 동네에 가게가 없다고 불평했고, 가게도 없는 길모퉁이에 모여 소란을 피우기 일쑤였다. 십대 아이들이 모여 떠드는 소리는 곧 경찰을 부를 만했을 것이다. 한 십대 소녀는 "아무 짓도 안 했는데도 경찰에게 쫓기는 범죄자가 된 기분"이라고 말했다.

레빗타운은 마치 십대 아이들을 좌절시키기 위해 정교하게 설계된 것 같았다. 집의 침실은 공부를 하거나 잠을 자기에 충분히 넓었지만 친구들과 놀기에는 작았다. 학교는 방과 후 이용을 염두에 두지 않았다. 학교에서 댄스파티를 열었을 때, 관리직원들은 바닥이 긁히고 설비가 파손되었다고 불평했다. 쇼핑센터는 어른들을 위해 설계되어, 아이들이 가기에는 집에서 너무 멀었다. 볼링장은 나중에 생겼는데, 개장하던 날 십대 청소년들이 너무 많이 와서 쇼핑센터 상인들이 짜증을 낼 정도였다. 하지만 아이들을 쫓아내려는 개발업자와 도시계획가들의 노력에도 불구하고 아이들은 결국 놀 장소를 찾아냈다. 그곳은 동네 외곽의 작은 식당이었다.

대부분의 부모는 레빗타운의 시설이 청소년들에게 불충분하고 아이들을 위한 시설을 보완할 필요가 있음을 깨달았지만 아무것도 바뀌지 않았다. 어떤 시설이 적당하고 안전한지에 대해 합의가 이루어지지 않았기 때문이다. 어떤 사람들은 청소년도 최소한의 도움과 감독만 있으면 스스로 관리하고 책임질 수 있다고 본 반면, 아이들이 스스로 책임질 수 있는 어른이 될 때까지 어른들이 통제권을 행사해야 한다고 생각하는 부모도 있었다. 후자의 견해를 가진 사람들은 대체로 집과 직장, 학교만이 십대 아이들이 갈 수 있는 장소라고 생각했다.

레빗타운의 어른들은 아이들이 추방된 세계, 아무도 아이들을 알지 못하는 세계를 고집했다. 갠스가 연구하던 기간에 어른들 사이에서 청소년들에 대한 이상한 소문이 많이 돌았고, 대개 그 소문을 믿었다. 한 소문에 따르면 고등학교 졸업반 여학생 중에 44명이 임신을 했다고 했다. 갠스는 이를 확인해보았다. 실제로 임신한 학생은 두 명이었고 그중 한 명은 곧 결혼할 예정이었다. 세대 간의 거리감이 그런 소문을 믿게 만들고 적대감을 불러일으킨 것이다. 레빗타운의 청소년들은 점점 더 어른들을 싫어하게 되었고 공공기물 파손이 더 심해졌으며 술을 마시기 시작했다.

─────── **시간표의 횡포**

1950년대 중반, 플로리다의 작은 해변 마을에 걸스카우트나 보이스카우트의 집회를 위한 '스카우트의 집'이 세워졌다. 1960년대 초에 이곳은 아무나 이용할 수 있는 청소년 센터로 전환되었고, 아침부터 저녁까지 개방되었다. 이 시설을 자주 이용하던 9~17세 아이들은 탁구와 당구를 가장 좋아했다. 1970년대에는 조명이 설치된 야외 농구장도 생겼는데, 곧바로 인기 있는 장소가 되었다.

이곳은 일반인에게 개방된 후 지역사회의 십대 청소년들이 이용하는 만남의 장이 되었다. 방학이면 동네 청소년들이 매일 아침 이곳의 문이 열리기를 기다렸다. 농구장이 설치된 후에는 센터 운영 시간이 아닐 때도 아이들이 모여들었다. 농구장이 생기자 어른들도 관심을 갖기 시작했다. 곧 아이들과 어른들이 팀을 이루어 정기적으로 경기를 열었다.

아이들은 수업이 끝나면 집에 들렀다가 당구나 탁구를 치러 서둘러 센터로 갔다. 열성적인 관객은 더 어린아이들로, 게임에 참가하는 아이들만큼이나 자주 센터에 가서 다른 아이들의 경기를 구경했다. 휴가를 보내러, 혹은 친척을 방문하기 위해 이 마을에 온 다른 지역 아이들도 이 장소를 좋아했다. 주민들은 센터가 당연히 '자기들 것'이라고 생각했지만 다른 사람들을 막지는 않았다. 그곳에 가면 구조화되지 않고 예약도 필요 없는 레크리에이션 활동을 무료로 즐길 수 있었고, 열려 있는 내내 사람이 있었다. 이 센터는 청소년에게 가장 재미있는 장소였고, 거기에 가면 항상 재미있는 일이 생겼다.

센터에서 지도자로 일하던 사람들은 이곳이 청소년들의 인성 발달에 긍정적인 영향을 끼쳤다고 평가했다. 그들은 "일부는 어른이 되었고, 일부는 영원한 청소년기를 즐기는 것처럼 보였지만" 센터에서의 모임이 비뚤어진 아이들에게 "치료 효과"를 발휘한다고 주장했다. 그곳은 누구든 받아들이고, "친구들에게 자신의 진가를 발휘할 수 있는" 장소였다.

이 청소년 센터는 1980년대에 지역 청소년들의 제3의 장소 역할을 그만두게 되었다. 지금은 농구를 하러 오는 아이들밖에 없다. 누구나 이용할 수 있는 시설이 농구 코트뿐이기 때문이다. 과거에 개방적이고 모두를 포용했으며, 누구든 원할 때 갈 수 있는 청소년들의 건전한 놀이터였던 그곳은 전혀 다른 장소로 변질되었다. 1970년대를 거치면서 점차 누구나 와서 구조화되지 않은 형태로 시설들을 이용하는 일이 불가능해졌다. 그 대신 유료 강좌가 열렸다. 기꺼이 돈을 내고 다른 사람들과 함께 운동을 하려는 여성들이 강습을 들으러 왔다. 아이들을 위한 강습도 있었는데, 자녀가 춤에 탁월한 소질을 보이거나 올림픽에 나갈 만큼 운동을 잘하기를 기대하는 어머니들이 아이들을 그런 강습에 보냈다. 마치 오늘날의 커뮤니티 센터—그 이름이 무색하게도 청소년은 접근할 수 없으며, 그들에게 매력적인 장소도 아닌—와 비슷해졌다. 이 지역의 청소년들은 그런 프로그램에, 그리고 청소년들의 장소를 빼앗은 소수의 힘 있는 사람들에게 분개했다. 그러나 분노와 좌절감을 억누르는 것 외에 그들이 할 수 있는 일은 없었다. 이 세상은 어른들 것이다.

많은 사람들이 미국 중산층은 음악, 미술, 문학에서 큰 업적을 거두지 못할 것이라고 말한다. 그들의 유일한 재능은 조직 생활을 잘하는 능력뿐이다. 미국 아이들의 삶에서 가장 심원하고 전면적인 변화는 청소년 활동의 전 범위에서 어른들이 이 모호한 능력을 강요하는 데 기인한다고 생각된다. 모든 활동을 조직화하고 정해진 일정을 따라야 하는 문화가 아이들의 세계를 공격적으로 침범하고 있으며, 이는 아동기 전반을 파괴할 정도로 위협적이다. 이미 아이들의 놀이는 어른들이 좌지우지하는 '유소년 스포츠'로 완전히 변형되었다. 청소년들이 자유롭게 모여 놀던 장소들 역시 제물이 될 수밖에 없다. 《타임》지에서 말한 것처럼 지금은 "조직화된 아동organization child"의 시대다.[5] 미국의 심리학자 노먼 롭센츠Norman Lobsenz가 말했듯이, "세 살이 되어 유치원에 들어가는 순간부터 향후 15년간의 일정표가 빡빡하게 짜여 있다. 아이들은 춤, 유도, 수영, 승마 등 즐거워야 할 모든 활동에 노동자의 일과처럼 진지하게 임한다."[6]

최근 롭센츠는 아동 우울증 발병률이 급격하게 증가하고 있음을 밝혔다. 그동안 아동은 우울증에 면역력이 있다고 여겨졌다는 점에서, 이는 매우 흥미로운 발견이다.[7] 모든 아동이 자연적으로 면역력을 지녔던 것일까, 아니면 아동기의 생활이 면역력을 갖게 만들었던 것일까? 아이들이 동네를 자유롭게 돌아다니면서 관심이 가는 대로 이것저것 해보고, 창의성을 발휘하고, 어른들이 짜준 시간표대로가 아니라 자기 기분에 따라 하고 싶은 것을 할 수 있던 때에는, 우울증에 대한 해독제를 잘 만들 수 있었을 것이다. 하지만 오늘날의 아이들은 어른들의 집착으로부터 벗어날 길을 찾기 힘들다. 아이들의 삶이 어른들의 가치와 동기로 정한 시간표에 따라 끊임없이 뒤틀리고 성형될 때, 우울증과 만성적인 권태 같은 어른들의 증상을 보이리라는 점은 예상 가능하지 않은가?

아이들의 생활을 과도하게 조직화한 데 따른 악영향은 또 있다. 아이들을 거리에 나가지 못하게 하고 안전한 장소에 묶어두려는 열망은 공공공간을 악화하는 데에도 일조한다. 우리는 아이들을 안전하고 공인된 어른이 있는 장소들로 실어 나르고, 거리는 부정적인 시각으로 본다. 그런 시각은 거리를 더 나쁜 장소로 만든다. 지금 당장은 그렇게 아이들을 실어 날라야 할지 몰라도 도시의 먼 미래까지 내다본다면 스가랴서에서 "거리에 노는 아이들이 가득하다"라고 묘사되었던 예루살렘으로부터 실마리를 찾아야 할 것이다. 우리의 도시가 그렇게 되는 날, 공공영역은 어른들에게도 안전해질 것이고, 우리는 거리를 더럽히는 오물들을 깨끗하게 걷어낼 수 있을 것이다. 또한 아이들의 활동을 조직적으로 통제하는 방식은 관심의 폭을 좁힌다. 예전에는 부모와 지역사회 지도자들이 지역의 모든 아이들을 위해 행사를 마련하고 각종 활동을 제공했다. 그러나 오늘날의 부모는 정체불명의 또래 집단이나 청소년 문화로부터 자기 아이를 보호하는 데에만 관심이 있는 것 같다.

조직화와 시간표는 강력한 무기다. 중산층 중에는 관리직 종사자가 많고, 그래서인지 무비판적으로 조직화된 활동이 우월하다고 생각한다. 증거 따위는 필요하지 않다. 과거에는 모두가 골고루 이용하는 장소였던 플로리다 작은 마을의 청소년 센터가 이제 지역 청소년의 10분의 1만 이용하는 장소가 되었다는 사실을 아무도 신경 쓰지 않는다. 조직화된 시간은 조직화되지 않은 시간보다 낫고, 일정에 따른 활동이 무계획적으로 이루어지는 활동보다 우월하다는 것이 중산층의 신조다. 그래서 그들은 영향력이 있는 소수가 다수에게서 시설을 빼앗도록 놔둔다. 이미 사적인 수단을 가지고 있거나 민간시설을 이용할 수 있는 사람들이 공공시설의 가장 큰 몫까지 차지하도록 허용하는 것 또한 이 맹목적인 믿음에서 비롯된다. 플로리다의 그 작은 마을에서 커뮤니티 센터가 시간표와 조직화에 장악당했다는 사실은 곧 그 장소를 필요로 하는 아이들이 영원히 그곳에 들어갈 수 없게 되었음을 의미했다.

———— 민족 공동체의 해체

아이들을 위한 최고의 제3의 장소 주변에는 어른들이 있다. 나이와 상관없이 모두가 함께 어울리는 장소는 사라지고 있지만 이주민들이 모여 사는 지역에 가면 '미국식 생활방식'이라는 강력한 용해제에 맞서서 세대 간의 연결을 유지하고 있는 모습을 볼 수 있다. 미국으로 이주해 온 여러 민족 집단들은 새로운 땅에서 생존하고 정착하기 위하여 상호부조

공동체로 뭉치는 경우가 많다. 서로를 알고, 친해지고, 공통적인 문제를 찾아낼 필요가 있었던 그들은 중앙에 모임 장소부터 마련했다. 민족에 따라 서로 친해지는 방식이나 외부인에 대한 거부감 정도는 달랐지만 히스패닉이든 독일계든, 그리스인이나 이탈리아인 혹은 그 밖의 어떤 민족이든, 공동체 형성과 해산은 비슷한 패턴을 따랐다. 동부의 한 슬라브계 집거지의 예에서 이 패턴을 잘 볼 수 있다.

폴리야Polya 클럽은 '대규모 커뮤니티 홀'로, 1930년대 중반 러시아 이주민들이 지은 소박한 오두막들 가운데 핵심 건축물이다. 이 건물이 지어질 당시에는 많은 사람들이 600명을 수용할 수 있는 이 시설이 너무 크다고 생각했다. 그러나 20년이 채 안 되어 부속 건물을 지어야 했다. 처음부터 있었던 댄스 홀, 식당, 바, 게임 룸에 더하여, 넓은 라운지를 설치했는데, 이 방은 저녁식사 손님들을 위한 대기실로 사용되었다.

게임 룸에는 탁자와 의자밖에 없었지만 아이부터 노인까지 카드 게임과 체커 게임을 하려는 사람들로 북적였다. 다른 게임보다 카드와 체커 게임이 인기 있었던 이유는 이 게임들이 대화를 촉진한다는 데 있었다. 이때 말하기 좋아하고 외향적인 사람들은 수다를 떨 기회를 충분히 얻을 수 있었다. 둘 중에서 체커 게임보다 카드 게임을 더 선호하는 이유도 같았다. 따라서 탁자에 모인 사람이 카드 게임을 하기에 너무 적을 때에만 체커 게임을 했다. 카드 게임 중에서도 압도적으로 인기 있는 게임은 포커였다. 포커는 누구나 쉽게 할 수 있어서 훌륭한 통합 기제가 되었다. 아이들도 카드 한 벌을 손에 쥘 수 있을 만큼만 크면 포커 게임을 익혔다.

아이들도 이곳을 좋아했는데, 보통은 아버지를 따라다녔다. 남자아이들이 여자아이들보다 더 자주 왔지만 아이들끼리만 오는 일은 드물었다. 아빠가 아들을 데리고 폴리야 클럽에 온다는 것은 둘 모두가 고대하는 일이자 자랑스러운 일이었다. 둘 이상이 모이면 카드 게임, 혹은 체커 게임을 하거나 매력적이고 친절한 바텐더가 있는 바에 모여서 놀기도 했다. 바텐더는 언제나 멋지게, 때로는 화려하게 차려입었고 모든 연령대에게 인기가 있었다. 바텐더는 누구에게나, 심지어 아이들에게도 친밀하게 말을 걸었다. 그와 이야기를 하면 자신이 특별한 존재로 느껴졌다. 소년들은 그 앞에서 특히 행동을 조심했다. 동경하는 사람에게 주의를 받고 싶지 않기 때문이었다. 어쩌다 가만히 있지 못하는 아이가 있으면 바텐더가 카운터 아래에서 패들볼을 꺼내 주면서 바깥에 나가서 놀라고 했다.

아이들에게 가장 흥미진진한 시간은 금요일, 토요일, 일요일 저녁이었다. 초저녁부터 새벽 1시까지 건물 바로 바깥에 있는 호숫가에서 캠프파이어가 이어졌다. 클럽의 위치도 바로 이 작은 호수 때문에 정해졌을 만큼 쾌적한 장소였다. 불가에 모여 모두가 러시아 민요를 부르는 가운데, 어떤 사람들은 가지고 온 발랄라이카(러시아 기타)를 연주했다. 아이들은 부모 곁에 있다가 때가 되면 엄마가 집으로 데려가 침대에 눕혔다.

밖에서 캠프파이어를 하는 동안 안에서는 무도회가 열렸다. 댄스 밴드가 폴카를 연주하기 시작하면 무도장이 가득 찼다. 클럽 회원이든 외부인이든, 댄스 플로어뿐 아니라 마루가 깔린 곳이라면 어디든 가득 채우고 열정적으로 춤을 추었다. 파트너 없이 서 있던 사람들도 모두 끌려 나왔고, 남자들은 하룻밤 사이에 적어도 대여섯 명의 파트너와 춤을 췄다. 새로운 사람이 오면 여자들은 키스로, 남자들은 포옹으로 (가끔은 키스로) 환영했다. 신체적으로나 감정적으로 인간 대 인간으로서 서로를 껴안는 순간이었다. 미국인들의 세련된 연회장에 가면 댄스 플로어 주위에서 뚱한 표정으로 가만히 서서 이야기만 나누는 커플이 있기 마련이지만, 이곳에 그런 사람들은 없었다. 200명의 몸짓과 발 400개의 쿵쾅거림이 만들어내는 열기 속에 모두가 휩쓸려 들어갔다. 모두가 발을 구르고 있었던 것은 아니었다. 반짝거리는 새 구두를 신고 플로어에서 멀리 떨어진 곳에서 춤을 추는 어린 소녀도 간혹 있었다.

1960년대까지 부모를 따라 폴리야 클럽에 갔던 아이들은 아무리 환경이 변해도 완전히 지워버리지 못할 기억을 간직하고 있다. 그러나 이후 세대는 그런 기억을 갖고 있지 못하다. 건물은 있지만 이제는 아이들이 들어갈 수 없는 곳이 되었다. 폴리야 클럽은 1960년대 중반에 가장 번성하여, 당시에는 회비를 내는 사람이 1300명에 달했다. 그러나 이후 급격한 하향세를 겪어 1980년대에는 회원이 100명 정도로 줄었다. 러시아 농부와 전원 풍경, 옛 교회의 모습을 담은 신비로운 벽화와 태피스트리는 사라지고 미국 항구 풍경으로 장식되었다. 게임 룸에는 전자식 볼링 게임기와 비디오 게임기 몇 개, 주크박스가 설치되었다. 회원들의 회비로 보조하여 인근에서 가장 저렴했던 음료 가격도 이제는 다른 곳처럼 비싸졌다. 캠프파이어나 기타 연주도 사라졌고, 함께 노래를 부르지도 않는다. 자주 이곳을 찾는 사람들도 예전처럼 활발하지 않다. 그들은 한번 자리를 잡으면 나갈 때까지 움직이지 않는다. 바텐더는 지금도 친절하지만 아는 사람이 없어 보이는 이방인에게만 말을 걸고, 그마저 짧고 무미건조하다.

아이들은 찾아볼 수 없다. 아이들은 환영받지 못한다. 예전에 아버지가 자랑스럽게 아이들을 데리고 오는 장소였던 이곳은 이제 아이들로부터 벗어나기 위해 오는 장소가 되었다. 예전에는 여성과 남성의 비율이 비슷했지만 지금은, 특히 피크 시간대에는 대개 남성만 보인다.

한 젊은이가 어린 시절의 기억 속에서 가장 멋진 장소였던 폴리야 클럽을 다시 찾았다. 그는 애석해하며 물었다. "무슨 일이 일어난 거죠?" 몇 안 남은 클럽 창립 회원 중 한 명이 이렇게 대답했다. "젊은 사람들이 멀리 떨어진 곳에 일자리를 잡기 시작했지. 아예 다른 주로 간 경우도 있어. 그러니 주말에도 여기에 올 수가 없었어. 대신 다른 사람들이 왔는

데, 아일랜드 사람도 있고 영국인도 있었지. 나이 든 회원들이 세상을 뜨기 시작하고, 아무도 클럽을 지키려고 하지 않았어. 이제는 예전 같지 않아. 옛날에는 모두가 함께 아코디언이나 발랄라이카 연주를 들었는데…. 정말 멋진 시간이었지. 요즘 사람들은 그저 술이나 마시고 주크박스로 쓰레기 같은 음악만 듣지. 제대로 놀 줄을 몰라."

─────── **유스 바**

1970년대에 미국의 정치 지도자들은 성년의 기준을 단일화해야 한다는 이상한 생각에 사로잡혔다. 그 결과 음주 가능 연령이 크게 낮아졌다. 1970년에서 1975년 사이에 50개 주 중 28개 주가 법정 음주 가능 연령을 조정했는데, 대부분 21세에서 18세로 3년을 낮췄다. 결국 연령 기준을 바꾸려면 그 영향을 면밀히 살펴 신중하게 해야 한다고 경고한 사람들이 옳았음이 밝혀졌고, 많은 주에서 음주 연령을 다시 상향 조정했다.

연령 요건이 갑자기 낮아지자 곧 유스 바^{youth bar}(젊은 음주자들을 위한 장소)가 유행하기 시작했다. 그 후 법이 개정되었어도 유스 바의 특징은 여전히 유지되고 있다. 유스 바에서는 젊은 층만 있다는 점 외에도 청년과 중장년 모두가 좋아했던 예전의 태번과는 매우 다른 경험을 제공했다.

예전에는 남자아이가 일정한 연령이 되어 동네 술집에 가기 시작하는 일을 성년이 되는 통과의례로 여겼다. 그러나 유스 바가 유행하자 그런 문화는 사라졌다. 태번은 전통적으로 세대를 연결하고 청년들이 청소년기의 습관을 버리게 만드는 중요한 매개체였다. 스물한 살이 되면 오랫동안 태번을 드나든 사람들의 무리에 낄 수 있었고, 그들 대부분은 자신보다 나이가 많았다. 태번에 가는 것은 십대 문화를 탈피했다는 뜻이었다. 나와 동년배인 한 사람은 처음 술집에 갔던 때를 이렇게 회고했다.

내가 어렸을 때는 술을 마실 수 있는 나이가 스물한 살이어서 대학교 3학년 때 술집에 가기 시작했다. 나보다 나이가 많았던 룸메이트가 셜티스라는 술집에 나를 데려갔다. 셜티스는 그가 가장 좋아하는 곳이었다. 거기에서는 거의 항상 내가 제일 어렸다. 그곳은 시끄럽지 않았지만 그렇다고 조용하기만 한 것도 아니었다. 모두가 점잖게 대화를 나누었다. 핀볼 게임을 하거나 당구를 치려고 왔다 갔다 하는 사람은 없었다. 사실 게임기나 당구대가 아예 없었다. 우리는 그저 바에 앉아서 이야기를 나누었다. 교정에서 흔히 나누는 바보 같은 대화가 아니었다. 셜티스에 온 여성들이 학교에서 마주치는 여학생들처럼 말장난이나 놀림을 참지 않으리라는 것은 금방 알 수 있었다. 바에서 사람들과 이야기를 나누면서 내 경험이 얼마나 미천한지 알게 되었다. 일, 여행, 삶, 모든 부분에서 그들만큼 경험해보지 못했다. 물론 그 무리에 받아들여지기를 바랐으므로, 입을 열기 전에 한 번 더 생각했고, 대개는 듣기만 했다. 그러나 내가 이야기를 하면 그들은 진지하게 들어주었다. 그것은 나를 받아들인다는 표시였다. 기분이 좋았다.

성인들의 술집은 지역사회 유력인사들이 생각하는 것처럼 나쁜 영향을 미치기는커녕 이 사람의 음주 습관을 더 좋게 만들었음을 알 수 있다.

술을 마시는 방법도 셜티스에서 배웠다. 그전에도 물론 술을 벌컥벌컥 들이켤 줄은 알았고, 토하거나 취해 쓰러지도록 마시는 법도 알았지만, 적당히 즐길 만큼만 마시고 맑은 정신으로 집에 가는 방법은 알지 못했다. 셜티스에서도 첫 몇 병을 단숨에 비웠다. 나는 술이 없어질 때까지 손에서 병을 놓지 않았다. 그런데 나이 든 사람들은 맥주를 몇 분씩 옆에 치워두곤 했다. 대화가 무르익자 맥주에 관해서는 잊어버린 듯했다. 이야기가 잠시 소강상태일 때면 조금씩 홀짝거렸지만, 그런 일이 자주 있지 않았다. 그들은 나에게 긴장을 풀고 제대로 쉬는 방법을 가르쳐주었다.

성인들의 태번에서는 많은 청년들이 스스로를 술병이나 술잔으로부터 물리적으로 떼어놓을 줄 알게 된다. 분리불안증이 있는 어린아이처럼 굴지 않고 성인답게 술을 마실 줄 알게 되는 것이다. 또한 사회적 지위가 낮은 사람들이나 술을 지나치게 많이 마신다는 것, 주사를 부리는 취객은 쫓겨나며, 바 구석자리에 앉아 있는 창백한 술꾼의 폭음은 그 불행한 사람을 더욱 외롭게 만들 뿐이라는 것도 배웠다.

한 소도시에서 실시한 퍼블릭 바에 관한 조사(이 조사는 음주 가능 연령이 낮아졌던 기간에 이루어졌다)에 따르면, 대상 업소 중 36%가 청년들이 주로 가는 곳이었고, 청년이 있는 곳 중 3분의 2는 다른 연령층의 고객이 전혀 없었다. 일반적으로 젊은 사람들은 그들만의 장소에 이끌리며, 그런 장소에서는 언제나 젊음을 찬미한다. 반면에 그 외의 태번들은 쇠락하는 이미지를 얻었다. 예전에 태번의 '젊은 피'였던 청년들이 지금은 더 공격적으로 운영되는 유스 바로 흡수되고 있기 때문이다.

유스 바가 가져온 한 가지 영향은 많은 사람들에게 술집이란 대개 젊은 사람들과 독신을 위한 곳이라는 인식을 심어주었다는 점이다. 결혼 전, 남녀가 함께 드나드는 술집에 즐겨 가던 젊은 여성들은 결혼 후에 남편이 술집에 가지 못하게 하는 경향이 있다. 술집은 남편이 옆길로 새거나 길을 잃을 수도 있는 곳이라는 아내의 우려를 넘어, 남성과 여성 모두에게 그저 지나가는 한때의 경험일 뿐이라고 여겨진다. 태번 문화를 모든 연령대가 즐길 수 있는 무해하고 유쾌한 은신처라거나 믿을 만한 우정과 활기찬 대화의 원천이라고 생각하지 않게 된 것이다. 예전에 어른들이 우정을 나누는 장소였던 곳이 이제는 저물어가는 청년기의 마지막 놀이터, 프리스비나 축구화처럼 다락방에 치워두어야 할 무엇인가로 여겨진다.

음주 연령 하향 조정은 새로운 태번 고객군을 창출했고, 그에 따라 미국 음주시설의 성격도 바꾸었다. 아직 가족에 대한 책임이나 결혼생활에 얽매여 있지 않은 이 젊은 고객층은 매출 증대를 위해 설계한 바보 같은 술책의 타깃이 된다. 청년층을 대상으로 하는 술집들은 곧 음주 연령을 낮춘 주들에서 가장 크고 가장 수익성이 좋은 술집이 되었다. 그러나 장기적으로는 업계에 해를 끼쳤을 수 있다. 적어도 미국의 음주시설이 가진 제3의 장소로서의 잠재력에는 분명 큰 해를 입혔다.

——— 아이들을 위한 전용 공간

어른들은 언제나 공간을 제한하는 방법으로 아이들을 통제해왔다. 도시화와 산업화가 사회구조를 변화시키기 전에는 가족과 지역사회가 아이들이 성장하는 공간을 제공하고 감시하며 공유했다. 아이들을 감시할 필요가 있을 때에도 그 방식이 가볍고 비공식적이어서 거의 의식할 수 없었다. 그러나 도시화와 산업화에 따른 새로운 노동 환경은 생산성을 극대화하기 위해 어른들이 긴 시간 동안 자녀로부터 자유로워질 것을 요구했다. 즉, 아이들이 방해가 되지 말아야 했다.

아이들을 공간적으로 묶어두고 감시하기 위한 방법은 의무교육 기간을 늘리는 것이었다. 법은 교육을 받을 수 있는 연령의 아이들이 교육을 받게 했다기보다는 아이들을 다른 어른들에게 인계할 것을 의무화했을 뿐이다. 요즘도 학교에서는 정신적인 발달보다 아이가 있어야 할 곳에 있는지에 더 신경 쓴다. 학업이 얼마나 진전되고 있는지에 대해서는 이따금씩만 점검하지만 학생이 어디에 있는지는 하루에도 몇 번씩 확인한다.

학교가 아이들을 위하여 설계된 장소라는 것은 신화이며, 그 외에도 아이들을 묶어두기 위한 장치는 더 있다. 어른들은 아이들이 얼쩡거리지 않기를 바라는 곳에서 아이들을 몰아내기 위해 아이 전용 공간을 만든다. 그런 공간은 제대로 운영되지 않을 확률이 매우 높고 아이들이 원하지 않아도 어른들은 계속 시도한다. 서구 산업도시에 그런 사례가 무수히 많다.

1970년대 초 서독 정부는 '신도시new town'에서의 놀이터의 효과성에 관한 연구를 후원했다.[8] 신도시 아이들은 다른 지역 아이들보다 더 "고립되어 있다", "통제받고 있다", "지루하다"라고 느끼는 것으로 나타났다. 신도시 아이들은 지정된 놀이 공간보다 쓰레기통이나 물웅덩이 주변에서 놀거나, 상점들과 번잡한 거리를 돌아다니거나, 건설현장의 폐기물을 뒤질 때 더 큰 만족감을 얻었다. 아이들은 재미있는 일이 일어나는 현장에 있고 싶어 하고 북적북적한 일상생활로부터 차단되는 것을 몹시 싫어한다. 아이들은 도시계획가들이 집에서 학교까지 연결해놓은 경치 좋은 통학로를 마다하고 슈퍼마켓과 복잡한 거리 쪽으로 돌아서 다녔다. 신도시의 이러한 실패가 보고되었을 때 주택부Ministry of Housing는 이 연구 결과를 어떻게든 다르게 해석해보려고 애썼다. 그들은 아마 이 연구가 아예 없었으면 좋았겠다고 생각했을 것이다.

영국 웰윈Welwyn의 '가든 시티Garden City'를 설계한 사람들은 동네 아이들이 "또 다른 불평의 원천인 개들처럼 … 대장 노릇을 하는 아이를 따라 동네방네 돌아다닌다"라고 기록했다.[9] 설계자들은 아이들이 놀기를 바라는 장소에 "그네나 시소 같은 미끼"를 달아놓았지만 아이들은 그 놀기 좋은 곳을 놔두고 도로 주변에서 놀았다. "계획의 원칙도 모르는" 웰윈의 아이들은 놀아야 할 곳에서 놀지 않았다.

시드니에서 아이들이 어떻게 성장해나가는지에 대해 이루어진 한 연구는 이 도시의 청소년들이 여가 시간의 대부분을 어른들도 자주 가는 장소에서 보낸다는 사실을 밝혀냈다.[10] 저자들은 "특별히 청소년을 위해 마련한 장소"에 주목했는데, 아이들은 보통 그런 장소를 기피하는 것으로 나타났다. 시드니에 사는 십대 아이들 대부분은 자주 어울리는 친구 무리에 속해 있었으며, 그 무리는 보통 7~12명으로 구성되어 있었다. 이 아이들은 청소년 전용 클럽이나 밀크 바를 경멸했다. '펀 팔러Fun parlor' 같은 오락실은 어느 연령대에서도 지지받지 못했다.

제인 제이컵스의 미국 도시 연구에서도 비슷한 결과를 볼 수 있다.[11] 제이컵스는 피츠버그의 채텀 빌리지, 로스앤젤레스의 볼드윈 힐스 빌리지, 뉴욕과 볼티모어의 더 작은 마을에 있는 폐쇄형 놀이터를 보고 "모험심이 있고 용감한 아이라면 여섯 살만 되어도 그렇게 지루한 장소에 있고 싶어 하지 않을 것"이며 "대부분은 그보다 더 어릴 때부터 바깥에 나가고 싶어 할 것"이라고 논평했다. 이런 폐쇄형 놀이터는 청소년의 출입을 금하는 경우가 많고, 사실상 유아 전용 공간으로 이용된다. 아주 어린아이들이라야 주어진 '완벽한' 환경을 바꾸고 싶다는 생각을 안 하기 때문이다.

또 다른 연구자는 볼티모어 95블록 구역 거주자들의 활동을 체계적으로 관찰한 끝에, 여가 활동의 54%가 거리와 골목, 마당, 보도, 계단, 현관 앞에서 이루어지며, 단 3%만이 공원과 놀이터에서 이루어짐을 밝혔다.[12] 또 다른 연구자는 뉴저지주에 있는 래드번과 시카고 남부의 파크 포레스트의 아이들이 공통적으로 주차장에서 노는 것을 선호했으며 거리로부터 떨어진 건물 뒤편에 아이들을 위해 마련한 녹지에서는 놀지 않는다는 점을 발견했다.[13] 그는 놀이터에서 노는 아이들의 사진을 찍는 데 관심을 갖다가 많은 놀이시설이 아이들에게 외면받는 이유에 관심을 갖게 되었다. 그가 카메라를 가지고 갈 때마다 놀이터가 텅 비어 있었는데, 처음에는 시간을 잘못 선택했기 때문일 것이라고 생각했다. 그러나 몇 번 같은 상황이 반복되자 메시지가 분명해졌다. 아이들은 거기에 나타나지 않았다. 그렇게 재미없는 장소에 조금도 관심이 없었던 것이다.

나의 아이들이 그네나 시소를 타고 놀 나이였을 때 친척집을 방문하면 아이들을 그 동네 놀이터로 데려가곤 했다. 우리는 수백 킬로미터 떨어진 곳에 살았지만 그 작은 공원은 마치 우리를 위해 만들어진 것 같았다. 그러나 우리가 그 공원을 찾던 몇 년 동안 다른 사람은 한 번도 못 보았다. 거기에는 작은 건물이 한 채 있었는데 열려 있던 적이 한 번도 없었다. 그 위에는 '커뮤니티 센터'라고 써 있는 커다란 간판이 달려 있었다. 마치 태풍의 눈처럼, 그 센터도 텅 비어 있었다. 분명 그 구역에 아이들이 살고 있었지만 놀이터에 오는 아이들은 없었다.

어린이 전용 공간 이용을 모니터링하는 데 어려움이 있다면, 기본 구상이 잘못되었기 때문일 경우가 많다. 확실한 것은, 아이들은 아이들끼리 모이고 놀 수 있는 대안적인 배출구를 가져야 하며, 이러한 대안들을 언제든 이용할 수 있어야 한다는 점이다. 미국인의 여가 활동에 관한 가장 광범위한 연구에서도 이 점을 정확히 지적했다.

1950년대 후반, 아이젠하워 대통령은 야외 레크리에이션 자원 검토 위원회Outdoor Recreation Resources Review Commission를 발족했다. 이 위원회는 4년 동안의 연구 결과를 27권의 보고서와 1권의 요약본으로 발표했다. 가장 중요한 결론 중 하나는 레크리에이션이 레크리에이션을 위한 공간에서 이루어지지 않는다는 것이었다![14] 레크리에이션 중에서 가장 중요한 부분은 일상생활에서의 레크리에이션이다. 이와 관련하여 정부와 개발자가 묵살했던 질문과 비판이 다시 제기되었다. 아이들이 걷거나 자전거를 타고 등교하면서 주변 환경을 접할 수 있는가? 아니면 학교까지 차로 데려다주어야 하도록 설계되어 있어서 아이들이 주변 환경을 접할 기회를 빼앗고 있지 않은가? 방과 후에 낚시를 하고 놀 만한 개울이 있는가? 혹은 콘크리트 배수관을 설치하여 개천을 모두 지하에 묻어버렸는가? 동네에 소풍이나 산책을 할 수도 있고, 상상력과 모험을 펼칠 수 있는 놀이터도 될 만한 숲이 있는가? 아니면 개발업자들이 모두 없애버렸는가?

최근에 어느 커뮤니티 센터 벽에서 낙서를 하나 보았다. 거기에는 이렇게 쓰여 있었다. "이동 광선을 쏴줘, 스코티. 여긴 엉망이야!BEAM ME UP, SCOTTY. THIS PLACE SUCKS!" 낙서를 한 아이들은 영화 〈스타 트렉〉에 나오는 익숙한 이 구절을 범퍼 스티커 같은 데서 따왔겠지만, 커뮤니티 센터의 벽에 더없이 잘 어울렸다. 이 시설은 유지·관리의 편의를 위해 이상적인 위치와 물리적 환경을 희생시킨 것처럼 보였기 때문이다. 그 건물은 가끔 선택받은 소수에게만 개방되었다. 청소년들이 공공건물에 낙서를 하거나 다른 방법으로 시설물을 훼손하면 어른들은 그 아이들에게 어떤 문제가 있는지 궁금해할 뿐, 그 시설에 어떤 문제가 있는지 묻지 않는다.

─────── **쇼핑몰에서의 기초훈련**

쇼핑몰이 미국의 도시 전역에 퍼지기 시작하던 때에, 개발업자와 경영자들은 쇼핑몰 개장 직후부터 십대 청소년들이 몰려들기 시작하는 것을 보고 놀라워했다. 누구라도 이 청소년들의 습격을 놀랍다고 느꼈다면, 이는 아동 발달의 생태계에 대한 관심이 부족함을 증명한다. 조금이라도 관심이 있었다면 규격화된 주택단지와 엄격하게 용도를 제한한 주거구역이 아이들로 하여금 아무것도 하지 못하게 했고, 아이들이 아무 데도 갈 곳이 없다는 사실을 인지했을 것이다. 지금은 패턴이 완전히 정착되어, 쇼핑몰은 청소년이 집과 학교 외에 가장 많은 시간을 보내는 곳이 되었다.

십대 청소년과 쇼핑센터 사이의 친화성은 한때 쇼핑몰 경영에서 주된 골칫거리였다. 더 어린 아동과 달리 청소년은 환경에 영향을 주는 존재다. 따라서 쇼핑몰의 환경을 그대로 놔두지 않을 것이라고 예상할 수 있었다. 사람들로 하여금 분위기에 휩쓸려 물건들을 사게 만들기 위하여 전체적으로 세심하게 설계된 이 드넓은 쇼핑의 세계가 규율을 모르고 모험심만 가득한 십대 아이들에 의해 엉클어질지도 모르는 일이었다. 도난 위험성도 더 커 보였다. 경영진이 청소년을 막기 위해 모든 수단을 동원했다고 해도 놀랄 일이 아니었을 것이다.

그러나 지역사회 내의 다른 어느 곳도 얻지 못했던 청소년의 관심을 받는 데 성공했다면, 이만한 수익 증대 기회도 없을 것이다. 곧 쇼핑몰과 청소년의 양립 가능성에 관한 연구가 이루어졌다. 쇼핑몰 개발업자와 경영자들에게 좋은 소식이었다. 쇼핑몰 경영자를 위한 어느 안내서는 십대 아이들의 방문은 용납되어야 할 뿐 아니라 독려해야 한다고 말한다. "그 아이들 대부분이 쇼핑몰 경영진과 동일한 가치관을 지지하기" 때문이다.[15] 청소년과 쇼핑몰 경영자는 피를 나눈 형제와도 같이 인생관을 공유하고 있다. 그들에게 궁극적인 목표는 "돈을 벌어 물건을 사는 것이고, 인생의 다른 모든 것은 그 목표를 위한 일"이다.[16] 인간은 어느 자동차 범퍼 스티커에 있는 글귀처럼 '쇼핑하기 위해 태어난Born to Shop' 존재가 아니다. 그러나 사람들은 쇼핑하는 법을 일찍부터, 그리고 지속적으로 학습한다. 소비주의의 유치원이 아이들을 겨냥한 텔레비전 광고라면, 쇼핑몰은 '물질주의의 대학교'다.

이 대학교에서는 '소비'와 '수동성'이라는 두 개의 전공을 한 번에 이수할 수 있다. 톰 소여와 허클베리 핀은 쇼핑몰을 '졸업'할 수 없다. 반세기 전의 아이들은 직접 오두막을 짓고 놀았으며, 모험을 즐기기 위해 화물열차에 뛰어올랐다. 온종일 숲속에서 사냥이나 낚시를 하고, 잡은 동물이나 물고기에 풀을 뜯어 넣어 카우보이 스튜를 만들었다. 일부러 남자 어른들에게 양배추를 던져 추격전을 벌이기도 했다. 그때의 아이들은 자기들끼리 운동 팀을 만들고, 다툼이 생기면 권투 시합으로 해결했다. 이에 반해 오늘날의 쇼핑몰에서 아이들이 하는 일이라고는 만나고, 보고, 걸어 다니는 것이 전부다. 반세기 전 아이들이라면 참을 수 없을 만큼 지루해했을 것이다. 현대 사회는 우리 아이들에게 문제가 있는 환경에 처해도 스스로 생각을 확립하고 주장하기보다 주어진 환경에 수동적으로 적응하라고 요구하고 있지 않은가?

게다가 쇼핑몰은 따뜻하고 체계적인 장소다. 이는 많은 현대 미국 가정이 결여한 특징이다.[17] "고객을 위해서라면 무엇이든 합니다!"라고 외치는 쇼핑몰은 어머니의 보살핌을 대신해준다. 쇼핑몰 방문객의 행동에 대한 통제는 단호하면서도 상냥하다. 심한 잘못을 저지른다면 쇼핑몰 경영진이 용납하지 않겠지만, 쇼핑몰은 언제나 쾌적한 장소다. 밖에서는 춥거나 비가 오면 침울해지기도 하고, 지나치게 높은 기온이나 습도로 인해 지치기도 하지만, 쇼핑몰에는 그런 영향이 다다르지 못한다. 날씨의 영향을 받지 않는다는 점은 외모에 민감한 청소년들에게 최적의 조건이다. 돌풍이 불어 애써 손질한 머리를 망가뜨릴 일도 없고, 외풍이 들어와서 스타일을 망칠 일도 없다. 세상의 근심으로부터 도망칠 수도 있다. 쇼핑센터에서는 불쾌한 일을 연상시키는 그 어떤 것도 허용되지 않기 때문이다. 쇼핑몰이 제공하는 것을 누리려면, '거대한 인공환경'에 적응하고 그 방식에 따라 행동하기만 하면 된다.[18] 부모 입장에서도 환영할 만하다. 어른들이 책임감을 가지고 자신의 자녀를 계속 주시하는 장소를 왜 마다하겠는가? 사실상 부모는 아이들이 거기에 있는 한 말썽에 휘말릴 일이 없음을 확신할 수 있다.

쇼핑몰은 소비주의, 그리고 고도로 통제된 환경을 수동적으로 수용하는 방법에 대한 기초훈련을 제공한다. 또한 미국 사회가 아동 중심 문화를 가지고 있다는 신화를 유지하는 데도 기여한다. 저술가들과 부모들은 서로 다른 의미에서 미국 아이들이 갈 곳은 쇼핑몰뿐이라고 이야기한다. 쇼핑몰이 그렇게 큰 흥분이나 재미를 주는 곳도 못 되고, 인간 발달의 측면에서도 별다른 역할을 하지 못한다는 점은 쉽게 간과된다. 쇼핑센터에서는 아이들과 어른들 사이에서 상호작용이 일어나지 않는다. 양쪽다 평화롭게 공존하기만을 바란다. 하층계급 아이들은 사실상 걸러지므로, 쇼핑몰에 드나드는 아이들은 연령과 사회계급 두 가지에 의해 격리되어 있다. 대안이 나타나면 쇼핑몰은 매력을 잃는다. 예를 들어 해변 문화가 있는 곳에서는 16세만 지나도 쇼핑몰에서 배회하는 일을 지루하고 유치한 취미라고 여긴다. 청소년들은 대개 금방 쇼핑몰에 흥미를 잃고, 십대 후반이 되면 옷가게나 음반 가게에만 중독적으로 드나든다.

쇼핑몰은 청소년들의 모임 장소라기에는 집에서 너무 멀다. 또한 일찍 문을 열지도 않고 늦게까지 열려 있지도 않다. 청소년의 발달에 도움이 되는 기회나 활동은 너무 적다. 쇼핑몰은 바람직하지 않은 가치를 조장한다. 다른 대안이 없을수록 쇼핑몰은 더 많은 아이들을 끌어들인다. 청소년이 여유 시간을 보낼 수 있는 장소로서 없는 것보다는 낫겠지만, 많이 나은 것도 아니다.

몇 해 전까지 많은 지역 방송국들은 밤에 이런 공익광고를 내보냈다. "11시입니다. 당신의 자녀가 어디에 있는지 아십니까?" 동네에 아이들이 모여서 놀 장소가 없고 아이들과 어른들의 접촉이 집에서밖에 이루어지지 않는 상황에서 이보다 더 적절한 메시지가 있을까? 물론 11시는 쇼핑몰 문이 닫힌 시각이므로 아이들을 걱정할 만하다. 이전 세대 부모들은 아이들이 빈둥거리는 길모퉁이 가게를 좋아하지 않았을지 모르지만, 적어도 자녀가 어디에 있는지 알았고, 아이들은 갈 곳이 있었다.

14장
더 나은 시대, 그리고 장소를 향하여

제2차 세계대전은 역사적으로 미국에서 비공식적 공공생활이 쇠퇴하기 시작한 분기점이었다. 전쟁이 끝나자 승전국에서나 패전국에서나 유례없이 많은 사람들이 집으로 숨어 들어갔다. 전쟁으로 사회 질서 전체가 파괴되고 아무것도 남아 있지 않았던 독일에서는 처참할 정도로 작은 피난처를 만들었다. 미국인들에게는 지역공동체 생활에 필요한 요건을 충족할 만큼 충분한 도시 주거지를 보존하거나 새로 만들 의욕도 능력도 없었다. 그들을 둘러싼 세계는 집 같은 편안함을 잃어버렸으므로, 집과 울타리 쳐진 마당 안으로 피신했다.

여러 학자들이 언급했듯이, 미국인은 언제나 고립을 추구하는 경향을 보였다. 그러나 사교성gregariousness 또한 미국인의 특징 중 하나다. 과거 미국의 소도시들은 이 특징을 잘 보여주었다. 마을이 작으면 주민들이 서로 알고 지내며 어울리기 좋다. 마을에는 그러한 이점을 십분 활용하는 사람도 있었고, 사람 사귀기를 거부하는 사람도 있었다. 그러나 제2차 세계대전 후에는 동네에서 가장 사교성이 좋은 사람조차도 사람들과 어울리지 못하게 되었다. 마치 그 사회의 비공식적 공공생활을 중단시키기 위해 한마음으로 노력하고 있기라도 한 것 같았다.

수집할 수 있는 정보를 가지고 추정해보면, 20세기 중반 이후 가볍게 모임을 가질 만한 장소 중 절반 정도가 미국 사회에서 사라진 것으로 보인다. 과거에는 그런 장소에서 가볍고 비공식적이지만 사람들을 서로 연결시켜주는 모임이 열렸고, 그러한 모임은 지역사회 구성원으로서의 삶을 지탱하는 기반이었다. 오래된 동네와 그곳의 카페, 태번, 가게는 재개발과 고속도로 확장, 편리하고 통합적인 주거지의 중요성을 무시하는 도시계획에 의해 쓸려 나갔다. 한편 새로운 주거단지는 용도별 토지구획화 정책에 따라 개발되었다. 이 정책은 주민들이 비공식적인 모임을 가질 만한 모든 시설을 금지했다.

비공식적 공공생활의 핵심 환경이 쇠퇴하면 더 일반적으로는 공공시설에 대한 관심도 함께 줄어든다. 현재 세대와 미국 헌법 초안이 쓰인 시대 사람들의 가장 큰 차이가 바로 이 점에 있다는 지적도 있다. 식민지 시대 선조들은 공공의 이익에 지나칠 만큼 몰두한 반면 현 세대는 별반 관심이 없다. 공적인 일 혹은 지역사회 문제에 관한 일반 시민의 관심은 "옅은 관심" 또는 "피상적인 관심"이라고 묘사된다.[1] 오늘날 개인과 집단의 관계는 공평하지만 그만큼 공허하다. 지역사회는 그들에게 아무것도 해주지 않고, 그들도 지역사회를 위해 아무것도 하지 않는다. 그리고 우리는 그 위험한 관계를 유지하려는 듯이 그에 맞는 환경을 계속해서 만들고 있다. 마치 분리, 고립, 구분, 멸균이 도시 성장과 재생의 주된 원칙인 것처럼 보인다.

거주지가 알맞지 않으면 탈출하고 싶어진다. 할 수만 있다면 사유지로 "영광스러운 고립"을 하는 편이 악화된 공공영역에 머무는 것보다 두 배는 좋아 보인다. 그런데 적합하지 않은 환경에 살다 보면 그 환경을 변화시키려는 욕구가 생겨날까? 미국인들도 언젠가는 이 '장소 문제'를 해결할 수 있을까? 패트릭 골드링은 현대 도시생활을 어느 누구보다 음울하게 묘사하며 많은 증거를 제시했지만, 그럼에도 불구하고 지역공동체가 궁극적인 승리를 거둘 것이라고 확신했다. 그는 다음과 같이 주장한다.

> 나는 진정한 커뮤니티와 존엄성을 추구하는 인간의 본능이 결국
> 살아남아, 위기 상황에서 오히려 존재를 입증할 것이라고 믿는
> 다. 머지않아 맹목적인 조직화를 꾀하며 개미 같은 비인간성을
> 향해 마치 그 누구도 멈출 수 없다는 듯이 질주하던 모습을 돌아
> 보게 될 것이다.[2]

"혼돈스러운 인공국가 미국"이 역사학적인 시간 개념으로 보면 비교적 최근의 산물이라는 것을 생각하며 희망을 가져보자. 보통 개인은 장소 문제를 제대로 이해하지 못하고 나쁜 도시설계에서 오는 난점을 다른 요인 탓으로 돌리는 경향이 있다. 가장 중요한 예를 들어보자면, 현대적인 삶의 공간 구성은 결혼과 가정생활에 큰 어려움을 초래하는데, 부모와 배우자는 거주지에 내재되어 있는 문제를 알아보지 못하고 성격이나 관계에 문제가 있다고 생각한다. 또한 최근까지도 우리는 도시계획가들의 관점이 지니고 있는 한계를 보완할 수 있었다. 과거의 비공식적 공공생활은 대개 공간을 계획한 사람들보다 공간을 사용하는 사람들이 우위에 있음을 보여주었다. 우리는 다른 목적으로 지은 시설이나 공간도 비공식적 공공생활을 위해 사용할 수 있었다. 우리의 새로운 환경이 예전과 현격하게 달라진 점은 거미줄 같은 고속도로나 잿빛 유리로 둘러싸인 거대한 초고층빌딩들이 아니라 이용자가 공간을 변형시키는 데 대한 전례 없는 저항이다.

그러나 계획자의 강압이 계속되면 사람들은 권력 남용을 더 이상 참지 않을 것이고, 대중은 공간 용도를 제한하는 시설에 맞설 것이다. 미국의 다음 세대는 인간 유기체가 그 서식지에 어떻게 적응하며, 환경은 유

기체의 필요에 따라 어떻게 적응하게 되는지에 관해 우리보다 더 잘 알 것이고, 배우고 싶지 않아도 배우게 될 것이다.

이는 논문이나 책에서가 아니라 잘못 설계된 환경에서 삶을 즐겨보려고 시도하는 경험을 통해서 배워야 할 내용이다. 그리고 이미 변화는 시작되었다. 미국 어느 지역에 가든 최고의 도시 주거지는 주민들의 노력으로 보존되거나 복원된 곳이다. 그들은 무자비하고 진부한 재개발 계획에 맞서 싸웠다. 나는 미국이 도시 행정에 명백히 실패했다는 영국 역사학자이자 정치가 제임스 브라이스^{James Bryce}의 주장에 동의한다. 그러나 나도 골드링과 마찬가지로 커뮤니티를 추구하는 인간의 본능이 결국 승리할 것이라고 믿는다.

많은 교훈이 쌓이면 결국 대중의 의지가 공공생활을 엉망으로 만든 세력에 맞서게 될 것이다. 나는 이 책의 논의를 마무리하면서, 미국인의 가치관과 태도가 바뀌리라고 예측되는 세 가지 지점을 제시하고자 한다. 세 가지 변화는 제각기 비공식적 공공생활, 그리고 지역공동체 자체의 발전과 재발견을 도울 것이다.

──── 편리함의 회복

많은 사람들은 "나에게 제3의 장소가 있다고 해도 즐길 시간이 없을 것"이라고 말한다. 제3의 장소에서 갖는 모임의 장점은 인정하지만 이 작고 기분 좋은 사회적 긴장 완화 장소를 단지 흘러간 시대, 삶의 속도가 지금보다 느렸던 때의 유물이라고 폄하하려는 사람들이 흔하게 보이는 반응이다. 제3의 장소 혹은 더 일반적으로 지역사회에서의 삶을 위해 별도의 시간과 노력을 할애해야 한다고 생각하면 힘이 빠진다. 대다수 사람들은 남는 시간도, 남는 에너지도 없다.

그러나 미국인도 결국에는 도시에서의 삶이 이렇게 빠르고 바빠진 원인이 현대성이 아니라 도시계획에 있음을 알게 될 것이다. 이 시대의 삶은 너무나 복잡하여 가장 기본적인 것들도 포기하게 만든다. 풍경 전체에 넓게 흩어져 있는 존재의 조각들을 하나로 모으기란 혼자 가볍게 여행하는 사람들에게조차 어렵다.

현대 미국 사회의 특징으로 지목되는 것 중 가장 웃기는 표현은 '편리한 문화convenience culture'다. 편리함은 생활 속에서나 광고매체에서나 늘 대두되는 주제다. 그 이유는 단 하나, 현재 우리의 삶이 불편하기 때문이다. 그러나 우리는 사소한 편리함을 핵심적인 편리함과 혼동함으로써 편리한 사회에 산다는 착각에 빠져 있다. 진정으로 편리한 문화라면 삶에 반드시 필요한 것들이 거주지 가까이에 있어서 쉽게 걸어가서 얻을 수 있어야 하고, 유럽에서 온 손님에게서 "이런, 뭘 하려고 해도 차를 타야 하잖아!" 같은 말을 듣지 않을 것이다.

미국인들은 나쁜 도시계획 때문에 진짜 편리함을 모두 희생시키고, 이를 사소한 편리함들로 보상하려다 보니 '편리한 문화'라는 거짓 평판을 얻었다. 불행히도 신용카드, 커피 자동판매기, 전동 캔 오프너, 즉석 냉동식품 등이 주는 편리함은 불편한 사회의 근본적인 문제들을 해결하는 데 아무런 도움이 안 된다. 그런 것들은 시간을 절약해주는 대신 우리의 취향이나 판단력, 자제력, 그리고 중요한 사회적 의식을 빼앗아 간다.

대부분의 사람들에게 직장에서 하는 일은 더 이상 고역이 아니다. 업무는 일관성이 있고 단순하다. 또한 일을 할 때 주기적으로 필요한 것들은 모두 손 닿는 곳에 있다. 거주지도 그렇게만 된다면, 생활이 생산만큼 중요하게 여겨진다면, 사람들의 삶은 훨씬 더 단순하고 충만해졌을 것이다. 미국에서 생산활동 영역은 합리적으로 잘 정돈되어 있지만 지역사회나 가정생활 영역은 심각하게 혼란스럽다. 업무 외 시간의 문제들은 경계가 불분명하고 꼬리에 꼬리를 물고 이어지며 여기저기 흩어져 있지만 일의 세계는 그런 골칫거리들로부터 벗어나 있다. 이 때문에 많은 이들에게 일은 쉽고 삶은 힘들게 느껴진다.

쉽게 걸어서 갈 수 있는 거리 안에 꼭 필요한 것들이 갖추어져 있다는 점은 생기 있는 동네의 특징이자 공통분모다.[3] 주민들이 거주지에서 먹고, 자고, 텔레비전을 보는 것—이 모두는 집 안에서 이루어진다—외에 아무것도 하지 않는다면, 편리한 동네가 될 수 없다. 그러나 조금만 걸어가면 우표나 잡지, 식료품을 살 수 있고, 드라이클리닝을 맡길 수도 있으며, 커피를 마시거나 스위트 롤을 먹을 수 있는 동네에서는 삶의 폭이 사적인 공간을 넘어서게 될 것이다.

편리함이란 집에 들어오는 길에 빵과 우유를 사 오는 것을 깜빡 잊었을 때 차를 몰고 가서 주차를 하고 가게까지 걸어가서 계산대에 줄을 선 다음 다시 주차장으로 걸어 나와 또 운전을 하는, 이 모든 과정을 거치지 않아도 되는 것을 말한다. 편리함이란 분위기를 바꾸거나 다른 환경에 있고 싶을 때마다 차를 타고 멀리 나가지 않아도 되는 것을 말한다. 편리함이란 아직 운전을 할 수 없는 아이에게 식료품을 사 오라거나 소포를 부치고 오라거나 빌린 물건을 돌려주고 오라는 심부름을 시킬 수 있는 것을 말한다. 현대적인 주거지역에서는 필수적인 시설들이 인접해 있지 않아서 아이들에게 심부름을 시킬 수 없다. 결과적으로 낮 동안 힘들게 일한 부모가 할 일만 더 많아진다. 아이들도 스스로가 쓸모 있다고 느낄 기회를 빼앗기는 셈이다. 또한 아이들은 심부름을 통해 다른 사람들과 교류하는 경험도 얻을 수 없다. 많은 중산층 가족의 아이들은 운전을 할 만큼 크기 전까지 가족 안에서 쓸모 있는 역할을 맡지 못한다. 그리고 운전을 할 수 있는 나이가 되면 도시를 질식시키는 교통체증에 한몫을 더함으로써 모두의 불편함에 기여하기 시작한다.

인근 시설을 이용하고 그곳을 걸어서 자주 방문하다 보면, 주민들은 자연스럽게 가벼운 사교환경을 창출하고 그 혜택을 누리게 된다. 도보 이동은 자동차를 이용할 때라면 불가능할 사람들 간의 접촉을 유발한다. 그러면서 동네 상인들이나 이웃들을 알게 되고, 그중에서도 친하게 지낼 만한 사람들을 발견할 수 있다. 이웃은 가족이 아니다. 살기 좋은 동네를 만드는 열쇠는 마음이 맞는 사람들을 발견하고 쉽게 모일 수 있게 하는 데 있다. 혼자 사는 여성들은 함께 쇼핑을 하고 점심을 먹고 브릿지 게임을 할 친구를 찾을 수 있고, 취미로 자동차를 정비하거나 목공을 하는 사람들은 같은 취미를 가진 사람을 발견하여 서로 작업을 도와줄 수 있다. 동네 사람들과 이야기하는 가운데 포커 게임, 말굽 던지기, 골프를 즐기는 사람들이 서로의 존재를 알게 되고 그로부터 정기적인 모임을 만들 수 있을 것이다. 무엇보다 편하게 만날 만한 친구를 사귈 수 있다. 어떤 사람들은 가까이에 살아서 언제든 만날 수 있는 사람과 깊고 긴 우정을 나누기도 한다. 그것은 커다란 선물일 것이다. 그리고 누구나 제어 밸브를 작동시킬 수 있으므로, 원하는 만큼만 교류할 수 있다. 교류를 원하지 않는 사람은 하지 않으면 그만이다.

이런 환경의 분위기는 우연적인 요소와 비공식성이 강하다는 의미에서 가볍다. 가볍게 길을 거닐다 보면 우연히 필요한 것을 얻게 되기도 하고 즐거운 일이 생기기도 한다. 계획을 세우거나 시간을 정하거나 미리 준비하지 않아도, 익숙한 환경을 가볍게 걸어 다니다 보면 긍정적인 사회적 경험을 하게 된다. 우연히 친구와 마주치고, 매일 새로운 일이나 재미있는 일이 일어나고, 사회적 지지를 느낄 수도 있다. 동네에 괜찮은 태번이 있다면 한 달 동안 준비한 회사 파티보다 더 훌륭한 파티를 일상적으로 누릴 수도 있다.

가벼운 접촉을 통해 이웃의 상황을 알게 된 사람들은 서로의 조력자가 된다. 이웃에게서 아기 침대, 자전거, 아이 옷을 물려받을 수도 있고, 고가의 잔디깎이를 사려는 사람은 낯선 영업사원보다 기계를 먼저 구입한 이웃에게서 더 믿을 만한 정보를 얻을 수 있다. 가족끼리 알고 지내면 동네 사람들이 서로의 아이들을 지켜보는 눈이 되어준다. 그러면 더 안심할 수 있을 것이고 아이를 키우는 데 도움이 되기도 한다.

가벼운 환경은 별다른 노력 없이 여러 필요한 것들을 채워줄 수 있다. 합리적인 계획이 오히려 비효율성을 야기할 때도 있는데, 이 경우에는 그럴 위험도 없다. 개인이 필요를 인지하기 힘든 부분이 저절로 채워지기도 한다. 많은 사람들은 심리학자들이 인지편향cognitive bias이라고 부르는 현상을 겪는다. 생활이 지역사회로부터 단절된 사람들은 더 심하다. 인지편향의 기본 개념은 개인이 무지로 인하여 스스로 무엇을 필요로 하는지, 어떻게 하면 그것을 충족할 수 있는지 모두 알고 있다고 착각하는 것이다. 그러나 가벼운 환경에서는 사람들이 필요로 하는 많은 것이 전혀 인식하지 못하는 사이에 여러 이웃들에 의해 자연스럽게 충족된다.

앞서 "무리로 만나는by the set 친구들(3장 참조-옮긴이)에 관해 논의하면서 제시한 사례를 되새겨보자. 제3의 장소를 주기적으로 방문하면 사실상 거기에 모이는 사람들 전체와 친구가 된다. 그 사람의 삶은 이러한 관계가 불어넣는 숨결에 의해 따뜻하고 풍요로워진다. 파편화되어 있던 세계가 점차 온전해지고 타인과의 폭넓은 교류가 삶에 지혜와 자기 확신을 더해준다. 다른 곳에서 사람들은 협소하게, 그리고 전략적으로 친구를 사귄다. 보통 특정 직업군이나 사회적 계층을 벗어나지 않는다. 그러다 보면 폭넓은 대인관계가 줄 수 있는 이점을 얻지 못하게 된다. 이웃과의 가벼운 접촉은 개인의 선택과 목적에 따라 교류할 때보다 폭넓게 친구와 지인을 사귈 수 있게 해준다. 모두가 서로에게 자기도 모르게 도움이 되는 것이다.

끝으로 가벼운 환경에서는 제3의 장소가 자연발생적으로 나타난다. 제3의 장소는 사실 안면을 튼 사람들이 일정한 곳에서 모이고 싶어 하는 욕망의 물리적 징후에 다름 아니다. 다양성은 지역에서 필요를 충족하게 하고 그럼으로써 사람들을 서로 접촉하게 하며, 또한 제3의 장소를 만들어낸다. 그런데 미국 교외의 근본적인 결함이 바로 다양성의 결여이고, 이 결함은 치명적일 수 있다. 적어도 일부 도시계획가들은 그 함의를 알고 있다. 롱아일랜드의 한 도시계획가는 교외가 살아남으려면 오래된 도시와 소도시들의 특징인 다양성을 더 반영해야 한다고 주장한다. 이 "다양성을 창출하고 수용하려는 의지가 얼마나 있는가가 교외의 생명력을 가늠하는 척도가 될 것이다."[4]

로스앤젤레스에서 최근에 실시한 한 연구는 미국인이 그들의 거주 지역에서 현재의 용도별 토지구획화가 허용하는 것보다 더 큰 다양성을 수용할 수 있음을 보여준다.[5] 고소득층과 중소득층, 저소득층을 모두 포함한 주민 표본을 대상으로 조사한 결과, 모든 계층이 드러그스토어, 시장, 도서관, 우체국이 매우 필요하다고 응답했다. 더 놀라운 결과는 저소득층 흑인 집단만이 유일하게 동네에 술집이 생기는 데 반대했다는 점이다. 이 연구는 또한 거주지에서 가장 중요한 것이 대인관계라는 점을 밝혔다. 1위가 사교성, 2위가 친절함으로 나타났다. 신변과 재산의 안전은 8위, 조용함은 10위로 가장 덜 중요한 요인으로 나타난 것이다. 편리함에 대한 요구는 안전보다 높았다.

미국 사회의 자동차에 대한 의존도가 과도하게 높아지면서, 주택 외에 아무것도 없는, 멸균 혹은 정화된 동네가 크게 증가했다. 자동차만 있으면 집이 충족시켜주지 못하는 필요와 욕망을 모두 만족시킬 수 있을 것이라는 기대로 '아무것도 없는 동네'를 만든 것이다. 결국 자동차에 대한 과잉 의존은 우리 삶의 질을 현격하게 떨어뜨렸다. 1970년대 초중반 이래로 미국인들은 자동차에 대한 이중적인 태도를 갖게 되었다. 간선도로뿐 아니라 멸균된 동네들의 생명선이라 할 수 있는 고속도로도 꽉 막혔다. 대기는 매년 자동차들이 토해내는 5000만 킬로그램의 일산화탄소로 오염되고 있다. 자동차 사고로 인한 사망은 모든 시민과 밀접하게 관련되어 있다. 자동차 가격은 터무니없이 비싸다.

소비자 단체들이 자동차의 안전성 개선을 요구하고, 고속도로를 확장하느라 오래된 동네가 더 많이 파괴되고, 시민들은 음주 운전자에 대한 엄중한 단속을 요구하고, 자동차 가격이 집값에 육박하기 시작해도, 미국인들은 기꺼이 자동차 중심의 교통을 위해 다른 것들을 계속해서 희생시킬 것이다. 그러나 결국 그들은 근본적으로 건전하지 않은 시스템을 채택한 대가로 희생해야 하는 것들이 계속 늘어나고 삶의 질이 떨어지고 있음을 깨닫게 될 것이다. 우리가 편리함을 위하여 만든 가장 위대한 산물인 자동차에 과도하게 의존함으로써 생활이 끔찍하게 파편화되고 오히려 불편해졌음을 이해할 때, 상황은 변화하기 시작할 것이다.

편리함, 그리고 그에 상응하는 가벼운 환경으로서 이웃의 부활 필요성에 관해 마지막으로 덧붙이고자 한다. 주민을 대상으로 한 설문조사에 근거하여 어떤 지역에 거주하는 사람들은 그들이 사실상 모든 사회적·개인적 문제에 대해 합의를 이룰 수 없고, 따라서 이웃과의 교류도 원하지 않는다고 주장하는 연구들이 있음을 인정한다. 그러나 사회과학자들도 다른 사람들처럼 본말을 전도할 때가 있는 법이다. 합의는 상호작용과 참여에 뒤따르는 것이다. 동네가 그렇듯이 개인도 진화하고 변화한다. 사람들이 만날 기회가 생기면 그들은 좋아하고 애착을 가질 만한 대상을 갖고, 삶을 풍요롭게 하고, 생각을 바꿀 많은 것들을 발견한다. 사람들을 계속 뿔뿔이 흩어져 있게 놔둔다면(이것이 바로 멸균된 동네를 만들려는 개발

방식이 사람들에게 한 짓이다) 그들 사이에 합의가 있건 없건 무슨 상관이겠
는가?

———— **자기계발의 한계**

미국에서는 자기계발서의 인기가 높다. 서점, 심지어는 드러그스토
어에도 자기계발서를 위한 칸이 따로 마련되어 있다. 지역공동체가 없는
사람들은 그런 책에서 희망을 얻을지도 모른다. 자기계발서는 사회적으
로 고립된 사람들에게 거부할 수 없는 충고와 확신을 주기 때문이다.

통합된 사회에서라면 여러 믿을 만한 자원을 통해 일상적으로 도움
과 방향 제시를 받겠지만, 파편화된 사회에 살고 있어서 그러한 자원이
결여된 사람들에게는 자기계발서가 유용할 수 있다. 다른 한편, 이런 책
들은 그 시장을 창출하는 데 유리한 조건을 미화하는 경향이 있다. 자기
계발서들은 바람직한 삶이나 행복, 만족이 집단적 성취가 아닌 개인적 성
취라고 가르친다. "괜찮아, 잘하고 있어"라는 조언을 얻기 위해 돈을 지
불하는 사람이 개인이듯이, 모든 일의 중심, 자신의 행복에 '책임이 있는'
사람도 개인이다. 자기계발서는 개인이 삶을 얼마나 즐길 수 있고, 어떤
경험을 얼마나 폭넓게 할 수 있는지가 그를 둘러싼 집단적 삶의 질에 크
게 좌우된다는 사실을 흐린다. 공동체에 속해 있다는 점은 '자아실현self-
actualization'의 수단이라기보다는 장애물로 제시될 때가 많다.

자기계발서는 미국 사회가 엄청나게 찬미하지만 제대로 이해하고
있지는 않은, 개인주의 및 개인적 자유라는 개념의 남용에 기여한다. 게
일 풀러턴이 말했듯이, 우리가 최근에 성취한 자유의 대부분은 "불구
amputation"다.[6]

우리의 선조들은 1차 집단에 의해 길러지고 정체성을 부여받았다. 그런데 1차 집단으로부터 단절된 수많은 현대 미국인들은 내가 누구인지, 혹은 내가 누구라야 하는지를 말해줄 누군가를 찾고 있다. 돈도 있고 교양도 있는 사람은 '인성'을 개발해주겠다고 선전하는 강좌에 등록하거나 심리요법을 받을 수도 있을 것이다. 그러나 대부분은 스스로를 알려고 하기보다는 다른 사람들을 짓밟고 권력을 쟁취할 비법이나 사회적으로 용인되는 징표label를 찾고 있다.

지나치게, 그리고 끊임없이 개인을 강조하고 바람직한 삶이 개인의 성취라는 생각을 주입하면 집단적으로 노력하고자 하는 의욕이 꺾이고, 그런 노력이 폄하되며, 집단적 노력을 통해서만 얻을 수 있는 것들이 있다는 사실이 가려진다. 독자들은 집단적 노력이 실패로 끝난 모든 사례가 개인적인 자유의 위대한 승리를 뜻한다고 쉽게 믿게 된다.

나는 최근에 자기계발서 분야에서 명성이 높은 한 저자의 책을 정독했다. 그 책에는 "행복한 사람의 열 가지 특징"이 제시되어 있었다. 각 항목은 일인칭 단수인 '나'를 대상으로 한다. 이는 행복과 불행이 개인에게 달려 있다는 뜻이다. 또한 "나는 나의 성장과 발전이 기쁘다", "나의 삶에는 의미와 방향성이 있다", "나는 친구가 많다"와 같은 평서문이 제시되어 있는데, 여기에 "그렇다"는 대답이 많을수록 행복에 한 걸음씩 가까워진다. 내 점수는 100점이었고, 이 척도를 몇 사람에게 알려주었더니 그들의 점수도 모두 100점이었다. 그 결과에 따르면 우리는 행복한 사람들이라야 했다. 그런데 우리가 왜 늘 침울해 보이는지 모를 일이다. 미국 코미디언 W. C. 필즈W. C. Fields라면 이렇게 반문했을 것이다. "내가 행복하다고? 어떻게 내가 행복하다는 거지? 나는 필라델피아에 살고 있다고!"

전형적인 미국 도시 환경에 사는 사람들 중에서 행복한 사람의 전형이라고 말할 수 있는 사람이 얼마나 될까?

개인에게 스스로의 삶에 책임을 지라고 독려하고 그에 따라 조언하는 것은 타당하다. 그러나 행복이나 만족, 혹은 바람직한 삶이 전적으로 개인의 손에 달려 있다고 말하는 것은 부당한 일이다. 행복이나 삶에 대한 만족도가 이웃이나 동료들과 무관하다고 믿는 것은 순진한 생각이다. 인간이 본질적으로 사회적 동물일 수밖에 없고, 그 환경이 집단적 삶의 질에 깊이 영향을 받는 한, 개인의 행복에는 명확한 한계가 있다. 오늘날처럼 사회 전체가 '개인적' 행복을 독려하는 것은 집단적 행복이 결여되어 있음을 암시한다. 그것은 집단적 행복에 대한 대안이 되지 못한다.

제2차 세계대전 후 미국인들은 그 어느 때보다 부유해졌고, 그 어느 때보다 더 지역사회로부터 분리되어 있다. 부유함은 지역사회로부터의 분리를 촉진했다. 돈이 있으면 다른 사람은 필요 없다는 착각을 불러일으키기 때문이다. 새로운 소비자 집단은 젊고, 고학력에, 일반적으로 자유주의적인 관점을 가지고 있고, 부모와 멀리 떨어져 산다. 마케팅 전문가들이 "신분상승형upward mobile" 소비자라고 부르던 이들은 여피족Yuppie으로 발전했다. 많은 사람들이 여피족에 주목했고, 억대 연봉을 받는 사람들이 얼마나 행복한지에 관심을 갖는 학자들도 있었다. 여피족 대부분은 정화되고 멸균된 교외에서 어린 시절을 보내며, 그곳의 가치를 상징하는 존재로 자라, 물질주의와 자아도취self-absorption에 입각한 라이프스타일을 추구했다.[7] 그렇게 사는 데 필요한 돈을 생각해보면 부러워할 만한 라이프스타일은 아니다.

자기계발을 독려하고 행복이 개인에게 달려 있다는 생각을 불어넣는 것은 부적절한 주거환경이 배태할 수 있는 정치적 잠재력도 약화시킨다. 만일 사람들이 문제 중 많은 부분을 스스로 자초했다거나 스스로 해결할 수 있는 일이 아니라 "혼돈스러운 인공국가 미국"이 야기한 일이라고 제대로 이해한다면 개인적인 문제들은 곧 정치적 쟁점이 될 것이고, 부적절한 거주지를 만들고 있는 사람들에게 환경을 개선하라고 압박할 것이다.

자기계발서와 심리요법은 적응의 이데올로기, 즉 개별적인 생존을 위해 근본적인 문제를 경시하는 이데올로기를 주입한다. 그 가장 강력한 매력은 즉각적인 해결을 약속한다는 점에 있지만 해결은 개인적이고, 근본적인 원인을 공격하기는커녕 오히려 보이지 않게 만들 우려가 있다. 그러나 개인적인 해결을 선호해온 미국인의 오랜 성향은 결국 한계에 부딪히게 될 것이다. 미국의 도시 환경이 나빠질수록 그로 인해 고통받는 사람들은 개인적인 자기계발을 통한 해결에 한계가 있음을 깨닫게 될 것이다. 그리고 그 깨달음은 공공공간과 공공생활에 대한 완전히 새로운 기대로 이어질 것이다. '사적인 시민private citizen'—이 얼마나 미국다운 형용 모순인가!—의 시대는 가고 공적인 관심, 공공의식을 가진 개인들의 시대가 올 것이다. 우리의 희망은 그들에게 있다.

─────── 장소의 힘

물리적 환경의 횡포는 서서히 정체를 드러냈다. 미국인들은 오랫동안 장소와 공간의 결정론을 잘 피할 수 있었다. 축복받은 미국인들은 충분히 이용할 만한, 심지어는 남용하고도 남을 만한 공간을 누렸다. 또한 미국은 인구의 지리적 이동이 많은 국가다. 지리적 이동이 많다는 것은 다수의 미국인이 거주지를 옮김으로써 결함이 있는 주거지에서의 삶이 가져오는 장기적인 영향으로부터 탈출한다는 것을 뜻한다. 사회과학자들조차 인간관계를 허공 어딘가에 떠 있는 것처럼 다룬다. 그러나 인간관계는 물리적 환경에 뿌리를 내리고, 물리적 환경에 의해 제한되고, 물리적 환경에 의해 강요되기도 한다. 물리적 환경은 인간관계의 질에도 영향을 미친다.

그런 점에서 환경심리학의 부상은 고무적이다. 환경심리학의 창시자 로저 바커는 놀라울 정도로 간결하게 그 위상을 설명했다. 그는 인간의 행동은 그 사람이 어디에 있는지만 알면 설명할 수 있다고 주장했다. 만일 어떤 사람이 교회에 있다면 그는 "교회에 걸맞게 행동act church"할 것이고, 우체국에 있다면 "우체국에 걸맞게 행동act post office"할 것이다.[8]

그 함의는 엄청나다. 경험은 그 경험을 할 만한 장소에서 일어난다. 그런 장소가 없다면 경험은 일어나지 않는다. 특정 장소가 사라지면 특정 경험 또한 사라진다. 따라서 부적절한 거주지는 경험의 폭을 크게 줄일 수 있다. 몇 해 전 DIY 목걸이가 유행한 적이 있다. 목걸이 줄에 자기가 살 수 있는 가장 비싼 구슬을 걸고 싶어 해서인지, 나는 그 무렵에 구슬이 몇 개 없는 목걸이를 많이 보았다. 그 무렵 어떤 글을 읽으면서, 이 목걸이가 일상생활의 한 은유처럼 보였다. 저자는 개인의 삶이 매번 달라지는 상황과 항상 그 자리에 있는 환경의 결합에 의해 구축된다고 했다. 많은 사람들의 목에 걸린 당황스러울 정도로 적은 수의 구슬은 현대 도시인들이 매일 방문하는 장소가 얼마나 적은지를 보여주는 상징 같았다. 그리고 현재 교외 주택단지에 사는 사람들에 비해 예전 소도시 사람들의 목에 일상적인 경험의 '구슬'이 얼마나 많이 걸려 있었던가를 생각했다. 지루함은 평범한 미국인들을 점점 더 자주 괴롭히고 있다. 일상적인 경험이라는 목걸이 줄에 구슬이 너무 적게 끼워져 있다.

제2차 세계대전 중 나치에 의해 의회 건물이 폭격을 당한 후 윈스턴 처칠이 한 행동은 건축계에서 가장 많이 언급되는 일화다. 처칠은 의원들에게 건물 복원 시 어떤 특징이나 장식을 원하는가가 아니라 새로운 건물이 그들이 일하는 방식을 변화시키기를 바라는지를 물었다고 한다. 처칠은 의원들이 절차상의 변화를 원하지 않는다는 사실을 알고, 건물을 원래대로 복원하겠다고 발표했다. 인간이 환경을 만들지만, 그 환경은 도로 인간의 모습에 영향을 미치고 인간을 통제한다는 것이 처칠의 논리였다. 환경은 폭압적인 힘이지만, 진짜 폭군은 인간이다. 환경은 인간에 의해 만들어지기 때문이다.

최근에 50여 명의 청중에게 비공식적 공공생활이라는 주제로 강연을 한 적이 있다. 나는 청중에게 교외 주거단지에 사는 미국인의 삶에 이른 저녁 스웨터를 걸치고 동네 태번에 가서 친구들을 만날 자유가 있는지 물었다. 그들은 일제히 그렇다고 대답했다. 이번에는 어린아이들이 동전을 손에 쥐고 길모퉁이에 있는 가게에 가서 껌이나 사탕, 혹은 만화책을 고를 수 있는지 물었다. 그들은 또 일제히 그렇다고 대답했다. 마지막으로, 학교에 다니는 아이들이 방과 후에 아이스크림 가게에 들를 수 있는지 물었다. 대답은 이번에도 "네"였다. 그들은 헌법에 명시되어 있는 자유에 대해서는 잘 알아도, 자신들이 살고 있는 환경에 대해서는 잘 모르는 것 같았다. 그 누구도 존재하지 않는 장소에는 갈 수 없고, 따라서 그 장소에서 아무런 경험도 할 수 없다. 나는 강연을 듣던 사람들 중 누군가는 이 사실을 깨닫기 바랐다.

우리가 생활하는 환경은 무수히 많은 경험이 수동적으로 배열되어 있는 카페테리아가 아니다. 환경은 어떠한 모양으로 조성되느냐에 따라 특정 경험을 더하거나 뺄 수 있는, 능동적이고 독재적인 힘이다. 미국인들이 이 사실을 이해하기 시작하면 정신과의사의 진료실이 아니라 도시계획 사무실로 향하게 될 것이다. 그날이 오면 곳곳에 제3의 장소가 생기고, 지역공동체가 되살아날 것이다. 교외의 생기 없는 거리, 쇼핑가에 늘어서 있는 천편일률적인 가게들, '다운타운'이라는 이름의 혼잡한 아수라장에 절망하고 있는 사람들에게 남기고 싶은 한 가지 메시지가 있다면, 이것이다. 지금처럼만 살라는 법은 없다!

이 책을 쓰면서 여러 사람에게 빚을 졌다. 그들은 아낌없이 도움을 주었다. 여기에 언급하는 사람들 외에도 초기에 원고를 읽고 격려해준 사람들, 이 주제를 두고 여러 측면에서 이야기를 나눈 많은 사람들 역시 도움이 되었다.

이 책의 내용이나 구성에 직접적으로 기여하여, 특별히 감사를 표하고 싶은 사람은 다음과 같다. 재니스 오텐리스Janice Autenrieth, 오드리 클레랜드Audrey Cleland, 프랭크 드모스Frank DeMoss, 키티 엘리엇Kitty Elliott, 마이클 갤리Michael Galley, 대니엘 멀론Danielle Malone, 조지 닐George Neal은 사례에 관한 1차 자료를 제공해주었다. 돈 맥과이어Don McGuire 부부는 1940년대의 리버파크 메인 스트리트를 재현할 수 있도록 도와주었다. 톰 리치Tom Richey와 존 자비스John Jarvis는 방대한 독서를 바탕으로 유용한 문헌을 추천해주었다.

다양한 자료를 찾기 위해 자주 이용했던 존 C. 페이스John C. Pace 도서관의 사서는 그의 의무 이상으로 적절한 도움을 주었다. 나의 소중한 친구이자 동료인 데니스 브리셋Dennis Brissett은 2장과 3장 구성에 도움이 되는 제안을 해주었다. 버나넷 그랜트Bernadette Grant 박사는 비공식적 공공 생활에 대한 여성들의 반응을 다룬 부분의 초고에 유용한 논평을 제공했다.

편집에 애써준 사람들에게도 매우 감사하다. 짐 서비스^{Jim Servies}는 존 C. 페이스 도서관장으로 근무한 마지막 몇 달 동안—때로는 비행기나 대합실에서—이 책을 멋지게 편집하는 데 시간을 할애해주었다. 그 덕분에 글의 흐름이 더 자연스럽고 간결해졌다. 출판사를 통해 원고 검토 역할을 맡은 시모어 커츠^{Seymour Kurtz}는 전반적으로 유익한 조언을 해주었고, 대부분 최종 원고에 반영되었다.

이 책의 최종적인 모양새는 인간적으로나 실력 면에서나 매우 훌륭한 코니 웍스^{Connie Works}의 손을 거쳐 깔끔해졌다. 출판사와의 관계가 업무상으로 만족스러울 뿐 아니라 즐거웠던 것은 담당 편집자인 로라 그리니^{Laura Greeney} 덕분이다.

끝으로, 이제는 우리 곁에 없는 한 사람에게 감사를 표한다. 이 연구가 진행되는 도중에 돈 마틴데일^{Don Martindale}이 세상을 떠났다. 그는 멘토이자 친구였고, 많은 성과를 낸 저명한 학자였으며, 학계의 보기 드문 신사였다. 다른 어느 누구보다 그의 격려가 주류에서 벗어난 나의 연구에 힘이 되었다.

옮긴이 서문

1. 이 책에서는 미국인과 미국 사회를 '우리'로 지칭하고 있는데, 가급적 이를 '미국', '미국인', '미국
   사회' 등으로 번역했으나 문맥상 '우리'가 더 자연스럽고 오해의 소지가 없는 경우 그대로 두기도
   했음을 알려둔다.

1부

1장 미국에서 왜 장소가 문제인가

1. Richard N. Goodwin, "The American Condition," *The New Yorker* (28 January 1974), 38.

2. Kenneth Harris, *Travelling Tongues* (London: John Murray, 1949), 80.

3. Victor Gruen, *Centers for the Urban Environment* (New York: Van Nostrand Reinhold Co.,
   1973), 217.

4. Philip E. Slater, "Must Marriage Cheat Today's Young Women?" *Redbook Magazine* (February
   1971).

5. Suzanne Gordon, *Lonely in America* (New York: Simon & Schuster, 1976).

6. 같은 책, 105.

7. Richard Sennett, "The Brutality of Modern Families," in *Marriages and Families*, ed. Helena Z.
   Lopata. (New York: D. Van Nostrand Company, 1973), 81.

8. David Riesman, "The Suburban Dislocation," *The Annals of the American Academy of Political*

and Social Science (November 1957), 142.

9. Dolores Hayden, *Redesigning the American Dream* (New York: W. W. Norton & Company, 1984), Chapter 2.

10. Sennett, 위의 글과 Philippe Ariès, "The Family and the City," *Daedalus* (Spring 1977), 227–235에서 두 시각에 관한 간결한 진술을 볼 수 있다.

11. Sennett, 위의 글, 84.

12. Ariès, 위의 글, 227.

13. Goodwin, 위의 글, 38.

14. P. F. Kluge, "Closing Time," *Wall Street Journal* (27 May 1982).

15. Frank L. Ferguson, *Efficient Drug Store Management* (New York: Fairchild Publications, 1969), 202.

16. Urie Bronfenbrenner, "The American Family: An Ecological Perspective," in *The American Family: Current Perspectives* (Cambridge, Mass.: Harvard University Press, Audiovisual Division, 1979), (audio cassette).

17. Claudia Wallis, "Stress: Can We Cope?" *Time* (6 June 1983).

18. 같은 글.

19. 같은 글.

20. 같은 글.

21. Richard N. Goodwin, "The American Condition," *The New Yorker* (4 February 1974), 75.

22. Thomas M. Kando, *Leisure and Popular Culture in Transition*, 2d ed. (St. Louis: The C. V. Mosby Company, 1980).

23. 같은 책, 101.

24. 일반적으로 지중해권 국가들이 이에 해당한다.

25. Lyn H. Lofland, *A World of Strangers* (Prospect Heights, Ill.: Waveland Press, Inc., 1973), 117.

26. 어떤 이들은 미국을 "혼돈스러운 인공국가"라고 말하기도 하며, 도시계획가들도 이런 표현을 사용한다.

2장 제3의 장소의 특징

1. Joseph Addison, *The Spectator*, no. 9 (Saturday, 10 March 1711).

2. Joseph Wechsberg, "The Viennese Coffee House: A Romantic Institution," *Gourmet* (December 1966), 12:16.

3. Carl Bode, *The Young Mencken* (New York: The Dial Press, 1973), 197.

4. Richard Sennett, *The Fall of Public Man* (New York: Alfred A. Knopf, 1977), 311.

5. Jane Jacobs, *The Death and Life of Great American Cities* (New York: Random House, 1961), 55.

6. 같은 책.

7. O.E.D. Noun definition no. 2.

8. Robert J. Allen, *The Clubs of Augustan London* (Hamden, Conn.: Archon Books, 1967), 14.

9. Georg Simmel, in *On Individual and Social Forms*, ed. Donald N. Levine (Chicago: The University of Chicago Press, 1971), Chapter 9.

10. Richard West, "The Power of 21," *New York* (5 October 1981), 33.

11. Michael Daly, "Break Point," *New York* (5 October 1981), 45.

12. Tibor Scitovsky, *The Joyless Economy* (New York: Oxford University Press, 1976), Chapter 11.

13. Ralph Waldo Emerson, *Essays and Journals* (New York: Doubleday, 1968), 158.

14. Goodwin, (28 January 1974), 36.

15. William Wordsworth, "The Art of Conversation," in *Wordsworthian and Other Studies*, ed. Ernest de Selincourt. (New York: Russell & Russell, 1964), 181–206.

16. 같은 글.

17. Henry Sedgwick, *The Art of Happiness* (New York: Bobbs–Merrill, 1930), Chapter 17.

18. Brian Jackson, *Working Class Community* (London: Routledge & Kegan Paul, 1968), Chapter 4.

19. "The English Department," *Playground Daily News* (25 November 1982).

20. John Timbs, *Clubs and Club Life in London* (Detroit: Gale Research Company, 1967 Reprint), 214–215.

21. Ralph Waldo Emerson, *Uncollected Lectures* (New York: William Edwin Rudge, 1932), 36.

22. Jackson, 위의 책.

23. Laurence Wylie, *Village in the Vaucluse* (New York: Harper & Row, 1957), Chapter 11.

24. 같은 책.

25. 같은 책.

26. Henry Miller, *Remember to Remember* (London: The Grey Walls Press, 1952), 12.

27. Elijah Anderson, *A Place on the Corner* (Chicago: The University of Chicago Press, 1976).

28. Maurice Gorham, *Back to the Local* (London: Percival Marshall, 1949), 41.

29. Johan Huizinga, *Homo Ludens: A Study of the Play Elements in Culture* (London: Routledge and Kegan Paul, Ltd., 1949), Chapter 1.

30. 같은 책, 12.

31. David Seamon, *A Geography of the Lifeworld* (New York: St. Martin's Press, 1979), Chapter 10.

32. 비공식 인터뷰.

33. Matthew Dumont, "Tavern Culture: The Sustenance of Homeless Men," *American Journal of Orthopsychiatry*, 1967, vol. 37, 938-945.

3장 개인적인 이점

1. Scitovsky, 위의 책.

2. 같은 책.

3. Pete Hamill, "A Hangout Is a Place…" *Mademoiselle* (November 1969).

4. Mass Observation, *The Pub and the People: A Worktown Study* (London: Victor Gollancz Ltd., 1943).

5. Marshall B. Clinard, "The Public Drinking House and Society" in *Society, Culture, and Drinking Patterns*, David Pittman and Charles Snyder(eds.) (New York: John Wiley and Sons, Inc., 1967).

6. Scitovsky, 위의 책, 238-239.

7. Seldon Bacon, "Alcohol and Complex Society," in *Society, Culture, and Drinking Patterns*, eds. David Pittman and Charles Snyder (New York: John Wiley and Sons, Inc., 1962).

8. John Mortimer, "Rumpole and the Man of God," in *The Trials of Rumpole* (New York: Penguin Books, 1981).

9. Kenneth Rexroth, "The Decline of Humor in America," *The Nation*, 1975, vol. 84, 374-376.

10. Ralph Waldo Emerson, essay on "Experience."

11. Mike Feinsilber and William B. Mead, *American Averages* (Garden City, New York: Dolphin

Books, 1980), 60.

12. Ray Oldenburg, unpublished observations of seventy-eight Midwestern taverns, 1981.

13. Jacob Levine, "Humour as a Form of Therapy: Introduction to Symposium," in *It's a Funny Thing, Humour*, eds. Anthony J. Chapman and Hugh C. Foot (New York: Pergamon Press, 1977).

14. John R. Atkin, "A Designed Locale for Laughter to Reinforce Community Bonds," In Chapman and Foot, 같은 책.

15. Simmel, 위의 책.

16. George Malko, "The Biltmore for Men Only," *Holiday Magazine* (January 1969), 16.

17. Emerson, "Friendship," 위의 책, 161.

18. 2장의 '중립지대'에 관한 논의를 보라.

19. Harry Carmichael, *Most Deadly Hate* (New York: E. P. Dutton & Company, 1974).

20. Thomas S. Langner and Stanley T. Michael, *Life Stress and Mental Health* (New York: The Free Press of Glencoe, 1963), 284-287.

21. 같은 책.

22. Claude Fischer, *To Dwell Among Friends* (Chicago: The University of Chicago Press, 1982).

4장 그 이상의 기능

1. Manuela Hoelterhoff, "Life Amid the Ruins of East Germany's Porcelain City," *Wall Street Journal* (22 September 1983).

2. Laszlo Varga, *Human Rights in Hungary* (Gainesville Florida: Danubian Research and Information Center, 1967).

3. Irving Wallace et al., "When Coffee was Banned in Sweden," *Parade Magazine* (12 September 1982), 24.

4. Carl Bridenbaugh and Jesse Bridenbaugh, *Rebels and Gentlemen* (New York: Oxford University Press, 1962), 21.

5. Sam Bass Warner, Jr., *The Private City* (Philadelphia: University of Pennsylvania Press, 1968), 19-20.

6. 같은 책.

7. Fred Holmes, *Side Roads: Excursions into Wisconsin's Past* (Madison, Wisconsin: The State Historical Society, 1949), 75.

8. Allan Nevins, *Grover Cleveland: A Study in Courage* (New York: Dodd, Mead & Company, 1966), 73.

9. Warner, 위의 책, 21.

10. Victor Gruen, *The Heart of Our Cities* (New York: Simon & Schuster, 1964), 106.

11. Winston Kirby, "The Impact of Television: The Communication of Social Disorganization," in *Cities in Transition*, eds. Frank Coppa and Philip Dolce (Chicago: Nelson Hall, 1947), 177.

12. James MacGregor Burns, "Is the Primary System a Mistake?" *Family Weekly* (26 February 1984).

13. Kirby, 위의 글.

14. 같은 글.

15. Robert Goldston, *Suburbia: Civic Denial* (New York: The Macmillan Company, 1970), 140.

16. David Mathews, "Civic Intelligence," *Social Education* (November/December 1985), 678–681.

17. Alexis de Tocqueville, *Democracy in America* (New York: Alfred A. Knopf, 1963), vol. 1, 196.

18. Newell Sims, ed. *The Rural Community* (New York: Charles Scribner's Sons, 1920), 626.

19. 같은 책, 628.

20. 같은 책, 628–629.

21. 같은 책, 631.

22. 같은 책, 533–548.

23. 같은 책, 512.

24. 같은 책, 513.

25. 같은 책, 632.

26. Bridenbaugh, 위의 책, 21.

27. 같은 책, 22.

28. Mass Observation, 위의 책, Chapter 6.

29. 같은 책.

30. Anderson, 위의 책.

31. 같은 책, 55.

32. 같은 책, 1.

33. Bill Gilbert and Lisa Twyman, "Violence: Out of Hand in the Stands," in *Sports in Contemporary Society*, ed. D. Stanley Eitzen (New York: St. Martin's Press, 2nd ed., 1984).

34. Grady Clay, "The Street as Teacher," in *Public Streets for Public Use*, ed. Anne Vernex Moudon (New York: Van Nostrand Reinhold Company, 1987), 109.

35. Oscar Newman, *Defensible Space* (New York: The Macmillan Company, 1972), Chapter 4.

36. 같은 책.

37. Scitovsky, 위의 책, Chapter 11.

2부

5장 독일계 미국인의 라거 비어 가든

1. Holmes, 위의 책.

2. Samuel Johnson, *The Idler*, no. 58, 1759에서 인용.

3. Wisconsin State Historical Society, Madison, "Germans in America" Collection. Milwaukee, December 1946, letter 325, 179.

4. Junius Henri Browne, *The Great Metropolis: A Mirror of New York* (Hartford, Connecticut: American Publishing Company, 1970), 161.

5. Alvin F. Harlow, *The Serene Cincinnatians* (New York: E.P. Dutton & Co., Inc., 1950), 201.

6. 같은 책, 191-192.

7. Violet Hunt, *The Desirable Alien: At Home in Germany* (London: Chatto and Windus, 1913), 76-77.

8. 같은 책, 79.

9. 같은 책, 78.

10. Browne, 위의 책, 162.

11. 같은 책, 166.

12. Holmes, 위의 책, 67.

13. 같은 책.

14. Kathleen Neils Conzen, *Immigrant Milwaukee, 1836-1860: Accommodation and Community in a Frontier City* (Cambridge, Mass.: Harvard University Press, 1976), 157-158.

15. Richard O'Connor, *The German-Americans: An Informal History* (Boston: Little, Brown and Company, 1968), 290.

16. 같은 책, 288.

17. Browne, 위의 책, 165-6.

18. Harlow, 위의 책, 184.

19. 같은 책, 188.

20. 같은 책, 192.

21. O'Connor, 위의 책, 297.

22. Holmes, 위의 책, 56-66.

23. 같은 책, 69.

24. 같은 책.

25. Browne, 위의 책, 160.

26. 같은 책.

27. 같은 책, 159

28. 앞에서 언급한 Conzen, Holmes, O'Connor, Browne, Harlow의 책에서 비어 가든 및 팜 가든의 세밀한 묘사를 볼 수 있다.

29. Carl Wittke, *We Who Built America: The Saga of the Immigrant* (Cleveland: The Press of Western Reserve University, 1939), 204-205.

30. Perry R. Duis, *The Saloon: Public Drinking in Chicago and Boston, 1880-1920* (Chicago: The University of Illinois Press, 1983), 153-154.

31. Karl Theodor Griesinger, "A Historian's Forebodings," in *This Was America*, ed. Oscar Handlin (New York: Harper and Row, Publishers, 1949), 252-269.

32. 같은 책, 262.

33. O'Connor, 위의 책, 293.

6장 메인 스트리트

1. Robert Traver, *Troubleshooter* (New York: The Viking Press, 1943), 207.

2. Kirkpatrick Sale, *Human Scale* (New York: Coward, McCann and Geoghegan, 1980), Part III, Chapter 4.

3. Leopold Kohr, *The Overdeveloped Nations* (New York: Schocken, 1977), 14–19.

4. Roger Barker et al., *Midwest and its Children* (Hamden, Connecticut: Archon Books, 1971).

5. Robert Bechtel, *Enclosing Behavior* (Dowden: Hutchinson and Ross, 1977), Chapter 9.

6. T. R. Young, *New Sources of the Self* (New York: Pergamon Press, 1972), 37.

7. 비공식 인터뷰, 1980.

8. "How Shopping Malls Are Changing Life in U.S." *U.S. News and World Report* (18 June 1973), 43–46.

9. Richard V. Francaviglia, "Main Street U.S.A.: The Creation of a Popular Image." *Landscape* (Spring/Summer 1977), 18–22.

10. Ralph Keyes, "I Like Colonel Sanders," *Newsweek* (27 August 1973), 8–9.

11. Eugene van Cleef, *Cities in Action* (New York: Pergamon Press, 1970), Chapter 17.

12. Arnold Rogow, *The Dying of Light* (New York: G. P. Putnam & Sons, 1975), 226.

13. 같은 책.

14. David Halberstam, "One Man's America." *Parade Magazine* (31 October 1982), 4.

15. Orrin E. Klapp, *Overload and Boredom: Essays on the Quality of Life in the Information Society* (New York: Greenwood Press, 1986), 31.

7장 영국 펍

1. Robert Goldston, *London: The Civic Spirit* (New York: Macmillan, 1969).

2. Timbs, 위의 책, 2–3.

3. Mass Observation, 위의 책, 17.

4. J. Frank Dobie, *A Texan in England* (Boston: Little, Brow, and Company, 1944), 251–2.

5. Ben Davis, *The Traditional English Pub: A Way of Drinking* (London: Architectural Press, 1981), 3.

6. Gorham, 위의 책, 9.

7. Maurice Gorham and H. M. Dunnett, *Inside the Pub* (London: The Architectural Press, 1950), 71.

8. Davis, 위의 책, 73.

9. 같은 책, 74.

10. Nathaniel Gubbins, "The Pubs," *Holiday Magazine* (July 1947), 71.

11. Mass Observation, 위의 책, 105.

12. Ernest Barker, ed. *The Character of England* (Oxford: The Clarendon Press, 1963), 459.

13. Gubbins, 위의 책, 71.

14. Richard Burgheim, "McSorley's Old Ale House," *Holiday Magazine* (May 1970), 84 ff.

15. Raymond Postgate, "English Drinking Habits," *Holiday Magazine* (February 1963), 87 ff.

16. Kenneth L. Roberts, *Why Europe Leaves Home* (New York: Bobbs−Merrill, 1922), 274.

17. Postgate, 위의 글, 34.

18. Gorham, 1949. 위의 책, 34.

19. Roberts, 위의 책, 273.

20. Davis, 위의 책, 79.

21. Gorham, 1949. 위의 책, 94−96.

22. Mass Observation, 위의 책, 94−96.

23. Barry Newman, "Good Times or Bad, There'll Always be an English Pub," *Wall Street Journal* (16 November 1981), 1−2.

24. Mass Observation, 위의 책, 33.

25. Davis, 위의 책, 63−4.

26. Lewis Melville and Aubrey Hammond, *The London Scene* (London: Baber & Gwyer, 1926), 33.

27. Gorham, 위의 책, 85.

28. Davis, 위의 책, 62.

29. Gorham, 위의 책, 909.

30. Gwyn Thomas, "Tranquility and Warm Beer," *Holiday Magazine* (May 1964), 168.

8장 프랑스 카페

1. Paul Cohen—Portheim, *The Spirit of London* (Philadelphia: J.B. Lippincott Company, 1935), 89.

2. Joseph Wechsberg, "The Long, Sweet Day of the Sidewalk Cafe," *Holiday Magazine* (August 1967), 50.

3. Sanche de Gramont, *The French: Portrait of a People* (New York: G.P. Putnam's Sons, 1969), 462.

4. John Gunther, *Twelve Cities* (New York: Harper & Row, 1967), 70.

5. Lebert H. Weir, *Europe at Play* (New York: A.S. Barnes & Co., 1937), 437—438.

6. Paul—Henry Chombert de Lauwe, *Des Hommes et des Villes* (Paris: Payot, 1965), 28—29.

7. Fernando Diaz—Plaja, *The Frenchman and the Seven Deadly Sins* (New York: Charles Scribner's Sons, 1972), 147.

8. Wechsberg, 위의 글, 50.

9. Gramont, 위의 책, 462.

10. Florence Gilliam, *France: A Tribute by an American Woman* (New York: E. P. Dutton & Co., 1945), 42.

11. Wechsberg, 위의 글, 50.

12. Bernard Rudofsky, *Streets for People: A Primer for Americans* (Garden City, New York: Doubleday & Company, 1969), 313.

13. Wechsberg, 위의 글, 87.

14. Edward T. Hall, *The Hidden Dimension* (Garden City, New York: Doubleday & Company, 1969), 145.

15. Jean Fourastié, *The Causes of Wealth*. Translated and edited by Theodore Caplow (Glencoe, Illinois: The Free Press, 1960), 182—183.

16. 같은 책, 193.

17. 같은 책, 194.

18. 같은 책, 195.

19. Gramont, 위의 책, 452.

20. David E. Wright and Robert E. Snow, "Consumption as Ritual in the High Technoloty Society," ed. Ray B. Browne in *Rituals and Ceremonies in Popular Culture* (Bowling Green:

Bowling Green University Popular Press, 1980), 326-327.

21. Wylie, 위의 책, Chapter 11.

22. 같은 책.

23. Diaz-Plaja, 위의 책.

24. Robert T. Anderson and Barbara Gallatin Anderson, *Bus Stop for Paris: The Transformation of a French Village* (New York: Doubleday & Company, 1965), 237 ff.

25. Francois Nourissier, *Cartier-Bresson's France* (New York: The Viking Press, 1971), 199-200.

26. 같은 책, 200.

27. Gyula Halász Brassai, *Le Paris Secret des Années 30* (Garden City, New York: Doubleday and Company, 1966).

28. 다음 글에서 무알코올 음료에 관한 정보를 더 볼 수 있다. Al Hines, "What the Teetotal Traveler Drinks at the Sidewalk Café," *Holiday Magazine* (January 1969), 82.

29. Fourastié, 위의 책.

30. 같은 책, 17-18.

31. 같은 책, 18.

32. 같은 책, 170.

33. 같은 책.

34. 같은 책, 210.

35. 같은 책, 164.

36. Wechsberg, 위의 글, 87.

37. Gramont, 위의 책, 380.

9장 미국 태번

1. "Bars and Cocktail Lounges," *Small Business Reporter* (San Francisco: Bank of America, 1977), vol. 11, no. 9.

2. Gerald Carson, "The Saloon," *American Heritage: The Magazine of History* (April 1963), 25.

3. Kluge, 위의 글, 1, 31.

4. Feinsilber and Mead, 위의 책, 313.

5. Scitovsky, 위의 책, 241.

6. Marc Kessler and Christopher Gomberg, "Observations of Barroom Drinking: Methodology and Preliminary Results," *Quarterly Journal of Studies on Alcohol*, vol. 35, 1974, 1392-1396.

7. Cara E. Richards, "City Taverns," *Human Organization*, (Winter 1963-1964), vol. 22, 260-268.

8. Anthony E. Thomas, "Class and Sociability Among Urban Workers: A Study of the Bar as a Social Club," *Medical Anthropology*, 1978.

9. Feinsilber and Mead, 위의 책, 319.

10. Richards, 위의 글.

11. Arthur Blumberg et al., "The Teacher Bar," *The Educational Forum* (Fall 1982), 111-125. Edward Pajak, "Cathartic and Socialization Functions of 'Teachers Bars'," Presented at the annual meeting of the American Educational Research Association, Boston (April 1980)도 참조.

12. "From Corner Tavern to Disco: Selling the Good Life," *Entrepreneur Magazine*, (July 1980), 7-30.

13. Kluge, 위의 글.

14. 같은 글.

15. 같은 글.

16. 같은 글.

17. 같은 글.

18. 같은 글.

19. "From Corner Tavern to Disco" 위의 글, 17.

10장 클래식 커피하우스

1. Gerald Carson, *The Old Country Store* (New York: E.P. Dutton and Son, 1965). Psyllis Fenner, "Grandfather's Country Store," *The Atlantic Monthly* (December 1945)도 참조.

2. 6장 "메인 스트리트" 참조.

3. Kenneth Davids, *Coffee* (San Francisco: 101 Productions, 1976), 169.

4. Raymond Calkins, *Substitutes for the Saloon* (Boston: Houghton Mifflin Company, 1919).

5. Davids, 위의 책, 170.

6. Thomas A. Erhard, "Coffee House," in *The World Book Encyclopedia*, 1980 ed.

7. Aytoun Ellis, *The Penny Universities* (London: Secker and Warburg, 1956), 표제 페이지.

8. 같은 책, 45.

9. 같은 책, 44.

10. 같은 책.

11. 같은 책, 88.

12. *Old English Coffee Houses* (London: Rodale Press, 1954)에 전재되었다.

13. 같은 책, 11.

14. Ellis, 위의 책, 117 ff.

15. 같은 책, Chapter 12.

16. 같은 책, 168.

17. T. W. MacCallum, *The Vienna That's Not in the Baedeker* (New York: Robert M. McBride and Company, 1931), 27.

18. 같은 책, 30.

19. Wechsberg, 1966.

20. MacCallum, 위의 책, 42.

21. 같은 책, 41.

22. Joseph Wechsberg, *The Vienna I Knew* (New York: Doubleday and Company, 1979). 저자의 어머니는 오스트라우에 있는 한 커피하우스를 싫어했는데, "독립적인 남편들의 천국 같다"는 이유에서였다.

3부

11장 적대적 서식지

1. Ariés, 위의 글, 227−235.

2. David T. Bazelon, "The New Factor in American Society," in *Environment and Change: The Next Fifty Years*, ed. W. R. Ewald, Jr. (Bloomington, Indiana: Indiana University Press, 1968), 264−286.

3. Wolf Von Eckardt, *Back to the Drawing Board* (Washington, D.C.: New Republic Books, 1978), 15.

4. Robert Theobald, "Planning with People," in Ewald, 위의 책, 182-185.

5. Lionel Brett, *Architecture in a Crowded World: Vision and Reality in Planning* (New York: Schocken Books, 1971).

6. J. Ross McKeever, ed. *Community Builders Handbook* (Washington, D.C.: Urban Land Institute, 1968).

7. Ray Bradbury, "Beyond 1984: The People Machines," in ed. Taylor, *Cities: The Forces that Shape Them* (New York: Rizzoli, 1982), 167.

8. 같은 책.

9. Patrick Goldring, *The Broilerhouse Society* (New York: Weybright & Talley, 1969).

10. 같은 책.

11. 같은 책, 14-15.

12. 같은 책, 64-65.

13. Victor Gruen, "New Forms of Community," in ed. Laurence B. Holland *Who Designs America?* (New York: Anchor Books, 1965).

14. 같은 글, 172-173.

15. Hayden, 위의 책, 38.

16. 같은 책.

17. Feinsilber and Mead, 위의 책, 192.

18. Peter Blake, *God's Own Junkyard: The Planned Deterioration of America's Landscape* (New York: Holt, Rinehart, and Winston, 1964).

19. Ian McHarg, *The Fitness of Man's Environment* (Washington, D.C.: Smithsonian Institute Press, 1968), 211.

20. Seymour M. Gold, *Recreation Planning and Design* (New York: McGraw-Hill, 1980).

21. Gruen, 1973. 85 ff.

22. Mike Royko, "Neighborhood on the Way Back," *Chicago Daily News* (26 November 1973).

23. Adolf Ciborowski가 쓴 Robert B. Carson, *What Ever Happened to the Trolley?* (Washingron, D.C.: University of American Press, 1978) 서문.

24. Jane Addams, *The Spirit of Youth and the City Streets* (New York: The Macmillan Company,

1923), 8.

25. 같은 책, 7.

26. Nathan Silver, *Lost New York* (New York: Houghton Mifflin Company, 1967), 227.

27. Paul Gray, "Another Look at Democracy in America," *Time* Essay (16 June 1986).

28. Robert Macy, "Entertainer bemoans high prices in Vegas," *The Pensacola News-Journal* (15 July 1982), 5D.

29. 같은 글.

30. Jim Pettigrew, Jr. "The Vanishing Game of Snooker," *Atlanta Weekly* (12 October 1980), 15 ff.

31. Andrew A. Rooney, *A Few Minutes with Andy Rooney* (New York: Atheneum, 1981), 58-59 에 근거하여 산출했다.

32. *Southern Beverage Journal* (February, 1982), 39.

33. 같은 책, 39.

34. 같은 책, 23.

35. Kazem Motamed-Nejad, "The Story-Teller and Mass Media in Iran," in eds. Heinz-Dietrich Fischer and Stafan Melnik, *Entertainment: A Cross-Cultural Examination* (New York: Hastings House, 1979), 43-62.

12장 제3의 장소와 성별

1. Ariès, 위의 글, 227-235

2. 같은 글.

3. C. S. Lewis, *The Four Loves* (New York: Harcourt Brace Jovanovich, 1960), 95.

4. Alexander Rysman, "How the 'Gossip' became a Woman," *Journal of Communication*, 1977, vol. 27:1, 176-80.

5. 같은 글.

6. Anthony LeJeune, *The Gentlemen's Clubs of London* (New York: Mayflower Books, 1979), 14.

7. 10장 참조.

8. Lucienne Roubin, "Male Space and Female Space within the Provencial Community," in *Rural Society in France, Selections from the Annales Economies, Societies, Civilization* (Baltimore: The

Johns Hopkins University Press, Robert Foster (ed.) 1977), 152-180.

9. 같은 글.

10. Lillian Rubin, *Intimate Strangers* (New York: Harper & Row, 1983).

11. Murray Hausknecht, *The Joiners* (New York: The Bedminster Press, 1962), 31.

12. Charles Winick, *The New People* (New York: Pegasus, 1968), 136.

13. Slater, 위의 글, 57.

14. Pierre Mornell, *Passive Men, Wild Women* (New York: Simon & Schuster, 1976).

15. Gordon, 위의 책.

16. Rosalie G. Genovese, "A Women's Self-Help Network as a Response to Service Needs in the Suburbs," *Signs* (Spring, 1980), vol. 5, no. 3, 248-256.

17. Gordon, 위의 책.

18. Hutton Webster, *Primitive Secret Societies* (New York: Octagon, 1968), Reprint of 1932 ed. Chapter 1.

19. Roubin, 위의 글.

20. 같은 책.

21. Charles E. Hooper, *The Country House* (New York: Doubleday, Page & Co., 1905).

22. Gail Fullerton, *Survival in Marriage* (Hinsdale, Illinois: Dryden, 1977), 215.

23. 같은 책.

24. 같은 책.

25. Margaret Mead, "The American Family" in ed. Huston Smith, *The Search for America* (Englewood-Cliffs, New Jersey: Prentice-Hall, 1959), 119.

26. Bert N. Adams, *The Family* (New York: Harcourt, Brace, Javanovich, 1971), 4th ed., 354.

27. 같은 책, 360.

28. Paul C. Glick, "How American Families are Changing," *American Demographics* (January 1984), 21-25.

29. 같은 글.

30. 만화 〈아버지 길들이기〉의 내용에 빗댐.

31. Mead, 위의 글.

32. Davis, 위의 책, 99.

33. C. A. Tripp, *The Homosexual Matrix* (New York: McGraw-Hill, 1975), Chapter 4.

34. Fullerton, 위의 책, 60.

35. Stuart Miller, *Men and Friendship* (Boston: Houghton-Mifflin Co., 1983), 26−27.

36. 같은 책.

37. Tripp, 위의 책.

38. Miller, 위의 책.

39. Lewis, 위의 책, 109.

40. J. F. C. Harrison, *The Early Victorians* (New York: Praeger, 1971), 94.

41. Mass Observation, 위의 책.

42. Harry A. Franck, *Vagabonding through Changing Germany* (New York: Harper & Bros., 1920), 281.

43. Hunt, 위의 책.

13장 아이들을 추방하라

1. Urie Bronfenbrenner, *Two Worlds of Childhood* (New York: Russell Sage Foundation, 1970). Chapter 4, "The Unmaking of the American Child."

2. Fischer, 위의 책.

3. Denzel E. Benson, "The Intentionally Childless Couple," *USA Today* (January 1979), vol. 107; 45, 56.

4. Herbert J. Gans, *The Levittowners* (New York: Pantheon Books, 1967).

5. Norman M. Lobsenz, *Is Anybody Happy?* (New York: Doubleday and Company, 1962), 78.

6. 같은 책.

7. Marie Winn, *Children without Childhood* (New York: Penguin Books, 1984). Chapter 4, "The End of Play."

8. Lawrence Fellows, "Psychologists' Report Finds New Towns in West Germany Boring to Children," *New York Times* (9 May 1971).

9. William H. Whyte, *The Last Landscape* (New York: Doubleday and Company, 1968), 262.

10. W. F. Connell and E.E. Skilbeck, *Growing Up in an Australian City: A Study of Adolescents in Sidney* (Melbourne, Australia: ACER, 1957), Chapter 11.

11. Jacobs, 1961, 79 ff.

12. Sidney Brower, "Streetfront and Sidewalk," *Landscape Architecture* (July, 1973), 364–369.

13. Whyte, 위의 책, Chapter 15.

14. Charles E. Little, *Challenge of the Land* (New York: Pergamon Press, 1968), 10–12.

15. William S. Kowinski, *The Malling of America* (New York: William Morrow and Company, 1985), 350.

16. 같은 책.

17. 같은 책, 352.

18. 같은 책, Chapter 36.

14장 더 나은 시대, 그리고 장소를 향하여

1. 베이비붐 세대의 가치에 관한 《뉴스위크》 기사에서 이 두 가지 표현을 사용했다. "A Return to the Suburbs," *Newsweek* (21 July 1986).

2. Goldring, 위의 책, 216.

3. 한 동네가 가져야 할 필수 요소에 관한 설명은 다음에서 찾을 수 있다. Eckardt, 위의 책, Chapter 27.

4. Lee Koppelman, cited in William S. Kowinski, "Suburbia: End of the Golden Age," *New York Times Magazine* (16 March 1980).

5. Tridib Banerjee and William C. Baer, *Beyond the Neighborhood Unit* (New York: Plenum Press, 1984).

6. Fullerton, 위의 책, 44–45.

7. "A Return to the Suburbs," 위의 글.

8. Edwin P. Willems, "Behavioral Ecology," in ed. Daniel Stokols, *Perspectives on Environment and Behavior* (New York: Plenum Press, 1977), 50.

참고문헌

Adams, Bert N. *The Family*. New York: Harcourt, Brace, Javanovich, 1971.

Addams, Jane. *The Spirit of Youth and the City Streets*. New York: The Macmillan Company, 1923.

Addison, Joseph. *The Spectator*, no. 9. In *The Spectator*, edited by Donald F. Bond. London: The Claredon Press, 1965.

Allen, Robert J. *The Clubs of Augustan London*. Hamden, Connecticut: Archon Books, 1967.

Anderson, Elijah. *A Place on the Corner*. Chicago: The University of Chicago Press, 1976.

Anderson, Robert T. and Barbara Gallatin Anderson. *Bus Stop for Paris: The Transformation of a French Village*. New York: Doubleday and Company, 1965.

Ariès, Philippe. "The Family and the City," *Daedalus* (Spring 1977).

Atkin, John R. "A Designed Locale for Laughter to Reinforce Community Bonds." In *It's a Funny Thing, Humour*, edited by Anthony J. Chapman and Hugh C. Foot. New York: Pergamon Press, 1977.

Bacon, Seldon. "Alcohol and Complex Society." In *Society, Culture, and Drinking Patterns*, edited by David Pittman and Charles Snyder. New York: John Wiley and Sons, Inc., 1962.

Banerjee, Tridib and William C. Baer. *Beyond the Neighborhood Unit*. New York: Plenum Press, 1984.

Barker, Ernest. *The Character of England*. Oxford: The Clarendon Press, 1963.

Barker, Roger, et al. *Midwest and its Children*. Hamden, Connecticut: Archon Books, 1971.

Bazelon, David T. "The New Factor in American Society." In *Environment and Change: The Next Fifty Years*, edited by W. R. Ewald, Jr. Bloomington, Indiana: Indiana University Press, 1968.

Bechtel, Robert. *Enclosing Behavior.* Dowden: Hutchinson and Ross, 1977.

Benson, Denzel E. "The Intentionally Childless Couple." *USA Today* (January 1979).

Blake, Peter. *God's Own Junkyard: The Planned Deterioration of America's Landscape.* New York: Holt, Rinehart, and Winston, 1964.

Blumberg, Arthur, et al. "The Teacher Bar." *The Educational Forum* (Fall 1982).

Bode, Carl. *The Young Mencken.* New York: The Dial Press, 1973.

Bradbury, Ray. "Beyond 1984: The People Machines." In *Cities: The Forces that Shape Them,* edited by Lisa Taylor. New York: Rizzoli, 1982.

Brassai, Gyula Halász. *Le Paris Secret des Années 30.* Garden City, New York: Doubleday and Company, 1966.

Brett, Lionel. *Architecture in a Crowded World: Vision and Reality in Planning.* New York: Schocken Books, 1971.

Bridenbaugh, Carl and Jesse Bridenbaugh, *Rebels and Gentlemen.* New York: Oxford University Press, 1962.

Bronfenbrenner, Urie. *Two Worlds of Childhood.* New York: Russell Sage Foundation, 1970

_____. "The American Family: An Ecological Perspective." In *The American Family: Current Perspectives.* Cambridge, Mass.: Harvard University Press, Audiovisual Division, 1979. Cassette series.

Brower, Sidney. "Streetfront and Sidewalk." *Landscape Architecture* (July, 1973).

Browne, Junius Henri. *The Great Metropolis: A Mirror of New York.* Hartford, Connecticut: American Publishing Company, 1970.

Burgheim, Richard. "McSorley's Old Ale House." *Holiday Magazine* (February 1963).

Burns, James MacGregor. "Is the Primary System a Mistake?" *Family Weekly* (26 February 1984).

Calkins, Raymond. *Substitutes for the Saloon.* Boston: Houghton Mifflin Company, 1919.

Carmichael, Harry. *Most Deadly Hate.* New York: E. P. Dutton and Company, 1974.

Carson, Gerald. "The Saloon." *American Heritage: The Magazine of History* (April 1963).

_____. *The Old Country Store.* New York: E.P. Dutton and Son, 1965.

Chombart de Lauwe, Paul—Henry. *Des Hommes et des Villes.* Paris: Payot, 1965.

Ciborowski, Adolf. Introduction to Carson, Robert B. *What Ever Happened to the Trolley?* Washingron, D.C.: University of American Press, 1978.

Clay, Grady. "The Street as Teacher." In *Public Streets for Public Use*, edited by Anne Vernez Moudon. New York: Van Nostrand Reinhold Company, 1987.

Clinard, Marshall B. "The public Drinking House and Society." In *Society, Culture, and Drinking Patterns*, edited by David Pittman and Charles Snyder. New York: John Wiley and Sons, Inc., 1962.

Cohen-Portheim, Paul. *The Spirit of London*. Philadelphia: J.B. Lippincott Company, 1935.

Connell, W. F. and E.E. Skilbeck. *Growing Up in an Australian City: A Study of Adolescents in Sidney*. Melbourne, Australia: ACER, 1957.

Conzen, Kathleen Neils. *Immigrant Milwaukee, 1836-1860: Accommodation and Community in a Frontier City*. Cambridge, Mass.: Harvard University Press, 1976.

Daly, Michael. "Break Point." *New York* (5 October 1981).

Davids, Kenneth. *Coffee*. San Francisco: 101 Productions, 1976.

Davis, Ben. *The Traditional English Pub: A Way of Drinking* London: Architectural Press, 1981.

Diaz-Plaja, Fernando. *The Frenchman and the Seven Deadly Sins*. New York: Charles Scribner's Sons, 1972.

Dobie, J. Frank. *A Texan in England*. Boston: Little, Brown and Company, 1944.

Duis, Perry R. *The Saloon: Public Drinking in Chicago and Boston, 1880-1920*. Chicago: The University of Illinois Press, 1983.

Dumont, Matthew. "Tavern Culture: The Sustenance of Homeless Men." *American Journal of Orthopsychiatry* 37, 1967.

Ellis, Aytoun. *The Penny Universities*. London: Secker and Warburg, 1956.

Emerson, Ralph Waldo. *Uncollected Lectures*. New York: William Edwin Rudge, 1932.

_____. *Essays and Journals*. New York: Doubleday and Company, 1968.

Entrepreneur Magazine. "From Corner Tavern to Disco: Selling the Good Life." (July 1980).

Erhard, Thomas A. "Coffee House." In *The World Book Encyclopedia*. 1980 ed.

Feinsilber, Mike and William B. Mead, *American Averages*. Garden City, New York: Dolphin Books, 1980.

Fellows, Lawrence. "Psychologists' Report Finds New Towns in West Germany Boring to Children." *New York Times* (9 May 1971).

Ferguson, Frank L. *Efficient Drug Store Management*. New York: Fairchild Publications, 1969.

Fischer, Claude S. *To Dwell Among Friends: Personal Networks in Town and City* (Chicago: The University of Chicago Press, 1982.

Fourastié, Jean. *The Causes of Wealth*. Translated and edited by Theodore Caplow. Glencoe, Illinois: The Free Press, 1960.

Francaviglia, Richard V. "Main Street U.S.A.: The Creation of a Popular Image." *Landscape* (Spring/Summer 1977).

Franck, Harry A. *Vagabonding through Changing Germany*. New York: Harper and Brothers, 1920.

Fullerton, Gail. *Survival in Marriage*. Hinsdale, Illinois: Dryden, 1977.

Gans, Herbert J. *The Levittowners*. New York: Pantheon Books, 1967.

Genovese, Rosalie G. "A Women's Self–Help Network as a Response to Service Needs in the Suburbs." *Signs* 5, no. 3 (Spring, 1980).

"Germans in America" Collection. Wisconsin State Historical Society, Madison.

Gilbert, Bill and Lisa Twyman, "Violence: Out of Hand in the Stands." In *Sport in Contemporary Society*, edited by D. Stanley Eitzen. New York: St. Martin's Press, 2nd ed., 1984.

Gilliam, Florence. France: *A Tribute by an American Woman*. New York: E. P. Dutton & Co., 1945.

Glick, Paul C. "How American Families are Changing." *American Demographics* (January 1984).

Gold, Seymour M. *Recreation Planning and Design*. New York: McGraw–Hill, 1980.

Goldring, Patrick. *The Broilerhouse Society*. New York: Weybright & Talley, 1969.

Goldston, Robert. *London: The Civic Spirit*. New York: Macmillan, 1969.

_____. *Suburbia: Civic Denial*. New York: Macmillan, 1970.

Goodwin, Richard. "The American Condition." *The New Yorker* (January 21, January 28, and 4 February 1974).

Gordon, Suzanne. *Lonely in America*. New York: Simon & Schuster, 1976.

Gorham, Maurice. *Back to the Local*. London: Percival Marshall, 1949.

_____ and H. M. Dunnett, *Inside the Pub*. London: The Architectural Press, 1950.

Gramont, Sanche de. *The French: Portrait of a People*. New York: G.P. Putnam's Sons, 1969.

Gray, Paul. "Another Look at Democracy in America." *Time* Essay (16 June 1986).

Griesinger, Karl Theodor. "A Historian's Forebodings." In *This Was America*, edited by Oscar

Handlin. New York: Harper and Row, 1949.

Gruen, Victor. *The Heart of Our Cities*. New York: Simon & Schuster, 1964.

_____. "New Forms of Community." In *Who Designs America?*, edited by Laurence B. Holland. New York: Anchor Books, 1965.

_____. *Centers for the Urban Environment*. New York: Van Nostrand Reinhold Co., 1973.

Gubbins, Nathaniel. "The Pubs." *Holiday Magazine* (July 1947).

Gunther, John. *Twelve Cities*. New York: Harper & Row, 1967.

Halberstam, David. "One Man's America." *Parade Magazine* (31 October 1982).

Hall, Edward T. *The Hidden Dimension*. Garden City, New York: Doubleday and Company, 1969.

Hamill, Pete. "A Hangout Is a Place..." *Mademoiselle* (November 1969).

Harlow, Alvin F. *The Serene Cincinnatians*. New York: E.P. Dutton & Co., Inc., 1950.

Harris, Kenneth. *Travelling Tongues*. London: John Murray, 1949.

Harrison, J. F. C. *The Early Victorians*. New York: Praeger, 1971.

Hausknecht, Murray. *The Joiners*. New York: The Bedminster Press, 1962.

Hayden, Dolores. *Redesigning the American Dream*. New York: W.W. Norton & Company, 1984.

Hines, Al. "What the Teetotal Traveler Drinks at the Sidewalk Café." *Holiday Magazine* (January 1969).

Hoelterhoff, Manuela. "Life Amid the Ruins of East Germany's Porcelain City." *Wall Street Journal* (22 September 1983).

Holmes, Fred L. *Side Roads: Excursions into Wisconsin's Past*. Madison, Wisconsin: The State Historical Society, 1949.

Hooper, Charles E. *The Country House*. New York: Doubleday, Page and Company, 1905.

Huizinga, Johan. *Homo Ludens: A Study of the Play Elements in Culture*. London: Routledge and Kegan Paul, 1949.

Hunt, Violet. *The Desirable Alien*. London: Chatto & Windus, 1913.

The Idler. no. 58, 1759.

Jackson, Brian. *Working Class Community*. London: Routledge & Kegan Paul, 1968.

Jacobs, Jane. *The Death and Life of Great American Cities*. New York: Random House, 1961.

Kando, Thomas M. *Leisure and Popular Culture in Transition*. St. Louis: The C. V. Mosby Company, 1980.

Kessler, Marc and Christopher Gomberg. "Observations of Barroom Drinking: Methodology and Preliminary Results." *Quarterly Journal of Studies on Alcohol* 35 (1974).

Keyes, Ralph. "I Like Colonel Sanders," *Newsweek* (27 August 1973).

Kirby, Winston. "The Impact of Television: The Communication of Social Disorganization." In *Cities in Transition*, edited by Frank Coppa and Philip Dolce. Chicago: Nelson Hall, 1947.

Klapp, Orrin E. *Overload and Boredom: Essays on the Quality of Life in the Information Society*. New York: Greenwood Press, 1986.

Kluge, P. F. "Closing Time." *Wall Street Journal* (27 May 1982).

Kohr, Leopold. *The Overdeveloped Nations*. New York: Schocken, 1977.

Koppelman, Lee. In "Suburbia: End of the Golden Age," edited by William S. Kowinski. *The New York Times Magazine* (16 March 1980).

_____. *The Malling of America*. New York: William Morrow and Company, 1985.

Langner Thomas S. and Stanley T. Michael. *Life Stress and Mental Health*. New York: The Free Press of Glencoe, 1963.

LeJeune, Anthony. *The Gentlemen's Clubs of London*. New York: Mayflower Books, 1979.

Levine, Jacob. "Humour as a Form of Therapy: Introduction to Symposium." In *It's a Funny Thing, Humour*, edited by Anthony J. Chapman and Hugh C. Foot. New York: Pergamon Press, 1977.

Lewis, C. S. *The Four Loves*. New York: Harcourt Brace Jovanovich, 1960.

Little, Charles E. *Challenge of the Land*. New York: Pergamon Press, 1968.

Lobsenz, Norman M. *Is Anybody Happy?* New York: Doubleday and Company, 1962.

Lofland, Lyn H. *A World of Strangers*. Prospect Heights, Illinois: Waveland Press, Inc., 1973.

MacCallum, T. W. *The Vienna That's Not in the Baedeker*. New York: Robert M. McBride and Company, 1931.

Macy, Robert. "Entertainer Bemoans High Prices in Vegas." *The Pensacola News-Journal* (15 July 1982).

Malko, George. "The Biltmore for Men Only." *Holiday Magazine* (January 1969).

Mass Observation. *The Pub and the People: A Worktown Study*. London: Victor Gollanca Ltd., 1943.

Mathews, David. "Civic Intelligence." *Social Education* (November/December 1985).

McHarg, Ian. *The Fitness of Man's Environment*. Washington, D.C.: Smithsonian Institute Press, 1968.

McKeever, J. Ross, ed. *Community Builders Handbook*. Washington, D.C.: Urban Land Institute Press, 1968.

Mead, Margaret. "The American Family." In *The Search for America*, edited by Huston Smith. Englewood Cliffs, New Jersey: Prentice-Hall, 1959.

Melville, Lewis and Aubrey Hammond. *The London Scene*. London: Baber & Gwyer, 1926.

Miller, Henry. *Remember to Remember*. London: The Grey Walls Press, 1952.

Miller, Stuart. *Men and Friendship*. Boston: Houghton-Mifflin Co., 1983.

Mornell, Pierre. *Passive Men, Wild Women*. New York: Simon & Schuster, 1976.

Mortimer, John. "Rumpole and the Man of God." In *The Trials of Rumpole*. New York: Penguin Books, 1981.

Motamed-Nejad, Kazem. "The Story-Teller and Mass Media in Iran." In *Entertainment: A Cross-Cultural Examination*, edited by Heinz-Dietrich Fischer and Stefan Melnik. New York: Hastings House, 1979.

Nevins, Allan. *Grover Cleveland: A Study in Courage*. New York: Dodd, Mead and Company, 1966.

Newman, Barry. "Good Times or Bad, There'll Always be an English Pub." *Wall Street Journal* (16 November 1981).

Newman, Oscar. *Defensible Space*. New York: The Macmillan Company, 1972.

Nourissier, Francois. *Cartier-Bresson's France*. New York: The Viking Press, 1971.

O'Connor, Richard. *The German-Americans: An Informal History*. Boston: Little, Brown and Company, 1968.

Pajak, Edward. "Cathartic and Socialization Functions of 'Teacher Bars.'" Presented at the annual meeting of the American Educational Research Association, Boston, April 1980.

Pettigrew, Jim, Jr. "The Vanishing Game of Snooker." *Atlanta Weekly* (12 October 1980).

Playground Daily News. "The English Department" (25 November 1982).

Postgate, Raymond. "English Drinking Habits." *Holiday Magazine* (February 1963).

Rexroth, Kenneth. "The Decline of Humor in America." *The Nation* 84, 1975.

Richards, Cara E. "City Taverns." *Human Organization* 22 (Winter 1963-64).

Riesman, David. "The Suburban Dislocation." *The Annals of the American Academy of Political and Social Science* (November 1957).

Roberts, Kenneth L. *Why Europe Leaves Home*. New York: Bobbs-Merrill, 1922.

Rogow, Arnold. *The Dying of Light*. New York: G. P. Putnam's Sons, 1975.

Rooney, Andrew A. *A Few Minutes with Andy Rooney*. New York: Atheneum, 1981.

Roubin, Lucienne. "Male Space and Female Space within the Provencial Community." In *Rural Society in France: Selections from the Annales Economies, Societies, Civilization*, edited by Robert Foster. Baltimore: The Johns Hopkins University Press, 1977.

Royko, Mike. "Neighborhood on the Way Back." *Chicago Daily News* (26 November 1973).

Rubin, Lillian. *Intimate Strangers*. New York: Harper & Row, 1983.

Rudofsky, Bernard. *Streets for People: A Primer for Americans*. Garden City, New York: Doubleday and Company, 1969.

Rysman, Alexander. "How the 'Gossip' became a Woman." *Journal of Communication* 27, no. 1 (1977).

Sale, Kirkpatrick. *Human Scale*. New York: Coward, McCann and Geoghegan, 1980.

Scitovsky, Tibor. *The Joyless Economy*. New York: Oxford University Press, 1976.

Seamon, David. *A Geography of the Lifeworld*. New York: St. Martin's Press, 1979.

Sedgwick, Henry. *The Art of Happiness*. New York: Bobbs-Merrill, 1930.

Sennett, Richard. "The Brutality of Modern Families." In *Marriages and Families*, edited by Helena Z. Lopata. New York: Van Nostrand Company, 1973.

——————. *The Fall of Public Man*. New York: Alfred A. Knopf, 1977.

Silver, Nathan. *Lost New York*. New York: Houghton Mifflin Company, 1967.

Simmel, Georg. *On Individual and Social Forms*, edited by Donald N. Levine. Chicago: The University of Chicago Press, 1971.

Sims, Newell, ed. *The Rural Community*. New York: Charles Scribner's Sons, 1920.

Slater, Philip E. "Must Marriage Cheat Today's Young Women?" *Redbook Magazine* (February 1971).

Small Business Reporter. "Bars and Cocktail Lounges." San Francisco: Bank of America, vol. 11, no. 9 (1977).

Theobald, Robert. "Planning *with* People." In *Environment and Change: The Next Fifty Years,* edited by W. R. Ewald, Jr. Bloomington, Indiana: Indiana University Press, 1968.

Thomas, Anthony E. "Class and Sociability Among Urban Workers: A Study of the Bar as a Social Club." *Medical Anthropology* 2, no. 4 (Fall 1978).

Thomas, Gwyn. "Tranquility and Warm Beer." *Holiday Magazine* (May 1964).

Timbs, John. *Clubs and Club Life in London.* Detroit: Gale Research Company. Reprint, 1967.

Tocqueville, Alexis de. *Democracy in America.* New York: Alfred A. Knopf, 1963.

Traver, Robert. *Troubleshooter.* New York: The Viking Press, 1943

Tripp, C. A. *The Homosexual Matrix.* New York: McGraw−Hill, 1975.

Van Cleef, Eugene. *Cities in Action.* New York: Pergamon Press, 1970.

Varga, Laszlo. *Human Rights in Hungary.* Gainesville, Florida: Danubian Research and Information Center, 1967.

Von Eckardt, Wolf. *Back to the Drawing Board.* Washington, D.C.: New Republic Books, 1978.

Wallace, Irving, et al. "When Coffee was Banned in Sweden." *Parade Magazine* (12 September 1982).

Wallis, Claudia. "Stress: Can We Cope?" *Time* (6 June 1983).

Warner, Sam Bass, Jr. *The Private City.* Philadelphia: University of Pennsylvania Press, 1968.

Webster, Hutton. *Primitive Secret Societies.* New York: Octagon. Reprint, 1968.

Wechsberg, Joseph. "The Viennese Coffee House: A Romantic Institution." *Gourmet* 12, no. 16 (1966).

_____. "The long, Sweet day of the Sidewalk Café." *Holiday Magazine* (August 1967).

_____. *The Vienna I Knew.* New York: Doubleday and Company, 1979.

Weir, Lebert H. *Europe at Play.* New York: A.S. Barnes & Co., 1937.

West, Richard. "The Power of 21." *New York* (5 October 1981).

Whyte, William H. *The Last Landscape.* New York: Doubleday and Company, 1968.

Willems, Edwin P. "Behavioral Ecology." In *Perspectives on Environment and Behavior,* edited by Daniel Stokols. New York: Plenum Press, 1977.

Winick, Charles. *The New People.* New York: Pegasus, 1968.

Winn, Marie. *Children without Childhood*. New York: Penguin Books, 1984.

Wittke, Carl. *We Who Built America: The Saga of the Immigrant*. Cleveland: The Press of Case Western Reserve University, 1939.

Women's Petition, The. In *Old English Coffee Houses*. London: Rodale Press, 1954.

Wordsworth, William. "The Art of Conversation." In *Wordsworthian and Other Studies*, edited by Ernest de Selincourt. New York: Russell & Russell, 1964.

Wright, David E. and Robert E. Snow. "Consumption as Ritual in the High Technoloty Society." In *Rituals and Ceremonies in Popular Culture*, edited. Ray B. Browne. Bowling Green: Bowling Green University Popular Press, 1980.

Wylie, Laurence. *Village in the Vaucluse*. New York: Harper & Row, 1957.

Young, T. R. *New Sources of the Self*. New York: Pergamon Press, 1972.

251

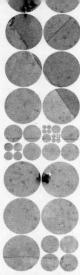

The Great Good Place
제3의
장소

작은 카페, 서점, 동네 술집까지
삶을 떠받치는 어울림의 장소를 복원하기
Cafés, Coffee Shops, Bookstores, Bars, Hair Salons and Other Hangouts at the Heart of a Community

초판 1쇄 발행 2019년 7월 15일
초판 2쇄 발행 2021년 2월 22일

지은이 레이 올든버그
옮긴이 김보영
펴낸이 홍석
이사 홍성우
디자인 방상호
마케팅 이가은·이송희·한유리
관리 최우리·김정선·정원경·홍보람

펴낸곳 도서출판 풀빛
등록 1979년 3월 6일 제8-24호
주소 03762 서울특별시 서대문구 북아현로 11가길 12 3층
전화 02-363-5995(영업), 02-362-8900(편집)
팩스 070-4275-0445
홈페이지 www.pulbit.co.kr
전자우편 inmun@pulbit.co.kr

ISBN 979-11-6172-744-8 03300

이 책의 국립중앙도서관 출판시도서목록(CIP)은 서지정보유통지원시스템
홈페이지(seoji.nl.go.kr)와 국가자료공동목록시스템(www.nl.go.kr/kolisnet)에서
이용하실 수 있습니다.(CIP제어번호 : CIP2019024131)